五华年鉴

WUHUA YEARBOOK

2023

《五华年鉴》编纂委员会 编

方志出版社
Publishing House of Local Records

图书在版编目（CIP）数据

五华年鉴. 2023 / 《五华年鉴》编纂委员会编. —
北京 : 方志出版社, 2023.12
ISBN 978-7-5144-5899-2

Ⅰ. ①五… Ⅱ. ①五… Ⅲ. ①五华县－2023－年鉴
Ⅳ. ①Z526.54

中国国家版本馆 CIP 数据核字(2023)第 229941 号

责任编辑：张健
责任校对：张玉霞
责任印制：梅中英
出 版 者：方志出版社
地　　址：北京市朝阳区潘家园东里 9 号（国家方志馆 4 层）
邮　　编：100021
网　　址：http://www.zgfzcb.cn
发　　行：方志出版社图书营销中心（010-67110500）
印　　刷：梅州程江彩色印刷厂有限公司
开　　本：787 毫米×1092 毫米　1/16
印　　张：24.75
字　　数：539 千字
版　　次：2023 年 12 月第 1 版
印　　次：2023 年 12 月第 1 次印刷
定　　价：200.00 元

《五华年鉴（2023）》编纂委员会

《五华年鉴（2023）》编辑部

编辑说明

一、《五华年鉴（2023）》（以下简称本年鉴）以马克思列宁主义、毛泽东思想、邓小平理论、“三个代表”重要思想、科学发展观、习近平新时代中国特色社会主义思想为指导，坚持辩证唯物主义和历史唯物主义的立场、观点和方法，全面、系统、准确地反映五华县2022年度自然、政治、经济、文化和社会等方面的基本情况。

二、本年鉴记载时限为2022年1月1日至2022年12月31日，个别特殊事项适当上溯下延。

三、本年鉴采用分类编辑法，设类目、分目、条目3个层次，以条目为表现内容的基本形式。类目与分目标题使用不同字体、字号，条目标题一律以黑体字加【 】号。正文设特辑、大事记、县情概览、中国共产党五华县委员会、五华县人民代表大会、五华县人民政府、中国人民政治协商会议五华县委员会、纪检监察、群众团体、法治、军事、综合经济管理、城乡建设·环境保护、工业、交通运输、通信、农业·林业·水利·气象、商贸、财政·税务、金融·保险、教育、社会科学、文化·旅游·体育、卫生·医疗、社会生活、各镇概况、名录、文献辑存等类目，约54万字，彩页12版。

四、本年鉴采用的文稿，均由五华县各有关单位专人撰写或提供资料，并经单位主要领导审定。由年鉴编辑部人员编纂，主编负责总纂，修改后形成征求意见稿，反馈给各单位修改、补充。

五、本年鉴数字用法、标点符号用法分别采用国家标准《出版物上数字用法》（GB/T 15835—2011）、《标点符号用法》（GB/T 15834—2011），计量单位采用国家技术监督局1993年12月发布的《量和单位》系列国家标准。主要统计数据经供稿单位与统计部门核对。有些对应指标数据在上年卷刊出后做了调整的，本卷里不再说明，且由于统计口径不一，个别数据可能不一致，使用时应以五华县统计局《五华县统计年鉴（2022）》为准。

五华县地图

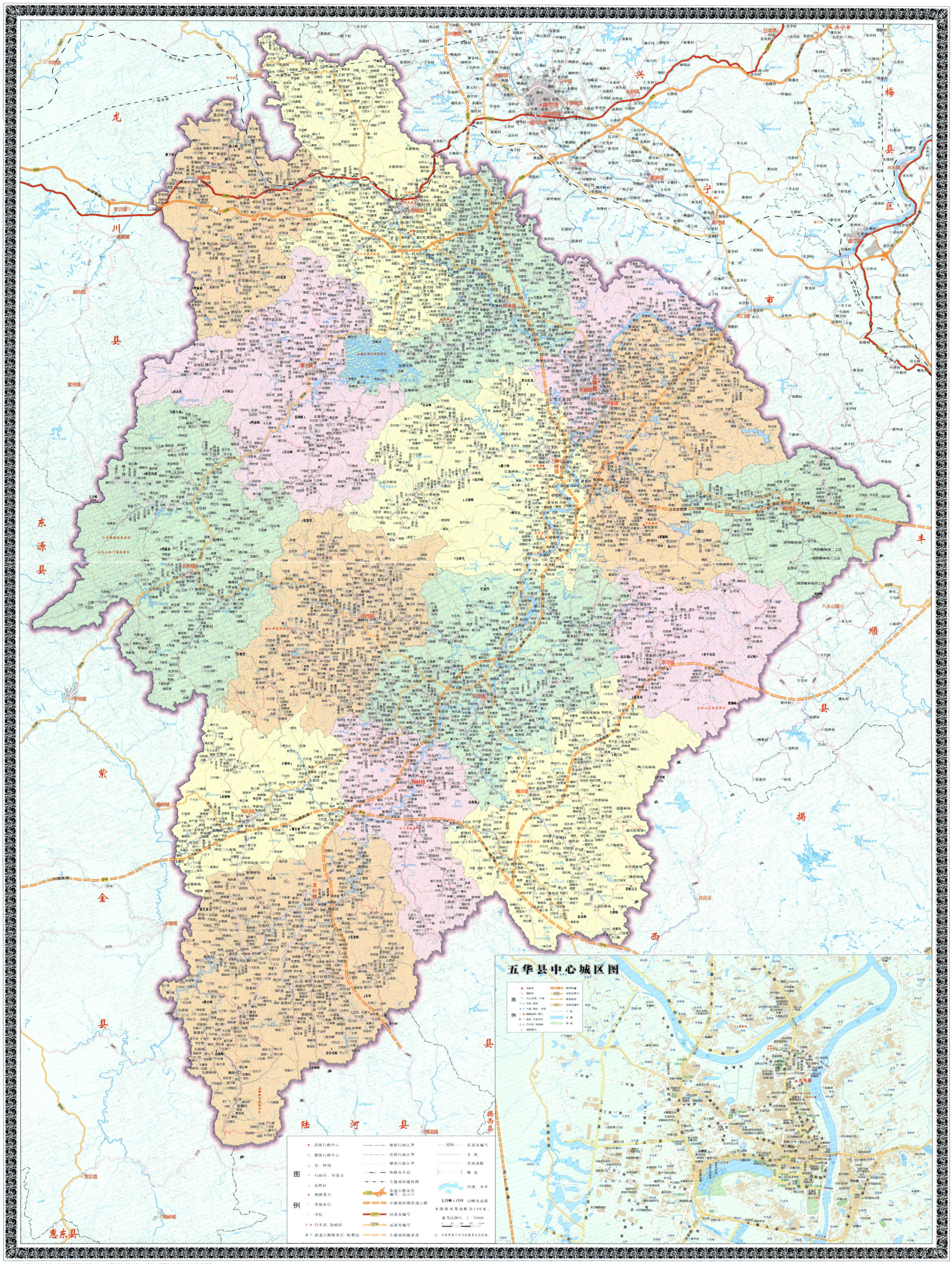

五华县国土资源局　广东省地图院　合编　　地图编制：欧小娥　　审校：曾清华　张建国　叶东升　陈善强

审图号：粤S（2014）102号　2015年5月

工匠之乡　宜居五华

五华名片

革命老区、原中央苏区县
国家级粮食生产区
中华诗词之乡
国家电子商务进农村综合示范县
广东省革命老根据地重点县
省级粮食绿色高质高效创建示范县
国家卫生县城
广东省县级文明城市
广东省硬笔书法名城
全国基层中医药工作先进单位
全国群众体育先进单位
工匠之乡
文化之乡
华侨之乡
足球之乡

2022 数字五华

SHUZI WUHUA

土地面积3237.8平方千米

年末户籍总人口151.92万人

常住人口92.44万人

地区生产总值178.87亿元

第一产业增加值43.31亿元

第二产业增加值37.88亿元

第三产业增加值97.68亿元

人均地区生产总值19377元

农林牧渔业总产值70.80亿元

社会消费品零售总额87.38亿元

外贸进出口总额18156万美元

实际利用外资188万美元

地方财政一般预算收入12.43亿元

地方财政一般预算支出88.15亿元

城乡居民储蓄存款358.90亿元

城镇居民人均可支配收入25090元

农村居民人均可支配收入15677元

卫生技术人员3487人

卫生机构床位5488张

大事要闻

2022年10月31日，五华县召开传达贯彻党的二十大精神大会

（张炳锋 摄）

2022年 9月23日，五华县聚焦“庆丰收、迎盛会”主题，举行庆祝 2022年中国农民丰收节活动

（县农业农村局提供）

2022年 5月18日，梅州市首个企业级5G专网智慧园区项目落户五华

（县科工商务局提供）

重 大 项 目

2022年9月19日，梅州抽水蓄能电站二期开工建设、梅州三渡水抽水蓄能电站前期工作启动现场 （县蓄能办提供）

2022年9月19日上午，《合作推进梅州五华龙洞抽水蓄能电站项目开发建设框架协议》签约现场 （县蓄能办提供）

重 大 项 目

2022年 9月15日，梅州五华电网侧独立电池储能项目开工动员会召开（张炳锋 摄）

2022年 6月21日，华润五华循环经济产业园动工建设（张炳锋 摄）

2022年 6月21日，百岁山矿泉水项目投产（张炳锋 摄）

文化·体育

2022年6月23日，长布镇举行方志驿站图书捐赠暨方志驿站落成仪式

（李志权摄）

文化·体育

2022年10月29日，五华县运动员卓裕霞（居中）在广东省第十六届运动会体育竞技组跆拳道女乙+59公斤比赛中荣获冠军　（何满云摄）

2022年10月7日，五华县夺得梅州市青少年男足梯队精英选拔赛U9冠军　（吴海威摄）

文化·体育

2022年12月20日，2022年广东省“省长杯”青少年校园足球联赛（高中、中职组）总决赛，五华县高级中学代表队获得高中组男子冠军

（范朝阳 摄）

2022年12月28日，2022年广东省“省长杯”青少年校园足球联赛（高中、中职组）总决赛，五华县高级中学代表队获得高中组女子冠军

（范朝阳 摄）

美丽城乡

长乐公园一角（县市政公共事业服务中心提供）

公路驿站（曾剑权 摄）

美丽城乡

转水镇里塘村获评第九批“全国民主法治示范村”称号

（转水镇提供）

美 丽 城 乡

周江镇红源村 （张荣华摄）

美丽城乡

新农村连片示范建设村——里塘村　　（张荣华摄）

美 丽 城 乡

美丽的龙村镇先河村　　（张荣华摄）

美丽城乡

美丽的龙村镇先河村　　（张荣华摄）

目　录

特　辑

大 事 记

县情概览

中国共产党五华县委员会

五华县人民代表大会

五华县人民政府

中国人民政治协商会议五华县委员会

纪检监察

群众团体

法　治

军　事

综合经济管理

城乡建设·环境保护

工　业

交通运输

通　信

农业·林业·水利·气象

商　贸

财政·税务

金融·保险

教　育

社会科学

文化·旅游·体育

卫生·医疗

社会生活

各镇概况

名　录

文献辑存

特　辑

笃定信心　团结拼搏　奋力谱写中国式现代化五华新篇章

——在县委十四届三次全会上的报告

中共五华县委书记　朱少辉

（2023 年 1 月 11 日）

这次全会的主要任务是，以习近平新时代中国特色社会主义思想为指导，深入贯彻党的二十大精神，传达贯彻中央经济工作会议、中央农村工作会议及省委经济工作会议精神，深入贯彻落实省委十三届二次全会和省委书记黄坤明来梅州调研指示要求，贯彻市委八届五次、六次全会工作部署，总结 2022 年工作，部署 2023 年工作，动员全县上下在新征程上进一步笃定信心、勇毅前行，守正创新、团结奋斗，推动五华苏区加快振兴、共同富裕，奋力谱写中国式现代化五华新篇章。

一、极不寻常、极不平凡的 2022 年

过去一年，县委团结带领全县党员干部群众，深入贯彻党的二十大精神，坚决落实“疫情要防住、经济要稳住、发展要安全”重要要求，按照省委、市委工作部署，深入实施“551”工作举措，全县经济社会各项事业向上向好。我们凝心聚力办了几件大事：一是兴起学习宣传贯彻党的二十大精神热潮。按照“全面学习、全面把握、全面落实”的要求，推动党的二十大精神在五华大地落地见效。二是因时因势落实科学防疫措施。先后果断精准快速处置“1・15”“1・31”“11・26”等疫情，最大程度保护人民群众生命安全和身体健康。牢固树立全局意识，积极驰援外地抗疫，全力承接涉疫地区外转人员隔离，全情做好服务保障工作，让党旗在抗疫一线高高飘扬，很好展现了五华干部的高效执行力和担当作为的精神风貌。三是高质量发展空间拓展。紧抓大项目、好项目，梅蓄一期全面投产、二期开工建设，三渡水蓄能电站前期工作正式启动，签订龙洞抽水蓄能电站框架协议。华润五华循环经济产业园、南网储能等一批重大项目加快建设，不断积蓄发展新动能。四是县域经济综合竞争力增强。高效统筹疫情防控和经济社会发展，全年一般公共预算收入实现 12.43 亿元、比增 2.26%，增速全市第一、总量全市第二，连续 4 年增幅位居全市第一。主要工作体现为“七个新”：

（一）党的建设有新气象。坚持以政治建设为统领，巩固拓展党史学习教育常态化成果，狠抓基层党建三年行动计划落实，持续整顿软弱涣散基层党组织，实施村（社区）党群服务中心优化提升工程，深化党建赋能行动，开展“四强四优”模范机关、“五型五好”党组织创建活动，积极探索党建引领全科网格治理服务模式，党组织战斗堡垒作用和党员先锋模范作用有效发挥。持续释放激励干部担当作为“1+10”政策效应。实施长乐人才振兴行动“八大计划”，全年引进各类人才 3112 人。深入推进党风廉政建设和反腐败斗争，开展党员干部“赌风”“酒风”整治，启动新一轮县委巡察工作。全年立案 305 件，党纪政务处分 277 人，政治生态更加清朗。

（二）实体经济有新成效。景田百岁山矿泉水、三顺矿机、粤风新能源等一批项目建成投产。市重点项目超额完成年度投资计划。强化数字赋能，启动全市首个 5G 专网智慧园区建设。番禺（五华）产业转移园、河东工业园提质增效，盘活低效工业用地 190.75 亩。搭建“1+3+1”招商机制，全面掀起新一轮大招商、招大商热潮，全年引进项目 12 个，计划总投资 135 亿元。出台实体经济攻坚突破 20 条措施、营商环境 15 条“硬措施”，创新实行营商环境监督员制度。县政务服务中心获评“2022 年全省县（区）级标杆政务服务中心”并正式启用新址。新增市场主体 1.45 万户，总量突破 7 万户，位居全市第一。

（三）城乡面貌有新提升。梅龙高铁（五华段）无障碍施工。G238 线县城段改线、S239 线河东林石至桂岭段改建等工程加快推进。完成一批老旧小区、农贸市场改造或建设。500 套保障性住房主体工程竣工验收。争取 15 个地方政府专项债资金项目。启动华兴北路智慧停车场建设。县城污水处理厂（三期）扩建工程竣工运营，动工建设城乡供水一体化升级改造工程，完成县城琴江河引水至老河道公园工程。500 千伏五华（兴宁）输变电工程竣工投产。新建 5G 基站 387 座。累计建成村级生活污水处理设施 436 座。县城建成区 60%的村（社区）实现生活垃圾分类全覆盖。县爱卫中心获得“爱国卫生运动 70 周年先进集体”国字号荣誉，为梅州唯一入选单位，城乡发展更加宜居宜业。

（四）乡村振兴有新进展。全年争取省级涉农资金 6.89 亿元。深入推进“九大攻坚”和驻镇帮镇扶村工作，坚决守牢“两条底线”，探索农业生产社会化托管服务五华模式。16 个圩镇达到“宜居圩镇”标准，华城镇、转水镇达到“示范圩镇”标准。启动“益水长乐 · 状元古韵”乡村振兴示范带建设。成功争取广东省小型农田水利建设试点县项目。农村集中供水省级评估获评“优秀”等次。全面铺开乡村振兴共同富裕带头人擂台赛。启动水寨镇、华城镇乡村产业社区试点建设。农业产业扩面提质增量，新增“粤字号”农业品牌5个。建成“稻虾共作”基地22个（含在建）。建成乡村振兴“1+16”人才库，组织各类培训1.72万人次。华城镇数字乡村省级试点工作顺利通过验收。

（五）文化建设有新突破。全面落实意识形态工作责任制。全国文明城市、全域旅游示范县、志愿者之城创建工作扎实推进。大力实施“旅游+”“红色+”“体育+”，热矿泥温泉山庄开放运营，华城镇黄埔村成功创建省文化和旅游特色村。球王故里足球生态精品路线入选2022中国体育旅游精品项目名单。圆满保障2022年赛季中超联赛梅州（五华）主场赛区赛事顺利举行。积极申报“国家体育产业示范基地”。五华县高级中学在2022年广东省“省长杯”青少年校园足球联赛总决赛中勇夺高中男子组、女子组冠军。启动县融媒体制播技术中心和温训文化公园建设。创建广东省戏剧之乡通过验收。启用五华城市形象标识。

（六）生态建设有新进步。深入打好污染防治攻坚战，国控、省、市考核断面水质月均值优良率、县城集中式饮用水水源地水质达标率保持100%。全面完成中央环保督察交办案件办结。推进山水林田湖草沙一体化保护和修复工程。深化河湖长制，建成五华河河口段碧道。落实林长制，扎实开展“绿美五华”大行动，森林防灭火“一网三行动”做法得到省森防办、省应急管理厅、省林业局等单位的充分肯定。国储林收储林地面积2.75万亩，加快创建全国县级森林城市，全县森林覆盖率达69.23%。

（七）民生福祉有新改善。高质量办好民生实事。南粤家政产业园揭牌开园。全年城镇新增就业4275人。“双百工程”实现全覆盖。完成第二轮“县管校聘”，县教师发展中心、长乐小学等一批教育项目投入使用。实施乡镇小学、教学点校容校貌管理提升工程。教学质量稳步提升，6名学子被清华大学、北京大学录取。推进县人民医院托管工作。开展华城镇医保普通门诊“镇村一体化”试点。加快县救助服务站和未成年人保护中心建设，有序推进长者饭堂、居家养老服务中心（站）建设、适老化改造。突出抓好消防安全、自建房、城镇燃气等重点领域安全整治，推进扫黑除恶常态化，严厉打击各类违法犯罪，圆满完成党的二十大等重大活动、重要节点安保维稳任务，启用“信访超市”，平安建设年度考核排名全市第二。党管武装不断加强，县退役军人服务中心获评“全国退役军人服务保障先进单位”。

同志们！过去一年取得的成绩，是习近平总书记、党中央掌舵领航的结果，是习近平新时代中国特色社会主义思想科学指引的结果，是省市关心重视的结果，凝聚了全县广大党员干部群众和社会各界的智慧和汗水。在此，我代表县委，表示衷心的感谢！

看到成绩让人增加信心，看到不足让人更加清醒。对照现代化目标、对照先进地区、对照群众期盼，五华人口多、底子薄、基础差、起点低，整体落后的面貌没有得到根本改变，推动高质量发展任务依然艰巨繁重。一是县镇财力薄弱。经济总量小、人均水平低，财政收支矛盾突出，经济发展的韧性需进一步挖掘提升。二是实体经济不强。投资增速放缓，市场主体活力不足，优势不强、特色不特、产业不大，要素支撑力不够，部分重点项目推进滞后，仍未形成支撑县域高质量发展的顶梁柱。三是城乡发展不平衡。

县城发展、乡村振兴、基层治理还有不少短板弱项。发展空间拓展慢，交通条件仍未得到根本改善，内部互联不够充分、外部互通不够快捷。四是公共服务短板多。教育、医疗、卫生、文化等基本公共服务与实际民生需求相比仍需提升。五是干部素质仍需提升。个别干部担当意识、创新意识、服务意识、斗争精神不足，不作为慢作为乱作为问题仍然突出，等等。对于这些问题，我们已经采取措施并将继续加大工作力度，认真加以解决。

二、全面贯彻落实党的二十大精神

党的二十大胜利召开，在党和国家历史上具有划时代、里程碑的重大意义，为新时代新征程党和国家事业发展、实现第二个百年奋斗目标指明了前进方向、确立了行动指南。大会最重要的政治成果是选举产生了以习近平同志为核心的新一届中央领导集体，最重要的理论成果是开辟了马克思主义中国化时代化新境界，最重要的实践成果是描绘了全面建设社会主义现代化国家、以中国式现代化全面推进中华民族伟大复兴的宏伟蓝图，最重要的制度成果是通过了党章修正案。学习宣传贯彻党的二十大精神是当前和今后一个时期全县的首要政治任务和全部工作的重心，我们要围绕大会主题抓住关键重点，在“全面学习、全面把握、全面落实”上持续下功夫，牢牢把握党的二十大精神的思想精髓、核心要义、实践要求，自觉用于统一思想、凝聚力量、引领发展。

（一）深刻领悟“两个确立”的决定性意义。“两个确立”作为党在新时代取得的重大政治成果，已经成为全党全军全国各族人民的高度共识和共同意志，已经写在了新时代的伟大征程上、写在了全党全军全国各族人民心坎上，是党应对一切不确定性的最大确定性、最大底气、最大保证。我们要把着力点聚焦到“两个确立”上，引领全县上下更加坚定自觉做到“两个维护”，把坚决维护核心作为首要的“国之大者”，坚决按照习近平总书记重要指示要求办，始终在思想上政治上行动上同以习近平同志为核心的党中央保持高度一致。

（二）深刻领悟习近平新时代中国特色社会主义思想开辟马克思主义中国化时代化新境界。党的二十大报告对开辟马克思主义中国化时代化新境界进行了深刻阐述，强调拥有马克思主义科学理论指导是我们党坚定信仰信念、把握历史主动的根本所在。“两个结合”深化了我们党对坚持发展马克思主义的规律性认识，“六个必须坚持”系统阐明了习近平新时代中国特色社会主义思想的世界观和方法论。我们要把着力点放在用马克思主义中国化时代化最新成果统一思想、统一意志、统一行动上，深入学习“十个明确”“十四个坚持”“十三个方面成就”的主要内容，深刻掌握贯穿其中的立场观点方法，切实用于观察分析形势，指引五华各项工作。

（三）深刻领悟以中国式现代化全面推进中华民族伟大复兴的使命任务。中国式现代化开创了人类文明新形态，是实现中华民族伟大复兴的光明大道和必由之路。我们要深刻领会中国式现代化的中国特色、本质要求和重大原则，把五华工作放在全国和省市大局中谋划推进，完整、准确、全面贯彻新发展理念，将其贯穿五华现代化建设的全过程和各领域，立足新发展阶段，主动服务和融入新发展格局，积极探索中国式现代化的五华路径。

（四）深刻领悟“三个务必”的伟大号召。“三个务必”充分彰显了百年大党坚定的战略自信和高度的战略清醒，充分彰显了新时代中国共产党人强烈的历史自觉和责任担当，充分彰显了我们党一以贯之加强作风建设，弘扬光荣传统和优良作风的鲜明立场。我们务必不忘初心、牢记使命，坚持一切为了人民、一切依靠人民，永远把人民对美好生活的向往作为奋斗目标；务必谦虚谨慎、艰苦奋斗，始终保持“赶考”的清醒和坚定，经受住“四大考验”，克服“四种危险”，把五华各项事业不断推向前进；务必敢于斗争、善于斗争，提高防风险、迎挑战、破难题的能力，坚持自力更生、依靠顽强斗争开创五华工作新局面。

党的二十大召开后，省委召开十三届二次全会进行部署推动。省委全会结束后，省委书记黄坤明第一时间、第一站来到梅州调研，面对面、手把手指导梅州深入学习贯彻党的二十大精神，充分体现了省委和黄坤明书记对老区苏区人民的特别关爱、特别牵挂，让梅州人民深受鼓舞、倍感鞭策。黄坤明书记要求，梅州要切实把思想和行动统一到党的二十大精神上来，对照省委全会部署要求，找准新起点上现代化建设的着力点、突破口，抓住用好对接融入粤港澳大湾区等机遇，以时不我待的精神加快振兴发展步伐，努力把短板变为潜力板，在新征程上展现梅州锐意进取、奋发有为的新面貌新气象。市委迅速行动，召开市委八届五次、六次全会进行全面部署，描绘了梅州苏区加快振兴、共同富裕的新蓝图，吹响了梅州在更高层次、更高起点、更高目标上推动高质量发展的号角。

我们要统一思想，凝聚共识，以党的二十大精神为指引，按照省委部署和黄坤明书记来梅调研指示要求以及市委工作安排，紧密联系五华实际，进一步增动能、激活力、补短板，着力解决好事关五华全局和长远发展的重难点问题，推动五华苏区加快振兴、共同富裕。

三、提振信心，勇毅前行的 2023 年

今年，是全面贯彻落实党的二十大精神的开局之年。做好今年工作意义重大、责任重大。党的二十大报告指出，高质量发展是全面建设社会主义现代化国家的首要任务，强调这是中国式现代化的本质要求。中央经济工作会议强调，要坚持发展是党执政兴国的第一要务，坚持稳中求进工作总基调，着力推动高质量发展，为全面建设社会主义现代化国家开好局起好步。

黄坤明书记到广东工作以来，多次强调广东要在高质量发展上走在前列作出示范，特别是在 1 月 3 日召开的省委经济工作会议上强调，要拿出走在前列的精气神，强化当好示范的历史主动，探索新路径，激发新动能，实现新突破，勃发新气象，在高质量发展中闯出一条新路来。这些要求释放出狠抓发展、狠抓经济的强烈信号。与此同时，省委出台实施“百县千镇万村高质量发展工程”促进城乡区域协调发展的决定，支持梅州建设赣闽粤原中央苏区对接融入粤港澳大湾区振兴发展先行区。多重政策叠加，力度前所未有，必将有力凝聚起促进五华现代化建设的强大势能、拓展发展的新空间。而且这几年来，我们加快补齐基础设施、产业发展、乡村振兴、民生服务等短板，干部执行力提高，干群内生动力激发，发展潜力释放，更加坚定了奋勇前行的信心和决心。

奋进新征程，建设现代化。我们要锚定

高质量发展首要任务，深入思考五华的“变与不变”，深入分析优势与短板，统筹把握整体和局部，把握政策窗口期，善于借势借力，奋起直追、迎头赶上，突破“从无到有”，努力实现“从有到优”，在新征程上展现新气象新作为，为五华全面建设社会主义现代化开好局起好步。

今年工作的总体要求是：以习近平新时代中国特色社会主义思想为指导，全面贯彻落实党的二十大精神和中央经济工作会议部署，深入贯彻习近平总书记对广东系列重要讲话和重要指示精神，积极探索中国式现代化的五华路径，坚持稳中求进工作总基调，完整、准确、全面贯彻新发展理念，融入服务构建新发展格局，以高质量发展为牵引，认真落实省委、市委部署，举全县之力支持先行区建设，接续有力实施“551”工作举措，力促经济实现质的有效提升和量的合理增长，高质量构建“一城两带四区”发展新格局，打造业兴人和、长治民乐的“工匠之乡·宜居五华”，奋力谱写中国式现代化五华新篇章。

今年全县的发展目标：地区生产总值增长 5.5%；一般公共预算收入增长 4.8%，全体居民人均可支配收入增速与经济增速基本同步。实现这些目标，要重点在“十个方面”抓住新机遇、干出新气象：

（一）在参与先行区建设上抓住新机遇、干出新气象。梅州建设赣闽粤原中央苏区对接融入粤港澳大湾区振兴发展先行区，这是重大机遇，影响深远、鼓舞人心、倍增信心。要树立“一盘棋”思想，以更宽视野、更大格局、更大空间谋划和推动五华发展。一要思想上坚决支持。始终把全局、大局作为考虑问题的出发点和立足点，树立“支持先行区就是支持五华，服务先行区就是服务五华”的思想，切实把全县上下的思想和行动统一到党中央决策部署和省委市委工作要求上来。二要谋划上积极对接。深入领会、深入挖掘，对标先行区的配套政策、项目布局、资金安排、要素供给、体制创新等方面，制定五华行动方案，借助番禺对口帮扶、省直机关及有关单位对口支援等力量，争取更多政策、资金、项目支持，确保政策红利转化为具体项目，转化为发展成果。三要行动上落实到位。依托毗邻珠三角地区的区位优势，紧紧抓住“梅州方案”出台契机，发挥交通区位、生态资源、人文历史等优势，主动对接基础设施互联互通、公共服务配套衔接、产业配套错位协同、市场融合发展，带动五华发展能级跃升。

（二）在壮大实体经济上抓住新机遇、干出新气象。树牢“产业兴县、制造强县”理念，坚持制造业当家，打造产业、布局项目、拓展空间，加快构建现代产业体系。一要做强产业。利用好现有的产业基础、资源禀赋，抓好电子信息、五金机电、制酒制药、绿色建材、新能源、装备制造等骨干企业的培育，促进转型升级、扶持做大做强。坚持育上规、保规上，推动景田百岁山矿泉水等一批项目稳产达产，加快推进华润（五华）循环经济产业园、智能机械产业基地、三顺矿机（二期）等项目建设，年建成投产企业 6 家以上、培育中小企业上规 6 家以上。二要建好平台。完善产业园区道路、环保等基础设施和生产生活服务配套，加快推进河东工业园水质净化厂（一期）工程。开展低效工业用地整治，提升园区综合承载能力和亩均效益。加快高铁经济产业园建设。推动与大湾区建设“飞地园区”“反向飞地”。

搭建检测中心、金融服务、现代物流等生产性服务平台。成立中小微企业首贷中心，支持小微企业和个体工商户金融纾困。三要大抓招商。坚持“一把手”带头招商，发挥“1+3+1”招商机制，用好五华（番禺）大湾区经贸发展中心、商会等平台，坚持以商引商、产业链招商、联合招商，重点瞄准“国字号”“中字号”、头部企业等，盯紧先进制造业、新兴产业，力争引进更多“打粮食”项目，全年计划引进10个以上项目、计划总投资75亿元以上。全面启动智能机械产业招商，着力引进“链主”企业，引发“链式反应”。四要优化环境。坚持“两个毫不动摇”，强化资金、土地、金融等要素保障，弘扬企业家精神，用心用情服务企业。深入践行“办得更快、服务更好”“不为不办找理由、只为办好想办法”的服务理念，推动县政务服务中心服务优化、体验提升、审批增效，实现行政审批事项“两个100%”。更大力度激发市场活力，全年新增市场主体1.5万户。

（三）在推动乡村振兴上抓住新机遇、干出新气象。坚持农业农村优先发展，聚焦“五大振兴”，建设宜居宜业和美乡村，加快农业农村现代化。一要抓乡村发展。巩固脱贫攻坚成果，深入推进驻镇帮镇扶村，放大乡村振兴共同富裕带头人和基金会效应，依托省级现代农业产业园、跨县集群产业园辐射带动，发挥产业攻坚专班作用，推动茶叶、丝苗米、蔬菜、柚果、养猪、稻虾共作、预制菜等产业做强做优，带动“一镇一业、一村一品”提质扩面，建设产业强镇、特色乡村。争取新增1个省级现代农业产业园。加大乡村产业社区推进力度，力争年底所有村集体经济收入超10万元。抓好撂荒耕地复耕复种、高标准农田、小型农田水利建设试点县项目建设，全县粮食播种面积稳定在84.3万亩以上、总产量34.6万吨以上，新建和提质改造高标准农田3万亩。推进农业生产社会化托管服务示范镇建设。二要抓乡村建设。推动农村基础设施和公共服务提档升级，继续推进农村公路“单改双”“白改黑”，稳步提升建制村双车道四级公路比例，争创“四好农村路”全国示范县。实施农村供水“三同五化”巩固提升工程，深入实施农村人居环境整治提升，建成“益水长乐·状元古韵”乡村振兴示范带，形成带动效应，打造全域美丽、生态宜居精美乡村。三要抓乡村治理。发挥基层党组织引领作用，改进乡村治理，深化县镇村“三级文明创建”，促进移风易俗，抓好农村平安稳定。总结华城镇数字乡村改革经验，稳妥推进农村综合改革。同时，更好发挥群团组织优势和力量参与乡村振兴。

（四）在促进城乡融合上抓住新机遇、干出新气象。全面落实省委“百县千镇万村高质量发展工程”，把县镇村发展的短板转化为高质量发展的潜力板，加快建设“强富绿美”新县域。一是打造品质县城。强化规划引领，认真落实“三区三线”，强化城乡基础设施统筹保障，完善老城区和琴江新城公共服务、环境卫生、市政公用、产业培育等设施，促进功能完善、人口和产业集聚。推进老河道公园北“三旧”改造项目，改造一批老旧小区，加快联增大桥建设，完成琴江新城污水管网（西外环、琴江大道）铺设、东延线管廊和黄井安置区建设，抓好国家卫生县城复审，推进国家卫生镇建设，提升城乡精细化管理水平。二是建设美丽圩镇。强化乡镇联城带村功能，以提升圩镇生产生活条件、社会服务功能、公共秩序管理为主线，以产业发展为支撑，加大教育、卫生、文化、体育等社会事业投入，提升人口和经济承载能力，把乡镇打造成为乡村治理中心、农村服务中心、乡村经济中心。三是挖掘消费潜力。以创建县域商业建设行动示范县为牵引，依托国家级电子商务进农村综合示范县，完善县镇村商业网络体系和农村物流配送，加快“跨境电商集聚区”建设。出台扶持奖励办法，新培育一批限上商贸流通企业。持续抓好建筑业，锻造新的产业竞争优势，促进房地产业健康发展。

（五）在提升基础设施上抓住新机遇、干出新气象。坚持拼经济、搞建设，强化现代化基础设施先导支撑，持续布局落子，筑牢高质量发展根基。一要构建通达路网。保障梅龙高铁（五华段）无障碍施工。加快建设国道238线县城改线段，丰华高速郭田、平南互通2条连接线改建工程，国道238线龙中至双璜段、省道238线长布至周江段、省道223线转水五星至华城万子段路面改造工程。谋划建设国道238线河东至安流段改建等一批道路。加快天云岭旅游公路建设，完成兴华高速增设转水、锡坑互通项目立项工作。二要狠抓绿色能源。加快梅蓄二期建设，全力争取将梅州三渡水纳入国家抽水蓄能中长期发展规划。建成南网侧独立电池储能项目，启动华城南网储能项目建设，有序发展光伏等新能源产业，争创“绿色能源示范县”。完成500千伏五华站配套220千伏线路、220千伏华城、35千伏小都、双华、新桥等一批输变电工程及新一轮农村电网升级改造工程。三要突出兴修水利。完成东方红水库和41宗小型水库除险加固工程。加快推进镇级污水处理设施及配套管网（二期）工程，提升污水收集率和处理率。做好韩江五华段综合治理、中小河流治理（二期）等项目前期工作，力促项目尽快落地实施。四要布局新型基建。统筹抓好互联网、大数据等新基建，建成华兴北路智慧停车场，打造宜居、韧性、智慧城市。

（六）在强化教育科技人才支撑上抓住新机遇、干出新气象。坚持教育优先发展、科技自立自强、人才引领驱动，把五华现代化建设的地基打得更稳更牢。一要办好满意教育。落实立德树人根本任务，深化教育综合改革，持续扩大优质教育资源供给，完成学前教育提质、水寨镇澄湖幼儿园、黄狮小学教学楼、华城镇维新小学、禾岭小学等一批教育项目建设。坚持高中阶段学校多样化发展，加快县技工学校（二期）建设，引导规范民办教育发展。深入实施强师兴教工程，加强师德师风建设，抓好校园安全管理。二要实施创新驱动。完善“国家级星创天地”等创新平台，增强科技企业孵化器、众创空间等服务平台吸附效应。强化企业科技创新主体地位，积极推动精荣科技、香雪智慧中医药等4家企业开展技术改造，争取规上企业研发平台实现全覆盖。深化“政校企”“产学研”合作，提升科技创新成果转化能力。推动辉骏5G+智慧园区项目实施，以点带面促进更多企业规模化上云，促进数字经济与实体经济融合发展。三要夯实人才支撑。落实市“人才振兴16条”“青梅”“鸿雁”等五大计划，深化实施长乐人才行动“八大计划”，用好梅州五华大湾区人才创新创业（番禺）基地、省级人力资源服务产业园和县镇人才驿站，开展人才“一站式”服务，抓好青年发展规划实施，做好人才“引育留用”。

（七）在推进绿美五华上抓住新机遇、干出新气象。坚定践行“绿水青山就是金山银山”的理念，抓住绿美广东生态建设机遇，高水平谋划推进五华生态文明建设。一要抓实绿化。在扩大绿量、提高绿质、增强绿效上下功夫，高质量开展绿美五华大行动，优化林分，改善林相，发展林下经济。抓好古树名木保护提升、优化绿道、碧道、古驿道。加强牛肝地、崩岗生态修复，加快推进山水林田湖草沙一体化保护和修复、国家储备林建设和国家森林城市创建工作。探索成立五华县关注森林活动组织委员会。二要抓牢治污。强化源头施治，落实“三线一单”分区管控，深化河湖长制、林长制，深入打好蓝天、碧水、净土保卫战，加快补齐城乡环保设施短板，健全完善常态监管和运维机制，深化森林防灭火“一网三行动”，严厉打击毁林建坟、非法开采资源等违法行为，全力抓好中央生态环境保护督察整改落实。三要抓好“双碳”。稳妥有效推进碳达峰碳中和，严格落实能源消耗总量和强度“双控”制度。探索建立生态产品价值实现机制，推进产业生态化、生态产业化，倡导绿色消费、绿色出行、绿色公益，积极开展垃圾分类，推动形成绿色低碳的生产生活方式。

（八）在建设文化强县上抓住新机遇、干出新气象。发挥五华历史悠久、人文积淀厚重、红色资源丰富等优势，深入挖掘丰富内涵和时代价值，推动文化创造性转化、创新性发展。一要增强文化供给。深化文化惠民工程，抓好采茶戏、木偶戏等非遗文化传承保护，深入挖掘文化名人资源，完成温训文化公园一期项目。扎实推进公共文化服务建设，加快融媒体制播技术中心建设。完成年度红色革命遗址修缮活化利用工程，弘扬伟大建党精神、苏区精神，为五华现代化建设提供深厚精神力量。二要提升城市文明。以创建全国县级文明城市为抓手，扎实推进“九大行动”，发挥新时代文明实践中心（所、站）的阵地功能，健全志愿服务工作体系，加快创建“志愿者之城”。积极践行社会主义核心价值观，提高人民道德水准和文明素养，深化家庭家教家风建设，让向上向善、刚健朴实的文化融入生活日常。三要促进文旅融合。坚持以文塑旅、以旅彰文，大力发展红色游、生态游、乡村游，推动文旅深度融合，积极创建省级全域旅游示范区。弘扬球王精神、浓厚足球文化，开展“一场球赛激活一座城市”系列活动。建好用好足球小镇，继续承办国内外高水平足球赛事，力争“国家体育产业示范基地”尽快获批，推进五华球王故里文化旅游区创建国家AAAA级景区，擦亮“球王故里·足球之乡”名片。

（九）在增进民生福祉上抓住新机遇、干出新气象。坚持尽力而为、量力而行，不断提高民生的均衡性和可及性。一要突出就业优先。坚持就业是最基本的民生，深入推进“三项工程”，抓好公共实训基地建设，加强技能培训，拓宽就业渠道，力争全年各类技能培训达3000人次以上，新增城镇就业4600人。二要提质医疗服务。深化“健康五华”建设，深入推进紧密型医联体、县域医共体建设，推进县人民医院托管、县中医医院创三级中医医院、县第二和第三人民医院创“二甲”医院项目，加快县第六人民医院、县精神卫生门急诊综合大楼建设，升级改造县第五人民医院，带动基层医疗卫生服务水平提升。加强中医药人才培养，擦亮“全国基层中医药工作先进县”品牌。加强重大疫情防控和医疗救治能力、应急能力建设，做好新阶段疫情防控工作，健全公共卫生体系。三要筑牢保障体系。进一步完善城镇职工和城乡居民养老、医疗等保险制度，建立完善租购并举住房政策，全面落实困难群众救助帮扶措施，落实生育支持政策，积极应对人口老龄化，用心用情服务“老弱病残妇幼”群体，继续推进居家养老服务中心（站）建设、适老化改造。

（十）在保障长治民乐上抓住新机遇、干出新气象。更好统筹发展和安全，树立大安全大应急理念，建设更高水平的平安五华、法治五华。一要守牢安全底线。落实总体国家安全观，完善安全隐患常态排查整治机制，有效防范化解政治、经济、意识形态、公共安全等各类风险隐患，强化社会治安整体防控，常态化开展扫黑除恶斗争，严厉打击各类违法犯罪，做好安全生产和应急管理工作，以平时平安确保长治民乐。二要强化基层治理。坚持和发展新时代“枫桥经验”，做好信访和矛盾纠纷排查化解工作。健全党组织领导的“三治”结合治理体系和运行机制，积极发动群团组织、社会组织、企事业单位和志愿者参与社会治理，多级联动、全员入格，加快形成共建共治共享的社会治理新格局。三要深化法治建设。全面实施五华法治建设“一规划两纲要”，深化法治建设“三级同创”，抓好“八五”普法，加快法治政府建设，科学文明执法、促进公正司法、带动全民守法，维护和促进社会公平正义。

四、坚定不移全面从严治党

落实新时代党的建设总要求，时刻保持永远在路上的坚韧和执着，深入推进新时代党的建设新的伟大工程，努力把全县各级党组织锻造得更加坚强有力。

（一）突出政治建设。坚持把政治建设摆在首位。严明政治纪律和政治规矩，落实各级党委（党组）主体责任，严格执行省委坚决落实“两个维护”十项制度机制，不断提高政治判断力、政治领悟力、政治执行力，引导全县上下更加坚定自觉做到“两个维护”。严格遵守和维护党章，贯彻民主集中制，严格执行重大事项请示报告制度，发展积极健康的党内政治文化。

（二）突出思想建设。坚持不懈用习近平新时代中国特色社会主义思想凝心铸魂，严格落实“第一议题”制度和常设议题制度，持续提升“三会一课”实效，全面把握这一思想的世界观和方法论，坚持好运用好贯穿其中的立场观点方法的根本要求。扎实推动党史学习教育常态化长效化，深入学习宣传贯彻党的二十大精神，引导党员干部不断统一思想、筑牢思想根基。全面落实意识形态工作责任制，管好各类阵地，完善网络舆情全流程闭环管理工作机制，牢牢把握工作主动权。

（三）突出组织建设。坚持大抓基层的鲜明导向，筑牢上下贯通、执行有力的严密组织体系，不断增强党组织政治功能和组织功能。落实基层党建三年行动计划，树旗帜、建阵地、强队伍，深入实施“头雁工程”和党员先锋工程，推进农村党组织评星定级、党组织书记分类管理、星级村干部评比和后备干部蹲苗工程，持续整顿软弱涣散基层党组织，优化提升村级党群服务中心，深化党建赋能行动，深入推进“四强四优”模范机关、“五型五好”党组织创建活动。深入开展抓党建引领基层治理促乡村振兴示范村创建，加快构建党建引领全科网格治理服务工作体系，切实把基层党组织的政治优势、组织优势转化为基层治理效能和乡村振兴成果。加强和改进党员特别是流动党员教育管理，推动“两新”组织党组织“覆盖提升”行动，全面提高国有企业、机关、事业单位党建工作质量。

（四）突出队伍建设。贯彻新时代好干部标准，优化县委激励干部担当作为系列政策措施，树立选人用人正确导向，选优配强各级领导班子，涵养斗争精神，增强斗争本领，特别是要提高领导干部抓经济、管经济的能力和水平，打造堪当苏区振兴发展重任的高素质干部队伍。开展“竞标争先”活动，完善干部考核评价体系，重基层重实绩重担当，注重在经济建设、改革创新、乡村振兴、维护稳定等一线锤炼、识别和选拔干部，让优秀者优先、吃苦者吃香、能干者能上、有为者有位。落实“三个区分开来”，用好激励干部担当作为和容错纠错机制，从严从实做好干部监督管理，推动领导干部能上能下、能进能出，关心关爱基层干部，提振干部干事创业的精气神。

（五）突出作风建设。坚持严的基调、严的措施、严的氛围，锲而不舍落实中央八项规定精神，持续纠治“四风”，重点纠治形式主义、官僚主义。坚持不敢腐、不能腐、不想腐一体推进，以零容忍态度查处腐败问题，坚决惩治群众身边的“蝇贪”，惩治新型腐败和隐性腐败。强化巡视巡察成果运用，增强对“一把手”和领导班子监督实效，督促干部严于律己、严负其责、严管所辖。大力加强作风建设，全面提高机关效能和办事效率，全面提高干部的执行力。加强新时代廉洁文化建设，坚决打赢反腐败斗争攻坚战持久战。

与此同时，县委将发挥总揽全局、协调各方的领导核心作用，积极发展全过程人民民主。支持人大、政府、政协和监委、法院、检察院依法依章程履行职能、开展工作，扎实推进民主政治建设。做好民主党派、民族宗教、港澳台侨等工作，构建大统战工作格局。坚持党管武装，加快长乐谷全民国防教育中心建设，争创省双拥模范县“五连冠”。做好新时代老干部工作，深化工会、共青团、妇联等群团组织改革和建设，扎实推进县域共青团基层组织改革。支持残联、科协等群团工作，有效发挥桥梁纽带作用，营造团结拼搏、奋发有为的氛围。

同志们，蓝图鼓舞人心，号角催人奋进。让我们更加紧密团结在以习近平同志为核心的党中央周围，在省委、市委的坚强领导下，笃定信心、团结拼搏，真抓实干、奋发有为，奋力谱写中国式现代化五华新篇章，为广东在新征程中走在全国前列、创造新的辉煌，为全面建设社会主义现代化国家、全面推进中华民族伟大复兴贡献五华力量！

政 府 工 作 报 告

——在五华县第十六届人民代表大会第三次会议上

五华县人民政府县长 丘 炀

（2023 年 2 月 15 日）

一、2022 年工作回顾

2022 年，是党和国家历史上极为重要的一年，也是五华发展进程中极不平凡的一年。面对多重困难叠加、多种风险交织、多条战线作战的严峻形势，县政府坚持以习近平新时代中国特色社会主义思想为指导，深入学习宣传贯彻党的二十大精神，认真落实习近平总书记、党中央关于"疫情要防住、经济要稳住、发展要安全"的重要要求，按照省委省政府、市委市政府的决策部署，在县委的坚强领导下，在县人大、县政协的监督支持下，在广州番禺区等各方力量的鼎力相助下，紧紧依靠全县人民，积极应对一系列严峻复杂考验，齐心协力、砥砺奋进，扎实做好稳增长、促发展、惠民生、保安全各项工作，五华经济社会高质量发展迈出新的坚实步伐。

一年来，我们坚决贯彻国家关于稳住经济大盘的重大决策部署，奋力实现经济运行企稳向好。坚持把发展作为解决一切问题的根本出路，千方百计抓项目、扩投资、增动能，有效稳住经济基本盘。全年实现地区生产总值 178.88 亿元、同比增长 1.6%，增速位居全市第一；实现规上工业增加值 8.39 亿元、同比增长 16.8%，增速位居全市第一；实现规下工业增加值 5.38 亿元、同比增长 8.3%，增速位居全市第二；完成地方一般公共预算收入 12.43 亿元、同比增长 2.3%，增速位居全市第一；实现社会消费品零售总额 87.38 亿元、同比增长 2.3%，增速位居全市第二；实现外贸进出口总额 11.87 亿元、同比增长 6%，完成进度位居全市第一；农林牧渔业总产值 71.4 亿元、同比增长 6%，增速位居全市第三；完成固定资产投资 65.22 亿元，市重点项目完成投资进度率 108.2%，位居全市第一。落实稳经济一揽子政策，为企业办理增值税留抵退税 2.43 亿元，减免"六税两费"等税费 1.28 亿元，有效稳住市场主体，新登记市场主体 1.45 万户，总量突破 7 万户、位居全市第一。

一年来，我们坚决贯彻国家关于疫情防控的各项措施，全力维护人民群众生命安全和身体健康。始终坚持人民至上、生命至上，因时因势优化防控措施，坚持主动防、早发现、快处置、优服务，织密织牢外防输入防线，坚决打好"1 · 15""11 · 26"等一系列本土疫情攻坚战。面对疫情防控进入新阶段，我们聚焦保健康、防重症，全力做好医疗救治和疫苗接种工作，保障药品和医疗物资供应，确保防控措施调整转段平稳有序。全县人民众志成城、群防群控，广大医务人员、基层工作者、志愿者逆行而上、勇毅坚守，广大党员干部冲锋在前、担当负责，全县上下凝聚起同心抗疫、共同守护美好家园的磅礴力量，打赢了一场又一场硬仗。

一年来，我们坚决扛起除风险保安全的政治责任，努力保持社会大局和谐稳定。坚持底线思维，以“时时放心不下”的责任感，统筹发展和安全。毫不松懈抓好安全生产，深入开展重点领域安全隐患排查整治，抓实防汛防台风和森林防灭火等工作，生产安全事故数同比下降33.3%，森林火灾事故数同比下降53.8%。常态化推进扫黑除恶斗争，打击新型电信网络诈骗、养老诈骗等违法犯罪行为，平安建设年度考核排名全市第二。启用全市规模最大的“信访超市”，加强和改进人民信访工作。推广党建引领全科网格治理服务模式，基层治理效能不断提升。

回顾过去的一年，我们的工作成效主要体现在七个方面：

（一）实体经济不断壮大。扭住大产业、大平台、大项目、大企业、大环境等关键环节，发展壮大实体经济。胜工矿机二期等一批重大项目成功签约，三渡水抽水蓄能电站前期工作正式启动，梅蓄二期、华润五华循环经济产业园等一批重大项目动工建设，南网储能、荣晟科技等一批重大项目取得突破性进展，梅蓄一期、景田矿泉水等一批重大项目建成投产，先进制造业和新能源产业对全县产业发展的引领作用愈加明显。健全“1+3+1”招商引资工作机制，大力引进实体经济项目，全年签约引进产业项目12个，计划总投资135亿元，完成实际投资7.9亿元。千方百计稳工业，实现15家工业企业“小升规”，完成规上工业总产值38.17亿元、同比增长6.5%。推动建筑业抗压前行，实现总产值57.65亿元，贡献县级税收1.66亿元，占县级税收收入的27.4%。想方设法促进番禺（五华）产业转移园、河东工业园提质增效，新建道路3.5千米、污水管网7.6千米，盘活低效工业用地190.75亩，争取政策性开发性金融工具资金1.3亿元，动工建设智能机械产业基地首期基础配套设施项目，园区新增投产企业9家。制定出台优化营商环境15条“硬措施”等系列政策，创新实施营商环境监督员制度，营商环境得到明显优化。把个体工商户、农村集体经济组织纳入实体经济“应急转贷”资金服务范围，全年完成转贷4.99亿元，服务支持实体经济再加码，经验做法得到市委主要领导的充分肯定。

（二）城镇品质明显提升。坚持点面结合、精准发力，城乡环境更加宜居。完成华园市场、大坝市场等6个农贸市场升级改造，县城华贸片、华景新城老旧小区改造取得实质性进展。县城华兴北路智慧停车场、国道238线县城段改线工程、高铁经济产业园等项目扎实推进。琴江新城污水管网等市政配套项目有序推进，县城污水处理厂（三期）扩建工程竣工运营。新建5G基站387座，实现县城、乡镇5G信号基本覆盖。16个镇全部达到“宜居圩镇”创建标准，华城镇、转水镇达到“示范圩镇”创建标准。500千伏敬州变电站建成投产，助力梅州电网迈进“双核”时代。水寨新型城镇化配电网示范区建设取得阶段性成效，居民用电可靠性明显提升。

（三）乡村振兴纵深推进。深入推进“九大攻坚”和驻镇帮镇扶村工作，切实巩固脱贫攻坚成果，有效补齐农村发展短板，农业农村高质量发展更有实效。全年争取省级涉农资金 6.89 亿元。全面铺开乡村振兴共同富裕带头人擂台赛，经验做法得到省委领导的批示肯定。蔬菜省级现代农业产业园创建工作深入推进；新增梅州柚种植面积 1.5 万亩、茶叶种植面积 1000 亩，“稻虾共作”模式广泛推广，建成种养基地 22 个、面积 2330 亩；农业产业扩面提质增量，新增“粤字号”农业品牌 5 个、认证绿色食品 4 种；粤港澳大湾区“菜篮子”产品梅州配送中心运营有序，新增生产基地 6 个。华城镇乡村产业社区试点工作正式启动。坚决守牢粮食安全底线，全面实施新一轮垦造水田项目，集约土地 1641 亩、竣工 1082 亩；有序推进 2.64 万亩高标准农田建设，完成撂荒耕地复耕 13.79 万亩、复种 8.41 万亩，粮食播种面积 84.24 万亩、总产量 34.54 万吨。河东镇油田片乡村振兴三村联动示范带建设全面完成，“益水长乐·状元古韵”乡村振兴示范带和“古邑新城·客家乡韵”乡村振兴示范区建设项目顺利启动。农村集中供水工作获评省级“优秀”等次，获得奖补资金 7225 万元。加大金融支持乡村振兴力度，出台金融助力乡村振兴 15 条措施，统筹 2000 万元资金在全市率先设立乡村振兴信用贷款风险补偿基金，涉农贷款总额 156.2 亿元、同比增长 15.7%。成功争取实施省小型农田水利建设和农业生产社会化服务创新试点项目。强化人才支撑，建成乡村振兴“1+16”人才库，组织各类人才培训 1.72 万人次。

（四）生态环境持续向好。注重管护和治理两大重点，守住生态保护红线，持续巩固生态优势。高质量完成“三区三线”划定任务，国土空间集约高效利用水平不断提升。森林防灭火“一网三行动”扎实开展，建设森林防火隔离带 1837.6 千米；绿化行动深入实施，国储林收储林地面积 2.75 万亩，完成造林面积 3.76 万亩、抚育面积 10.65 万亩，森林覆盖率达 69.23%。办结中央环保督察交办案件 96 宗，办结率达 100%。有序实施山水林田湖草沙一体化保护和修复项目。深入打好污染防治攻坚战，主要污染物总量减排成效明显，县城空气质量优良天数比例达 99.7%，上级考核断面水质年均值优良率、县城集中式饮用水水源水质优良率均为 100%，农村生活污水治理率达 55.8%，土壤环境总体优良，生态环境持续改善。

（五）改革创新有力有效。坚持抓重点、促改革，发展动能得到充分激发。数字政府建设和“放管服”改革不断深化，县政务服务中心获评“全省县（区）级标杆政务服务中心”，是全市唯一获评县。县政务服务中心新址正式启用，1778 项县级政务服务事项实现 100%网上受理，事项进驻率达 99.6%。纵深推进乡镇综合行政执法体制改革，基层行政执法服务效能明显提升。华城镇医保普通门诊“镇村一体化”试点工作扎实推进，让更多老百姓在家门口就近享受医保报销待遇。国企改革深入推进，企业资产资质、业务能力明显提升，服务县域发展大局作用日益凸显。深入实施创新驱动发展战略，新培育认定科技型中小企业 22 家，4 家企业入选广东省创新型中小企业名单和“专精特新”中小企业名单，9 家企业通过高新技术企业网评。

（六）民生福祉日益改善。坚持以民为

本，把有限的财力重点用于保障和改善民生，让幸福美好生活更加可感可触可及。省、市、县“十件民生实事”基本完成。“粤菜师傅”“广东技工”“南粤家政”3项工程培训各类技能人才3739人次，新增城镇就业4275人。县技工学校成功创建省级重点技工学校。县长乐小学、河东镇第五小学等一批项目建成投用，新增学位5900个；乡镇小学、教学点校容校貌管理提升工程高效实施，教育环境明显改善。县教师发展中心培训大楼建成投用，为基础教育师资培训提供了一流的硬件支撑和智力保障。完成中小学教师第二轮“县管校聘”改革。教育教学质量稳步提升，6名学子分别被清华大学、北京大学录取。县人民医院门急诊住院大楼、县妇幼保健计生服务中心大楼建成投用，谷城医院即将试运营，县第六人民医院、县精神卫生中心门急诊大楼等项目建设稳步推进，群众就医环境逐步改善。32个公益一类医疗单位“一类财政保障，二类绩效管理”政策得到落实。68个村（社区）党群服务中心改造提升工程扎实推进。县救助服务站和未成年人保护中心加快建设，长者饭堂、居家养老服务中心（站）建设、养老机构适老化改造有序推进。县革命烈士事迹陈列馆建成投用。“双百工程”实现全覆盖。县融媒体制播技术中心大楼项目动工建设。县爱卫中心获评“全国爱国卫生运动70周年先进集体”，为全市唯一获评单位。首次承办中超联赛赛事，让全国人民关注五华、点赞五华；县高级中学在2022年广东省“省长杯”青少年校园足球联赛中勇夺高中男子组、女子组冠军；球王故里足球生态精品线路成功入选“2022中国体育旅游精品项目”，足球文化品牌进一步被擦亮。华城镇黄埔村成功获评第三批“广东省文化和旅游特色村”。

（七）政府建设不断加强。严格执行省委坚决落实“两个维护”十项制度机制，严明政治纪律和政治规矩，政治生态不断净化。坚持按规定向县委、县人大及其常委会报告工作，向县政协通报情况，高质量办好人大代表建议、政协委员提案，办复率和满意率均达100%。坚持依法行政，深入推进法治政府建设，全力抓好法治政府实地督察反馈意见整改。“八五”普法工作扎实开展。认真落实中央八项规定及其实施细则精神，整顿纠治了一批政府系统作风上的顽瘴痼疾，切实为基层减负。抓好决策、执行和重点领域信息公开工作，强化审计监督和整改。严控“三公”经费和一般性支出，廉洁政府建设成效不断显现。

宗教、民族、外事侨务、退役军人事务、统计、供销、妇女儿童、残疾人、档案、金融、气象、烟草、盐业、地方志等工作都取得新成绩。与工会、共青团、妇联、残联、工商联、科协、红十字会、老促会、文联等群团组织联系进一步密切。

各位代表！回顾一年来的工作，我们深切感受到：这些成绩的取得，是习近平新时代中国特色社会主义思想科学指引的结果，是党中央国务院、省委省政府、市委市政府科学决策、关怀指导的结果，是县委团结带领全县干部群众齐心协力、攻坚克难的结果，是县人大、县政协有效监督的结果，是广州番禺等各方帮扶力量以及社会各界鼎力支持的结果；体现的是党员干部勤政务实的优良作风，展示的是人民群众勤劳肯干的高贵品质，让我们更加清楚过去为什么能够成功，更加明白未来怎样才能继续成功。在此，我代表县人民政府，向人大代表、政协委员，向广大党员干部群众、离退休老同志、驻五华部队、武警官兵、民兵预备役人员，向工商联、无党派人士、人民团体，向所有关心、支持和参与五华建设发展的各界朋友，向长期奋战在抗疫一线的医务人员、公安民警、基层工作者，表示衷心的感谢并致以崇高的敬意！

在肯定成绩的同时，我们也清醒看到面临的问题和挑战。受新冠疫情和国内外经济下行压力的叠加影响，县域经济复苏的不稳定、不平衡依然存在。县域经济体量小，人均水平低，经济发展水平远低于全省、全市平均水平。主导产业不突出，产业结构不合理、层次低，工业尤其是制造业短板明显，新兴产业和先进制造业发展质量仍处于较低水平。招商引资质效不高，项目建设要素制约严重，高水平营商环境建设仍任重道远。税收基础薄弱，财政刚性支出压力大，收支矛盾愈加突出。民生领域短板多、历史欠账大。干部抓经济工作的本领和能力仍有待提升，少数干部不担当、不作为、乱作为，甚至漠视侵害群众权益、工作失职失责，等等。我们将直面问题挑战，切实采取措施解决存在问题，不辜负全县人民对我们的期待！

二、2023 年工作安排

2023 年，是全面贯彻落实党的二十大精神的开局之年，是实施“十四五”规划承上启下的关键一年，也是五华推动高质量发展的奋进之年。做好政府工作，要坚持以习近平新时代中国特色社会主义思想为指导，全面学习贯彻党的二十大精神，深入贯彻落实习近平总书记对广东系列重要讲话和重要指示精神，认真落实省委省政府、市委市政府和县委关于高质量发展的部署要求，认清五华所处的历史方位和具备的基础优势，紧紧把握广东高质量发展的大局大势，抢抓苏区融湾等政策机遇，坚持稳中求进工作总基调，完整、准确、全面贯彻新发展理念，积极服务和融入新发展格局，以推动高质量发展为主题，更好统筹疫情防控和经济社会发展，更好统筹发展和安全，积极参与梅州苏区对接融入粤港澳大湾区振兴发展先行区建设，聚焦实体经济和乡村振兴两大重点，统筹推进“百县千镇万村高质量发展工程”，力促经济实现质的有效提升和量的合理增长，持续发展和改善民生，持续保持社会大局和谐稳定，努力实现稳进增效、除险清患、改革求变、惠民有感，确保五华现代化建设开好局、起好步。

今年我县经济社会发展的主要预期目标：地区生产总值增长 6%；固定资产投资增长 10%，社会消费品零售总额增长 6.5%，外贸进出口总额增长 5%，规上工业增加值增长 10%，规下工业增加值增长 8%；地方一般公共预算收入增长 5.6%；完成市下达的节能减排降碳约束性指标任务；全体居民人均可支配收入增速与经济增速基本同步。

经济增速目标的设定，主要基于对疫情形势放缓可能带来经济运行态势恢复增长的考虑，并同近年来的平均增速和“十四五”规划目标以及省、市高质量发展目标要求相衔接。这需要我们付出艰苦努力才能实现。

为实现今年的发展目标任务，我们要重点抓好以下八个方面的工作：

（一）坚持制造业当家，更大力度发展实体经济。实施制造业当家“一把手”工程，围绕培育壮大主导产业、建强平台载体、精准招商引资，着力打好实体经济攻坚突破主动仗。

在培育主导产业上攻坚突破。锚定电子信息、绿色建材、新能源、装备制造等产业培育方向，深入实施延链补链强链工程，推动产业集群发展，打造五华特色的主导产业。全力抓产业项目建设，加快梅蓄二期、华润五华循环经济产业园等在建项目建设进度，扎实推进三渡水抽水蓄能电站前期工作，全力保障景田百岁山矿泉水、广悦鞋业等一批工业企业稳产达产，推动金西湖、精荣科技、泰金智能等一批制造业企业增资扩产，力促南网储能、荣晟科技等项目建成投产，推动产业高质量集聚发展。实施“个转企、小升规、规转股、股上市”市场主体培育计划，新增规上工业企业 9 家以上。聚焦建筑业高质量发展主线，支持本地建筑企业错位发展，提升资质等级、业务能力，不断开拓市场，促进健康发展，力争建筑业总产值达到 62.3 亿元、同比增长 8%。

在建强产业平台上攻坚突破。持续完善产业园区基础设施和配套服务设施，提升园区产业承载力。积极争取将番禺（五华）产业园纳入市承接产业转移主平台建设范围，全力向上争取资金完善园区道路、环保等基础设施和生产生活服务配套。建好智能机械产业基地等平台。加快河东工业园水质净化厂（一期）、标准厂房（二期）等项目建设进度。完成三坑移民安置区、技工学校周边污水管网工程和足球小镇及周边市政提升工程建设。搭建检测中心、金融服务、现代物流等生产性服务平台。坚决打赢工业园区低效工业用地整治攻坚战，完成 452.7 亩年度整治任务，不断规范园区土地管理，提升土地亩均效益。拓展五华（番禺）大湾区经贸发展中心运营成效，全力打造粤东西北地区在大湾区设立“反向飞地”的成功典型。

在精准招商引资上攻坚突破。从“投入思维”转向“产出思维”，实施招商引资“一把手”工程，持续提高招商引资质效，引进更多优质产业项目。借力广州番禺对口帮扶、省帮扶集团对口支援等力量，发挥“1+3+1”招商机制、珠三角与粤东西北对口合作招商机制、五华（番禺）大湾区经贸发展中心和商会平台等作用，以承接产业转移为重点，聚焦新兴产业和先进制造业，瞄准央企、国企、上市公司等头部企业开展产业链招商，着力引进一批税收大、就业多、成长性好的“打粮食”项目，力争全年完成新签约项目计划投资额 77 亿元以上，其中引进工业项目计划总投资 54 亿元、超亿元工业项目 8 个以上。强化项目全程跟踪服务，全力保障项目加快落地建设，力争完成实际投资 15.5 亿元以上。

（二）突出项目引领，充分释放有效投资潜能。抢抓政策机遇，认真谋划一批、开工一批、推进一批、竣工一批重点项目，夯实高质量发展硬支撑。

强化交通公路项目建设。保障梅龙高铁（五华段）无障碍施工。开展五华至紫金高速公路、五华至惠东高速公路项目前期工作。推动兴华高速转水、锡坑互通工程尽快动工。加快国道 238 线县城改线段，丰华高速郭田、平南互通两条连接线改建工程，国道 238 线龙中至双璜段、省道 238 线长布至周江段路面改造等一批项目建设进度。谋划建设国道 238 线河东至安流段改建工程、省道 223 线梅县南口至五华水寨段改扩建工程等项目。完成天云岭旅游公路建设。

强化水利电力项目建设。完成东方红水库和 41 宗小型水库除险加固工程，持续推进中小河流治理二期项目，加快城乡供水一体化升级改造项目进度。完成 500 千伏五华站配套 220 千伏线路、梅州五华 110 千伏长乐输变电工程及新一轮农村电网升级改造工程等一批电力项目建设任务。建成水寨新型城镇化配电网示范区，打造电力样板工程。启动建设华城镇南网储能项目，引进更多产业链关联项目，谋划建设新型储能产业园。

强化项目要素保障。算好“经济账”，把土地、资金、能源等资源要素集中到“打粮食”项目上，激发实体经济发展的内生动力。加强项目谋划储备，提高项目成熟度，积极争取更多中央预算内投资、专项债、政策性开发性金融工具等项目和资金支持，力争全年向上争取各类项目资金 52 亿元以上。加强政银企合作，加大金融服务支持实体经济力度。加快土地征储和开发利用力度，统筹 1000 亩以上连片可供熟地，全力支持实体经济项目发展。完成市下达新一轮 2262 亩垦造水田任务。发挥好政府投资建设项目管理机构作用，健全项目建设全程监管机制。

（三）推进乡村振兴，全面加快农业农村现代化步伐。以实施乡村振兴战略为总抓手，因地制宜发展乡村产业，补齐乡村基础设施短板，深化农村综合改革，促进农业农村现代化。

守牢粮食安全底线。巩固拓展农业社会化服务创新试点县成效，推进农业生产社会化托管服务示范建设，打造农业生产托管服务“五华品牌”。深入开展农村乱占耕地建房问题整治，坚决遏制耕地“非农化”“非粮化”。扎实推进小型农田水利建设试点县项目，完成 3 万亩高标准农田建设与提升任务，压实防止二次撂荒工作责任，巩固提升撂荒耕地复耕复种成效，完成粮食播种面积 84.3 万亩、总产量达到 34.6 万吨。

大力发展乡村产业。深入实施“一村一品、一镇一业”富民兴村产业、广东金柚优势特色产业集群等一批农业产业项目。完成蔬菜省级现代农业产业园建设任务，力争新增 1 个省级现代农业产业园。新增梅州柚种植面积 1.5 万亩以上、茶叶种植面积 1000 亩以上、县级以上农业龙头企业 6 家、粤港澳大湾区“菜篮子”生产基地 6 个。实施新型农业经营主体提升行动，新认定农民合作社示范社 8 家以上、县级家庭农场 2 家以上。推广“稻虾共作”产业模式，新增养殖面积 1100 亩。推动生猪养殖规模化，力促永鹰生猪养殖、华运生猪繁殖场项目建成投产。完成烟叶种植面积 9483 亩，收购烟叶 2.75 万担。因地制宜推动乡村产业社区试点建设取得成效。用好驻镇帮镇扶村、“万企兴万村”等帮扶资源，促进农民就近就地就业创业，探索共同富裕新路径。推进村集体“三资”盘活利用，发展壮大村级集体经济，力争所有村集体经济收入达 10 万元以上。

深化乡村建设行动。加快建设休闲农业与乡村旅游示范点、省级乡村民宿示范点，打造一批乡村休闲旅游精品路线。动工建设岐岭镇美丽乡村项目，加快推进“益水长乐 · 状元古韵”乡村振兴示范带和“古邑新城 · 客家乡韵”乡村振兴示范区项目建设，完成河东镇五村联动美丽乡村风貌带和小型农田水利建设试点项目先行点风貌带建设。深入实施农村人居环境整治提升五年行动，推进农村生活污水治理，治理率达 60% 以上。创建一批特色精品村，65%以上行政村达到“美丽宜居村”标准。抓好农村供水

“三同五化”改造提升，实现自来水普及率达99%以上，水质合格率达93%以上。加大农村公路“单改双”“白改黑”力度，争创“四好农村路”全国示范县。

（四）强化城乡统筹，聚力推动城乡融合发展。落实“百县千镇万村高质量发展工程”，统筹推进强县促镇带村，不断缩小城乡差距，促进区域协调发展。

建设品质县城。推动以县城为主要载体的新型城镇化，促进县城高水平提质扩容，大力完善老城区和琴江新城公共服务、环境卫生、市政公用、产业培育等设施，促进功能完善、人口和产业集聚，提升中心城区的辐射带动能力。扎实推进老河道公园北“三旧”改造项目，实施城兴片、园新片等一批老旧小区改造。加快联增大桥建设进度。完成琴江新城污水管网铺设、东延线管廊和黄井安置区建设。抓好“国家卫生县城”复审工作。

强化城镇联动。充分发挥华城、安流、龙村等中心镇的辐射带动作用，加快城乡高质量融合发展。实施县域商业体系建设行动，创建县域商业建设行动示范县，推动大中型商贸流通企业、连锁经营企业进入县域市场。支持电子商务、文化创意等业态发展，加快县直播电商基地和“跨境电商集聚区”建设。持续实施美丽圩镇建设攻坚行动计划，巩固提升“宜居圩镇”全覆盖创建成果，力争创建“示范圩镇”5个以上。完成棉洋圩镇规范化建设（一期）项目，动工建设华阳镇美丽圩镇提升改造和圩镇周边四村联动乡村振兴项目。持续推进卫生镇创建工作，力争潭下、周江等4个镇成功创建“国家卫生镇”，华城、郭田等7个镇通过“广东省卫生镇”创建工作复审。

抓好城市管理。加快推进县智慧综合服务平台项目建设。建成县城华兴北路智慧停车场项目。持续推行网格化综合治理，推动城市管理向社区、居民小区等“末梢”延伸。常态化开展市容环境整治专项行动。持续推进生活垃圾分类投放点和城区生活垃圾集中转运站建设工作，健全生活垃圾收运分类体系。

（五）建设绿美五华，不断筑牢高质量发展根基。处理好生态与发展的关系，打好蓝天碧水净土保卫战，坚定不移走好生态优先、绿色发展之路。

深入实施绿化行动。统筹推进绿美五华“八大行动”，扩大绿量、提高绿质、增强绿效，全力创建国家森林城市。完成3.41万亩造林和7.56万亩新造林抚育任务。全面落实林长制，加大林分优化、林相改善力度。加快国家储备林建设，完成林地收储4万亩。推进天云岭森林公园综合示范园二期建设。深化森林防灭火“一网三行动”，新建森林防火隔离带250千米。严厉打击毁林建坟等违法行为，持续巩固森林督查违法图斑整治成果。强化森林资源管护，加强古树名木保护。成立县关注森林活动组织委员会，凝聚营造绿水青山的强大社会力量。鼓励发展森林旅游、森林康养产业。推进林下种养产业发展，培育龙头企业，提升林业经济效益，完成油茶林新造5000亩和低效油茶林改造2500亩。

加强生态环境综合治理。强化大气面源污染治理，加强PM2.5和臭氧协同控制，抓好重点行业挥发性有机物减排、施工扬尘污染整治、秸秆禁烧、烟花爆竹禁燃禁放等工作，县城空气质量优良天数比例达97%以上。落实好河（湖）长制工作，推进河库“清四乱”“清漂”行动，强化污染源头管控。加强饮用水水源地保护监管，确保上级考核断面水质和县城集中式饮用水水源地水质达标率、优良率均达100%。严厉打击河道非法采砂、非法开采稀土矿行为。统筹推进牛肝地、崩岗生态修复。深入实施山水林田湖草沙一体化保护和修复项目。规范医疗废物、危险废物、一般工业固废等处置。加强城乡环保设施建设，健全常态监管运维机制。抓好中央生态环境保护督察整改落实，常态化开展突出生态环境问题“大起底”“回头看”，着力防范化解生态环境风险。

协同推进“双碳”工作。强化能源消耗总量和强度“双控”，严格落实“三线一单”，严禁新建“两高一低”项目。积极有序开发光伏、生物质能等可再生清洁能源，不断发展壮大节能环保产业链。探索建立生态产品价值实现机制，推进产业生态化、生态产业化，促进产业绿色低碳转型。持续推进新型智能电网建设，完善新能源汽车充电桩等绿色基础配套设施。倡导绿色低碳理念，推动形成绿色低碳生产生活方式。

（六）深化改革创新，充分激活发展动力活力。依靠改革创新破瓶颈、聚优势、增动力，推动改革创新更好服务高质量发展大局。

推动重点改革再提速。按照“梅州方案”改革试点工作部署，学习借鉴大湾区制度创新成果，推进县域体制机制创新。深入推进数字政府改革建设，加快政务服务“一网通办”，力促县、镇、村三级政务服务标准化规范化便利化。推进国企改革，提升国有资本市场化运作能力，增强造血功能。深化财税金融改革，增强预算的约束力和透明度，强化税收征管，稳定财政收入。深化司法体制综合配套改革。推进农村承包地“三权分置”改革，引导土地经营权规范有序流转。

推动营商环境再优化。落实好优化营商环境系列措施，把“用户思维”理念融入政府服务全链条，发挥好营商环境监督员作用，完善政企沟通机制，全力破解市场主体生产经营中的“痛堵难阻”，让各类市场主体在五华更加舒心地创新创业、更加放心地发展壮大。持续深化“放管服”改革，促进县政务服务中心服务优化、体验提升、审批增效，拓展“粤系列”覆盖面，推动掌上政府、政务协同、政务服务“指尖办”“自助办”，优化“12345”政务服务便民热线，让群众和市场主体“少跑腿”。千方百计稳住市场主体，用好“应急转贷”资金，发挥“五华惠企”平台作用，破解中小微企业和个体工商户融资难题，新增市场主体1.5万户以上。

推动创新能力再提升。支持规上企业设立科技创新平台及新型研发机构，培育科技型中小企业、“专精特新”企业和高新技术优质企业成长梯队，力争今年培育科技型中小企业15家以上、“专精特新”企业2家以上、高新技术企业1家以上。深化人才体制改革，聚焦实体经济和乡村振兴，落实好市“五大”人才计划和长乐人才行动“八大计划”，引进和培养更多急需紧缺等高端人才，全面激发创新创造活力。健全乡村振兴共同富裕带头人“传帮带”机制，培育一批乡村振兴带头人、乡土专家。推进农科所等广东博士工作站建设工作，打造乡村振兴高层次人才平台。

（七）增进民生福祉，持续改善人民生活品质。坚持把更多财力用于保障和改善民生，不断提高群众幸福感、获得感和安全感。

持续有效稳就业促就业。注重通过稳市场主体来稳就业，增强创业带动就业作用。发挥重大项目建设拉动就业的作用，多渠道、多形式开发就业岗位，促进高校毕业生和城镇就业困难人员等创业带动就业 300 人次以上。深入实施省“三项工程”，加强技能培训，力争全年培训各类技能人才 3000 人次以上，新增城镇就业 4600 人。深化校企合作，推动县技工学校、县职校与县内企业建立实习实训供需对接机制，拓宽技校、职校学生就业渠道。

促进教育优质均衡发展。我县是山区教育大县，在校学生达到 22.5 万人，抓好教育是五华百姓最大的期盼，要坚持把教育这个关乎千家万户、影响千秋万代的大事办好。今年要完成敏捷城、敏捷珑悦府小区配套幼儿园建设移交工作，完成县黄狮小学教学楼、登畲中学教学楼等一批项目建设，不断增加优质教育资源供给，新增学位数量 4040 个。发挥县教师发展中心平台作用，抓好教师培训和学历提升，建强教师队伍。巩固“双减”政策落实成效，全面提升学生综合素质。对水寨、华城、双华、郭田等镇开展第二轮教育强镇复评。争创广东省基础教育高质量发展实验区。加快县技工学校（二期）项目建设，改善职业教育办学条件。促进民办教育、开放教育、老年教育健康有序发展。加强师德师风建设。健全家校社协同育人机制，发展家庭教育指导服务。

提高医疗卫生服务水平。推动公立医院综合改革和高质量发展。完成县人民医院移交托管工作，加快创建“三甲”医院。推动县中医医院创三级中医医院，加强中医药人才培养，擦亮“全国基层中医药工作先进县”品牌。加快县第二、第三人民医院创建“二甲”医院。加快县第六人民医院、县精神卫生中心门急诊大楼等项目建设。拓展紧密型医联体、县域医共体建设成效。提高优生优育服务水平，落实好“三孩”生育政策及配套支持措施，减轻群众生育、养育、教育负担。完善“一老一小”照护和妇幼健康服务体系。逐步推广医保普通门诊“镇村一体化”试点经验。扎实做好新阶段疫情防控工作，健全分级诊疗机制，抓好疫苗接种等工作，保障群众就医用药需求，着力保健康、防重症。持续开展爱国卫生运动。深入推进“健康五华”建设。

加强社会保障和服务。健全城镇职工和城乡居民养老、医疗等保险制度，扩大失业、工伤、生育保险覆盖面，健全社会保障基金监管体系，建立完善租购并举住房政策。加强欠薪治理，加大建设领域农民工工资支付保证金制度、实名制用工管理制度、工人工资分账支付制度的执行力度。做好军人军属、退役军人和其他优抚对象优待抚恤工作，力争实现“广东省双拥模范县”“五连冠”。保障妇女儿童合法权益，推动新一轮妇女儿童发展规划落实。强化未成年人保护和心理健康教育。推进“双百工程”示范点建设。加快养老机构适老化改造，力争把河东、横陂敬老院打造成向社会开放的居家养老综合服务中心。加强民生兜底保障和遇困群众救助，努力做到应保尽保、应助尽助。

丰富群众精神文化生活。加强石雕、提线木偶、采茶戏等非物质文化遗产的传承保护。加大东征军政治部旧址、古大存故居、黄国梁故居等红色革命遗址的保护开发力度。推进狮雄山遗址公园建设。加快县融媒体制播技术中心项目建设，更好地引导群众、服务群众。全力推进“创文”工作，力争获得“全国县级文明城市”创建提名资格。发挥足球小镇、奥体中心作用，继续承办国内外高水平足球赛事，加强中超赛事经济开发，争创“国家体育产业示范基地”。推进五华球王故里文化旅游区创建国家AAAA级景区，争创省级全域旅游示范区。大力实施全民健身工程，加强公共体育设施建设，提升群众身体素质和健康水平。

根据省、市十件民生实事安排，结合五华实际，我们拟订了2023年县十件民生实事候选项目，包括实施道路改造提升、病险水库除险加固等11项，今年继续实行人大代表票决制，请大家审议。我们将坚持量力而行、努力而为办好民生实事。

（八）坚守底线思维，全力保障社会和谐稳定。坚持统筹发展和安全，加强平安建设和安全生产，确保社会大局安定有序。

探索社会治理新模式。坚持和发展新时代“枫桥经验”，深入开展矛盾纠纷排查，推动信访问题源头治理，提高初信初访化解率；开展“无信访村（社区）”创建活动，常态化开展信访积案化解，真正把“送上门的群众工作”做实做好。推进党建引领全科网格治理服务，提高基层治理水平。扎实开展第五次全国经济普查，做好民族、宗教、外事侨务、统计、档案、地方志等工作。支持工会、共青团、妇联、残联、工商联等人民团体广泛参与社会治理和公共服务。

着力防范化解新风险。加强各类意识形态渗透和国家安全领域风险防范，坚决维护国家政治安全。坚持量力而行实施政府投资项目，防范化解政府债务风险，兜牢“三保”底线。统筹抓好房地产、国企债务、金融等领域风险防范化解工作。深入开展安全生产专项整治，强化重点领域隐患排查治理，坚决防范和遏制较大以上事故发生。推动食品安全责任落实，确保“舌尖上的安全”。强化药品监管，保障群众用药安全。加强应急体系建设，提高应急处置水平。常态化开展扫黑除恶斗争，严厉打击新型电信网络诈骗等违法犯罪行为，强化社会治安防控体系建设，全力守护平安。

三、全面加强政府自身建设

新征程新使命，对政府自身建设提出了更高要求。我们要始终牢记“三个务必”，毫不动摇把党的政治建设摆在首位，坚持以习近平新时代中国特色社会主义思想凝心铸魂，增强“四个意识”、坚定“四个自信”、做到“两个维护”，忠诚尽职、奋勇争先，全面加强自身建设，提高现代化治理能力，努力建设人民满意的政府。

打造法治政府。认真贯彻习近平法治思想，坚持依法决策、科学决策、民主决策，着力提高政府决策水平。自觉接受人大法律监督、政协民主监督及社会各方面监督，认真办理人大代表建议和政协委员提案。全面实施五华法治建设“一规划两纲要”，深化法治建设“三级同创”，抓好“八五”普法，营造尊法学法守法用法的浓厚氛围。深化政务公开，确保权力在阳光下运行。

打造为民政府。旗帜鲜明激励干部主动作为，不当“官老爷”，不做“躺平式干部”，做好服务员，真正把全心全意为人民服务体现在为民办实事、解难事、做好事上，落实到谋划和推进工作的方方面面。传承弘扬“马上就办、真抓实干”的优良作风，强化新时代机关效能建设，提升干部执行力和抓落实能力。

打造担当政府。全面提升勇争一流的精神区位，始终保持不甘人后、奋力争先的决心和勇气，让“坐不住、慢不得、等不起”成为常态，做到“用数字说话、凭实绩交卷、以成效检验”。持续磨砺敢于斗争的坚韧品格，激发干部勇于担当、奋发有为，用“拼”的意识、“抢”的精神、“实”的作风、“干”的冲劲，全方位提升服务效能，更好担负起“保一方平安、护一方百姓、促一方发展”的重任。

打造廉洁政府。抓牢全面从严治党主体责任这个“牛鼻子”，切实落实管党治党新要求，有效防范廉政风险和履职风险。严格落实中央八项规定及其实施细则精神，驰而不息纠治“四风”，切实为基层减负松绑。严格“三公”经费管理，压缩一般性支出，真正把有限的资金用在发展紧要处、民生急需上。全面强化审计监督，切实加强对项目资金、国有资产、公共资源交易等领域监管，树立政府清廉清正清明形象。

各位代表！新阶段赋予新使命，新征程呼唤新作为。我们一定要更加紧密地团结在以习近平同志为核心的党中央周围，在县委的坚强领导下，同心同德、共克时艰、勇毅前行，坚决完成经济社会发展目标任务，奋力推动五华高质量发展，为谱写现代化五华建设新篇章而努力奋斗！

名词解释

1.“1+3+1”招商工作机制：“1”指县招商引资工作领导小组，“3”指三支驻外招商工作队，“1”指县招商工作专班。

2. 实体经济“应急转贷”资金：2020年4月，县政府为缓解中小微企业融资难、还贷难的困难，专门设立实体经济“应急转贷”资金池，注入财政资金3000万元，帮助县内符合国家产业政策和信贷政策，经营效益好，资金还贷暂时出现困难的市场主体按时还贷。

3.“三区三线”：农业、生态、城镇空间和永久基本农田、生态保护红线、城镇开发边界。

4.“一网三行动”：“一网”即落实森林资源网格化管理；“三行动”即开展“一清二建三练”行动，“清”即清除隐患，“建”即建设森林防火隔离带，“练”即加强以水灭火演练。

5.“双百工程”：“广东兜底民生服务社会工作双百工程”，指乡镇（街道）社会工作服务站100%覆盖，困难群众和特殊群体社会工作服务100%覆盖。

6.“县管校聘”：指全体公办义务教育学校教师和校长实行县级政府统一管理，特别是统一定期强制流动到县域内的义务教育学校，将教师和校长从过去的某学校的“学校人”改变为县义务教育系统的“系统人”。

7.“反向飞地”：经济发展相对滞后、人才资源相对匮乏的欠发达地区，主动在人才、科技、资本等资源丰富的经济发达地区设立飞地，作为产业驻地窗口，并资助管理飞地的招商引智新模式。

8.“三同五化”：城乡供水同标准、同

质量、同服务，农村供水“规模化发展、标准化建设、一体化管理、专业化运作、智慧化服务”。

9. 县域商业建设行动示范县：根据财政部、商务部、国家乡村振兴局联合发布《关于支持实施县域商业建设行动的通知》，定于 2022 年至 2025 年支持实施县域商业建设行动，以渠道下沉为主线，以县乡村商业网络体系和农村物流配送“三点一线”为重点，加快补齐农村商业设施短板，健全县乡村物流配送体系，引导商贸流通企业转型升级，推动县域商业高质量发展。

10. 绿美五华“八大行动”：森林精准提升行动、城乡一体绿美提升行动、绿美保护地提升行动、绿色廊道品质提升行动、困难立地修复提升行动、绿美资源管护行动、绿色经济增长行动、全民爱绿植绿护绿行动。

11.“两高一低”项目：高能耗、高污染，低水平的项目。

12.“梅州方案”：2022 年 9 月，国家发改委、财政部联合印发的《支持梅州对接融入粤港澳大湾区加快振兴发展总体方案》。

13. 法治建设“一规划两纲要”：《法治五华建设规划（2021—2025 年）》《五华县法治社会建设实施纲要（2021—2025 年）》《五华县法治政府建设实施纲要》。

大事记

1月

3日上午，梅州市广悦鞋业有限公司举行简朴而热烈的投产庆典仪式，标志着经过35天紧张筹备的生产线正式投产，吹响了五华县坚持“产业兴县·制造强县”发展定位2022年冲锋的号角。

5日，五华县在就业服务中心举行广州—梅州家政服务劳务对接暨“玫瑰公益”·乡村振兴—东西部协作项目五华县合作企业签约及培训开班仪式，进一步推动五华—广州家政服务深度合作，促进“南粤家政”工程融入粤港澳大湾区发展，促进五华妇女实现更加充分更高质量就业，助力乡村振兴。

5日，暨南大学医学部副主任、暨大附一院院长徐安定率工作组一行到五华县人民医院，开展业务调研工作。

7日，第六届梅州市“自强不息好少年”“孝老敬亲好媳妇”评选结果公布，授予20人为“自强不息好少年”，授予20人为“孝老敬亲好媳妇”。其中，五华县高级中学八年级刁燕娴上榜“自强不息好少年”，陈枚珍、黄桂香、曾纪娣上榜“孝老敬亲好媳妇”。

7日上午，五华县在红木产业园举行梅州市鸿耀实业有限公司粤东国际家居建材城动工奠基仪式。

8日，广东省教育厅公示了2020—2021学年度拟表彰广东省优秀学生（中学阶段）名单，全省共有432名学生入选，梅州市有17名学生上榜。其中，五华县安流中学高二级学生邹娜花、五华县水寨中学高三级古炜上榜。

10日，梅州乡村产业发展新格局调研研讨会在五华汉光超顺集团举行，省农业农村厅乡村产业发展处处长郑志雄，来自梅州各县、市（区）的多个农业龙头企业代表等参加活动。

10日，五华县公安局举行庆祝2022年“中国人民警察节”系列活动，来自五华各地的共50多名民警代表参加活动。

10日，广东省文化和旅游厅发布《关于公布第三批广东省文化和旅游特色村、乡村旅游精品线路名单的通知》，其中五华县华城镇黄埔村入围第三批广东省文化和旅游特色村。

11日，五华县召开《五华县·龙村镇龙狮湖旅游区发展规划（2021—2030年）》初审会，寻计问策、聚集智慧、科学决策，加快推进龙狮湖旅游开发建设。

15 日，五华县在疫情防控排查工作中，发现 1 份样本核酸检测初筛结果异常，第一时间启动应急响应，组织开展流调溯源、隔离管控、核酸检测等工作。

16 日晚，梅州市五华县确诊 1 例新冠感染病例（轻型），五华县岐岭镇双头社区、华源村、龙水村、潭下镇文安村实行封控管理，岐岭镇及潭下镇其余区域、华城镇全域划定为管控区域。

16 日，五华县展开了全员核酸检测工作。

19 日上午 11 时，梅江区委、区政府组织当地企业捐赠农产品物资驰援五华，满载农产品物资的车辆到达五华，支持五华抗疫。

26 日上午，锦绣星城邀请中国书法家协会会员、梅州市书法家协会副主席、长风书院院长宋焕南和他的学生们组织开展义务为市民写春联的“挥春送福”活动。

27 日，广东荣晟科技有限公司向广东木黄文旅体育运营有限公司赞助了一批价值 100 万元的拉杆箱，赞助仪式在五华足球小镇举行。

27 日下午，梅州市瑞山天泉有限公司充分展现企业担当，主动支援五华疫情防控工作，向五华县捐赠了 18000 箱矿泉水，总价值达 108 万元，助力五华县疫情防控工作。

28 日下午，梅州海吉新城农副产品批发市场有限公司向五华县捐赠一批价值 32500 元的生活物资。

29 日，中国共产党五华县第十四届委员会召开第二次全体会议，县委书记朱少辉代表县委常委会作报告，县委副书记、县长丘炀就经济工作作具体部署。

2 月

2 日，市委书记马正勇到五华县，就深入学习贯彻落实习近平总书记关于疫情防控的重要讲话和重要指示批示精神，全力抓好春节期间疫情防控工作进行督导检查。

16 日，五华县举行了“政银企”座谈会暨党建共建活动。

18 日上午，中国共产党五华县第十四届纪律检查委员会第二次全体会议第一次大会召开。

22 日，中国人民政治协商会议广东省五华县第十一届委员会第二次会议，在县党政大楼大会堂开幕。

23 日上午，中国人民政治协商会议五华县第十一届委员会第二次会议圆满完成各项议程，在县党政大楼大会堂顺利闭幕。

23 日上午，五华县第十六届人民代表大会第二次会议在县党政大楼大会堂开幕。

23 日下午，五华县第十六届人大二次会议在县党政大楼大会堂举行，完成各项议程后闭幕。

25 日上午，梅州市蓝科安全生产资格考试点在五华县华城镇举行挂牌揭幕仪式。

28 日下午，全县乡村振兴工作会议暨驻镇帮镇扶村领导小组第四次（扩大）会议召开，总结近期五华乡村振兴工作，并对下一阶段乡村振兴工作进行部署。

3 月

2 日上午，县委常委、县人武部政委周长山率县退役军人事务局、梅林镇党委政府一行，为五华籍梅林镇二等功臣古智强及其家属送去承载着军人无上荣誉的二等功喜报，向他们表示热烈祝贺，并进行亲切慰问。

3日，广东五华人力资源产业园培训分园正式揭牌开园，标志着五华县人力资源服务产业迈向高起点、高品质、高实效的发展之路。

4日，五华县举行2022年“学雷锋志愿服务月”启动仪式暨五华县乡村文明实践志愿服务提升行动推进会。

8日，五华县促进实体经济高质量发展大会暨招商大会在县党政大楼大会堂举行。

9日，五华县蔬菜产业园项目开工仪式在广东汉光超顺冷链物流园举行。

11日上午，五华县在河东镇天云岭森林公园组织开展义务植树志愿活动。

15日上午，五华县市场监督管理局、五华县消费者权益保护中心等部门在奥园广场开展主题为“共促消费公平”的消费者权益保护宣传活动，围绕“共促消费公平”的主题，创新方式开展消费维权主题宣传活动。

22日上午，五华县在长乐公园举行节约用水宣传活动，响应国家节水号召，实施国家节水行动，呼吁社会共同关注水资源安全问题，引领更多人争做建设节水型社会的践行者。

28日，全国政协委员、南方国际友好联络会会长黄先耀率调研组到五华开展促进民营企业发展壮大重点课题调研。

4月

4日，省自然资源厅副厅长屈家树率调研组一行到五华县，开展山水林田湖草沙一体化保护和修复工作调研。

13日，省林业局党组书记、局长陈俊光率队到五华县，调研森林资源保护管理、造林绿化、森林防灭火等工作。

15日，省发展改革委党组书记、主任郑人豪率队到五华县，调研特色足球发展、经济社会发展和重大项目建设。

15日上午，由梅州市妇联、五华县妇联、广东省妇女维权与信息服务站（梅州站）等单位联合主办的“守护花季 绽放青春”少年儿童性教育巡回宣讲首场活动走进五华县河东镇第一小学。

19日，省自然资源厅厅长陈光荣率调研组一行深入五华县安流镇，就驻镇帮镇扶村以及乡村振兴工作开展情况进行调研。

19日，五华举行县森林消防大队和河东消防救援中队新营房进驻仪式。

22日上午，五华举行华体（广东）体育产业有限公司与五华县好景旅游投资有限公司合作签约仪式。

25日上午，嘉应学院党委副书记、校长杨洲带领嘉应学院调研组深入五华企业一线，开展访企拓岗促就业专题调研，并指导人才工作。

5月

1日，县委副书记、县长丘炀率队督导检查疫情防控和安全生产等工作，并向假期坚守岗位的一线干部职工和志愿者表示亲切慰问，向全县各条战线的广大劳动者致以节日问候。

3日至4日，肇庆市高要区委书记陈德培率调研考察组一行到五华县，就省级现代农业产业园建设工作进行调研考察。

10日，陆河县委书记罗炳新率考察组一行到五华县，就城乡供水一体化、足球小镇、产业园区建设等方面的经验、做法进行考察交流。

12日，水利部珠江水利委员会副主任李

春贤率工作组一行到五华县，检查指导强降雨防御工作开展情况。

16 日，五华县人民检察院与中国邮政五华分公司在华城镇共同举行“公益诉讼邮路”启动仪式。

18 日上午，五华县举行“辉骏集团 5G+智慧园区”项目建设启动仪式，标志着梅州市首个企业级 5G 专网智慧园区落户五华。县委书记朱少辉，市工业和信息化局总经济师邓文光，副县长丘武秋，梅州联通公司总经理史濬彬，联通（广东）产业互联网公司副总经理罗晓良，辉骏集团总裁周志荣及相关机关单位负责人、企业代表等参加启动仪式。

19 日，五华组织县应急管理局、水务局、消防大队、林业局等单位，在长乐公园开展以“减轻灾害风险，守护美好家园”为主题的全国防灾减灾宣传周活动。

19 日，五华县举行“道德模范”“身边好人”学习宣传活动，引领全县上下学习榜样力量，传承文明风尚。

19 日，转水镇稻鱼共生试验项目启动仪式在流洞村举行。

20 日，广晟地产乡村振兴助学捐赠仪式在横陂镇坑口小学举行，向坑口小学捐赠了一批空调。

24 日上午，由县委宣传部主办、县政务服务数据管理局承办的以“铭记革命历史 强国复兴有我”为主题的新时代文明实践活动在县奥体中心举行。

24 日，省文史馆调研组到五华县开展“关于我省数字乡村建设的问题与对策”课题调研。

26 日，五华县与番禺区在梅州五华（番禺）大湾区经贸发展中心举行招商推介暨首批企业签约进驻仪式系列活动。

28 日，梅州市五华龙狮湖管理中心举行了志愿服务队揭牌授旗仪式。

30 日，省政府参事室党组成员、一级巡视员杨敏率省政府参事室调研组一行到五华县，就抽水蓄能项目建设推进情况开展工作调研。

6 月

2 日下午，副市长陈伶俐到五华检查 2022 赛季中超联赛梅州（五华）赛区工作筹备情况。

6 日，广东省客青会功勋会长黄仕坤率客青代表团一行到五华县，考察交流产业发展。

7 日至 8 日，番禺区委常委、组织部部长唐力明到五华县，就对口帮扶工作进行考察调研。

8 日，五华县举行老河道公园引水工程通水仪式，解决老河道公园水源、水质问题，切实保障和改善民生。

8 日，五华县新的社会阶层人士联合会开展“南粤新风采 奋进新时代”主题教育活动。

9 日上午，省住建厅党组成员、副厅长刘玮率队到五华县，调研问题棚改项目有关工作落实进展情况。

9 日至 10 日，番禺区委常委、统战部部长、区政协党组副书记邓耀棋率区委统战部、区工商联（总商会）一行到五华县，就对口帮扶和乡村振兴发展情况开展工作调研。

13 日，市人大常委会副主任张达宏带队调研督办代表重点建议。

13 日上午，由广东省教育厅主办，梅州

市教育局、五华县人民政府承办，五华县教育局、广东木黄文旅体育运营管理有限公司协办的2022年广东省青少年校园足球夏令营（高中组）开营仪式在五华县横陂足球小镇举行。

14日，省农业农村厅党组成员、副厅长陈宗云率队到五华县调研农业生产托管工作。

15日，共青团梅州市委员会书记廖琼慧一行到五华县，开展共青团工作调研。

17日，市委书记马正勇带队到五华防汛一线，对全力做好强降雨防御和抢险救灾各项工作进行督导检查。

17日至18日，省体育局二级巡视员王卫东、广晟集团党委副书记、董事、工会主席汪东兵率队到五华横陂镇调研乡村振兴和驻镇帮镇扶村工作。

18日上午，副市长陈亮到五华县督导检查地质灾害隐患点治理农村自建房排查和群众转移工作。

21日上午，位于五华县郭田镇的梅州五华百岁山矿泉水项目正式投产。

21日上午，五华县举行实体经济项目动工、投产系列活动，共涉及16个项目签约、动工、投产，总投资额达170多亿元，涵盖电子通信、汽车配件、新能源、建材装配、食品饮料等行业。

22日，五华县转水镇新华村村民曾纪娣获评2022年第一季度"广东好人"。

22日上午，五华县在县技工学校举行主题为"健康人生绿色无毒"的2022年"6·26"国际禁毒日暨"禁毒宣传进万家"活动。

22日，广州市副市长、越秀区委书记王焕清率队到五华县调研对口帮扶工作。

23日，省公路事务中心副主任汪晓天率队到五华开展普通公路建设养护重点工程综合调研。

25日下午6时许，来自五华县应急救援大队和五华县应急救援协会的22名抢险队员赴清远英德市大湾镇完成抗洪抢险救援各项任务后，平安回到五华。

28日，省委副秘书长、省委宣传部副部长、省文明办主任王桂科率队到五华调研。

28日上午，五华县举行2022年"广东扶贫济困日"暨全社会助力乡村振兴活动，广泛动员社会各界力量为巩固五华县脱贫攻坚成果，全面推进乡村振兴添柴加火、鼓劲加油。

29日上午，五华县第六人民医院建设项目举行动工仪式。

29日至30日，省体育局党组成员、副局长林瑛、雷检军率调研组一行到五华县，调研驻镇帮镇扶村和足球改革工作。

30日，在广州珠江粮油集团有限公司熊方勇副总经理的率领下，广州珠江粮油集团有限公司、广州市番禺粮食储备公司一行6人到五华县梅林镇，开展对口帮扶工作。

7月

1日，五华县第五人民医院特邀中山大学附属第一医院省级医疗专家队来到五华县，为山区人民免费诊断，这是专家团队风雨兼程来山区开展义诊的第20个年头。

3日下午，番禺区驻镇帮镇扶村工作组在五华梅林镇琴口村举行奥尼罗非鱼鱼苗投放仪式。

4日，五华县装饰行业协会举行党支部挂牌仪式。

5日，由共青团五华县委员会、县教育

局、李明娜少先队名师工作室联合开展的2022年“童心向党·党的知识竞赛”主题活动在青少年宫举行。

5日，番禺区党政代表团抵达五华县，开展对口帮扶调研活动，在县公共服务中心召开番禺区·五华县对口帮扶党政联席会议。

7日上午，五华县华宜市政建设工程有限公司揭牌成立，标志着五华县深化国企改革取得了阶段性成效。

12日，省政协常委、广东开放大学副校长、博士、教授孙平，梅州开放大学副校长王修率广东开放大学、梅州开放大学体系篮球、足球代表队一行到五华县，开展体育交流活动。

16日，省公路事务中心党委书记王少勇率队到五华县，就交通公路情况开展工作调研。

19日，五华县退役军人事务局、转水镇党委政府来到畲柯村，为荣获三等功的现役军人邓文杰家人送来喜报和慰问金。

20日，五华县总工会联合县文明办、团县委、县志愿者联合会，启动五华县2022年“夏送清凉”志愿服务活动，为高温下坚守岗位的一线职工送去防暑降温饮品。

20日，五华县人民检察院检察官工作室在五华经济开发区正式揭牌。

21日上午，五华县第二家“南粤家政”基层服务示范站在五华县长福家政服务有限公司正式揭牌运营。

25日，国家体育总局青少司副司长王雷一行到五华县，调研考察足球发展工作。

25日，市人大常委会副主任，市总工会党组书记、主席蓝伟东率队到五华开展夏季“送清凉”活动。

26日上午，5个县级政务服务分中心——人社、就业和人才、退役军人、残疾人联合会、车辆管理政务服务分厅正式挂牌。

28日，五华县委、县政府分组开展拥军慰问活动，向广大驻五华部队官兵、优抚对象等致以节日的问候和祝福，对他们长期以来为五华社会稳定和长治久安所作的贡献表示崇高敬意和衷心感谢。

28日下午，五华县与葛洲坝集团生态环保有限公司和广东丰乐集团有限公司举行山水生态修复项目建设战略合作框架协议签约仪式。

29日，市人大常委会党组副书记、副主任余其豹率在梅全国、省人大代表一行到五华县，开展专题调研五华绿色能源建设和进展，通过实地调研，更好发挥人大代表作用。

30日，省老促会会长陈开枝率队到五华县，就老区苏区建设工作进行实地调研。

8月

4日，广东省卫生健康宣传教育中心、南方医科大学南方医院肝病中心、人之初杂志社、金域医学集团联合广东省卫生健康委驻河东镇帮扶工作队，到河东镇举办65岁以上老年人健康教育暨慢性肝病筛查公益活动。

4日至6日，县委书记朱少辉率队到惠州市、深圳市，开展招商考察活动。

5日，2022年中超联赛梅州（五华）主场赛区工作协调会召开。

8日，由五华县总工会与县城镇环境卫生管理所合作共建的“最美工会户外劳动者爱心驿站”正式揭牌。

8日至9日，省文联一级调研员、省剧协专职副主席林金洲，省剧协副主席、广东汉剧传承研究院党委书记、院长，国家一级演员张广武率队到五华县，开展“广东省戏剧之乡”命名实地考察。

9日，五华县技术工人疗休养基地在横陂足球小镇正式揭牌。

9日，五华县在华城镇举行首个反走私综合治理示范点挂牌揭幕仪式。

10日上午，肇庆市委副秘书长、市委宣传部副部长吴志东率调研组一行到五华县，就数字乡村建设、农业产业发展等工作进行调研。

11日，由广东省农业农村厅主办、五华县人民政府、梅州市农业农村局承办的广东农业生产托管南粤行大比拼第二轮预赛活动走进五华。

12日上午，五华县在华城镇人民政府五楼会议室召开华城镇城乡居民医保普通门诊“镇村一体化”试点工作动员会。

12日至14日，五华县公安局开展夏夜治安巡查宣防暨“破小案”专项整治集中统一行动。

15日，五华县退役军人事务局举行退役军人和其他优抚对象优待证首发仪式，为首批申领优待证的退役军人代表颁发优待证。

16日上午，五华县人大常委会副主任、总工会主席黄永响率队到五华县中英文实验学校，开展慰问教育一线先进教师职工活动。

16日，省自然资源厅党组书记胡建斌率队到五华县，就乡村振兴驻镇帮镇扶村工作开展情况进行调研。省自然资源厅副厅长洪伟东、副市长陈亮、县委书记朱少辉等参加调研。

18日至19日，番禺区人大常委会党组书记、主任徐永，区政协党组书记、主席覃海深率队到五华县开展结对帮扶和乡村振兴调研工作。

19日上午，五华县总工会组织法治宣传志愿服务队、法律援助和工会法律服务律师团成员走进企业、社区，开展法治宣传教育活动。

19日，2022南国书香节五华分会场暨书香五华第四届读书月书展活动在五华新华书店启动。

19日至21日，五华公安在全县范围内开展涉车违法犯罪专项整治集中夜查行动。

21日下午，市委常委、副市长赵东率队看望慰问在广东省第十六届运动会竞技体育组足球比赛中获得优异成绩参赛队伍。

21日晚，省厅第八督察组组长、二级警务专员陈先勤在县委书记朱少辉、县领导李政江的陪同下，先后来到华兴派出所、水寨大道多警种设卡点督导检查行动情况，并看望慰问一线执勤警力。

22日上午，五华县村（社区）党组织书记推进乡村振兴专题培训班正式开班。县委书记朱少辉出席开班仪式并为培训班作乡村振兴专题辅导课，县委常委、组织部部长罗瑞金主持会议。县委实施乡村振兴战略领导小组成员单位相关负责人，各镇党委书记、驻镇帮镇扶村工作队队长、组织委员，全县村（社区）党组织书记等参加培训班。

22日上午，五华县总工会举行2022年“金秋助学”活动发放仪式。

22日上午，五华县总工会慰问暨南大学附属一院技术帮扶五华县人民医院专家团队。

23日，省乡村振兴局原专职副局长、省减贫治理与乡村振兴研究院总顾问梁健率队到五华调研乡村振兴工作。

24 日，省人大常委会副主任吕业升率执法检查组到五华，对五华贯彻实施《广东省促进革命老区发展条例》(以下简称《条例》)情况开展检查。省人大常委会副秘书长鲁君虎，省人大财政经济委委员、常委会预算工委副主任梁卫洪等参加检查。

24 日，省文联、羊城晚报、广东画院一行到五华县龙村镇，举办“乡村振兴、美术同行”座谈会暨采风写生活动。

25 日上午，五华县在县民政局举行县行政服务中心智慧化停车场管理系统捐赠仪式。

25 日上午，五华县举行碧桂园凤凰城小区配套小学移交仪式，这是五华首家由开发商建筑装修，并无偿移交政府举办为公办小学的小区配套小学。

27 日下午，原创歌曲《常来长乐》MV 发布仪式在五华县中英文实验学校举行。

30 日，广东省政务服务数据管理局公布 2022 年广东省市、县（区）标杆政务服务中心评估结果，梅州市 2 个政务服务中心上榜。其中，五华县政务服务中心获“2022 年全省县（区）级标杆政务服务中心”称号。

30 日，五华县在益塘水库举行了应急演练暨民兵应急力量抢险救灾强化集训启动仪式。

30 日，番禺区助力转水镇撂荒耕地复耕复种农产品消费帮扶发车仪式在转水镇举行。

31 日上午，“广东省县（区）级标杆政务服务中心”揭牌仪式在五华县公共服务中心举行。

31 日上午，五华县文物局揭牌仪式在县文广旅体局举行，标志着五华县文物局正式成立。

31 日上午，南方医科大学党委副书记、校长黎孟枫等率学校党委理论学习中心组一行到五华县河东镇，就乡村振兴情况开展工作调研。

9 月

2 日，番禺区饮食行业商会一行到五华县，开展对口帮扶工作调研。

5 日，市政府副市长、秘书长陈亮率队到五华县，开展挂点联系重点企业服务活动。

6 日上午，五华县应急救援力量抢险救灾演练在琴江河举行。

7 日，五华县举行 2022 年“阳光征兵”电脑派号定兵大会，以电脑随机方式，确定 2022 年体检和政治考核双合格应征青年的入围名单和去向。

9 日，教师节来临之际，五华县教师发展中心培训大楼落成仪式举行。

9 日下午，五华县总工会、交通运输局联合开展“抗疫有你 关爱有我”慰问活动。

13 日，市政协副主席曾祥海、韩小林带队到五华县，开展“激发驻镇帮镇扶村活力，合力促进乡村振兴”专题调研。

14 日，省科协党组成员华旭初率队到五华县，开展调研工作。

15 日下午，五华县在水寨镇善坑村开展 2022 年森林防灭火巡回宣传暨以水灭火、无人机技能培训。

16 日，共青团五华县第十八次代表大会在党政大楼大会堂召开。

19 日，梅州（五华）三渡水抽水蓄能电站项目前期工作举行启动仪式，标志着该项目建设工作正式拉开序幕。

19 日上午，五华县举行梅州 500 千伏五华（兴宁）输变电工程竣工仪式。

19日，五华县举行梅州抽水蓄能电站二期开工建设动员会、梅州三渡水抽水蓄能电站项目前期工作启动会暨梅州五华龙洞抽水蓄能电站项目签约仪式。国资委原副主任黄淑和，梅州市委副书记、市长王晖，南方电网调峰调频公司总经理、党委副书记李定林，梅州市委常委、副市长陈金銮，副市长蒋鲲、陈亮，五华县委书记朱少辉等参加活动。

20日，五华县召开文物工作会议暨文物保护安全业务培训，进一步加大文物保护利用力度，扎实推进文旅融合发展。

21日，五华县转水镇乡村振兴电商直播助农培训班在美宏直播电商孵化基地举行，来自转水镇各村（居）50多名电商、农民代表参加了为期2天的培训。

22日上午，省委改革办专职副主任罗长城一行到五华县，开展以体制机制改革创新为动力推进美丽圩镇建设专项调研。

22日上午，由五华县残疾人联合会主办，五华县残疾人就业服务所承办的2022年五华县残疾人创业创新大赛顺利举办。

23日，梅州市农业农村局与五华县人民政府联合在五华县横陂镇叶湖村广东省悯农农业科技发展有限公司稻虾共作基地举办“庆丰收 迎盛会”——梅州市五华县中国农民丰收节活动。

26日，省体育局党组成员、副局长麦良一行到五华县，开展全民健身调研工作。

26日上午，广州美术学院党委书记谢昌晶率队到五华举行雕塑捐赠活动及脱贫攻坚“回头看”调研。

27日，横陂镇广晟体育小学、广晟横陂农贸市场正式举行揭牌、交付仪式。省体育局党组成员、副局长麦良，省广晟集团党委副书记、董事、工会主席汪东兵出席仪式。

28日上午，五华县政协以“强化意识形态掌控，牢牢把握斗争主动权”为主题，组织开展宗教工作专题调研。

29日上午，在公共服务中心三楼会议室召开五华县“志愿者之城”创建工作动员部署会暨志愿服务项目大赛培训会。

30日，五华县在水寨镇蒲丽顶森林公园五华县革命烈士纪念碑前举行2022年烈士纪念日烈士公祭活动。

10月

3日，五华县在长乐公园书卷舞台举行了以“严防森林火险 守护绿水青山”为主题的森林防灭火宣传活动。

5日，由五华县委宣传部主办，县水务局承办的新时代文明实践活动“河湖展新颜 清水润民心”在县水务局举行。

6日，由五华县公安局和南方电网广东梅州五华供电局携手共建的“电网警务室”在五华供电局揭牌投入使用，这将为五华电力设施安全筑起一道坚固的防护墙，为构建平安电网保驾护航。

9日上午，五华县举行城乡供水一体化升级改造工程动工仪式。

9日，省气象局局长庄旭东率队到五华县检查指导气象相关工作情况，

11日下午，省老区建设促进会副会长刘文炎、宋宗约一行到五华县，调研考察红色革命遗址修缮保护利用工作。

12日上午，由团县委、县教育局、县少工委联合开展的庆祝中国少先队建队73周年“喜迎二十大 争做新时代好队员”主题队日活动在五华中英文实验学校举行。

14 日上午，五华县第十六届人大常委会召开第六次会议，听取并审议通过相关工作报告和有关人事任免事项。

18 日，由梅州市安委办、市应急管理局主办，市教育局、市公安局、市消防救援支队等单位协办的梅州市 2022 年度安全宣传“五进”之进学校活动走进五华县第一小学。

24 日，由广东省戏剧家协会主办，五华县采茶戏传承保护中心、五华县客家采茶剧团有限公司承办的戏剧进校园演出活动走进五华县特殊教育学校，让孩子们领略五华县非遗文化的魅力。

24 日，省人口发展研究院党委书记、院长董玉整率队到五华县，河东镇调研乡村振兴工作。

24 日，省水利厅党组成员、副厅长孟帆，省农业农村厅一行到五华县，调研小型农田水利建设试点工作。

24 日下午 4 时，五华县开始全员核酸检测，各村、社区都设置了核酸检测点，为村（居）民采样提供方便。

25 日，省自然资源厅党组成员、副厅长杨林安一行率队到五华县横陂镇杨恩村，调研土地开发项目相关情况。

25 日下午，省对口帮扶协作工作评价调研组，省正研智库咨询服务中心主任陈红林一行到五华县，开展第三轮省内对口帮扶协作工作评价实地调研工作。

26 日上午，五华县高规格召开城市建设管理暨庆祝广东省第 29 届环卫工人节大会。

28 日，由县文明办、县教育局主办的 2022 年五华县“新时代好少年”事迹学习宣传活动在兴华中学举行。

31 日上午，五华县召开传达贯彻党的二十大精神大会，县委书记朱少辉主持会议并讲话，县委副书记、县长丘炀传达党的二十大精神及省、市大会精神。

11 月

1 日上午，五华县在县消防救援大队举行 2022 年度“119”消防安全宣传月活动启动仪式。

3 日，市国资委党委书记、主任丘孝东率队到五华县，开展投资交流对接座谈会。

9 日上午，五华县消防大队走进五华县高级中学，开展消防安全专题培训活动。

10 日，一辆悬挂“同心守护 战疫同行”横幅、满载防疫物资和五华人民赤诚爱心的大货车，从五华粤港澳大湾区菜篮子配送中心出发奔赴梅州高新区疫情防控一线。

10 日，五华县在安流镇光大焚烧发电厂开展 2022 年假冒伪劣商品统一集中销毁活动。

10 日，五华县举行了敏捷 · 锦绣和府小区配套幼儿园签约移交仪式，这也是五华第二所由企业建成后直接无偿移交给政府的配套幼儿园。

14 日，广东丰乐集团有限公司向五华县捐赠了一批价值 20 万元的防疫物资。

14 日至 15 日，省应急管理厅党委书记杜敏琪率队到五华县，调研检查森林防灭火工作。

17 日，2022 年广东省行业企业职业技能竞赛——广东 CAD 图形设计职业技能竞赛公布获奖结果，五华县技工学校参赛师生在比赛中不负众望、脱颖而出，荣获包含机械类职工组一等奖、机械类优秀指导教师三等奖、机械类学生组团体三等奖和机械类学生组全能优胜奖等 7 个奖项。

19日上午，五华举行县技工学校（二期）项目动工仪式。

24日，省委常委、统战部部长王瑞军到五华，就深入学习贯彻党的二十大精神和习近平总书记对广东系列重要讲话、重要指示精神，调研“全面推进乡村振兴、促进城乡协调发展”工作。省农业农村厅党组书记刘棕会、省财政厅副厅长李树林参加调研。

25日下午，中国人民财产保险股份有限公司梅州市五华支公司向五华捐赠一批价值9.16万元的抗疫物资。

29日，大台湾旅游网、《台湾人民报》、《中华商报》、台北新闻网等10家台湾媒体到五华县，开展“客都梅州·美丽乡村行”联合采访活动。

29日上午，五华县委党的建设工作领导小组会议暨全县打造党建品牌创建“五型五好”党组织动员大会召开。

29日，省公安厅森林公安局局长罗燕喜率省林长制考核小组一行到五华县，开展林长制现场核查相关工作。

30日，国家矿山安全监察局广东局党组成员、副局长陈枢率调研组到五华县，开展矿山安全生产专题调研。

12月

1日，县委书记朱少辉率队调研“数字政府”改革建设工作。

7日下午，广东省疾病预防控制中心调拨价值约19万元的防疫物资支持五华县方舱医院建设工作。

15日，五华召开白石嶂钼矿大尾矿库注销现场复核会议，华南理工大学教授、省尾矿库专家周小文等参加复核。

15日，省自然资源厅党组成员、副厅长余云州一行到五华县，开展督导违法执法和乱罚款问题专项整治工作。

19日，市总工会、市公安局、市应急管理局、市工信局、市消防救援支队联合到五华县工业园区开展“宣讲培训进园区 凝心聚力助发展”活动。

19日，五华在县融媒体中心举行以“奋进新征程 展青春风采”为主题的学习宣传贯彻党的二十大精神演讲比赛。

22日上午，五华组织举行电力线行保护区与防火隔离带战略合作框架协议签订仪式暨森林防灭火警示教育专题培训。

22日上午，五华县妇联在奥体中心球王广场组织举行了“情暖护苗 点亮微心愿”活动圆梦爱心传递仪式。

26日上午，五华县政府投资建设项目管理中心揭牌仪式在建筑企业大厦举行。

28日上午，五华县举行“南粤家政”产业园揭牌仪式。

29日上午，五华县举行龙村、华城专职消防队入驻新营房仪式。

县情概览

基本地情

【位置面积】 五华县地处广东省东部、韩江上游，位于北纬 23° 23′ ~ 24° 12′ 、东经 115° 18′ ~ 116° 02′ 。县域版图略呈三角形。东南界丰顺、揭西、陆河，西南接东源、紫金，西北邻龙川，东北连兴宁。县境东起郭田照月岭，西至长布鸡心石，南起龙村登畲香炉山，北至华城新桥洋塘尾。东西宽 71.59 千米，南北长 87.99 千米，总面积 3237.8 平方千米。

【地质、地形、地貌】 五华地质较复杂，主要有侵入岩、喷出岩、砂质岩、石灰岩、花岗岩五大类岩石构成山地、丘陵、盆地三大地貌类型。全县山地占 49.1%，丘陵占 41.3%，河谷冲积平原占 5.4%，盆地占 4.2%。

盆地　西南东三面群峰矗立，地势逐渐由西南向东北倾斜。地形分为西部山地盆地区（北起玳瑁山，南至南琴江，西自白云嶂、七目嶂，东至马凹，包括潭下、长布、周江、华阳、横陂西部和岐岭、华城、转水的南部，横陂、安流的西部，龙村、梅林的北部）；东南山地丘陵区（梅江河谷平原以南，琴江谷地以东，包括棉洋、双华、郭田和龙村、梅林、安流、河东的一部分）；北部丘陵区（梅江和五华河谷地北部，包括岐岭和华城、转水、水寨的一部分）和中部河谷平原区（包括琴江、五华河沿岸狭长的河谷地带，和梅江五华县境河谷平原。琴江河谷平原南起梅林北部，北至河东河口，包括梅林、安流、横陂、河东、水寨大坝的一部分；五华河谷地西起蓝关，东止水寨大坝，包括岐岭、华城、转水、水寨大坝的沿河两岸；在琴江和五华河汇合处，是面积较大的水寨平原）。

山脉　境内山脉多属东北至西南走向，主要由莲花山脉、西部山峰和北部低山组成。全县有海拔千米以上的山峰 31 座，其中最高山峰为县西部的七目嶂（1318 米）。

河流　县内河流属韩江流域琴江水系，集雨面积在 10 平方千米以上大小河流 98 条。主要河流有琴江河（古名右别溪），集雨面积 2871 平方千米；五华河（古曰兴宁江、县前河），集雨面积 1832 平方千米。两河在水寨河口相汇，东流出境经兴宁、梅县，至大埔三河坝汇合，注入韩江。

【建置沿革】 五华史称长乐。北宋熙宁四年（1071）置县，称长乐县，县治长乐镇（今华城），归广南东路循州管辖。南宋绍兴十九年（1149）迁县治于七都九龙冈（今水寨镇七都村）。元至元二十九年（1292）复县治于长乐镇。明洪武属惠州，清雍正属嘉应州。民国3年（1914）易名五华，县治长乐镇改称华城，属潮循道。1949年中华人民共和国成立，属兴梅专区；1952年属粤东行政区，1954年始，县治从华城迁至水寨至今。1956年属汕头专区；1965年属梅县地区；1988年后属梅州市。

【行政区划】 五华县辖水寨、河东、转水、华城、岐岭、潭下、长布、周江、横陂、郭田、双华、安流、棉洋、梅林、华阳、龙村16个镇，415个村民委员会，34个居民委员会。

【气候、物候】 五华地处粤东丘陵地带，北回归线横跨县境南端，属亚热带季风性湿润气候，雨水丰富，夏秋温热多雨，冬季较短，开春较早，日照时间长，光能充足，农作物生长期长，一年三熟，四季宜耕。主要气象灾害有洪涝、干旱、低温霜冻、寒露风、倒春寒等。

2022年气候特点是开汛偏早，龙舟水强，汛期降水前多后少，极端高温频发，台风影响轻。年平均气温21.9℃，较历年平均气温偏高0.2℃；年降水量1545.2毫米，较历年平均偏多3%；年日照时数2391.2小时，比历年平均偏多29%。

【水土资源】 五华县地下水全靠降雨下渗积存而成，地下水常年为5.29亿立方米。过境年径流量13.03亿立方米。每平方千米土地水资源量为80.5万立方米，每亩耕地占有水量5212.54立方米。全县可利用水量为8.67亿立方米，其中蓄水2.68亿立方米、引水5.39亿立方米、提水0.6亿立方米。需水量5.22亿立方米，其中农业需水4.56亿立方米，工业需水0.02亿立方米，人、畜、生活需水0.64亿立方米。水力资源丰富，理论蕴藏量13.81万千瓦，可开发量9.94万千瓦。

【矿产资源】 五华矿物资源品种多。境内有各类金属矿物34种，其中含有色金属12种（钨、锡、铋、钼、铜、铅、锌、铝、钴、钛、锰、铁），贵重金属2种（金、银），稀有金属20种（镧、铈、镨、钕、钐、铕、钆、钇、铽、镝、钬、铒、铥、镱、镥、钽、铌、铍、锆、铷）；还有非金属矿物19种（石灰石、重晶石、萤石、水晶石、独居石、电气石、钾长石、云母、石墨、耐火石、石英石、玻璃石、方解石、蛭石、石棉、瓷土、稀土、煤、大理石），矿点97处。其中钨矿、钼矿达国家标准一级一类；萤石矿属世界一级品；钾长石储量和质量均居全省首位；瓷土含铝多，含铁少，储量大，质量上乘，其中尤以郭田、河东油田为最；油田矿泉水单日井涌量1662.68吨，其游离二氧化碳、偏硅酸、锶和锂含量以及矿化度均达国家《饮用天然矿泉水》（GB 8537—87）标准；全县温泉有4处，开发利用3处，其中转水维龙汤湖热矿泥，经专家鉴定含有人体所需的60多种微量元素，被誉为“天下第一奇”。

【动植物资源】 五华动植物种类繁多。境内有各种兽类20多种，禽类100多种，两栖爬行类50多种，各种植物1000多种。珍稀动物有国家一级保护动物云豹、五爪金龙、黄腹角雉、白颈长尾雉和国家二级保护动物蟒蛇、白鹇（省鸟）等。珍贵树种有泡桐、水松、穗花杉、油罗树、落羽杉、观光木、刺桫椤、吊皮锥、山桐子、将军树、三尖杉、南方红豆杉、粘木、红椿、伯乐树、野龙眼等，其中有国家一级保护植物——桫椤，分布在省级自然保护区七目嶂区内粗石坑，群落面积较大，数量可观，有大小近百棵，其中一株高 9.1 米，冠幅近 20 平方米，誉称“桫椤王”。优良树种主要有杉树（面积 1.02 万公顷，蓄积量 28.92 万立方米）、湿地松（面积 0.65 万亩，蓄积量 22.42 万立方米）。果树主要有妃子笑、黑叶、桂味、糯米糍品种荔枝，茶亭岗沙田柚，大田果合柿，双华板栗，棉洋桃驳果，全和杨桃，转水水晶柚，中兴冬蜜梨等。野生药材颇丰，有 255 个品种，经专家学者鉴定有 237 种，其中列为国家重点普查的 143 种，药用价值较高的 129 种。

【旅游资源】 五华历史悠久，人文积淀厚重，是世界球王李惠堂的故乡，也是原中央苏区县。城内文物古迹众多，有全国重点文物保护单位狮雄山遗址，有省级重点文物保护单位 9 处，市级文物保护单位 18 处，县级文物保护单位 69 处。其中，狮雄山秦汉遗址被列为广东省“八大遗址”之一。民间艺术斑斓，主要有木偶戏、采茶戏、竹马舞、春牛舞、花朝戏、民歌、狮舞、龙舞、八音乐班、杂耍等近 20 个群众喜闻乐见的传统文艺品种。其中提线木偶被列入全国优秀非物质文化遗产，竹马舞、石雕、采茶戏、锣花舞、长乐烧制酒工艺和下坝迎灯 6 项被省政府列入全省非物质文化遗产保护项目，列入市级非物质文化遗产保护项目 12 项、县级非物质文化遗产保护项目 43 项。五华土特产丰富，极具市场优势。岐岭长乐烧酒，被评为国优产品，畅销省内外；华城细核荔枝、大田柿花、棉洋桃驳果、转水红柚，历为名品；绿茶、板栗、老红酒、巴戟酒、三黄鸡、酿豆腐、特级豉油、白芒坝花生、新桥腐竹、龙村腊蔗、双华巴戟、益塘荔枝、长布土茯、茶亭冈沙田柚，以其独特的风味和功用，为世人所称道。五华还被省列为水果、南药、紫胶、烤烟生产基地，产量、质量均居全省前列。五华素有“工匠之乡”的美誉，造型美观的金木雕、小巧精致的竹编工艺、雄浑古典的石雕，久负盛名。五华交通便利，国道 205 线、广梅汕铁路穿梭而过，建成的高速公路有梅河高速、汕湛高速五华段、兴华高速和大丰华高速，规划建设的有兴汕高速五华段，全县“四横两纵”的“两高”交通建设架构，外联内畅的综合交通体系正在加快形成。

【民族、人口】 县人多属汉族，还有蒙古族、壮族、回族、满族、瑶族、藏族、苗族、彝族、布依族、维吾尔族、侗族、土家族、白族、朝鲜族、佤族、高山族、塔吉克族等少数民族。旅居海外华侨 13 万多人，港澳台同胞 29 万多人。2022 年末，全县总人口为 151.92 万人。其中，城镇人口 53.28 万人，乡村人口 98.64 万人；常住人口为 92.44 万人。

2022年末五华县行政区划一览表

表1 单位：个

镇名称	村民委员会名称	村委会	居委会
水寨	员瑾、河尾、罗湖、犁滩、协和、良美、黄井、大岭、大布、上坝、坝美、大沙、高车、善坑、平湖、中洞、榕树、岗阳、坝心、澄湖、大湖、七都、莲洞、黄狮新村	24	4
河东	走马、增塘、苑河、苑堂、澄塘、东溪、太和、沙渴、宝瑞、下村、下一、高榕、下二、黄湖、河口、牛石、赛洞、布头、礤坑、三田、桂田、蝉塘、桂岭、罗塘、林石、枫林、联岭、平东、黎塘、黄坑、平西、黄泥寨、油新、下陶、浮湖、礤新、洋坑、万华、油田、化裕、和民、大嵩、高车塘	43	3
转水	畲维、维龙、益塘、新丰、畲荷、黄梅、青西、下潭、五星、青塘、长源、流洞、蛇塘、新华、新民、三源、黄龙、矮车、里塘、旱塘、枫林塘	21	1
华城	满堂、红星、高华、南方、兴一、城镇、董源、铁炉、葵富、兴中、新兴、高竹、万子、齐乐、维新、维西、湖田、西林、观源、塔岗、城东、黄埔、黄金、河子口、河亨、新二、新建、新四、民主、新一、新五、华安、新亨、洋田	34	3
岐岭	罗经、朝阳、皇华、北源、荣贵、合水、凤凰、荣福、黄福、龙寨、联安、清溪、孔目、王化、鲁占、黄塔、塔星、龙岭、华源、荷梅、龙水、大蒲、双山、礤下、赤水	25	2
潭下	杞水、南华、文里、福灵、模石、竹梅、龙田、乐道、品畲、汶水、上围、光华、新田、柏洋、布坪、锡坪、大玉、百安、中村、金石、文安	21	1
长布	石础、蓝塘、长生、长安、琴塘、栋岭、横江、粘坑、金华、北洋、栋新、太平、源潭、梅塘、红旗、嶂下、大客、大径、大坑、福兴、高礤、五彩、樟村、青岗、中心	25	2
周江	新良、甘茶、龙堵、狮潭、兰鱼、黄华、冰坎、早成、蓝坑、联太、黄布、溪口、良宁、崀头、红源、增洞、利洋、桂子、龙洞、三河、利河、中兴	22	2
横陂	东山、新联、石下、章联、西湖、横陂、崇文、江南、超群、杨恩、红光、联长、华阁、夏阜、新寨、叶湖、近江、湖塘、长塘、增华、坑口、兴华、坝头、老楼、罗陂、东升、田布、长兴、安全、斑鱼、桐树、双联、贵人、增大、小都	35	3
郭田	湖华、礤下、硿南、龙潭、横塘、三坑、石团、布美、双光、郭田、坪上、蕉州	12	1

续表 1

镇名称	村民委员会名称	村委会	居委会
双华	黄径、禾沙、大陂、军营、冰塘、苏区、华拔、华南、竹山、虎石、福全、华东、公平、双华、矮畲、富美	16	1
安流	学园、大九、双福、吉程、樟潭、龙楼、福龙、福陂、福华、完塘、三江、低坑、洑溪、东礼、福江、半径、半田、吉水、万塘、龙中、蓝田、福西、学少、青江、葵樟、五联、楼江、里江、长江、文葵、福岭、红山、联新、双径、大和、大同、联和、丰联、胜利、上布、河沿、石门	42	4
棉洋	群星、荣华、洛阳、新光、中新、琴江、红星、美光、竹坑、罗城、福城、联西、美田、葵岭、黎洞、棉洋、阳光、平安、绿水、唐纯、桥江、溜砂、水湖、双璜、富强、大光	26	2
梅林	新成、福新、福塘、新塘、黄沙、上礤、华光、招田、三乐、尖山、金坑、梅北、梅南、梅林、琴口、优河、梅东、宣优	18	1
华阳	高塘、红洞、莲高、社径、太坪、叶新、小拔、坪南、华阳、华南、华新、大拔、陂坑	13	1
龙村	梧溪、公联、杜坑、睦贤、龙村、金龙、樟华、塘湖、三湖、洞口、大坑、湖中、宫前、潭溪、石溪、柏溪、新艳、云溪、南洞、南中、水口、水南、兴民、黄洞、营田、老田、硝芳、南口、留畲、先河、吉祥、榕溪、翻新、黄狮（空壳）、登畲、大梧、下滩、梅蓄新村	38	3
合计	全县辖 16 个镇，415 个村民委员会、34 个居民委员会		

社会经济发展概况

【经济发展概况】 2022 年，全县实现生产总值 178.87 亿元，比上年增长 1.6%。其中，第一产业增加值为 43.31 亿元，增长 4.6%；第二产业增加值为 37.88 亿元，下降 2.6%；第三产业增加值为 97.68 亿元，增长 1.8%。地方一般公共预算收入 12.43 亿元，增长 2.22%。

【农业】 2022 年，五华县大力实施蔬菜省级现代农业产业园、广东柚子跨县集群产业园、广东金柚优势特色产业集群、“一村一品、一镇一业”等农业产业项目建设，带动全县特色产业加快发展，全力打造粤港澳大湾区的“菜篮子”“米袋子”“果盘子”“茶罐子”。重点打造五华县华城镇黄埔村乡村产业社区试点，发展茶树菇、“稻虾共作”等产业，挖掘打造黄埔村状元文化乡村旅游品牌。2022 年新增认证绿色食品 4 个、“粤字号”农业品牌 5 个、粤港澳大湾区“菜篮子”生产基地 6 个，累计认定省级“菜篮子”基地 11 个、“粤字号”农业品牌 31 个、“两品一标”11个，粤港澳大湾区“菜篮子”生产基地34个。2022年新增认证绿色食品4个、“粤字号”农业品牌5个、粤港澳大湾区“菜篮子”生产基地6个，累计认定省级“菜篮子”基地11个、“粤字号”农业品牌31个、“两品一标”11个，粤港澳大湾区“菜篮子”生产基地34个。梅州配送中心及客家预制菜在央视频道亮相。成功举办“庆丰收 迎盛会”梅州市五华县2022年庆祝中国农民丰收节活动，进一步宣传推介五华优质农产品。

种植业　2022年，全年粮食作物播种面积56186.67公顷，比上年增长0.21%；稻谷种植面积51706.67公顷，与上年持平；甘蔗种植面积653.33公顷，下降6.67%；油料种植面积2806.67公顷，下降2.09%；蔬菜种植面积13360公顷，增长5.03%；园林水果种植面积19513.33公顷，增长9.13%；茶叶种植面积4626.67公顷，增长2.36%。全县有农业产业园3个，“两品一标”农产品8个。全县农林牧渔业总产值70.80亿元，增长4.9%。

林业　全县有林业用地面积231693.33公顷，森林蓄积量903.93万立方米，森林覆盖率69.27%，有省级以上生态公益林136200公顷；有市级以上自然保护区11个，总面积48980公顷。全面完成林业生态工程建设任务，统筹推进山水林田湖草沙一体化保护和修复工程，完成造林面积2506.6公顷，完成抚育面积7098.73公顷。

畜牧业　2022年，全县肉类总产量66787.5吨，比上年增长3.15%；其中，猪肉产量41923.1吨，增长3.31%。年末生猪存栏319103头，增长2.61%；年末牛存栏42443头，下降9.41%。

【工业】　2022年末，全县有规模以上工业企业52家。全县完成规模以上工业增加值8.39亿元，比上年增长16.8%；完成规模以下工业增加值5.38亿元，增长8.3%。全年工业用电量3.77亿千瓦时，下降1.63%。全县有资质建筑业企业33家，完成建筑业总产值57.65亿元，下降20.43%。

【固定资产投资】　2022年，全县完成固定资产投资比上年下降32.1%，增速比全市平均水平（-11.0%）低21.1个百分点、位居全市第八。分类型看，房地产开发投资下降59.9%，占投资总额的24%；工业投资下降32.8%，交通业投资下降24.8%（其中“高速公路+高铁”投资下降29.9%），市政等其他项目投资增长46.1%。分产业看，第一产业投资增长6.7%，第二产业投资增长25.0%，第三产业投资下降34.9%。

【基础设施建设】　交通建设　2022年，五华县通过积极向上争取共收到上级补助资金2.56亿元，全年完成投资4.43亿元，同比增长197%。其中，省道建设完成1.3亿元，农村公路完成9215万元，公路客货站场及其他完成投资2.215亿元。2022年，兴汕高速兴宁至五华段新增转水、锡坑互通出入口项目，已完成工程可行性研究报告及社会稳定风险评估，下一步开展用地预审等前期工作。新开工普通省道项目2个，均已动工建设。一是省道223线转水五星至华城万子段路面改造工程，总投资4212万元，完成投资2833万元。二是省道238线龙村大桥危桥改造工程，正在进行桥梁下部结构施工，总投资1712万元，完成投资750万元。深化“四好农村路”建设，推进农村公路提档升级，加快通建制村道路、国省道联结道路单车道改双车道和县道升级改造工程。完成通建制村公路单改双工程 46.8 千米；完成 Y406 线长中桥等 5 座农村公路危桥改造工程；完成省道 223 线益塘桥等 14 座桥梁的施工图设计和审批工作和乡道 853 线柏洋桥等 11 座桥梁的四类桥变更工作；完成农村公路安全生命防护工程 50 千米。全年公路运输完成旅客周转量 1131 万人千米，完成货物周转量 68054 万吨千米。

水利工程建设　2022 年，共向上争取到位水利工程项目资金约 4.2 亿元。全年累计完成水利建设投资约 6 亿元、比 2021 年增加 10%。全面完成牛石水、大都河（联新片）生态清洁小流域治理，基本完成三源水生态清洁小流域治理工程主体工程建设，顺利完成市下达五华县 2022 年度 62 平方千米水土流失治理面积指标任务；完成全县 265 个自然村供水管网铺设，新增保障农村集中供水 16.65 万人，完成七都涝区治理工程建设任务，岩前水库除险加固及锡坑、尘风坳等 13 宗小型水库除险加固工程完成主体工程建设，筑牢防洪安全屏障；高标准建设万里碧道，基本完成 15.9 千米年度碧道建设任务；扎实推进城乡供水一体化和农村供水“三同五化”改造提升工作。完成全县 265 个自然村供水管网铺设，新增保障农村集中供水 16.65 万人，龙村集中供水水源工程有序推进。加快污水管网建设，县城污水处理厂三期扩建工程及配套管网工程投入商业运营，完成高级中学至枫林塘污水管网工程，合计新增县级污水处理能力 4 万吨/日，提标改造 2 万吨/日，新增县城污水管网约 13 千米。

供电建设　2022 年 1—12 月五华县全社会用电量累计 13.88 亿千瓦时，同比下降 0.58%。其中工业累计用电量 3.49 亿千瓦时，占全社会用电量的 25.13%，同比下降 9.10%。城乡居民生活累计用电量 6.50 亿千瓦时，占比 46.86%，同比增长 4.29%。发挥属地管理职能，助力梅州第二座 500 千伏敬州站建成投产；全力推进敬州站配套 220 千伏线路工程、威光、小都 3 项输变电工程建设青赔协调工作，完成长乐输变电、梅龙高铁接入系统、黄泥寨接入系统工程等前期工作。完成 2022 年配电网滚动修编工作，储备中低压项目 1191 个，规划估算 5.25 亿元。投资 1.09 亿元实施 239 个项目，完成投运项目 224 个，为全市最多，完成项目结算 314 个。

【生态宜居环境建设】　2022 年，五华县完成华园市场、大坝市场等 6 个农贸市场升级改造，县城华贸片、华景新城老旧小区改造取得实质性进展。县城华兴北路智慧停车场、国道 G238 线县城段改线工程、高铁经济产业园等项目扎实推进。琴江新城污水管网等市政配套项目有序推进，县城污水处理厂（三期）扩建工程竣工运营。新建 5G 基站 387 座，实现县城、乡镇 5G 信号基本覆盖。16 个镇全部达到“宜居圩镇”标准，华城镇、转水镇达到“示范圩镇”创建标准。500 千伏敬州变电站建成投产，助力梅州电网迈进“双核”时代。水寨新型城镇化配电网示范区建设取得阶段性成效，居民用电可靠性明显提升。深入打好污染防治攻坚战，主要污染物总量减排成效明显，县城空气质量优良天数比例达 99.7%，上级考核断面水质年均值优良率、县城集中式饮用水源水质优良率均为 100%，农村生活污水治理率达 55.8%，土壤环境总体优良，生态环境持续改善。

【乡村振兴】 2022年，五华县全年争取省级涉农资金6.89亿元。全面铺开乡村振兴共同富裕带头人擂台赛，经验做法得到省委领导的批示肯定。河东镇油田片乡村振兴三村联动示范带建设全面完成，“益水长乐·状元古韵”乡村振兴示范带和“古邑新城·客家乡韵”乡村振兴示范区建设项目顺利启动。农村集中供水工作获评省级“优秀”等次，获得奖补资金7225万元。加大金融支持乡村振兴力度，出台金融助力乡村振兴15条措施，统筹2000万元资金在全市率先设立乡村振兴信用贷款风险补偿基金，涉农贷款总额156.2亿元、同比增长15.7%。成功争取实施省小型农田水利建设和农业生产社会化服务创新试点项目。强化人才支撑，建成乡村振兴“1+16”人才库，组织各类人才培训1.72万人次。

【文化·体育】 2022年，全县有县级文化馆1个、图书馆1个、博物馆3个。图书馆有藏书35.96万册，进馆读者36.8万人次，图书流通量28.6万册次。有镇级文化站16个，村级综合性文化服务中心448个、村（居）文化广场448个、农村文化俱乐部76个。县城文化广场演出2场次，送戏下乡演出74场次。全县有体育场馆6个，有各类注册登记体育协会33个，注册会员7000人，有社会体育指导员2400人。全年组织、协助举办大型赛事共15项，举办校园足球四级联赛677场次。

【教育·科技】 2022年全县教育财政拨款25.13亿元，比上年增长3.40%。全县有技工学校1所，在校学生4510人、增长5.30%。普通中学57所，在校学生77004人、增长4.92%；其中高中13所，在校学生24780人、增长2.16%。职业中学1所，在校学生1997人、增长10.17%。小学161所，在校学生101125人、下降1.97%。幼儿园225所，在校幼儿44861人、下降6.37%。适龄儿童入学率100%，比上年提高1.48个百分点；小学毕业生升学率、初中毕业生升学率、初中毕业生入学率均达100%，均与上年持平；高中毕业生升学率99.87%，比上年提高0.22个百分点。在2022年高考中，全县入专科线以上7468人，入围率为95.50%；入本科线以上2057人，入围率为26.30%。

全年获得国家专利授权449例，比上年下降22.59%。全县有各类科技人员47人，增长123.81%；专业技术人员15721人，增长1.56%。全县共建调频广播电台1座，卫星电视地面接收站1个，有线电视用户33421户，广播、电视人口覆盖率为21%。

【卫生健康】 2022年，五华县县人民医院门急诊住院大楼、县妇幼保健计生服务中心大楼建成投用，谷城医院即将试运营，县第六人民医院、县精神卫生中心门急诊大楼等项目建设稳步推进，群众就医环境逐步改善。32个公益一类医疗单位“一类财政保障，二类绩效管理”政策得到落实。县爱卫中心获评“全国爱国卫生运动70周年先进集体”，为全市唯一获评单位。

年末全县有卫生机构637个，其中医院47家；全县拥有床位5488张，比上年增长1.07%；各类卫生技术人员3487人，其中，执业医师790人，执业助理医师825人，其他1872人。

中国共产党五华县委员会

主要会议和事项

1月23日下午，市委常委、副市长陈金銮到五华县督导检查疫情处置工作情况、慰问一线工作人员。县委书记朱少辉参加活动。

2月4日上午，市委副书记、市长王晖在五华县督导疫情防控工作时强调，要深入贯彻落实习近平总书记关于疫情防控的重要讲话和重要指示批示精神，按照省“两节”防控专班疫情防控工作专题会议要求，发扬连续作战精神，全力以赴、攻坚克难，坚决斩断疫情传播链条。

2月8日上午，市委常委、秘书长曾永祥到挂点联系的五华县督导检查疫情防控工作，强调要深入学习贯彻习近平总书记关于疫情防控的重要指示精神，认真落实省、市疫情防控工作会议精神，坚决克服麻痹思想和侥幸心理，从严从细从实落实好各项防控举措。

2月16日，市委书记马正勇来到五华县，就深入学习贯彻习近平总书记重要讲话和重要指示批示精神，全面落实省两会和市第八次党代会精神，推动梅州市足球工作高质量发展等进行调研。

3月29日上午，省退役军人事务厅党组成员、副厅长董仲琪到五华县督查重点场所疫情防控工作。强调要时刻绷紧疫情防控这根弦，全力以赴打好疫情防控阻击战。县委书记朱少辉参加调研。

4月13日，省林业局党组书记、局长陈俊光率队到五华调研森林资源保护管理、造林绿化、森林防灭火等工作。县委书记朱少辉参加调研。

5月3日至4日，肇庆市高要区委书记陈德培率调研考察组一行到五华县，就省级现代农业产业园建设工作进行调研考察。县委书记朱少辉参加活动。

5月12日，水利部珠江水利委员会副主任李春贤率工作组一行到五华县，检查指导强降雨防御工作开展情况，要求五华县要坚持人民至上、生命至上，做实做细强降雨防御各项工作，全力保障人民群众生命财产安全。县委书记朱少辉参加检查。

5月19日，副市长陈伶俐率队到五华，就重点项目建设、疫情防控及高考、中超联赛赛区准备等工作情况进行调研督导。县委书记朱少辉、县长丘炀参加相关活动。

5月31日下午，省自然资源厅副厅长余云州一行到五华县，调研指导地质灾害防治工作。县委书记朱少辉参加调研。

6月14日，省农业农村厅党组成员、副厅长陈宗云率队到五华县，调研农业生产托管工作。县委书记朱少辉参加相关活动。

6月22日，广州市副市长、越秀区委书记王焕清率队到五华县调研对口帮扶工作。市委常委、副市长、广州对口帮扶梅州指挥部总指挥刘晋生，县委书记朱少辉参加调研。

7月14日上午，市委常委、宣传部部长张运全率队到五华县，调研新时代文明实践中心（所、站）建设工作，强调要结合地方实际，有效整合阵地资源，推进新时代文明实践阵地场所、标识、布局、制度等标准化规范化建设。县委书记朱少辉参加调研。

7月16日，省公路事务中心党委书记王少勇率队到五华县，就交通公路情况开展工作调研。县委书记朱少辉参加调研。

7月19日，市委常委、市政府副市长赵东率队到五华县，调研全国足球发展重点城市创建工作。县委书记朱少辉参加调研。

7月26日至27日，原省乡村振兴局专职副局长、省减贫治理与乡村振兴研究院总顾问梁健率队到五华县，调研乡村振兴工作。县委书记朱少辉参加调研。

7月27日下午，市委常委、秘书长曾永祥到挂点联系的五华县，调研督导经济工作，强调要深入贯彻落实习近平总书记关于“疫情要防住、经济要稳住、发展要安全”的重要指示要求，深入贯彻落实省委、省政府工作部署，全面落实上半年全市经济形势分析会工作要求，破难攻坚，压实责任，全力攻坚下半年经济工作。县委书记朱少辉参加调研。

8月16日，省自然资源厅党组书记胡建斌率队到五华县，就乡村振兴驻镇帮镇扶村工作开展情况进行调研。省自然资源厅副厅长洪伟东，副市长陈亮，县委书记朱少辉等参加调研。

8月21日下午，市委常委、副市长赵东率队看望慰问在广东省第十六届运动会竞技体育组足球比赛中获得优异成绩参赛队伍。县委书记朱少辉参加慰问活动。

9月19日，市委副书记、市长王晖到五华县，就深入贯彻习近平总书记对广东系列重要讲话和重要指示批示精神，全面落实“疫情要防住、经济要稳住、发展要安全”重要要求，贯彻落实省第十三次党代会、省委省政府主要领导来梅调研讲话要求和市委市政府工作部署，围绕招商引资、土地管理和统计纳统等工作开展调研。

9月23日，梅州市农业农村局与五华县人民政府联合在五华县举办“庆丰收 迎盛会”——梅州市五华县中国农民丰收节活动。出席活动的嘉宾有广东省农业农村厅二级巡视员黄孟欣，梅州市人民政府副市长谢钦文，梅州市人民政府副秘书长、广梅指挥部办公室主任、梅州高新区党工委副书记罗树荣，梅州市农业农村局、梅州市乡村振兴局局长罗伟纯，广州军区广州总医院原院长刘坚，中共五华县委书记朱少辉等。

9月27日下午，市委常委、政法委书记梁维率队到五华县调研政法工作和基层治理工作。县委书记朱少辉，县委副书记、政法委书记宋学希参加调研。

10月19日，市委副书记王庆利到五华县调研乡村振兴工作，强调要深入学习贯彻习近平总书记关于巩固拓展脱贫攻坚成果、全面推进乡村振兴的重要讲话和指示精神，保持久久为功、善作善成的韧劲，以更高站位、更实举措、更强执行力加快全面推进乡村振兴。县委书记朱少辉，县委副书记、政法委书记宋学希参加调研。

11 月 3 日，市国资委党委书记、主任丘孝东率队到五华县，开展投资交流对接座谈会，就乡村振兴产业项目、基础设施建设、公共服务、文旅项目等领域合作事宜进行了交流探讨和对接洽谈。县委书记朱少辉，县领导张少凡、赖俊香等参加座谈。

11 月 14 日至 15 日，省应急管理厅党委书记杜敏琪率队到五华县，调研检查森林防灭火工作。副市长谢钦文，县委书记朱少辉，县委副书记、县长丘炀陪同调研。

12 月 1 日，县委书记朱少辉率队调研“数字政府”改革建设工作。他强调，要深入学习贯彻落实党的二十大精神和习近平总书记关于网络强国、数字中国等重要论述精神，理顺工作机制，整合资源、保障要素，高质高效推进“数字政府”改革建设工作，不断提高政务服务质量，持续优化营商环境，助力五华苏区振兴发展。

12 月 15 日，县委常委会召开会议，认真传达学习贯彻习近平总书记在江泽民同志追悼大会上致的悼词精神和在中共中央政治局、党外人士座谈会的重要讲话精神，省委十三届二次全会精神、省委书记黄坤明来梅州调研讲话精神、市委八届五次全会精神以及省委、市委常委会会议精神，研究部署五华贯彻落实意见。县委书记朱少辉主持会议。

县委办公室

【理论学习】 2022 年，中共五华县委办公室（以下简称县委办）在县委的正确领导下，坚持以习近平新时代中国特色社会主义思想为指导，深入贯彻落实党的二十大精神，积极创建“四强四优”模范机关，深入开展创先争优活动，不断创新工作思路，进一步提高为领导、为基层、为群众服务的水平，在理论学习、职能职责发挥、服务县委中心工作等各项工作方面取做得较好成绩，为保持县委工作的高效运转做出积极的贡献。

【政务服务】 2022 年，县委办树立“县委的指示就是我们的工作方向、县委的需要就是我们的工作重心、县委的要求就是我们的工作任务、县委的满意就是我们的工作标准”的意识，把握“围绕中心、总揽全局、突出重点、适度超前”的工作原则，勤勉履责，圆满完成调研和文稿撰写等工作。

抓政策研究，认真当好参谋助手。紧贴中心抓服务，全年共组织撰写各类文稿材料 200 多篇 120 多万字，以及修改把关县直部门起草的专项工作汇报、重要情况反映等材料。紧扣形势抓改革，发挥县委改革办的统筹协调作用，牵头制定县重点改革工作安排，筹备召开县委深改委会议 2 次，协调推进民生教育医疗、营商环境等重点改革。紧盯重点抓调研，聚焦中心工作和群众反映强烈的问题，牵头开展“深调研”，形成一批调研报告，一些对策建议被县委、县政府采纳，转化为具体措施。全年，编印 4 期《五华政研》，积极传达政令政声，助力全县工作开展。

抓办文办会，提高综合协调能力。一是办文工作规范有序。强化发文源头管控，严格审核把关文件，积极做好党内规范性文件向上级党组织报请备案，做好各类文件简报压减工作，提高办文质量。全年，共印发各类文件310件,文件总量同比2021年下降11.7%。向市委报备党内规范性文件4件。二是办会工作精细高效。坚持少开会开短会，开管用的会，确保会务简洁、高效。全年，高质量筹办县“两会”、县委全会、县委常委会、书记专题会等各类会务活动132场次。成功承办广州·梅州党政联席会议。

抓督查督办，有效落实决策部署。一是重点抓好县委、县政府重大决策部署的督促检查和跟踪督办。坚持督查工作人员列席相关会议和随同县委、县政府主要领导下乡调研工作制度。全年，开展专项督查5次，下发《督办通知》40份，编印《督查通报》21期。二是抓好主要领导批示件督查。全年，承办县委书记批示件87件、县长批示件18件，分别办结51件、9件。三是抓好上级督查部门交办事项督办落实。全年，承办上级督查部门交办事项共140项，办结率为100%；其中，承办国务院“互联网+督查”问题线索143条，办结率100%。四是做好常态化疫情防控督办事项。全年，承担上级疫情防控督办事项15项，办结率100%。五是积极创新督查方式方法。一方面，积极做好营商环境监督员管理工作，制定印发相关文件，协助县委聘请监督员21名，经验做法得到市有关单位的充分认可。另一方面，积极开展县委大督查工作，成立由3名四级调研员以上领导干部为组长的3个专项督查组，协助开展专项督查12次，形成督查报告13篇。

抓信息报送，注重时效标准。健全党委信息报送工作制度，组建全县党委信息员队伍，形成一个覆盖全县、反应快捷的信息网络。在信息报送工作中，注重增强信息工作的针对性，准确、全面地反映全县各乡镇、各部门的工作成绩、典型经验、困难问题和发展态势以及重大项目的进展情况，把热点、难点问题作为首选题材，着力挖掘有一定深度的高层次信息。全年，向市委办上报信息55条，编印《五华信息》2期，办理《网友留言交办函》12件，解决留言问题14项。

抓后勤保障，提升精细服务水平。统筹做好机要、保密、国安、保卫、公务接待等日常各项工作，确保县委办高效有序运转。一是慎之又慎做好机要工作。抓好电报的译传办理，严把质量关。全年，共收电报1576份，其中密报1038份，明报538份，紧急重要电报133份；共发电报343份，其中密报123份，明报220份。同时，积极稳妥推进安可工程的实施，如期完成建设任务。规范电子政务内网的运维管理。二是强化保密管理，加大国家安全宣传教育力度。组织各镇各单位开展多种形式的国家安全宣传教育活动，推动国家安全工作责任落地落实。在“4·15”全民国家安全教育日和“11·1”反间谍法实施8周年纪念日宣传教育活动期间，累计悬挂150多条宣传横幅、张贴980多张宣传海报，滚动播放100块电子屏幕，印发5000多份宣传资料；制作国家安全公益宣传片在县广播电视台播放；在新媒体平台转发保密、国家安全宣传报道文章；到五华县委党校开展“维护国家安全，保守国家秘密”专题培训课。积极做好疫情防控期间的高考保密工作，确保五华县高考顺利进行。同时，做好长布镇政府赖某和县财政局钟某的泄密案件调查工作。三是扎实稳妥做好后勤工作。规范高效搞好后勤保障，及时更新机关大院设施设备，优化机关大院办公环境和办公条件，规范车辆停放秩序，解决大院干部职工停车难问题。依法依规做好信访工作，确保机关大院办公秩序不受干扰。全年，共派出、抽调、租借车辆 1241 辆次，顺利保障各项公务用车；重新登记、制作车辆出入卡，进一步规范机关大院的车辆出入和停放管理工作；及时疏导集体上访群众 23 宗，劝导信访群众 316 人次。四是从严把关公务接待。严格执行中央八项规定及其实施细则，同时做到热情、大方、得体，彰显五华地方特色。全年，共接待 142 批次客人，协助县委、县政府、各部门接待大小会议宾客 14 批次。

*抓统筹兼顾，保障其他工作有序开展。*统筹做好工青妇、“双创”、“双拥”、植树造林、无偿献血、志愿服务等工作。完成 8 例无偿献血任务。全年，开展 26 次志愿实践活动，人均志愿服务时长 17.43 小时，展现了志愿服务担当，为“双创”工作做出积极贡献。

【综合协调】 2022 年，县委办围绕全年工作目标，突出抓大事、抓关键，搞好综合协调。

*服务好县委领导。*坚持原则性与灵活性相结合，及时向县委领导汇报情况，听取指示、领会意图，协调力量、统筹安排领导会议、调研、来人接待等工作，确保县委领导之间的工作联系保持顺畅。

*协调好部门、乡镇之间的工作。*充分发挥上传下达的作用，统筹协调好各镇、各单位，对日常事务性工作，进行周密安排、科学调度，做到环环相扣、上下衔接，防止出现纰漏；对全局性重点工作，发挥好参谋部、指挥部的作用，做到总揽全局、协调各方，科学摆布、全面落实。

*广泛联系服务群众。*坚持做到“眼观六路、耳听八方”，从群众的来信来访中，发现问题、分析问题、推动部门落实解决相关问题，为人民群众解难，替县委、县政府排忧。通过增强协调能力，改进协调方法，充分听取方方面面的意见，掌握各个层面的情况，使各项工作安排更加科学合理，各个部门更加默契协调，有力推进各级、各部门工作高效运转。

【队伍管理】 县委办严格落实党建主体责任，健全完善党建工作责任体系，严格履行“一把手”主体责任，落实“一岗双责”，推动党建工作和中心工作同谋划、同部署、同考核。年初，研究制定党建工作要点和年度计划，明确各项党建工作责任分工和责任领导、责任股室，把党建各项工作落到实处。一是加强党员教育管理。严格落实第一议题制度，认真抓好对习近平总书记重要讲话、重要指示精神，省委、市委、县委重要会议精神的传达学习贯彻。全办干部职工如期完成 2022 年度的干部网络学习及年度学法。严格落实开展“三会一课”、组织生活会、民主评议党员、主题党日活动等党内生活制度。全年，共开展主题党日活动 12 次。班子领导认真参加理论学习中心组学习，进行了 12 次以上的中心组学习，带头参加所在党支部的集体学习，坚持给党员讲党课。二是强化意识形态管控。落实意识形态工作责任制，把握意识形态工作主动权。加强对意识形态阵地的建设和管理，充分发挥党员阅览室、党建宣传栏等阵地作用，加强意识形态内容建设，弘扬主旋律，传递正能量。加强形势政策教育，督促引导党员干部规范日常言行，坚决反对和抵制各种错误思潮和负面言论。在党的二十大会议期间及省、市党代会等重要时间节点，做到无任何负面信息流通，筑牢意识形态安全关。三是做好发展党员工作。严把党员“入口关”，认真拟定党员发展计划，做到宁缺毋滥，确保党员队伍的纯洁性和先进性。全年，培养入党积极分子 1 人，计划发展新党员 1 人，研究按期转正党员 2 人。四是加强干部队伍建设。贯彻落实新时代党的组织路线，打造高素质干部队伍。全年，提拔正科职干部 2 人、副科职干部 2 人。推动形成能者上、优者奖、庸者下、劣者汰的正确选人用人导向。持之以恒正风肃纪，通过观看《政商之鉴》等警示教育片、签订《开展“赌风”“酒风”突出问题专项整治个人承诺书》等形式，敲响纪律警钟、筑牢廉洁防线，切实推动党员干部工作作风不断转变，服务质量不断提高。在节假日期间，通过办公室微信群、印发通知等方式，提醒全体党员干部廉洁过节，守纪律、讲规矩，增强廉洁自律意识，打牢思想政治基础。全面落实谈心谈话制度。全年，结合“四强四优”模范机关创建，全办谈心谈话 266 人次，把问题解决在萌芽状态。五是创新机关党建和基层党建新模式。选取政研室党支部和办文办会股党支部，分别与转水镇五星村党总支、黄龙村党委结对共建，成立乡村振兴机关联村共建临时党支部，以县委挂镇联村工作为载体，以加强党的基层组织建设三年行动计划为抓手，以村级党群服务中心为平台，以推动乡村发展、乡村建设、乡村治理为重点，扎实开展党建共建系列活动，把党的组织优势转化为乡村振兴效能。六是开展“近邻党建”。组织在职党员到府前社区报到，主动参与党的建设、疫情防控等全科网格治理志愿服务活动，为构建共建共治共享的城市基层党建工作新格局贡献力量。

【规范运作】 2022 年，县委办坚持执行《县委办制度汇编》，创新机制、强化管理，推进办公室工作规范运作。充分利用信息化平台，大力推进信息化办公，对非涉密呈阅表，采用平板电脑或手机签阅的形式，实现各类公文高效准确快速传达到各位县领导手中。坚持推行无纸化会议，有效节约行政成本，大大提高会议的行政效率。严格按照坚持整顿和改进文风会风，进一步精简会议、文件，规范文件签收印发和办会程序。

（曹贵彬　张丽华）

组织工作

【思想政治建设】 认真做好党的二十大代表和省第十三次党代会代表推荐提名工作，五华县 2 位提名人选当选为省第十三次党代会代表。深入学习宣传贯彻习近平新时代中国特色社会主义思想和党的二十大精神，持续跟进学习习近平总书记重要讲话重要指示批示精神，推动各级党组织领导班子会、“三会一课”，认真落实“第一议题”制度，教育引导广大党员干部深刻领悟“两个确立”的决定性意义，自觉增强“四个意识”、坚定“四个自信”、做到“两个维护”。深化“大学习、深调研、真落实”工作机制，部领导分别领衔课题，撰写调研报告 9 篇。围绕党的创新理论、基层党建、乡村振兴、实体经济、应急管理等内容广泛开展政治理论和专业知识培训，全年共举办各类专题研讨班、培训班、轮训班 302 期，培训党员干部 5.3 万人次；各级党组织共开展革命教育现场教学 1.2 万人次；认真组织“党课开讲啦 · 人人做主讲”活动，县镇领导、各级党组织书记上专题党课 1100 多场次，共制作精品党课 31 部，获评市级优秀党课 1 部，县级优秀党课 14 部。在中国共产党成立 101 周年系列活动中向 605 人颁发“光荣在党 50 周年”纪念章，走访慰问困难党员、老党员、老干部和烈士遗属、因公殉职党员干部家属 4000 多人。精心组织市星级镇街党校分教点评选活动，水寨镇黄狮新村、华城镇南方村获“市星级镇党校分教点”荣誉称号；打造现场教学点 50 处。持续做好全县 465 个远程教育站点日常管理和定期每周二开机集中学习制度。

【党建赋能】 制定基层党建三年行动计划 2022 年工作要点。成立县委基层治理领导小组，组建工作专班实体化运作。牵头出台党建赋能重点领域“1+4”、抓党建促乡村振兴示范县镇村创建、打造党建品牌创建“五型五好”党组织等系列实施方案，构建“多级联动、全员入格”和“一联三包”的全覆盖党建引领全科网格治理服务体系，全力推进水寨镇大布村、黄狮新村、西河社区等 38 个党建引领基层治理促乡村振兴示范点建设，着力推动“产业、人才、文化、生态、组织”全面振兴。统筹乡村振兴驻镇帮镇扶村资金 4390 多万元，分批分类推进全县 68 个“小旧弱”村（社区）党群服务中心改造重建。对全县 414 名农村党组织书记按照“引领型、潜力型、守摊型、问题型”精准画像、分类管理。全面完成 2022 年度 643 名发展党员的计划任务。加快推进 12 个镇“五小”场所和周转房保障建设。对乡村振兴任务重、集体经济薄弱、软弱涣散、集体经济试点村等 99 个村全覆盖选派驻村第一书记。继续选派 461 名县直机关干部开展“回乡联村”提升工程，全年来共帮助联系村筹集资金 826 万余元，化解矛盾纠纷 491 多件，办理民生实事 599 多件。先行先试成立乡村产业社区临时党支部、机关联村共建临时党支部，大力推行“党支部+”模式，共组团式培育“一村一品”专业村 58 个，建成“稻虾共作”基地 22 个，设立乡村振兴帮扶车间 40 个，打造 6 条乡村振兴精品示范带。发动党员带头认耕认种撂荒地 372.6 公顷。在党员人数较多的梅蓄、双龙高铁、景田百岁山等重大项目中，成立由 1 名县党员领导担任支部书记的临时党支部，协调解决项目建设中碰到的困难和问题。建立 1 个党员工作队对接 1 个招商引资项目“1 对 1”联动机制。新成立“两新”党组织 17 个，全县共有“两新”组织 191 个。加强社区物业党建联建，着力推动党建、综治和服务“三网合一”。牵头成立党（团）员先锋突击队 539 支，深化“双报到、双服务”，常态化落实“我为群众办实事”实践活动，在疫情防控、防汛救灾等急难险重一线，充分发挥基层党组织战斗堡垒和党员先锋模范作用。2022 年共组建党员志愿者服务队伍 1182 支，参加志愿服务 47 万多人次。

【干部队伍建设】 构建“1+10”激励体系，出台《中共五华县委关于进一步激励干部新时代新担当新作为的实施意见》，同步配套受处分干部首次提拔任用、结构性干部培养等 10 个子文件，相关工作经验被市委组织部推广学习。实行县直和乡镇“十上十下”干部交流任职计划，提拔重用在乡村振兴、重点项目建设、新冠疫情防控等工作中表现突出、成绩显著的优秀干部共145人，选派选调生6人、“三支一扶”大学生30人。重新核定全县49个县直单位和16个乡镇机关职级职数，修订完善公务员职级晋升原则，全年公务员晋升职级共330人。完成行政执法类公务员职级套转工作，共套转330人。统筹做好公务员招录、调任、转任等工作，2022年共招录133人，其中县直机关50人，乡镇机关75人，公安机关8人；共办理公务员转任184人。加强公务员辞去公职工作综合管理。稳妥推进规范公务员工资津贴补贴工作。对全县在职和离退休领导干部4986人进行领导干部违规兼职取酬问题专项整治和在企业兼职问题专项清理。深入开展省委巡视反馈问题专项整治、县委巡察选人用人专项检查。开展全县干部谈心谈话活动。

【人才工作】 坚持“一把手”抓“第一资源”，设立人才发展专项资金，不断完善人才子女教育、医疗保障、配偶就业等保障措施。牵头出台《五华县委 五华县人民政府关于加快新时代人才振兴的实施意见》，围绕“产业兴县、制造强县”，一体推进市“青梅计划”和长乐人才振兴“八大计划”。全年引进人才共3112人，引进各类急需紧缺人才47人，招聘各类事业编人员586人；鼓励全县企业引进人才2023人。深化校企合作定向育才，推动县政府与嘉应学院签订《人才引育工程合作框架协议》，共建“长乐人才培育基地”。创新实施“人才团圆计划”，畅通县外工作的五华籍在编在岗年轻干部的调回渠道，全年调入优秀人才72人。2022年五华首次实现党政人才从“流出地”变为“回流地”。扶持青年就业创业，全年共审核发放各项补贴155.97万元。建设全市首个县级乡村振兴人才驿站、16个镇级乡村振兴人才驿站，依托人才驿站建立“1+16”人才信息库，在库人才709人。

【老干部工作】 坚持送学上门、县情通报，落实离休干部“一人一策”，共走访慰问老干部300多人次，引导他们继续为五华苏区振兴发展建言献策。组织医护人员到离退休干部家中提供上门疫苗接种服务，全县老干部疫苗接种率得到明显提升。

【自身建设】 坚持制度立部、从严治部、人才兴部，重新调整党总支和机关支部委员会委员，重新修订《县委组织部机关管理制度汇编》，共完善6个方面49项管理制度，推进“四强四优”模范机关创建，着力打造“党建铸魂 公道正派”特色党建品牌。加强组工干部学习培训和岗位练兵，共向省、市组织部门报送组工信息稿16篇。

（温涛松）

2022 年全县党组织、党员基本情况统计表

表 2

项目				数量
党组织	基层党委（个）	合计		123
党组织	基层党委（个）	其中	县委	1
党组织	基层党委（个）	其中	机关企事业单位党委	35
党组织	基层党委（个）	其中	园区非公有制企业党委	1
党组织	基层党委（个）	其中	镇党委	16
党组织	基层党委（个）	其中	村级党委	70
党组织	党总支部（个）	合计		272
党组织	党总支部（个）	其中	县直机关企事业单位	18
党组织	党总支部（个）	其中	行政村、社区	225
党组织	党总支部（个）	其中	镇机关企事业单位	9

项目				数量
党组织（个）	党支部	合计		1655
党组织（个）	党支部	县直		499
党组织（个）	党支部	其中	县直机关企事业单位	424
党组织（个）	党支部	其中	“两新”组织	75
党组织（个）	党支部	乡镇		1156
党组织（个）	党支部	其中	行政村	817
党组织（个）	党支部	其中	社区	74
党组织（个）	党支部	其中	镇机关企事业单位	143
党组织（个）	党支部	其中	“两新”组织	122
党员（个）	总数			47895
党员（个）	其中	正式党员		47187
党员（个）	其中	预备党员		708
党员（个）	总数			640
党员（个）	新发展	男		415
党员（个）	新发展	女		225

宣传工作

【简况】 2022 年，县宣传思想文化工作坚持以习近平新时代中国特色社会主义思想为指导，以迎接宣传贯彻党的二十大为主线，围绕中心工作，坚持统筹安排、精细谋划、狠抓落实，积极发挥宣传思想文化工作的先导和服务作用，为全县经济社会发展提供思想保证、舆论支持和文化条件。

【理论学习宣传】 2022 年，印发实施《2022 年五华县党委（党组）理论学习中心组专题学习重点内容安排》《2022 年中共五华县委理论学习中心组学习计划表》。2022 年，县委理论学习中心组共开展集中学习 10

次。印发《关于开展党委（党组）理论学习中心组学习列席旁听工作的通知》，对全县16个镇、5个县直机关、2个学校党委（党组）理论学习中心组学习列席旁听。组织各镇各单位征订《习近平谈治国理政》第四卷、《中国共产党宣传工作简史》《百年大党面对面》、《百年初心成大道》等重要学习书目并认真开展学习研讨。其中，全县征订《习近平谈治国理政》第四卷19000余本。印发《五华县2022年习近平新时代中国特色社会主义思想“六进”宣讲活动工作方案》，积极开展多形式、分层次、全覆盖的宣传宣讲。开展宣讲30余场次，覆盖听众12000人次。成立学习贯彻省第十三次党代会精神县委宣讲团、学习《习近平谈治国理政》第四卷等县委宣讲团，邀请市委宣讲团成员到五华宣讲2次，开展宣讲26次，覆盖听众5100余人次。

【新闻宣传】 2022年，在五华政府网站、五华新闻分别开辟“学习贯彻党的二十大精神”“二十大时光”专栏，充分利用电视、“融媒”App、广播、微信公众号、抖音号、网站等媒体平台宣传党的二十大精神。在《五华政报》刊登25篇，《五华新闻》《五华一线》刊播新闻35条，公益宣传播放600次，“五华发布”App25条，五华广播35条。在省市两级媒体宣传报道五华稿件600条；五华老区苏区、梅蓄项目一期投产二期动工、粤港澳大湾区菜篮子工程的新闻被中央电视台采用。抓住2022年梅州五华作为中超联赛2022赛季全国三大赛区之一的机会，擦亮足球品牌，向社会各界展现“球王故里、足球之乡”的良好精神风貌。完成设计并启用五华城市形象标识和推广语（相约五华 常来长乐），全面提升五华对外形象知名度和宣传影响力。增设五华县自创电视文艺节目电视少儿节目《七彩童心》；精心拍摄疫情防控、交通、医保、房地产、就业、税务等方面的小剧场短视频18个，在全网播放。扎实推进县融媒体制播技术中心项目建设，于2022年8月顺利开工建设。

【网信工作】 2022年，安装100个单位的网络系统安装中国电信“天翼安全大脑”网络安全防护平台，共处理风险网站6个，全面保障党的二十大网络安全工作有序开展。完成华城数字乡村试点工作建设任务并通过验收，试点工作通过创新设置的“民情通”板块，通过“数字华城”微信小程序中的“民情通”功能，畅通群众反映其相关诉求线上渠道，得到省直相关部门和市县领导的高度评价。

【群众文化工作】 2022年，大力实施文化为民、文化惠民工程，积极开展2022年“书香五华第四届读书月”系列活动，举办粤澳共读半小时活动、国学经典诵读比赛、“喜迎二十大·奋进新征程”摄影作品展览、“书香五华第四届读书月”、五华县革命老区文学播种行动、传统文化进校园系列活动236场。组织开展县级非遗代表性项目五华足球、客家陶土工艺、义学客家老旧制作工艺、月光糕制作工艺、聚通酱油酿造技艺申报第十批梅州市市级非物质文化遗产代表性项目。大力开展非遗进校园、进乡村、进景区等文化惠民演出56场。创排以“关爱未成年人”为主题的法治宣传片《拒绝邪恶值守》，排练木偶大戏《智取大名府》、传统戏《倩妹子》等剧目。

2022 年 9 月 28 日，五华县教育局在县第一小学举行“童心向党，喜迎二十大”党史知识进校园活动（县委宣传部提供）

【社会主义核心价值观建设】 2022 年，积极培育和践行社会主义核心价值观，把社会主义核心价值观、“强国复兴有我”、道德模范宣传等融入文明实践重要内容。全年开展社会主义核心价值观等各类文明实践活动 580 场，开展“童心向党”“新时代好少年”学习宣传活动 1132 场，开展校园安全教育、健康教育等讲座 53 场次，关爱慰问留守、困境、特殊儿童 2160 人次；邀请“中国好人”缪德良、“五华好人”荣政权等开展道德模范、先进典型进基层宣讲活动 45 场。

2022 年 5 月 26 日，五华县在华城镇新时代文明实践所开展五华县 2022 年道德模范、先进典型进基层宣讲活动（县委宣传部提供）

【全国县级文明城市创建】 2022 年，印发相关实施方案和文件，明确目标任务责任落实，常态化开展督查工作，大力提升城乡文明。在五华电视台开播“文明城市创建大家谈”访谈活动 14 期，进一步提高广大市民群众对创建全国县级文明城市的知晓率、参与率、支持率和满意度。开展公益广告提质行动，及时清理陈旧、破损公益广告，精心设计一批体现五华特色公益广告，打造与城市景观相统一的公益景观。扎实推进文明村镇、文明单位、“九大行动”等创建工作，助推城乡融合发展、品质提升、行业服务水平提高。组织传承弘扬好家教好家风活动 21 场；评选表彰 20 户文明家庭，评选五星级文明户 1 万户；完成公园片等 20 个老旧小区改造，有序推进前进市场等 15 个农贸市场升级改造；实现文明村镇创建、新时代文明实践站建设全覆盖。

【开展各类先进典型选树活动】 2022 年，广泛开展各类先进典型选树活动，举办先进典型进基层

2022 年 10 月 24 日，五华县文明办、教育局在五华县兴华中学举办 2022 年五华县“新时代好少年”（严钟熠）事迹学习宣传活动（县委宣传部提供）

宣讲 45 场次。获评全国最美家庭 1 人、“广东好人”1 人、“梅州好人”1 人、梅州市新时代好少年 6 人；评选表彰“五华好人”37 人，五华县文明家庭 20 户，五华县新时代好少年 30 人，五华最美志愿者 30 人、最佳志愿服务组织 20 个、最佳志愿服务项目 8 个、最美志愿服务社区 3 个、疫情防控志愿服务优秀志愿者 150 人。

（李远城）

统一战线工作

【思想政治建设】 一是强化政治理论武装。坚持把学习习近平新时代中国特色社会主义思想、习近平总书记系列重要讲话精神和党的二十大精神作为部务会议和理论学习中心组学习的第一议题、“三会一课”主题。二是坚持以政治建设为统领，深刻领悟“两个确立”的决定性意义。牢记“三个务必”，全面落实管党治党政治责任，认真履行重大事项决策、廉政建设工作等职责，贯彻新时代党的建设总要求，突出抓好党支部建设，为机关干部职工上意识形态专题党课，教育引导机关党员领导干部坚定践行“两个维护”。深入开展纪律教育学习月活动，推动机关党员干部履职尽责、担当作为，更加坚定自觉做到“两个维护”，积极创建“四强四优”模范机关，进一步增强党组织的凝聚力和战斗力。三是加强统战成员的学习培训。围绕中国共产党成立 101 周年开展系列活动，联合组织部、县委党校，选派 70 名优秀党外代表人士，精心组织举办了全县党外代表人士培训班，组织无党派人士、党外知识分子开展“喜迎二十大、同心跟党走”主题教育等活动，中共二十大召开期间，认真组织统战干部及统战领域各团体、社团成员认真收听收看习近平总书记在中国共产党第二十次全国代表大会上的报告。四是积极开展学用结合活动。组织党员干部开展主题党日活动，重温入党誓词、观看红色电影等活动，开展“我为群众办实事”实践活动，教育引导党员干部坚持以习近平新时代中国特色社会主义思想为指导，不忘初心、牢记使命，激发党员干部责任感和使命感，以更加昂扬的精神状态，投身到五华县的统战事业中。

【民族宗教工作】 一是组织开展民族团结进步宣传活动，线上通过五华文明微信公众平台发布五华县 2022 年“民族团结进步”有奖知识竞赛活动，开展民族团结进步宣传 8 场次，在公共场所张贴宣传海报 200 多张，发放宣传材料 1 万多份，大力宣传民族团结进步活动开展情况，扩大活动覆盖面和影响力。二是开展民间信仰事务规范管理调研工作。对全县现有民间信仰活动场所开展民间信仰事务规范管理专题调研活动，通过民间信仰活动场所的管理导入规划管理、纳入目标管理、完善网络管理，探索出操作性强、实效性高、可复制的民间信仰事务管理模式。三是多举措强化宗教活动场所疫情防控及安全生产工作。组成检查工作组对全县宗教活动场所开展全面的大检查。通过多层面组织发动，多形式学习宣传，多样化慈善活动全力推动宗教慈善周活动开展，充分发挥宗教界在服务经济社会发展大局中的积极作用，全县宗教界共捐资捐物总价值 16 万元。

【非公有制经济工作】　一是重视学习培训，引导非公有制经济人士提升素质。深入开展爱国、敬业、诚信、守法教育和非公制经济人士理想信念教育，结合省十三次、市八次、县十四次党代会精神让非公有制经济人士跟党走、听党话，不忘初心、不辱使命，准确理解和把握党的执政方向，做到与时俱进、抢抓机遇，推动企业做大做强。二是积极开展乡村振兴“万企帮万村”活动，动员 455 家民营企业分别对接挂钩 414 个村，开展企村结对帮扶工作，促进技术、人才、资金、信息等要素更多地向农业农村流动，推动了脱贫攻坚和乡村振兴工作。三是扎实进行“走访暖企”活动。通过开展非公有制经济企业创新创业报告会，企业文化展示等多种形式宣传民营企业发展，民营企业家成长的典型事迹，进一步激发非公有制经济人士的创新创业激情。一年来，结合开展中国共产党成立 101 周年系列活动，引导组织 4 场走访暖企调查活动。指导非公有制企业组建 15 个党组织，行业协会党组织 3 个。

【新的社会阶层人士统战工作】　一是加强学习培训，筑牢思想政治基础。通过开展各类主题教育实践活动，不断加强非公有制经济人士和新的社会阶层人士的学习培训，加强非公有制经济人士和新的社会阶层人士统战工作。举办“南粤新风采、奋进新时代”主题教育活动，组织 30 多名非公有制经济人士和新的社会阶层人士收听收看习近平总书记在中国共产党第二十次全国代表大会上的报告。二是积极开展社会活动，体现社会担当。组织会员开展疫情防控慰问活动，对坚守在疫情防控一线的工作人员表示崇高的敬意，并送上面包、牛奶、矿泉水、方便面等慰问品，把新的社会阶层人士的关爱和温暖送给一线工作人员，用实际行动助力疫情防控工作。三是不断创新工作方式，探索开展示范建设。继续按照规范化、常态化、特色化的建设要求，不断完善工作体系、健全工作机制、创新工作模式，推动实践创新基地工作更上一层楼，增强新的社会阶层人士统战工作的责任感和使命感，推动各有关部门、园区协作配合，形成工作合力，把实践创新基地工作抓好抓实，努力打造一批实践创新基地“精品工程”，5 月，在新阶联挂牌成立五华县新的社会阶层人士统战工作实践创新基地。积极组织走访新阶联会员企业，接待会员来访 300 多人次。

【台港澳工作】 一是加强台港澳同乡社团交流平台建设。因疫情持续影响，和台港澳面对面交往受阻，但这并未阻碍五华县和台港澳方面正常交流，县统战部积极通过互联网、微信、邮件等方式加强日常联络，互通信息，守望相助，进一步增进家乡情怀，凝聚力量。二是积极开展深调研活动。积极走访广东井得电机有限公司、隆华塑胶有限公司等台资企业，深入车间，了解生产，召开座谈会，了解企业用工、销售、资金、利润等运行各方面动态情况，为台商们把脉市场、走出困境、融合乡村振兴发展而建言献策。三是积极组织开展各项专题活动。组织县内港澳台等人士代表30多人开展“知史爱国·携手同行”庆祝香港回归祖国25周年主题活动。争取到香港“摘星计划”累计资助五华县13名贫困大学生在校期间每年6000元补助，帮助困难学子完成学业。组织港澳同乡会、商会成员收听收看习近平总书记在中国共产党第二十次全国代表大会上的报告。

【侨务及海外留学生工作】 一是积极拓展海外交流联谊渠道。跟进掌握五华县海外留学生的动态信息，服务五华县发展大局。协助20人在华海外留学人解决各种困难；努力发挥侨务部门的桥梁和纽带作用，以侨为桥，积极加强与留学生及其家属沟通联系；以服务为手段，以乡情乡谊为基础，以“留住根”为目的，不断拓展交流联谊渠道。二是积极纾困侨界民生。认真做好纳入低保的特困归侨生活补助金、困难归侨子女助学金和因特殊情况造成家庭生活困难的困难归侨临时救助金的分配和发放工作。三是积极维护侨权侨益。加大对《中华人民共和国归侨侨眷权益保护法》的宣传力度，做好来信来访工作，为广大归侨侨眷提供方便、及时、有效的法律服务，解决他们在法律方面的疑难问题，切实维护归侨侨眷的合法权益，促进侨界的和谐稳定，助力五华经济建设。四是加大对基层侨联组织建设指导力度。继续推进“侨胞之家”建设。以横陂居委“侨胞之家”建设为示范点，以点带面，推进华城镇西区社区“侨胞之家”建设，为广大归侨侨眷和海外侨胞创造更多的精神家园。五是积极落实“侨爱工程”。凝聚侨力，搭建海外侨胞通过慈善平台表达爱国爱乡情怀的“桥梁”，以侨暖侨，关爱困难群众。2022年，争取到广东省侨心慈善基金会，旅居加拿大华侨慈善家霍宗杰支持捐赠棉背心1700件发至困难归侨侨眷家庭；争取到省侨心慈善基金会捐赠龙村镇卫生院救护车1辆。

（曹　敏　钟炜榕）

机构编制管理

【县级机构改革工作】 2022年，完善党政机构“三定”规定文件，县委9个机关已印发“三定”规定文件5个、机构编制调整文件4个，县委编办“三定”规定正在按程序印发；县政府25个工作部门已印发“三定”规定文件20个（县统计局仍可使用2010年机构改革的“三定”规定文件）、机构编制调整文件5个。理顺、调整部分县委工作机关、县政府工作部门职能，对县委政法委、县委农办、县发改局（调整组建县国动办）、县公安局、县文广旅体局、县人社局、县卫健局、县信访局等单位的机构职责编制进行调整。群团组织改革。7个群团机关已印发

“三定”规定文件 5 个，县总工会机关“三定”规定正在呈批备案中。开展机构改革评估。成立 3 个核查组对 36 个涉改部门（单位）的自评表和自评报告进行书面核查，梳理总结同级评估情况按程序向县委编委报告；对照《机构改革评估指标体系（层级评估）》开展县级自查自评，形成全县机构改革评估报告上级，通过全面评估促进机构和职能的深度融合、职能职责和人员编制的有效融合。

【乡镇体制改革完善基层治理体系工作】 2022 年，做好任务落实。敦促县司法局（县委依法治县办）、县政数局加大放权赋能力度，加强推进“一支队伍管执法”“一枚印章管审批”工作；进一步健全“511 机制”（综治委、公共委、执法委、应急委、规建委，1 个服务中心和 1 个技术支撑机制），保障乡镇重点工作运行。强化调研督导。组织督查“落实推动乡镇体制改革‘共建共治共享’生根开花的工作情况”，2 月下旬督办乡镇机关和综合行政执法办公室（队）编制和人员管理情况，4 月下旬督办乡镇机关综合行政执法办公室（队）各中队、市场监督管理所、法制审查室挂牌落实情况，经督查整改，乡镇综合行政执法办公室（队）内设机构全部规范挂牌。总结推送成效。调研深挖五华县乡镇体制改革成效，选取 4 个成效较突出的改革案例，修改完善报市委编办；撰写《打造便捷高效的基层政务服务》刊登于国家级刊物《中国机构编制》2022 年第 8 期。肇庆市委编办、梅州市兄弟县（市、区）委编办多次组织到五华县交流研讨深化乡镇体制改革工作。在推进乡镇体制改革中，五华县创新以一张清单赋权、一个平台支撑、一枚印章管审批、一套机制强保障，着力打通基层政务服务“最后一公里”，让老百姓办事更方便更快捷更高效，群众获得感显著增强。

【事业单位改革】 2022 年，积极稳妥深化事业单位改革，全年无相关信访事（案）件。2022 年第三轮改革涉及 12 个主管部门的 18 个事业单位，事业编制 204 名，实有人数 166 人；改革后撤销 16 个事业单位，整合设立 7 个，更名 2 个，收回事业编制 96 名。事业单位布局进一步优化，人员机构进一步精简，运营成本进一步降低，职能进一步重塑，活力进一步增强，公益服务质量和水平得到了显著提升。优化编制资源配置激活教育活力。协助开展广东省乡村教师队伍建设调研工作，找准五华县乡村队伍建设工作的突破点和短板瓶颈，统筹优化教育系统机构编制资源配置，科学核定并足额下达全县中小学校教职工编制，同时建立“用编周转池”最大限度支持教育用编，全力配合做好“县管校聘”改革工作和新一轮编制调配方案及台账整改工作。调整乡镇卫生院经费形式并规范设置内设机构。按照工作部署牵头完成全县 30 间乡镇卫生院改革系列工作，全县 30 间乡镇卫生院全部列入县财政核拨，在编人员调整为县财政核拨，实行“一类财政保障、二类绩效管理”，规范设置内设科室，分别设置 11 个科组（其中安流镇中心卫生院、华城镇中心卫生院、龙村镇中心卫生院按照二级医院标准设置内设机构）。优化完善县市政公用事业服务中心、县招商和企业服务中心机构编制事项，进一步提升服务五华县经济社会发展的能力水平。

【机构编制法定化和机构编制监督检查】 2022年，学习机构编制法规制度。认真学习贯彻落实《中国共产党机构编制工作条例》《“三定”规定制定和实施办法》《机构编制管理评估办法（试行）》及配套法规政策，进一步增强“编制就是法制”“机构编制法定化”意识。强化机构编制监督检查工作。将监督检查作为机构编制工作重要内容和关键环节，强化事前预防、事中监督、事后检查，大力推动机构编制问题整改，五华县已整改销号的机构编制问题数量有180个，现只剩下政策性超编问题2个，完成率为98.9%。全县各类编制均未突破省下达的2012年控编基数。做实机关事业单位机构编制实名制管理和统计工作。建立机构编制实名制管理流程和系统的操作流程，健全机构编制实名制管理协调配合机制，全面准确掌握全县机关事业单位的机构、编制、人员等情况。2022年底，全县机关事业单位共485个，全县机关事业单位共有编制25900名，在职21782人。探索编外合同制人员管理体系。2022年1月印发《关于五华县加强编外合同制人员管理的通知》，提出“六个严格”要求，明确编外人员管理的相关规定，进一步健全运行机制、完善审批体系、提高宏观调控水平、强化纪律约束，取得一定的成效。

【事业单位登记管理和域名注册工作】 2022年共抽取12家单位开展事业单位法人公示信息抽查工作，将核查结果通过“广东事业单位登记管理网”进行公示。优化服务机关群团、事业单位日常登记换证工作，2022年五华县机关群团变更业务23个；新设立事业单位7个；变更事业单位52个；注销事业单位20个；证书补领事业单位2个。严格落实章程管理制度，推进五华县事业单位章程制定、落实章程管理。扎实做好全县中文域名续费、网站挂标清查工作。全县党政机关和事业单位域名续费率100%，注销中文域名23个，新增中文域名8个，变更10个，各单位网站真实、可信。

【其他机构编制工作】 全面做好法治政府建设工作。开展以领导干部为重点的法治宣传教育，采取多种形式开展干部职工普法教育，营造依法行政、建设法治政府的浓厚氛围；以推进党政机构职能优化协同高效为着力点，继续深化党政机构改革后续工作，持续深化乡镇体制改革、县委县政府直属事业单位改革和承担行政职能事业单位改革；深化乡镇综合行政执法体制改革，全县16个镇基本形成镇域“一支队伍管执法”工作格局，顺利完成机构挂牌、人员转隶、制度上墙和配套机制等系列工作，各镇执法队均下设有3—4个中队和1个法制审查室；切实推进市场监管、生态环境保护、文化市场、应急管理领域行政执法体制改革，继续完善交通运输、农业等领域行政执法体制改革；切实推进编制资源向乡镇倾斜，改革后乡镇机关共核增编制370名（行政编制171名、行政执法专项编制199名），其中专门用于行政执法工作的编制345名。2022年乡镇已招录公务员75名，录用人员优先安排到执法队。全面落实双拥工作职责。做好退役军人事务部门及事业单位机构编制保障工作，从五华县光荣院划转多名事业编制到五华县退役军人服务中心，进一步充实县退役军人服务中心人员编制；认真落实拥军优抚安置政策，2022年配合县退役军人事务局协调解决随军家属就业安置多人次。

（李俊尧　宋春燕　李华娇）

中共五华县委党校

【简况】 中共五华县委党校（以下简称党校）位于五华县梅林镇梅南村，党校建筑风格统一、功能设施完善、地方特色鲜明、教学环境优美、红色元素丰富，是党员干部党性锻炼、党史学习教育、业务知识培训的综合性培训基地，是挖掘红色文化、传承苏区精神、提升党性修养的红色圣地。中共五华县委党校充分发挥培训全县党员干部的主渠道、主阵地作用，主动承担县内党员干部培训工作任务，同时依托五华深厚而独特的苏区革命红色文化资源，积极与高等院校互动，承接珠三角地区、全国各地的党员干部培训需求，围绕办学有特色、资源有优势、课程有亮点、培训有成效的“红色学府、向往之地、创新智库、共享平台”的发展目标，全力打造全国县级示范党校。

【理论培训全覆盖】 按照《2022 年五华县干部人才培训计划》，举办主体班次 4 期，共培训人次 821 人,包括 2022 年中青年干部培训班、“两新”党组织书记推进经济高质量发展专题培训班、五华县企事业单位党组织书记综合素能提升专题培训班、五华县村（社区）党组织书记推进乡村振兴专题培训班；举办业务班次 3 期，共培训 379 人，包括五华县优秀女干部能力素质提升专题研讨班、五华县党外代表人士培训班、五华县十六届人大代表履职能力提升专题培训班。承接番禺区选调生赴五华专题外培班次 1 期，共培训 70 人。各类培训班次以习近平新时代中国特色社会主义思想、习近平总书记系列重要指示批示精神和重要讲话精神、习近平总书记“七一”重要讲话精神、党的十九大和十九届六中全会精神为重点内容，同时将习近平法治思想、统计法、党建引领基层治理、乡村振兴发展、新冠疫情防控与安全生产、防范电信网络诈骗科学知识、信访工作条例、市县党代会精神等融入各类培训班次教学内容。

【教学工作】 2022 年，党校专职教师共备有新专题 15 个，全部通过新课试讲，并考评良好、入库备选。其中 3 月 2 日组织 2022 年中共五华县委党校春季集体备课会，试讲考评 5 个新专题：《学习贯彻 2022 年中央一号文全面推进乡村振兴重点工作》《落实好“三会一课”制度　做一名合格的共产党员》《以人才为基石推动中华民族伟大复兴》《发挥党建引领作用　着力提高农村治理水平》《深入学习贯彻习近平法治思想》；结合 2022 年主体班、业务班培训工作计划和县委宣讲团任务，试讲考评通过 10 个新专题，包括《以感恩之心　奋进之力实干之行推动红色苏区绿色发展——学习贯彻广东省第十三次党代会精神》《〈习近平谈治国理政〉第四卷导读》《全面加强新时代意识形态工作》等。11 月 30 日，组织党的二十大精神集体备课会，形成《紧跟总书记　奋进新征程　建功新时代》《奋进新征程的政治宣言和行动纲领》《新时代新征程的政治宣言和行动纲领》等学习贯彻党的二十大精神专题课题。

【课题研究】 党校教师充分利用县内红色资源，围绕五华苏区发展方向积极调研，开发立项新课题，取得一定的研究成果。其中立项市级课题1项，参与中共梅州市委党校校级重点课题研究2项；围绕习近平总书记重要讲话精神、省市县党代会精神、乡村振兴发展等方面开展调研，撰写调研报告8篇，各类期刊发表文章4篇。其中党校专职教师在调研期间，主动研究县政府重大发展战略，积极参与县委、县政府重大决策立项调研，形成调研报告，强化党校智库、资政作用，撰写《关于五华县公务员队伍建设的调研报告》《关于加强农村基层文化建设的调研报告》《关于推进梅州生态文明建设路径探索的调研报告》《五华县市民民法典知晓及实施情况调查报告》专题报告共4篇；围绕党的二十大开展理论研究。紧紧围绕党的二十大报告提出的新思想、新观点、新论断等理论问题，按照县委高质量构建“一城两带四区”发展新格局，以及打造业兴人和、长治民乐的“工匠之乡·宜居五华”目标任务开展理论研究。党校共形成《“三件大事”的丰富内涵、历史意义及成果巩固做法分析》《学习贯彻党的二十大精神 推动梅州苏区加快振兴发展》《中国共产党人民至上的鲜明价值标识》《全面推进乡村振兴的问题分析与对策探讨——以广东省五华县乡村振兴工作为例》党的二十大专题论文4篇。由张志强副校长主持，徐琴、黄敬德、曾伟文、张立平等老师参与的课题《深入挖掘梅州红色资源，全力打造党性教育高地》获批为梅州市哲学社会科学2022年度规划课题；徐琴老师参与的中共梅州市委党校校级重点课题《用活政策，助推梅州苏区高质量——针对关于新时代支持革命老区振兴发展的意见》获得良好等级，于5月结项；曾伟文老师参与的中共梅州市委党校校级重点课题《梅州高质高效深化农业供给侧结构性改革研究》获得优秀等级，于5月结项。

【理论宣讲】 结合“六进”要求，以专业教师为骨干，成立“送教下基层”宣讲小分队，帮助基层党员、干部、群众全面准确理解和把握党的理论政策。县委党校发挥师资和宣讲资源优势，运用好学习成果，紧扣党的十九届六中全会精神、党的二十大精神、党史学习教育内容及五华红色资源开发《巾帼心向党 喜迎二十大”群众性宣传教育活动》《学习贯彻党的二十大精神》等精品课程，改进教学方式、完善课堂模式、创新授课技巧，说家常话讲好“红色故事”，谈身边事感悟革命精神，将党的理论政策融入学员身边事例、融入近年的发展变化中，除校内举办的各类班次外，还深入机关、农村、社区、学校开展专题辅导。2022年，共开展宣讲62场次，参训约3000人次，其中包括学习贯彻党的二十大精神宣讲6场，约540人次。让学员感受到党史、理论、政策就在身边，听起来“新鲜”、学起来“有味”、嚼起来“有劲”。

【助力乡村振兴】 一是开展回乡联村活动，充分发挥党校优势，进行党的政策、理论、方针宣传，有针对性进行党课宣讲，有效解决村基层党建工作中各种存在问题，指导村党支部规范党内组织生活制度，落实“两联席会议”等制度，增强支部战斗力凝聚力，助推乡村振兴工作。二是按照县委关于向重点村持续选派驻村第一书记的工作安排，选派曾伟文到梅林镇招田村担任驻村第一书记，党校积极开展与招田村党支部结对共建和志愿服务的活动。三是按照《县直和中央、省、市、属驻五华单位挂镇联村工作方案》，党校负责梅林镇梅北、福塘、新塘、梅南、招田 5 个村的挂镇联村工作。单位主要负责人定期到村调查研究，结合党校实际，为推进挂点镇村出谋献策，添砖加瓦。

【严抓疫情防控】　成立由常务副校长任组长的县委党校新型冠状病毒防控与应急处置领导小组，印发工作预案，明确工作任务，压实工作责任，筑牢疫情防控思想基础。按照县委、县政府统一部署，党校全体教职工靠前奋战，积极投身疫情防控工作一线，积极做好县委党校作为疫情防控隔离点安置需要隔离人员期间的各项后勤保障工作，全校党员都在以各自的实际行动为全县防疫工作贡献力量。

【法治政府建设】　县委党校积极落实法治建设第一责任人职责，做好法治政府建设各项工作。一是深入学习习近平总书记全面依法治国新理念新思想新战略，制定党校依法治县工作计划和实施方案，将法治内容纳入党校各主体班次的培训计划中，2022 年按要求完成学法培训，努力抓好法治政府建设工作。二是组织全体干部职工充分利用广东省国家工作人员学法用法考试平台，加强宪法、民法典等法律法规学习，进一步增强全体干部职工的法律意识，提高学法用法水平。

【办学质量评估】　2022 年 7 月 11–12 日，梅州市委党校评估组到党校开展办学质量评估工作，并对县委党校办学质量评估情况进行反馈，充分肯定县委党校在办学治校方面的成绩，客观指出工作中存在的问题和不足，要求坚持问题导向，抓好整改落实，深化改革创新，加强队伍建设，强化基础保障，持续推动党校高质量发展。县委党校以此次评估为契机，加大推动和改进工作力度，认真对照评估组的反馈意见，逐条逐项进行梳理分析，把存在问题短板整改到位；进一步改进工作作风、优化工作流程，加大基础设施建设力度，深入推进教学改革，提升教学和科研工作水平，不断开创县委党校工作新局面。

（张玉花）

中共五华县直属机关工作委员会

【简况】　2022 年，中共五华县直属机关工作委员会（以下简称县直机关工委）高举习近平新时代中国特色社会主义思想伟大旗帜，认真学习贯彻落实党的二十大精神和省第十三次党代会、市第八次党代会精神，深入贯彻落实习近平总书记关于机关党建的重要论述和新时代党的建设总要求，紧紧围绕“提升党建引领基层治理效能”党建主题，认真履行抓基层党建职责，抓紧抓实县直机关党组织建设、党员队伍建设，持续巩固和深化模范机关创建成效，为打造业兴人和、长治民乐的“工匠之乡 · 宜居五华”提供坚强组织保障。

【思想政治建设】　注重政治理论学习。指导各党组织抓好“关键少数”带动学习、抓实“专题培训”规范学习、抓紧“制度建设”强化学习，督促指导各党组织党员干部采取领导干部带头组织集中学习、自学、中心组学习和在线学习相结合方式，认真学习党的二十大精神、习近平总书记系列重要论述精神，深刻领悟“两个确立”的决定性意义，不断增强“两个维护”，始终与以习近平同志为核心的党中央保持高度一致。2022年，为切实加强县直机关基层理论宣讲工作，推进习近平新时代中国特色社会主义思想进机关，县直工委共组织开展宣讲会18场。组织举办党组织书记培训共3场380多人次，各党组织举办专题培训400多场次。抓好理想信念教育。坚持把“不忘初心、牢记使命”作为加强党的建设的永恒课题和全体党员的终身课题，巩固拓展主题教育成果。指导各系统党工委结合党史、新中国史、改革开放史、省市县情，深化爱国主义教育；积极落实《关于组织县直和中央、省、市属驻五华单位党组织和在职党员到社区报到开展服务的方案（试行）》，做好县直机关开展双报到工作的同事，组织工委在职党员到河东社区报到，开展各类志愿服务活动。

【组织建设】 压实机关党组织书记抓党建工作主体责任。印发2022年《加强基层党建重点任务责任清单》8个方面共18条措施，不断压实机关党组织书记抓党建工作主体责任，坚持不定期开展机关党建督查，树牢党组织书记抓党建主业意识。2022年以来，工委共开展党建督查28次，实现县直机关党组织督导全覆盖，助力提升党组织书记抓党建水平。

优化基层党组织设置。根据党章和《中国共产党党和国家机关基层组织工作条例》《中国共产党支部工作条例》等党内法规规定，及时回应基层党员干部和广大群众期待，顺应新时代的新要求新使命，以强化责任落实为主线，优化基层党组织设置。2022年来，共撤并党支部3个，设立“两新”党组织6个。同时，筹建县直机关党建服务中心，加强对县直机关单位各党组织的指导，激发基层党组织凝聚力、战斗力。

强化党员教育管理监督。认真贯彻落实《中国共产党党员教育管理工作条例》《党员教育培训工作规划》，通过开展革命传统教育、重温入党誓词、过政治生日等活动，增强党员教育管理针对性和实效性。推广实施党员满意度测评工作，通过每季度开展1次党员民主评议，对评为不满意的党员安排专人帮助限期整改，认真纠正发展党员、转正审批等不规范环节，按规定恢复党员权利6人，有效加强基层党员监督管理。

做好党员发展工作。将政治标准放在首位，往关键处、最前线发展党员，注重思想入党，严格把好入党动机考察、政治审查，真正把政治合格、理想信念坚定、道德品行良好、能充分发挥先锋模范作用的积极分子吸收到党的队伍中。2022年，审批预备党员转正103名，发展党员任务数108名。同时，举办党员发展对象培训班1期，培训发展对象130名；11月举办入党积极分子培训班，培训积极分子220名。

积极开展主题活动。指导县直机关以增强党员党性修养为着力点，统筹疫情防控要求，依托市、县红色教育资源和实践基地，以建党节、青年节、劳动节等为契机，各党组织开展一系列主题党日活动。2022年来，各系统党工委（党组织）共组织主题党日活动达680多场次。

【作风建设】 坚持党风廉政建设。每月定期组织学习上级通报的违反政治纪律和政治规矩典型案例和县纪委“每月一案例”，增强党员干部廉洁自律意识。签订公职人员“赌风”“酒风”责任书，严格落实主体责任，切实把党员干部思想、精力聚焦到干事创业、服务群众上来。围绕“勇于自我革命、永葆干净纯洁”主题，认真组织开展2022年纪律教育学习月活动。

落实中央八项规定精神。要求全体党员干部坚持以身作则、廉洁自律，坚决与形式主义、官僚主义作斗争，持续整治“四风”，注重政风、家风培育，从严教育管理亲属和身边工作人员，坚决做到令行禁止。

抓好模范机关创建。搭建高规格领导机构，建立上下联动工作机制，以试点先行、梯度推进、全面铺开的思路，明确三项“五一个”工作举措，扎实推进五华县“四强四优”模范机关创建，教育引导党员干部职工带头做到“讲政治”“讲大局”“讲责任”“讲纪律”，努力建设让党中央放心、让人民群众满意的模范机关。自4月以来，11家创建试点单位围绕创建目标，在加强思想引领、营造良好环境、推动建章立制、促进成果转化等方面取得较好成效。9月以来，在全县16个乡镇机关和62个县直单位（含试点单位）全面铺开，不断推动模范机关创建向纵深发展。经采用督导评估、群众评议、网络评议和民主测评等方式对各镇各单位创建“四强四优”模范机关工作成效进行综合评估，17个县直机关和4个镇机关评分达到优秀以上。

抓好机关党员干部“八小时以外”管理。把谈话提醒、抓早抓小、全面从严治党要求落到实处，组织县直机关党员开展读书活动、好家风好家教、生活垃圾分类宣传等各类活动，积极参与五华县创文巩卫工作。

【其他工作】 突出政治引领，抓好党建带群建。加强对群团组织的政治引领，加强与工会共青团、妇联的沟通联系，大力开展“工人先锋号”“青年文明号”“巾帼文明岗”等创建活动，发挥群团组织战斗堡垒作用。

服务大局，全力落实县委、县政府其他工作。一是开展好机关干部“回乡联村”，协助澄湖村、夏阜村做好乡村振兴工作、疫情防控、社会稳定等工作；二是积极参与“双创”工作，围绕《文明单位测评体系》积极抓好开展文明单位创建，做好文明礼仪、好人好事、道德楷模的宣传教育；三是配合县人武部做好民兵整组、集训工作；四是积极配合县开展“禁毒”“反诈”等专项整治工作，树立“安全第一”观念，抓好安全生产工作。

（钟耀荣　张剑锋　曾秋瑶）

五华县人民代表大会

主要会议

【县十六届人大二次会议】 2022年2月22—23日，五华县第十六届人民代表大会第二次会议在县城水寨召开。本次大会应到会代表443人，实际到会代表382人，占代表总数的86%。不是县人大代表的县委、县政府、县政协领导班子成员、市管二级调研员、县人武部部长、县纪委监委副书记（副主任），出席县政协十一届二次会议委员，不是县人大代表的县政府组成部门主要负责人，政府办副主任列席了会议。大会议程：1.听取和审议五华县人民政府工作报告；2.审议五华县2021年国民经济和社会发展计划执行情况与2022年计划草案的报告，批准五华县2022年国民经济和社会发展计划；3.审议五华县2021年预算执行情况和2022年预算草案的报告，批准五华县县本级2022年预算；4.听取和审议五华县人大常委会工作报告；5.听取和审议五华县人民法院工作报告；6.听取和审议五华县人民检察院工作报告；7.票决五华县人民政府2022年民生实事项目；8.其他。

【县十六届人大常委会第三次会议】 5月19日上午，县十六届人大常委会召开第3次会议，县人大常委会党组书记、主任钟光振主持会议，副主任谢国泉、曾冬云、李永浩、李清昌、黄永响等34名常委会组成人员出席会议。县委常委、县政府常务副县长张少凡、县人民法院院长曾梅麟、县检察院检察长李伟华、县监察委员会相关负责同志列席会议。

监督工作

【促进经济平稳运行】 全面落实关于“疫情要防住、经济要稳住、发展要安全”重大要求，充分发挥人大职能作用，组织开展《中华人民共和国税收征收管理法》执法检查，及时听取和审议预算执行及调整情况、计划执行情况、审计工作情况、审计突出问题整改情况和国有资产管理情况的报告，作出决议、决定3项，指导优化财税工作，促进政府相关组成部门优先保障民生改善、教育医疗等重点领域和重大投资项目资金的使用。听取发展和改革工作情况报告，建议聚焦产业和项目建设，用好用足“双区”政策，着力抓好项目的申报和落实。

【促进环境向上向善】 开展《中华人民共和国环境保护法》执法检查和林业生态工程

视察调研，督促政府相关部门实施最严格水资源管理制度，助力打好污染防治攻坚战，加快创建全国县级森林城市，让五华的天更蓝、山更绿、水更清。视察全县燃气安全隐患排查整治工作，促成政府成立五华县城镇燃气安全管理工作专班、推进餐饮等行业安装可燃气体报警装置，让群众的平安感更有厚度。

【推进法治五华建设】 审议通过县政府关于“八五”普法规划，突出乡村振兴等重点领域和关键环节的专项法治宣传教育。组织人大代表参加庭审观摩、“检察开放日”、案件听证等活动，视察扫黑除恶、反电信诈骗工作，深入推进法治政府建设。扎实开展“12·4”国家宪法日系列宣传活动，深入学习宣传《中华人民共和国宪法》《中华人民共和国民法典》，着力推动习近平法治思想在五华县落地生根。加强规范性文件备案审查工作，成立五华县规范性文件备案审查工作协调小组，全年完成备案审查 7 件（次）。向市人大常委会提交《足球特区建设与发展促进条例》立法建议项目，入选市人大常委会五年立法规划。

【助推民生保障改善】 制定《2022 年县十件民生实事监督工作计划》，建立完善年度十件民生实事全过程监督机制，制定专项监督方案，促成县长乐学校、教师发展中心等一批民生项目的落地落实。开展医疗保障工作调研，呼吁全社会共同关心关爱困难和特殊群体，保障底线民生。搭建沟通平台，采取代表提意见建议、职能部门现场回应的形式，专项听取和评议水务、交通运输、人力资源和社会保障、教育等政府职能部门工作，变“督促”为“对话”，寓支持于监督之中，推动一批涉民生问题得到有效解决。

代表工作

【提升履职能力】 为代表征订发放《怎样当人大代表》《中国人大》《人民之声》等学习资料和《代表履职工作手册》，举办县级人大代表履职培训班，开展 4 个专题集中学习研讨，打牢人大代表履职基础。组织代表参加常委会会议、视察调研、执法检查等活动，注重引导他们围绕监督工作议题敢发言、讲真话、善建议。

【拓宽履职路径】 进一步加强“双联系”工作，制定加强和改进县人大常委会领导挂镇指导人大工作方案，常委会领导常态化深入代表联络站开展活动。围绕县委中心工作，开展以视察、调研、专题执法检查等形式多样的代表小组活动 77 场次，收集基层群众的意见和建议 52 条，积极回应社会关切。

【建好履职阵地】 召开联络站“三化”建设推进会暨业务培训会，组织开展“代表接待日”、工作评议等代表活动。2022 年，各代表联络站进站代表 1367 人次，接待群众 608 人次，收集意见建议 412 条，现场答复解决 356 条，提交相关部门解决 56 条，切实打通代表联系群众“最后一公里”。

【依法任免】 坚持党管干部原则和人大依法任免干部相统一，全年共依法任免国家机关工作人员 43 人次，组织宪法宣誓 5 场次，全面实现县委人事安排意图。

机关建设

【学思践悟中凝聚力量】 把学习习近平新

时代中国特色社会主义思想、习近平总书记系列重要讲话精神和党的二十大精神作为常委会会议和理论学习中心组学习的第一议题、“三会一课”的长期主题、人大代表和人大干部培训的第一课程，紧紧围绕《习近平谈治国理政》第四卷、党的二十大精神等开展专题学习研讨。2022 年，召开常委会党组会议 14 次、理论学习中心组学习会 12 次，传达学习 26 个议题，引领党员干部筑牢理想信念之基、补齐精神之钙、把稳思维之舵。

【展现担当】 深入学习贯彻党的二十大精神，制定贯彻落实工作方案，对标对表形成 30 项任务清单，组织开展更好发挥代表作用、加强重点法律法规实施情况监督检查等 2 项专题调研，助推五华走稳走好现代化建设路径。紧扣县委“十大专题调研”，组织代表参与推动乡村基础教育均衡发展、老旧小区改造等 7 项专题调研，分析存在问题 23 个，提出意见建议 27 条，促成 32 间公益一类医疗卫生单位实现财政供给等一批重点民生项目落地见效。

【保障人民当家作主】 召开人民代表大会组织代表共商五华发展大计、共议民生热点问题，讨论大会工作报告等，票决十件民生实事项目，总投资规模约 7.2 亿元，最大限度集思广益、凝聚共识，“群众点单、政府买单、人大验单”的互动模式不断深化推进。

【落实代表建议】 严格落实领导领办、督办责任制，县十六届人大一次、二次会议期间代表提出的 63 件建议全部办理完毕，并及时答复代表。出台《关于完善五华县人大代表建议批评和意见办理工作机制》，听取审议了 5 个重点代表建议办理工作情况报告和督办工作情况报告，建立建议办理闭环管理机制，努力将代表建议从“有用之言”转化为“有益之事”。其中办理《关于对老河道公园水体进行综合治理的建议》，被市人大向省人大推荐为优秀案例。

【扩大有序参与】 组织代表参加县政府举行的有关工作情况通报会、听证会等，推荐 5 名县人大代表担任营商环境监督员。组织各级人大代表围绕“深入推进爱国卫生工作”主题和乡村振兴工作开展视察、调研、走访等活动，四级代表共 1828 人参加，占同级代表的 81%，推动解决了一批群众关注的难点堵点问题，让群众感受到全过程人民民主就在身边。

把加强自身建设摆在更加突出位置，坚持以政治建设为统领，发挥常委会党组定向把关作用，全面落实党风廉政建设责任制，严格落实意识形态工作责任制，认真贯彻民主集中制，加强人大干部思想淬炼、政治历练、实践锻炼，强化纪律作风建设，从严落实中央八项规定精神，用好监督执纪“第一种形态”，坚决反对形式主义、官僚主义，持之以恒纠正“四风”。以“四强四优”模范机关、“五型五好”党组织创建为载体，深入实施新一轮加强基层党的建设三年行动计划，修订完善五华县人大常委会议事规则，扎实推进人大工作制度化、规范化、法治化、程序化。强化使命担当，继续深入开展回乡联村工作，选派驻镇帮镇扶村和壮大村集体经济试点村“第一书记”，落实挂镇联村责任，投入资金 52 万元，助力乡村振兴。树牢安全发展理念，安排常委会班子成员定期到分管室委、挂钩企业检查安全生产工作，扎实做好创文巩卫、平安建设、信访等工作。（梁禕旎）

五华县人民政府

主要会议和事项

1月7日上午，五华县在红木产业园举行梅州市鸿耀实业有限公司粤东国际家居建材城动工奠基仪式，标志着五华培育发展“家居建材”产业集群又向前迈进了重要的一步。县领导张少凡、招业斌，深圳市博皇集团董事长黄惠强，梅州市鸿耀实业有限公司董事长张锡复等参加仪式。

1月10日下午，出席市八届一次会议五华团召开全体代表会议。县委书记朱少辉主持会议并讲话，县委副书记、县长丘炀，县人大常委会党组书记、主任钟光振，县领导罗瑞金等出席会议。会议推选朱少辉为梅州市第八届人民代表大会第一次会议五华代表团团长，推选丘炀、钟光振为副团长。

1月19日上午，县委副书记、县长丘炀到疫情防控集中隔离医学观察点，督导疫情处置工作。他强调，要从严从紧、从实从细抓好隔离点管控工作，做到全过程、全链条闭环管理，用心用情做好隔离点服务保障工作，全力构筑疫情防控严密防线。

2月4日上午，市委副书记、市长王晖到五华县，督导疫情防控工作。他强调，要深入贯彻落实习近平总书记关于疫情防控的重要讲话和重要指示批示精神，按照省“两节”防控专班疫情防控工作专题会议要求，发扬连续作战精神，全力以赴、攻坚克难，坚决斩断疫情传播链条。副市长陈伶俐、陈亮，五华县党政主要负责人等参加。

2月15日上午，县领导朱少辉、丘炀到横陂足球小镇，看望梅州客家足球队，为球员、教练们送上开春祝福，祝贺他们冲超成功，勉励大家团结一心，打好2022年的中超比赛，为“足球之乡”增光添彩。

2月16日，市委书记马正勇到五华县，就深入学习贯彻习近平总书记重要讲话和重要指示批示精神，全面落实省两会和市第八次党代会精神，推动梅州市足球工作高质量发展等进行调研。市领导曾永祥、陈伶俐，县领导朱少辉、丘炀、谢瑞狮、赖俊香等参加调研。

3月1日，市委副书记、市长王晖到五华县，调研实体经济发展和足球改革发展工作。市领导陈伶俐、蒋鲲、陈亮，县领导朱少辉、丘炀、宋学希、张少凡、赖俊香、温定基、丘武秋参加相关活动。

3月3日，广东五华人力资源产业园培训分园正式揭牌开园，标志着五华县人力资源服务产业迈向高起点、高品质、高实效的发展之路。

3月3日，省政府副秘书长郑伟仪一行到五华县，调研乡村振兴、春耕生产、柚子跨县集群产业园等工作。梅州市委副书记、市长王晖，副市长谢钦文、陈亮，五华县委书记朱少辉，县长丘炀，县领导温定基等陪同调研或参加相关活动。

3月31日上午，广州对口帮扶梅州指挥部乡村振兴产业发展现场会在五华县召开。市委常委、副市长、广梅指挥部总指挥刘晋生参加会议并讲话。县委书记朱少辉，县领导招业斌参加相关活动。

5月18日上午，五华县举行“辉骏集团5G+智慧园区”项目建设启动仪式，标志着梅州市首个企业级5G专网智慧园区落户五华。项目启动将吹响五华制造业数字化转型升级的冲锋号角，为该县制造业高质量发展注入强大动能，进一步丰富五华“产业兴县制造强县”的内涵。

6月9日上午，省住建厅党组成员、副厅长刘玮率队到五华县，调研问题棚改项目有关工作落实进展情况。副市长陈亮，县委副书记、县长丘炀参加相关活动。

6月21日上午，位于五华县郭田镇的梅州五华百岁山矿泉水项目正式投产。生产车间内，首条从德国进口的全自动饮用水一体化生产线设备运转，产能可达每小时72000瓶。梅州市委书记马正勇，市委副书记、市长王晖，景田食品饮料集团有限公司副总裁薛莉、副总裁丁立，市领导陈金銮、曾永祥、蒋鲲、陈亮，五华县委书记朱少辉，县委副书记、县长丘炀，领导嘉宾参加活动。

6月21日上午，华润五华循环经济产业园项目动工活动在五华县举行。市委书记马正勇，市委副书记、市长王晖，华润水泥控股有限公司董事局主席、总裁、党委书记纪友红出席活动，市领导陈金銮、曾永祥、蒋鲲、陈亮，五华县委书记朱少辉，县委副书记、县长丘炀参加活动。

6月21日下午，市委副书记、市长、市级总林长王晖到五华县，就深入学习贯彻习近平生态文明思想和习近平总书记关于林业草原工作的重要论述精神，全面落实省第十三次党代会和省委书记李希、省长王伟中来梅州调研的讲话精神，调研国储林建设和开展市级林长巡林工作。

6月22日，副市长谢钦文到五华县，调研广东柚子跨县集群省级现代农业产业园建设工作。县委副书记、县长丘炀参加相关活动。

6月23日，省公路事务中心副主任汪晓天率队到五华县，开展普通公路建设养护重点工程综合调研，县委书记朱少辉、县长丘炀会见了调研组一行，副县长丘武秋和市、县交通公路部门有关负责人陪同调研。6月29日上午，五华县第六人民医院建设项目举行动工仪式，县领导邝逸平、刘锐锋参加仪式。

6月27日，副市长陈亮到五华县，开展“七一”走访慰问，联系挂点村（社区）、“两委”干部、企业和人大代表联络站工作活动。县委副书记、县长丘炀参加活动。

7月30日，省老促会会长陈开枝率队到五华县，就老区苏区建设工作进行实地调研。他强调，五华各级要研究吃透政策精神，融会贯通、学深悟透，大力抢抓政策机遇，加快苏区乡村振兴发展。县委副书记、县长丘炀参加调研。

8月11日，由广东省农业农村厅主办、

五华县人民政府、梅州市农业农村局承办的广东农业生产托管南粤行大比拼第二轮预赛活动走进五华。

8 月 25 日上午，五华县举行碧桂园凤凰城小区配套小学移交仪式，这也是五华首家由开发商建筑装修，并无偿移交政府举办为公办小学的小区配套小学。县委常委、副县长罗丽思参加活动。

8 月 31 日上午，“广东省县（区）级标杆政务服务中心”五华县揭牌仪式在五华县公共服务中心举行。市政务服务数据管理局党组成员、副局长李森，县委常委、副县长蔡强出席揭牌仪式。

8 月 31 日上午，五华县文物局揭牌仪式在县文广旅体局举行，标志着五华县文物局正式成立。副县长赖俊香参加揭牌仪式。

9 月 19 日上午，五华县举行梅州 500 千伏五华（兴宁）输变电工程竣工仪式。县委副书记、政法委书记宋学希，梅州供电局副总经理朱力方，县领导张裕、赖俊香、邹志轩参加启动仪式。

9 月 19 日，五华县举行梅州抽水蓄能电站二期开工建设动员会、梅州三渡水抽水蓄能电站项目前期工作启动会暨梅州五华龙洞抽水蓄能电站项目签约仪式。三个项目迎来了关键性、标志性的进展，为五华乃至梅州经济社会、绿色能源产业发展又添上了浓墨重彩的一笔，为加快产业转型升级、实现碳达峰碳中和提供了强有力的支撑。

9 月 19 日，市委副书记、市长王晖到五华县，就深入贯彻习近平总书记对广东系列重要讲话和重要指示精神，全面落实“疫情要防住、经济要稳住、发展要安全”重要要求，贯彻落实省第十三次党代会、省委省政府主要领导来梅调研讲话要求和市委市政府工作部署，围绕招商引资、土地管理和统计纳统等工作开展调研。市领导陈金銮、蒋鲲、陈亮，县领导朱少辉，丘炀，张少凡，谢瑞狮，蔡强，邝逸平参加调研座谈。

9 月 23 日，梅州市农业农村局与五华县人民政府联合在五华县举办“庆丰收 迎盛会”——梅州市五华县中国农民丰收节活动。

10 月 25 日，省自然资源厅党组成员、副厅长杨林安一行率队到五华县横陂镇杨恩村，调研土地开发项目相关情况。县委副书记、县长丘炀参加调研。

10 月 31 日下午，副市长谢钦文到五华县，开展党建引领基层治理促乡村振兴专题调研，并检查疫情防控工作。县委副书记，县长丘炀参加调研。

11 月 14 日至 15 日，省应急管理厅党委书记杜敏琪率队到五华县，调研检查森林防灭火工作。副市长谢钦文，县委书记朱少辉，县委副书记、县长丘炀陪同调研。

11 月 29 日，省公安厅森林公安局局长罗燕喜率省林长制考核小组一行到五华县，开展林长制现场核查相关工作。市政府副市长、秘书长陈亮，县委书记朱少辉，县委副书记、县长丘炀参加核查工作。

12 月 26 日上午，五华县政府投资建设项目管理中心揭牌仪式在建筑企业大厦举行，县委常委、常务副县长张少凡，县有关部门负责人参加揭牌仪式。

县政府办公室工作

【办文、办会、办事】 2022 年，共发出政府文件 408 件，办公室文件 196 件，处理上级来文 7837 件，处理群众来信来访和上级批转信件 126 件；共接收涉密文件 1150 余件，呈批文件540余件，通过党政内网发出相关文件100余件，未发生泄密现象。共组织县政府常务会20次，各类专题会议567次，外出调研活动112次，上级来人接待、调研活动等216次。

【调查研究工作】 2022年，共组织撰写《五华县优化营商环境现状与对策研究》《关于五华县林业产业发展的若干建议》《全面托管模式下华城镇中心卫生院医疗服务水平提升的实践和思考》等专题调研报告16篇；编辑《内部参考》22期、《政策时讯》10期，得到县委、县政府主要领导批示26次。共组织撰写县政府主要领导综合性文稿220多篇，撰写县政府综合性汇报材料630多篇，高质量完成《政府工作报告》、县委经济工作会议等重大文稿起草工作。

【政务信息采集工作】 2022年，共采集各镇各部门政务信息698篇，向市报送47篇，其中，《“四聚焦”推进营商环境向“优”看齐》《“六个强化”力促林业产业发展》《“八大举措”筑牢地质灾害防治防线》《多措并举促进就业再就业》4篇政务信息被市采用并报省。

【金融工作】 截至2022年11月底，各项存款余额为355.91亿元、贷款余额为235亿元，存贷比66.03%，同比增长4.63%。扩大“应急转贷”资金覆盖面，合计完成“应急转贷”支持业务59笔共4.87亿元。持续扶持企业发展，推动建立政银担企融资对接平台，落实上级助企纾困政策，推动发出制造业贷款总额19.22亿元、同比增长7.62%，为市场主体降费规模达917万元、惠及2.32万户小微企业和个体工商户。强化金融赋能乡村振兴，协调投入2000万元在全市率先设立乡村振兴信用贷款风险补偿基金，推动发出涉农贷款153亿元，同比增长14.65%；推动完成“普惠金融户户通”工作，投放“粤智助”政府服务自助机终端需求共478台，对413个行政村开展“整村授信”工作，累计为20.57万户农户办理预授信及授信88.69亿元。

【职能转变工作】 2022年，严格按照上级部署要求，深入推进“放管服”改革，推动全县1778项政务服务事项实现100%网上受理，1770项政务服务事项进驻县政务服务中心、进驻率达99.55%。

【疫情防控工作】 2022年，作为县疫情防控指挥办综合组组长单位，在“1·15”“1·31”及后续系列输入性疫情中，充分发挥综合协调职能，高效做好应急值守、文件收转、会议筹备、信息发布等工作。全年处理上级疫情防控文件2700多件，以县指挥办名义印发通知、通告等各类文件562件，组织召开疫情防控工作会议150多场，助推第九版防控方案、“20条优化措施”、“新10条优化措施”等落实到位。

【政务公开和信息工作】 2022年，推动制定《五华县2022年政务公开工作要点分工方案》，深化做好经济、民生等重点领域信息公开、政策集中规范公开、基层政务公开等工作，全力维护政府网站安全高效运行。共发布市级涉六大类共103条的“促进经济稳增长若干政策措施”，发布《制造业中小微企业缓缴税费政策再延四个月》等促消费相关信息 10 条、就业信息 38 条、政策解读稿件 36 条。及时回应群众关切，通过“疫情防控工作权威发布”专栏公开疫情防控类信息 170 条，发布各类回应关切 79 条。规范依申请公开工作，共受理政府信息公开申请 8 件，按时办结 8 件，按时办结率 100%。

【建议提案办理】　2022 年，63 件人大建议和 57 件政协提案已全部办理完毕，其中 62 件人大建议和 56 件政协提案得到解决或列入年度计划解决，分别占比 98.4%、98.2%，因客观原因不能解决的人大建议 1 件、政协提案 1 件，分别占比 1.6%、1.8%。

【外事工作】　2022 年，共协助企业办理外国人来华工作邀请事宜 11 人次，协助梅州客家足球俱乐部以最短时间拿到邀请函，顺利邀请来自巴西、日本、塞尔维亚等国的外籍教练和球员，代表俱乐部参加重要足球赛事。

【应急值守工作】　2022 年，严格落实总值班室 24 小时专人值班制度，全面完善汇编《五华县委县政府总值班室工作手册》，加强对各镇各单位值班信息报送工作的督导检查，确保信息报送及时准确，各类突发事件处置快速高效。共收到并处理省、市领导指示批示件 58 件，不稳定因素信息 22 条，突发事件信息 124 条，上级来华报告 153 件，领导干部外出报告 233 件，重要防护期信息综报 46 期，发送各类值班短信 3 万条次。

五华县政务服务数据管理局

【简况】　2022 年，五华县政务服务数据管理局始终坚持以习近平新时代中国特色社会主义思想为指导，全面学习宣传贯彻党的二十大精神，认真贯彻落实省、市和县委、县政府工作要求，以全心全意为人民服务为根本宗旨，深化改革创新，提升服务效能，持续优化营商环境，提升民生服务水平，为五华县的经济社会发展作出积极贡献。

【持续深化“放管服”改革】　2022 年，持续深化“放管服”改革，优化营商环境，不断提升行政效能和服务质量，凭借在环境建设、管理服务、群众满意度等方面的优异表现，在 2022 年广东省市、县（区）标杆政务服务中心评估工作中，五华县政务服务中心获评“广东省县（区）级标杆政务服务中心”。

【县政府服务中心启用】　为继续擦亮标杆品牌，充分发挥标杆政务服务中心的示范引领作用，为群众提供更便捷、优质、高效的政务服务，经过近半年的紧张建设，2022 年 12 月 26 日，五华县政务服务中心正式启用。中心主体建筑共 3 栋，总建筑面积 8725.51 平方米，进驻单位 28 个，设置窗口 106 个，进驻人员 235 人。新中心在原来的基础上，新设立公安交警、出入境业务服务区、税务局智慧办税服务厅、公共法律服务中心、数字金融服务区、数字政府成果展区、24 小时自助服务区，进驻单位更多，办事窗口更全，为企业群众提供更用心、更暖心、更贴心的政务服务。

【持续优化　营商环境】　2022 年，大力推进“行政审批事项 100%网上受理，100%网上办结”工作，完成全县36个部门1778项事项线上线下申办渠道的梳理和公开，实现100%可网上受理，将120项政务服务事项纳入五华县政务服务中心人社、就业和人才、残疾人联合会、退役军人、车辆管理5个服务分厅，1650项政务服务事项进驻到县、镇服务中心，事项进驻率达99.55%，其中，1012个事项可在中心综合窗口收件受理。同时，组织召开优化营商环境专题工作会议，各窗口签订政务服务承诺书，进一步加强中心人员管理和事项进驻，提升行政效能和服务质量，持续优化营商环境。

【高质高效推进“数字政府”改革建设】 五华县高质高效推进“数字政府”改革建设，创新打造数据中台，建成数字成果展区，数据共享赋能发展，数字成果普惠群众。一是数据共享交换平台五华节点采集全县108个政务信息系统，对接46个单位涉及358条目录合计1.06亿条数据，包括人口库692万条、法人库528万条，并从国家、省大数据中心对接200个服务接口到共享门户，供各单位共享使用。二是建成数字政府成果展区。通过实时展示、模拟演示等方式，全方位介绍数字政府建设成果。三是依托“政务服务网”“粤省事”“粤商通”“粤政易”等粤系列平台，推动更多高频政务服务事项接入上线，推行“不见面审批”，让数字政府改革建设成果惠及更多群众和企业。2022年，“粤省事”全县户籍人口注册数超过107.9万人，占常住人口注册比例117.7%；“粤政易”全县121个单位共开通账号14739个，激活率100%，日平均活跃率达80%，“粤商通”市场主体注册数81862个，占市场主体注册比例100%。实现“粤智助”县镇村三级服务中心全覆盖，办理查询和办理类业务总量207396件，服务群众104330人。

（陈秋霞）

信　访

【简况】 2022年，五华县信访局深入学习贯彻党的二十大精神，坚持人民至上，坚持稳字当头，坚持底线思维，扎实做好信访矛盾的排查化解、初次信访事项的受理办理、《信访工作条例》学习宣传等信访基础工作，全县信访工作有效开展，信访形势总体平稳向好。在2022年度市对县信访工作考核中，五华县获得“优秀”等次。

【信访工作制度改革】 制定《五华县初次信访事项办理闭环管理工作机制》。落实初次信访事项“日清日结”制度，认真受理好、答复好、解决好群众来信来访，推进信访事项精准施策、高效解决和闭环管理。实行县信访局班子成员及各股室（中心）定点联系镇（单位）督办制度。采取网上督办、电话督办、现场督办、会议督办、调卷督办、发函督办、约谈通报等方式，对落实信访工作制度、所有信访事项进行全程跟踪督办。2022年，县信联办共发出督办函10份，问责函7份，约谈5家单位10人次。建立群众诉求信息联动工作机制。由县信联办牵头组织县委县政府督查室、县委宣传部、县信访局、县政务服务数据管理局、县融媒体中心等单位，建立群众诉求信息联动工作机制，加强群众诉求信息合作共享、沟通会商、预警分析、热点研判、高效应对，将矛盾纠纷、信访问题、风险隐患、舆情信息发现在早、处置在小。进一步完善规范县直机关新提任的副科领导干部到县信访部门担任信访督察员机制。实行周计划、周考核制度，推动信访工作有效落实，督查员督查督办的217 宗信访事项，均取得较好的督办效果。

【提升初次信访事项办理质效】 五华县紧紧围绕“控增量、减存量、防变量”工作目标，对初次信访事项实行“日清日结”，做到收件即转、当日清空，当日落实一名信访领导干部负责督办，当日落实一名责任单位包案领导，迅速开展化解工作，着力避免信访件逾期办结、逾期评价的发生。开展满意度评价，想方设法引导群众作出满意度评价，倒逼主体责任落实。制定《关于实施初次信访事项办理闭环管理工作机制》，用“绣花功夫”把群众的合理诉求解决到位，减少重复信访事项的发生。2022 年，群众来信来访 1248 宗，同比下降 19.8 %。

【重复信访治理专项行动】 五华县高度重视重复信访化解工作，县委、县政府主要领导和分管领导多次召开专题会议研究部署推进重复信访化解工作。2022 年，上级交办五华县的第一批重复信访事项 120 宗已全部办结（其中签订息诉罢访解决 28 宗），第二批重复信访事项 53 宗已全部上报办结（其中签订息诉罢访解决 17 宗），省重点信访事项“百日攻坚”行动中交办五华县化解的 42 宗重点重复信访事项和县重点信访事项百日攻坚行动的 61 宗重点重复信访事项已全部办结。

【宣传贯彻《信访工作条例》】 全县上下把学习宣传贯彻《信访工作条例》（以下简称《条例》）作为一项重要政治任务抓紧抓细抓实，通过报纸、电视、微信公众号、宣传栏、LED 显示屏、横幅等方式，大力宣传《条例》，全方位、多渠道推进《条例》进机关、进企业、进社区、进农村，努力营造办事依法、遇事找法、解决问题用法、化解矛盾靠法的法治环境。同时，五华县把《条例》纳入全县中青年干部培训班、县企事业单位党组织书记综合素能提升专题培训班、县村（社区）党组织书记推进乡村振兴专题培训班等党校干部培训计划，2022 年举办各类培训班 5 场，培训 1050 人次，基本实现各级干部《条例》培训全覆盖，着力提高各级党员干部对《条例》的掌握和运用能力。

【加强业务培训】 2022 年上半年，五华县召开全县信访工作暨业务培训会议，对全县各镇、县直相关单位分管信访领导、信访干部进行信访案件受理、答复、满意度评价等业务工作进行培训，着力提高信访干部办信业务水平。下半年，五华县召开了县政法、信访工作业务培训会，会上对各镇分管政法工作的副书记、综治办主任、派出所所长进行了信访业务培训，全力提高党员干部和公安民警做好信访基础业务、重复信访件治理等方面的能力。

（李清泉）

中国人民政治协商会议五华县委员会

重要会议

【县政协召开十一届第二次常委会议】 2022年2月22日上午，五华县政协召开十一届第二次常委会议。五华县政协主席詹庆东主持会议。会议审议通过五华县政协十一届二次会议议程和日程（草案）、大会秘书长名单，审议通过五华县政协十一届二次会议常委会工作报告、提案工作报告以及相关人事免职事项、增补部分政协委员。

【县政协召开十一届第三次常委会议】 2022年2月22日下午，五华县政协在五华县党政大楼大会堂召开十一届第三次常委会议。五华县政协主席詹庆东主持会议。会议审议通过政协五华县第十一届委员会第二次会议决议（草案）。

主要工作

【理论学习】 2022年，县政协坚持“第一议题”学习制度，突出抓好党组理论学习中心组学习，召开主席会议11次，党组理论学习中心组学习会议11次，机关党支部、支部各党小组开展学习交流研讨活动31次，团结教育引导广大政协委员和社会各界人士不断增进对中国共产党和中国特色社会主义的政治认同、思想认同、理论认同、情感认同。深入学习宣传贯彻党的二十大精神，坚持把迎接党的二十大召开和学习宣传贯彻党的二十大精神作为头等大事。及时召开会议传达学习党的二十大精神；深入挂点联系镇、村宣讲大会精神；利用互联网平台向广大政协委员推送大会精神，引导广大政协委员和社会各界人士，深刻把握新时代10年伟大变革的里程碑意义，深刻认识“两个确立”的决定性意义，深刻领会以中国式现代化推进中华民族伟大复兴的使命任务，切实增强“四个意识”、坚定“四个自信”、做到“两个维护”。

【队伍建设】 2022年，县政协持续加强“两支队伍”建设。充分发挥委员主体作用，坚持各种调研活动邀请相关委员专家参加，为委员提供充分的参与视察调研机会。着眼于激发委员热情，坚持开展走访慰问委员活动，加强同委员和委员所在部门的联系，为委员履职尽责创造了良好的条件。强化委员履职情况考核，不断增强委员履行职能的责任意识。切实加强机关自身建设。从严从实加强政协机关党的建设，严格执行中央八项规定精神和省、市、县委有关规定要求，持之以恒推进党风廉政建设，驰而不息纠“四风”，营造风清气正的良好政治生态。修订出台《五华县政协机关管理制度汇编》，机关财务管理、公车管理、日常管理等 11 项管理更加规范；深入开展“四强四优”模范机关创建工作，通过开展“五个一”党内活动、开展一系列“微环境改造”活动、健全谈心谈话制度、丰富文体娱乐活动等，实现将创建工作与提升政协工作水平、改进干部队伍作风融合起来，推动政协各项事业实现高质量发展。扎实做好挂镇联村工作，选派 11 名干部深入转水镇里塘村等，协助所联系村做好产业振兴谋划发展、森林防灭火、疫情防控等工作，为挂点联系镇、村加快农业农村现代化、促进共同富裕作出积极贡献。

【民主协商】 2022 年，县政协围绕产业培育、项目建设、民生事业积极建言献策。县政协十一届二次会议期间，引导委员围绕政协常委会工作报告、政府工作报告和其他有关报告进行集中协商，围绕壮大实体经济、优化营商环境、城乡建设、医疗教育等全县经济社会发展重点问题积极议政建言，提出 98 条意见建议，相关部门认真吸纳，推动全县重点工作有力开展。

【调研视察】 2022 年，县政协以调研协商座谈会为抓手，开展全县基础教育高质量发展等 10 多场各种形式专题调研，向县委、县政府呈送调研报告 5 份，提出意见建议 28 条，为县委、县政府科学决策提供了重要参考。全力助推乡村振兴，把巩固拓展脱贫攻坚成果同乡村振兴有效衔接作为履职重点，配合市政协围绕“发展壮大县域经济、助力乡村振兴”等 10 多个调研专题，深入基层调研，协商建言；围绕五华县农村集中供水工作等议题，深入一线开展调研视察，通过实地查看、座谈交流等方式，为乡村振兴献智献力。

【提案督办】 2022 年，县政协不断强化提案办理，抓实提案征集、审查、交办、督办等各环节的工作，认真落实提案办理协商制度，跟进督促落实委员提案，会同县政府召开提案交办会，对学校学生校外就餐存在问题、老旧小区改造等提案办理效果进行了现场调研，进一步提高了提案办理质量，委员提案在经济发展和社会治理中的促进作用得到了充分发挥。十一届二次会议期间，共收到提案 23 件，立案 22 件，提案办复率达 100%，满意率达 100%。

【民主监督】 2022 年，县政协围绕全县重点工作，积极开展民主监督，助推县委、县政府各项工作安排落地见效。选派 10 多名委员担任有关纪委监察、税务、消防等方面的民主监督员，参与全县烟花爆竹禁放听证会、审判旁听会、判决现场执行、机关年度考核、食用农产品现场抽样及快检等监督工作，助推有关部门转变工作作风。推荐 3 名政协委员为营商环境监督员，围绕五华县行政审批、政策落实、政务公开、服务承诺、行政执法及基层窗口服务等情况开展监督，及时掌握了解群众投诉的问题，以监督发现问题核查整改,推动全县营商环境迈上新台阶。

【联情联谊】 2022年，县政协加强与省市政协、兄弟县（市）政协的联系交流，认真总结学习借鉴经验和做法，推动政协工作不断取得新进步。配合省、市政协完成“乡村振兴五年取得显著成效”“发展壮大县域经济、助力乡村振兴”等民主监督活动、调研活动。为番禺区政协等多个兄弟单位来五华县的考察调研提供全方位服务，宣传推介五华经济社会取得的新成就，扩大五华影响和知名度。

【文史工作】 2022年，县政协重视文史宣传工作，用好政协网站，提升《五华政协》出版质量，积极宣传政协委员创业故事和履职风采，充分激发政协委员的积极性。进一步做好文史资料工作，发挥文史资料存史资政团结育人作用，启动《古邑工匠》征编工作。

（江金城　张　军）

纪检监察

主要会议

【十四届县纪委二次全会】 2022年2月18日，中国共产党五华县第十四届纪律检查委员会第二次全体会议在县城召开，会议深入学习贯彻习近平总书记在十九届中央纪委六次全会上的重要讲话精神以及中央、省、市纪委全会精神，总结2021年纪检监察工作，部署2022年工作任务。

【五华县监委第二届特约监察员聘任会】 2022年5月12日，五华县监委召开第二届特约监察员聘任会，聘请13名特约监察员。

【五华县纪检监察系统学习贯彻党的二十大精神宣讲会】 2022年12月1日，召开全县纪检监察系统学习贯彻党的二十大精神宣讲会。

主要工作

【审查调查工作】 2022年，五华县纪委监委共受理群众信访举报315件,办结239件；立案305件305人（涉科级及以上干部64人，其中正科级及以上24人），结案286件286人，办结率93.77%；给予党纪政务处分277人，留置2人，移送司法机关7人；挽回经济损失3298.75万元。

【日常监督】 2022年，五华县纪委监委坚持抓早抓小、防微杜渐，精准运用“四种形态”，对苗头性、倾向性问题或轻微违纪问题及时谈话函询、约谈提醒、批评教育、责令整改，推动“红脸出汗”成为常态。常态化开展党内谈话，共开展日常谈话1775人次，提醒谈话844人次，警诫谈话93人次。坚持监督关口前移，突出加强“三重一大”事项监督，各镇纪委和派驻（出）机构共否定“三重一大”事项85项，提出建议意见305条。常态化抓好疫情防控督查工作，共出动督查人员1362人次，发现1226个问题，发出《督查整改通知书》64份，追责问责3人。

【作风建设】 2022年，五华县纪委监委全面开展“赌风”“酒风”问题专项整治，共发现问题线索95条，立案86人，给予党纪政务处分 80 人。深入贯彻中央八项规定及其实施细则精神，共查处违反中央八项规定精神 43 件 76 人，给予党纪政务处分 74 人。持之以恒纠治“四风”，查处形式主义、官僚主义问题 14 件 30 人，给予党纪政务处分 28 人；查处享乐主义、奢靡之风 29 件 46 人，给予党纪政务处分 46 人。深入实施影响破坏营商环境、医保基金监管领域和违规兼职取酬等 9 大专项整治工作，共给予党纪政务处分 8 人，提醒谈话 29 人，挽回经济损失 145.76 万元。

【巡察工作】 2022 年，出台《中共五华县委巡察工作规划（2022—2026 年）》，重点围绕“三个聚焦、一个加强”，高站位启动新一届县委巡察工作。共组织开展 3 轮常规巡察、1 轮县级交叉巡察、1 轮机动巡察和乡村振兴资金管理使用暨农村集体“三资”管理专项巡察；共巡察 141 个党组织，发现问题 1680 个，上报完成整改 1015 个，整改期限内整改率 93.6%；共移交问题线索 57 条，立案 44 件，给予党纪政务处分 44 人。

【宣传教育】 2022 年，五华县纪委监委编印 12 期《每月一案例》、1 刊反面典型案例，拍摄《林蠹之灭》警示教育片，督导全县各级党组织开展纪律教育学习月活动。发挥“长乐清风”平台廉政宣传“喉舌”作用，推出 12 期各类廉政宣传作品，推送 440 篇文章，其中市级以上媒体采用 53 篇。做实日常“廉”提醒，发送廉政短信约 4.2 万条。认真开展回访教育，帮助 302 名受处分党员干部正视错误问题，重燃干事激情。

【队伍建设】 2022 年，五华县纪委监委持续开展能力提升行动，开展全员培训 13 期 814 人次，线上培训 10 期 49 人次，参加上级专题业务培训 5 期 56 人次，推荐 12 名干部到省市纪委跟班学习。开展“喜迎二十大·追梦纪检人”主题调研活动，征集心得体会 170 篇。更新完善县、镇两级 174 名纪检监察干部个人廉政档案。聘任第二届特约监察员 13 名，并专题研讨反馈 7 个方面 19 条意见建议，自觉接受最严格的约束和监督。

（陈少才　曾　婷）

群众团体

五华县总工会

【疫情防控工作】 强化管理，严格落实“健康码”、佩戴口罩、体温检测 、定期消毒等措施，加强一线窗口人员防护，严防工作传染，认真执行疫情防控要求和纪律规定，严禁疫情防控值班值守中脱岗、空岗、漏岗，为落实疫情防控提供纪律保障。

【弘扬劳模精神引领】 认真组织开展各级劳模、先进工作者事迹的宣讲活动，一是梅州蓄能发电有限公司获得广东省五一劳动奖状事迹获《南方工报》、五华电视台宣传报道；二是为进一步弘扬劳模精神、工匠精神、劳动精神，做好对劳模的关心关爱工作，4 月 18 日组织 9 名劳模参加 2022 年“全国、省劳动模范代表座谈会”；三是开展“学习二十大奋进新征程”为主题的劳模进企业宣讲活动，组织 2 名劳模（工匠）到五华县红根然养殖专业合作社开展宣讲。2022 年春节期间，组织慰问各级劳模共 216 人，共发放慰问金 13.28 万元。

【践行精神文化引领】 12 月在全县选拔工会会员 24 人参加 2022 年梅州市“嘉元杯”第二届职工羽毛球比赛，已在五华县技工学校创建五华县总工会职工文体活动中心，让职工群众在工作之余可以阅读各类书籍和参与健身活动，有效舒缓工作压力，激发出更大的劳动热情。

【职工安康权益】 一是做好五华县 2022 年度困难职工摸底调查工作，截至目前，在档困难职工 53 户（其中深度困难职工 9 户，相对困难职工 44 户），2022 年共计帮扶 129 人次，金额 75 万元。二是持续做好职工互助保障工作，截至目前，共办理广东省职工互助保障 20509 人 203.267 万余元，共为 841 人进行保单理赔,涉及金额 146.47 万元。三是深入开展“安全生产咨询日”活动，现场向广大市民派发安全生产月有关的宣传资料，大力开展安全生产群众监督和职业健康活动，提高安全生产意识。

【服务女职工工作】 一是 2022 年在五华县顺通快递有限公司内创建“爱心妈妈小屋”。二是积极开展心理健康活动。8 月 19

日邀请五华县社会心理服务示范中心讲师团李晓红老师到县总工会举办一场以亲子教育之情绪管理为主题的心理健康讲座帮助职工缓释工作和生活压力，提高幸福指数。三是对符合条件的工会爱心托管班给予工会补贴。

【送温暖活动】 2022年春节期间，共为30个单位506名留华过年的异地职工送去价值10万元的新春大礼包；元旦、春节期间，筹集资金118.43万元进行元旦春节送温暖活动，为2786名困难职工（各级劳模和先进工作者215人）送去党政和工会的关怀。

【“广普查、深组建、全覆盖”工作】 普及“粤工惠”注册工作。全年新建基层工会25家，企业建会18家，25人以上企业建会14家，25人以上非公有制企业建会14家，“三新”领域建会3家,新发展工会会员1280人，其中企业新发展会员1238人，非公有制企业发展会员1226人，全县履行民主换届32家，在全县基层工会持续推广使用“粤工惠”平台使用，截至年底，粤工惠组织登记基层工会310家，录入会员30770人，已实名注册28055人。

【乡村振兴】 县总工会将按照乡村振兴战略的决策部署挂镇联村周江镇狮潭村、桂子村、兰鱼村、新良村、增洞村5个村为全面推进乡村振兴、巩固拓展脱贫攻坚成果而服务。其中，派驻第一书记协助狮潭村和新良村分别无息贷款60万元投资建设光伏发电，建设面积共计上千平方米，分别给各村带来约6万元的年村集体收入；并筹集资金12万元对各村的环境整治、森林防火和疫情防控工作给予大力支持；进一步推动乡村振兴工作。扩大工会组织覆盖面，突出宣教示范引领作用，强化乡村职工文化阵地建设，精准施策扶贫帮困，尽最大努力让贫困户富起来，让农业强起来，让乡村振兴起来。

【创文创卫】 根据五华县创建全国县级文明城市和巩固国家卫生县城包村责任划分，负责莲洞堤、澄湖村等11个村民小组，针对各片问题，专门组织各挂钩挂联单位召开现场会6次，强调各责任单位要加强协调配合，热情帮助挂联村解决工作中遇到的困难和问题，在人力、物力、财力等方面给予多支持，推动创文创卫工作健康开展。

【经审工作规范化建设】 在经费使用、工作纪律等方面按规章制度管理、按规矩办事的工作局面基本形成，改进财务审计管理方式资金使用实行项目制管理体现集中财力办大事，推动工会经费向基层倾斜。

【职工权益保障工作】 一是2022年新签企业集体合同5份，新签劳动安全卫生专项集体合同5份，续签企业集体合同2份，续签区域性集体合同4份，续签行业性集体合同2份；二是处理省总“12351”热线职工信访5宗，涉及15人，追回资金12万元；三是以“安全生产月”活动为契机，继续深入开展全国“安康杯”竞赛活动，12月15日举办“宣讲培训进园区凝心聚力助发展”安全生产培训活动。 （李少涵）

共青团五华县委员会

【党建引领】 一是理论学习更深入。以学习宣传贯彻党的二十大精神和习近平总书记在庆祝中国共产主义青团成立 100 周年大会上的重要讲话精神为重点，通过主题宣讲、团干讲党（团）课、座谈交流、读书会、青年讲师团进校园等多种形式，精心设计、扎实开展学习宣传教育活动 520 多场次，覆盖青少年 10 万多人次。县委少辉书记亲自组织学习贯彻习近平总书记在庆祝中国共产主义青年团成立 100 周年大会上的重要讲话精神座谈会，与青年代表面对面座谈交流，倾听青年心声，强调部署全县贯彻落实意见。召开推动团属青年组织骨干、青年志愿者和中小学生等领域青少年群体积极参与“青年大学习”“红领巾爱学习”网上主题团（队）课。举办“青马工程”培训班 3 场次，250 多名青马学员参与线上学习和现场研学。二是思想引领更突出。开展“喜迎二十大，争做新时代好队员”“青春心向党、建功新时代”“学习贯彻党的二十大精神”等手抄报、绘画、征文比赛等各类实践活动 100 多场次，覆盖青少年 5 万多人。充分挖掘青少年宫、爱国主义教育示范基地的育人功能，组织开展各类寓教于乐的公益课堂、教育实践活动达 40 多场次，惠及青少年 200 多名。三是宣传阵地更宽广。持续巩固扩大“五华青年”“五华志愿服务”微信公众号等团属新媒体阵地，五华青年微信公众号粉丝量全年增加 3.3 万人，发布原创文章 210 多篇，单篇推文最高阅读量达 14.5 万人，不断扩大团工作的影响力。积极对接上级媒体资源，5 场次活动在“共青团新闻联播”、《中国青年报》、《中国社会工作》、“学习强国”学习平台等国家级媒体刊登，15 场次活动在“南方+”、掌上梅州等省市级媒体刊登。积极筹集社会资源，争取热心乡贤关心支持，高标准打造“有阵地、有资金、有制度、有师资、有课程”的“五有型”广东省首个县级团校。

【服务青年工作】 一是深入实施青年发展规划。召开五华县中长期青年发展规划实施工作联席会议，跟进落实《五华县贯彻落实梅州市青年发展规划（2021—2025 年）实施方案》。二是建强团属青年阵地。依托县级心理咨询室，建立五华县青少年心理咨询中心，免费为青少年提供心理咨询服务。借助五华相亲网资源优势，建立五华县青年婚恋交友中心，切实帮助青年解决婚恋交友问题。积极向县委、县政府争取资金，高标准建设县青少年宫，连同奥体中心红色体验馆、足球科技馆、足球小镇等场馆，一同打造为五华县青少年教育实践基地。三是组织青年开展系列活动。开展单身联谊、家长公益相亲会 16 场次，吸引 400 多人次参与婚恋交友活动，已促成 30 多对单身青年成功交友。对接广州大学、嘉应学院等高校师生到五华开展“三下乡”社会调研和志愿服务活动 30 多场次。积极开展“党徽暖童心”“爱心汇聚小鸟巢”关心关爱留守儿童系列活动。争取省青基会为五华县山村学校建设幸福厨房、杜锋篮球场等项目。争取希望工程卓定华连续 20 年捐资助学，助力 173 名高考学子圆梦、追梦。四是引导青年人才留在五华创业就业。大力宣传“青梅计划”“长乐人才振兴八大行动”等就业创业政策，招募 19 名高校大学生成为“青梅计划”联络员。依托“展翅计划”平台，为在校大学生提供 100 多个实习岗位。积极向省、市争取 34 名优秀大学生志愿者奔赴五华边远山区学校支教，招募 45 名大学生志愿者到 16 个乡镇服务乡村振兴行动，为乡村振兴工作注入了强大活力。定期走访慰问乡村振兴志愿者、支教大学生，协助他们解决生活和工作中的困难问题，引导他们服务期满留在梅州留在五华就业创业。五是全力维护青少年权益。推动未成年人零犯罪村（社区）、青少年维权岗等阵地建设，依托“12355”平台，深入开展预防未成年人犯罪宣传教育，为青少年提供心理咨询、法律援助等服务。联合公安、教育等部门深入开展预防性侵害教育、防电信诈骗、防溺水等法治宣传主题活动共 800 多场，服务青少年儿童 5 万多人次。

【疫情防控】 组建青年战“疫”志愿突击队，引导全县团员青年和志愿者积极投身疫情防控志愿服务，2400 多名志愿者通过核酸采样考核，12 万多人次志愿者参与核酸检测、扫码登记、高速路口值守等工作，累计服务时长 25 万多小时，特别是五华“1・15”“1・31”和丰顺“10・23”疫情防控期间，发动志愿者人数达 5 万多人次，帮助运送核酸检测样本 50 多万份，募集抗疫资金和物资达 50 多万元。

【志愿服务事业】 以县委办名义印发《五华县党建赋能志愿服务实施方案》，召开“志愿者之城”打造部署会，进一步明确志愿服务的发展方向和目标要求，明确至 2023 年 6 月前要完成第一批示范打造，于 2024 年 6 月前完成全面打造。争取乡贤支持 6 万元举办五华县第一届志愿服务大赛，对获评优秀志愿项目和个人，给予一定扶持资金，助推项目培育和发展。2022 年五华县注册志愿者 7.9 万余人，比 2021 年增加 1.8 万人；志愿服务时长 340 万多小时，比 2021 年增加 210 万小时；培育发展志愿服务组织及团体 1074 个，比去年增加 193 个。

【社会治理】 充分发挥五华县青年志愿突击队人员技能和装备优势，组织开展琴江河水域救援演练、双华镇楼子岽山地搜救等多场次贴近实战的演练，组织参与五华区域核酸检测样品运送、车辆被困山地救援、五华、兴宁等县区 12 场次溺水事件搜救、大埔高陂镇抗洪救灾转移群众 110 多名、清远英德市灾后消杀 22 万多平方米等多场次多领域实战，队伍累积丰富经验，随时做好为梅州为五华应急救援贡献青春力量。组织发动志愿者开展“红丝带”护考、爱心“一元捐”、“暖冬行动”、“六防”法治宣传、巡河护河、创文巩卫、森林防火、安全生产等社会治理志愿服务活动 3000 多场次，覆盖群众 30 万多人次。

【基层团组织建设】 一是稳步有序推进县域共青团改革。《五华县县域共青团基层组织改革实施方案》通过县委深化改革委员会审议并以县深改办的名义印发，该方案涵盖 4 大方面改革内容、9 条改革举措、42 项工作项目以及 88 个工作任务，每项工作任务都逐一明确牵头单位、责任单位和完成时限。以改革为契机，持续选优配强团干力量，选用 1 名乡镇副镇长全脱产到团委挂职 2 年；县委编办发文同意县志愿者行动服务中心从挂牌单位转为事业正股级单位，核定事业编制 5 名；全县 448 个村（社区）均选聘 1 名社工担任所挂钩村（社区）兼职团组织书记，协助做好团务工作。高标准组织召开团县委第十八次代表大会，选举产生新一届团县委领导班子，深入总结过去 5 年工作情况，分析存在问题，谋划布局下一个 5 年工作计划。二是深入推进“命脉工程 2.0”工作。全面加强团支部规范化建设，大力整顿超大团支部、空心团支部，持续推进社会领域团组织建设，组织化开展主题教育实践活动，提前完成团市委下达 2022 年发展团员编号使用，扎实开展团组织关系转接、团费收缴、推优入党等基础性团务工作，全面提升团员青年归属感和组织参与感。2022 年毕业生团员总数 2811 人，组织关系转接率 96.37%，全年平均按时缴纳团费率 82.26%。三是强化党建带团建、队建工作。全力争取县委考核办支持，把党建带团建、队建工作纳入年度考核并明确具体分值；全力争取县纪委监委支持，把党建带团（队）建工作纳入巡察监督范畴，进一步压实各级党组织党建带团（队）建主体责任。把党的青年理论纳入党校主体班课程。把团员干部学习培训纳入全县学习培训范畴。全力争取组织部门加强对“推优入党”工作的指导，推动更多优秀团员加入党组织。加强团干部业务培训，组织 800 多名团干部参加省、市、县团委组织的团干部培训课程。四是持续做好先进表彰活动。持续开展“最美南粤少年”“少先队先进个人、集体”“红领巾奖章”的评选活动，选树一批省市县的先进集体和个人。2022 年，选树省级优秀少先队辅导员 1 名、优秀少先队员 5 名、红旗大队 1 个、先进中队 1 个；市级优秀少先队辅导员 5 名、优秀少先队员 36 名、先进学校 2 个、红旗大队 2 个、先进中队 1 个；县级优秀少先队工作者 60 名、优秀少先队员 72 名、红旗大队 13 个、先进中队 25 个。2022 年五华县获得省级五四红旗团委 1 个、省级优秀共青团员 2 名、市级五四红旗团委 2 个、市级五四红旗团（总）支部 4 个、市级优秀团员 31 名（其中学生 19 名）。（温东初）

2022 年 11 月 18 日，召开五华县中长期青年发展规划实施工作联席会议第二次会议（团县委提供）

五华县妇女联合会

【简况】 五华县妇女联合会（以下简称县妇联）坚持不懈用习近平新时代中国特色社会主义思想凝心铸魂，扎实推动党史学习教育常态化长效化，把学习宣传贯彻党的二十大精神作为头等大事，县妇联领导班子以身作则、领学促学，带领各级妇联干部学思践悟，用党的二十大精神统一思想、统一意志、统一行动。开展“巾帼心向党 奋进新征程”学习教育活动、“学习贯彻党的二十大精神巾帼志愿者在行动”活动，通过妇联领导干部带头讲、妇联执委广泛讲、先进典型结合讲，推动党的二十大精神入脑入心、走深走实。深入开展“巾帼心向党”系列群众性主

题宣传教育活动，开展“新思想在我身边”学习活动、“幸福在我身边”展示活动、“榜样在我身边”宣传活动、“温暖在我身边”实践活动，共征集“巾帼大学习|今天我来读”“我奋斗·家国美”视频、巾帼大宣讲案例、征文、摄影作品等30多例（套）。由何俊霞领读的巾帼学习小视频被选在“全国妇联女性之声”微信公众号播出。全年寻找推荐选树全国、省三八红旗手（集体）3名（个）、巾帼文明岗1个。龙村镇湖中村党总支部书记、村委会主任、妇联主席何俊霞获全国三八红旗手称号，为全市唯一获此殊荣的个人。广东宁华高速公司有限公司横陂收费站获评2022年度广东省三八红旗集体称号。广东省路桥建设发展有限公司汕湛分公司监控中心获评2022年度广东省“巾帼文明岗”。

【妇女发展工作】 联合开展“家风促美”“发展创美”“家园洁美”“志愿助美”的“富美家园”建设行动，培植打造一批县级美丽庭院示范户，助力全县乡村振兴示范带建设。推荐申报省级“美丽庭院”8户、示范村1个。依托“五华妇女”微信公众号向妇女群众发布就业信息200多条；推动南粤家政工程落实落细，联合开展家政技能培训22期，培训665名妇女；联合开展“南粤春暖暨春风行动”专项行动、“巾帼科技助农直通车”、创业创新、种植养殖、家政服务、农村电商等职业能力提升培训10场次，培训妇女5000多人次。实施好妇女创业小额担保贷款贴息项目，发放贷款40万元，帮助5名妇女解决创业资金瓶颈问题。结合五华实际，鼓励妇女发展特色产业，带领、促进妇女参与乡村产业发展，重点培育扶持巾帼企业、巾帼创业基地1个。争取县政府支持向全县16个乡镇妇联集中发放一批价值10万元的防疫物资，助力农村妇儿群众防疫后勤保障。开展“护林防火系万家”巾帼志愿行动，切实增强群众联防联控意识。认真落实妇联职责范围各项创文工作，支持挂镇联村工作经费3万元，扎实开展疫情防控、疫苗接种等工作。

【妇女儿童工作】 高质量完成2021—2030年新一轮全县妇女儿童发展规划编制颁布工作，推动妇儿发展十项重点工程落实落细。广泛宣传男女平等基本国策，在市中小学性别平等教育优秀作品评选活动，五华县1人获优秀论文二等奖，5人获优秀论文三等奖，1人获优秀案例二等奖，1人获优秀案例三等奖，入选市中小学性别平等教育优秀论文汇编和优秀教学案例汇编。深入实施“护苗行动”，推动落实“预防性侵未成年人 维护女童人身权益”工作机制，全面建立信息台账和“3+1”结对联系帮扶模式。受理来电来信来访等咨询和纠纷调解服务30宗，为30名妇女儿童解决维权难题，开展少年儿童心理健康主题活动、妇女民生座谈会等25场次。链接省市资源邀请专业律师对全县妇联干部开展妇女权益保障法线上专题培训。线上线下开展“践行习近平法治思想 维护妇女儿童合法权益”主题宣传咨询活动，组织普法宣传活动201场次，累计发放各类宣传资料和宣传品10余万份。2022年五华县国家机关“谁执法谁普法”履职报告评议活动中，县妇联被评为“优秀”等级。争取省扶贫基金会、妇女儿童基金会“农村贫困母亲关爱工程”项目5万元资金支持，帮助6名贫困母亲缓解因家庭贫困就医难的突出问题。争取省妇女儿童基金会援建母亲安居房项目资金 2 万元，援助 1 户住房困难的单亲特困母亲家庭建成新居。争取“四援助”和单亲特困母亲家庭慰问工作经费 1 万元，为全县困境妇女家庭解决实际困难。联合卫健部门实施广东省城乡妇女“两癌”免费检查项目和适龄女生 HPV 疫苗免费接种项目。配合实施省妇联“她健康 粤幸福”助力乡村振兴公益活动、市妇联第二期“她健康 家越美”关爱女性公益保险项目，共为全县 2.48 万名女性赠送“两癌”保险。开展“叶剑英助学”基金、“爱心父母”牵手困境儿童等关爱留守儿童慰问活动，为 114 名留守、困境儿童送上暖心关怀。开展“把爱带回家”“温暖同行 幸福安康”“情暖护苗 点亮微心愿”“春风送温暖 执委走基层”等妇女儿童关爱服务活动，累计慰问困境妇女儿童 200 多名。

【弘扬时代新风】 深入开展“传承优良家风 建设书香家庭”赠书活动、“绿色进我家 共建文明城”绿色家庭创建等家风家教家训主题活动 23 场次。持续开展寻找“最美家庭”“文明家庭”“优秀书香家庭”“好少年”“好媳妇”等活动，寻找出县级“最美家庭”19 户、“优秀书香家庭”17 户，“五华县文明家庭”20 户，“五华好媳妇”22 人；横陂镇横陂社区魏金辉家庭获评第五批梅州市“十大最美家庭”；潭下镇潭下社区林青家庭获评第十批梅州市“十大优秀书香家庭”；张水秀、何小良 2 人获评市“孝老敬亲好媳妇”，魏梓铭获评市“自强不息好少年”。挖掘出孝老爱亲、爱岗敬业、绿色环保、家国情怀、清正廉洁等类型的优秀家庭典型，依托“五华妇女”微信公众号广泛开展“最美家庭”“优秀书香之家”等家庭故事展播。组织开展五华县第一批家风家教实践基地命名活动，全县 16 个单位获得命名。组织开展“送法进万家 家教伴成长”全国首个家庭教育宣传周系列活动 21 场次，以及《中华人民共和国家庭教育促进法》宣讲活动、“传承好家风好家训”家庭教育宣讲教育活动、传承好家教好家风茶话会、“推广家庭教育 助力孩子成长”专题讲座、家庭教育宣讲暨亲子志愿服务实践活动等 5 场次。承办梅州市“益家学堂”计划，组织 50 名家长参加“智慧家长班”线上家庭教育课程，举办线下家庭教育巡讲活动 16 场次。

【锻造过硬队伍】 扎实推进妇联组织建设“破难行动”，着力提升妇女干部的综合素质和业务能力，举办全县优秀女干部能力素质提升专题研讨班，组织 51 名学员赴县委党校学习；组织县镇村妇联干部和妇联执委参加市妇联系统领头雁能力提升培训班。9 月底，顺利完成市妇联到五华县开展广东省第四期“妇女之家”示范点项目建设终期评估工作，示范带动全县“妇女之家”建设。不断拓展妇女儿童服务阵地，新增 2 个“四新”领域妇女之家，实现县域内“零”的突破。规范发展增大巾帼志愿队伍，全县“i 志愿”在册登记巾帼志愿者 3243 人，县级巾帼志愿服务队超 500 人，各镇镇级巾帼志愿服务队成员达 30 人以上，各村巾帼志愿服务队成员达 10 人以上，扎实开展巾帼志愿服务，充风彰显新时代五华女性新风采。

（温映花）

五华县工商业联合会（商会）

【深化营商环境】 五华县工商业联合会商

会（以下简称县工商联）积极发挥职能作用，大力宣传贯彻《关于印发五华县实体经济攻坚突破20条措施》《五华县优化营商环境“硬措施”15条》等政府的暖企政策。积极帮助广大民营企业树立信心、减少损失、渡过难关，切实保持经济平稳运行。2022年共组织商会人员进行8次轮值走访企业活动，日常工商联每月安排走访暖企访问活动不少于5家企业。

【理想信念教育】 2022年，县工商联坚持加强非公有制经济人士的意识形态学习教育工作，带领非公有制经济人士到古大存故居、老县委旧址等红色根据地开展庆祝中国共产党成立101周年系列活动，举行资本运作和大健康产业趋势座谈会等民营企业家“两个健康”活动。在超顺集团开展“坚定信心决心、汇聚强企力量”党的二十大精神进企业、商协会宣传活动。深入开展爱国、敬业、诚信、守法教育和非公制经济人士理想信念教育活动。

【开展“万企兴万村”和光彩行动】 截至2022年12月底动员515家民营企业分别对接挂钩414个村，开展企村结对帮扶工作，促进技术、人才、资金、信息等要素更多地向农业农村流动，推动了脱贫攻坚和乡村振兴工作。引导非公有制企业和非公有制经济人士把光彩事业与乡村振兴、万企兴万村和各种社会公益慈善事业紧密结合起来，积极履行社会责任。2022年商会对疫情防控、乡村振兴、慰问老人可统计数字为300万元左右。

【调研工作】 按照省、市工商联的工作部署，组织开展民营企业高质量发展、运营情况、社会责任、营商环境、绿色低碳发展基础和成效、信用体系建设、“一带一路”建设、党建工作等各种调查问卷，及时完成上报了《民营企业高质量发展调查问卷》《民营企业运营情况调查问卷》等相关调研工作，并撰写相应的调研情况汇报，为各级党委政府决策提供依据，2022年五华县工商联获评全国工商联“2022年调查点工作先进基层单位”。

（李定桓）

五华县文学艺术界联合会

【文艺宣传、交流活动】 2022年，五华县文学艺术界联合会（以下简称县文联）积极引导各文艺家协会围绕县委县政府中心工作，在各自领域开展系列文艺活动。一是积极发动文艺家“艺”起抗疫。春节前夕，县书法协会、县硬笔书法协会、县书画艺术创作协会组织60多名书法家义务为群众书写了600多副对联和100个“福”字，把价值2.1万元的对联和“福”字捐赠给岐岭镇双头社区、华源村、龙水村和潭下镇文安村封控区群众。县摄协积极发动会员深入抗“疫”前沿阵地，用镜头记录下全县人民在危机大考面前团结一心、众志成城的温暖瞬间。五华诗社围绕以诗抗疫主题，组织社员创作一批优秀诗词作品，为战胜疫情加油鼓劲。二是组织开展“五华县革命老区文学播种行动”。县作协的“五华县革命老区文学播种行动”入选中国作家协会2022年文学志愿服务示范性重点扶持项目之一，活动自5月底启动以来，先后组织文学志愿者到华城镇塔岗小学、周江镇中兴红源教学点和岐岭镇皇华中学等 12 家单位开展文学播种行动 12 场次，其中文学讲座 6 场，作家与学生见面座谈会 1 场，童谣唱诵活动 5 场，受益学生 1740 人。县作家协会主席、儿童文学作家缪德良向师生们赠送其近年来出版的儿歌（童谣）集《小浪花》《足球童谣唱梅州》《捉条鲤嫲两尺长》共 652 本，通过文学创作座谈分享他的儿歌创作经验、讲授文学写作，并组织本县作家 3 人为学生授课，及 7 位作家捐赠个人著作。五华作协文学播种活动累计捐赠书籍 928 本，并向学生赠送学习用品价值 3000 多元，将文学的种子播撒在校园，播撒在革命老区的红色土地上。三是组织开展传统文化进校园活动。会同县教育局、五华诗社分别到县三小和华阳中学开展“客韵乡音 · 诵中华诗词”优秀作品展演和“传承文明颂中秋”经典诗文诵读会等活动，弘扬传承中华优秀传统文化，引领广大未成年人向上向善，培育和践行社会主义核心价值观。四是组织开展各项主题征文、比赛活动。重视抓好与梅州客家清代“四才子”之一——温训有关的文学艺术作品征集工作，组织创作民间传说、民间故事，歌颂温训的诗词、对联、新诗、山歌、五句板等文艺作品近百篇（首），在《长乐文艺》设立“长乐温训”专栏分期刊登。会同县文化广电旅游体育局、县教育局联合举办“好书伴我行”为主题的征文比赛活动，收集征文 179 篇；与五华县纪委监委联合举办廉洁文化系列作品征集活动，征集小小说、诗词、书法、美术、摄影等作品 100 多篇（幅），分别在《长乐文艺》、《五华政报》和“长乐清风”“客都清风”微信公众号登载。县硬笔书法协会举办五华县首届“定乙杯”硬笔书法大赛活动，收到投稿 260 多幅，“楷、行、篆、草、隶”诸体皆有。五是组织开展“喜迎二十大”主题宣传活动。会同县妇联联合举办“巾帼心向党　喜迎二十大”——“幸福在我身边”为主题的征文比赛活动，通过文字的形式，记录身边的幸福“小故事”，以小切口反映大主题、小故事折射大时代。县书协、硬协、书画艺术创作协会和美协联合在长乐书法院举办“喜迎二十大 翰墨颂党恩”书画雅集活动，20 名书画艺术家现场挥毫泼墨创作一批书画作品，用艺术手法寄情党的二十大，歌颂党的丰功伟绩。五华诗社围绕“喜迎党的二十大”这一主题，积极组织社员创作诗词作品 30 多首，分别在《长乐文艺》《五华政报》登载。县摄协组织会员创作 120 幅作品入选五华县 2022 年“喜迎二十大，奋进新征程”摄影作品展。县作协到长布镇蒲江学校河汉小学举行“欢庆二十大，童谣歌颂党”的唱诵活动。与县委宣传部联合举办“学习贯彻党的二十大精神”征文比赛，按时完成 41 篇（成人组）稿件收集和评审工作。六是加强学习交流，人才素

2022 年 6 月 26 日下午，县文联在长乐书法院举办“喜迎二十大 翰墨颂党恩”书画雅集活动（县书协供稿）

质不断提升。其一，抓好文艺人才培训。组织举办书法公益讲座、书法研修班、摄影知识培训班、作协新会员培训班4期，参训人员130多人次，有效提高会员的整体素质。其二，开展学习交流活动。县摄协特邀梅州市摄协主席张明、副主席张仁与影友们开展了影艺交流。大埔县文联主席罗质平一行4人到五华县开展文艺交流活动。县书协在长乐书法院举办书法公益讲座，邀请梅州市书协会会长廖炳训会长作“如何实现临创转换”的专题辅导课。县硬协组织县城20多名中老年书画爱好者，每月开展一次书画交流活动。县作协举办新会员培训班，缪德良作辅导发言，13名会员参加培训。

【文艺创作和获奖】 2022年，县摄协会同五华龙狮湖管理中心、县融媒体中心联合举办“醉美龙狮湖”摄影大赛，古桂群的《石臼奇观映先河》、张忠宏的《梅蓄展新姿》获二等奖；张远清的《先河晨韵》、陈克彪的《美丽先河村》、陈创斌的《登云嶂茶园》获三等奖；会同县文广旅体局、梅州臻雅轩实业有限公司联合举办“书香五华第四届读书月”系列活动之——“最美读者”摄影比赛，征集作品298幅（组），其中22幅会员摄影作品获奖；在第十六届广东美术书法摄影作品联展中，陈创斌《传承》获银奖，张锐《喜笑颜开》获入选奖；张忠宏《客家民俗·上灯》入选“老家河南 根在中原”全国摄影作品展。县作协杨丽平《江水悠悠》获广东第三届“华通杯”小小说双年奖一等奖，《我病了》入选《微型小说选刊》；陈双媚《最后一个贫困户》获广东省剧协“精准扶贫奔小康”小戏小品征文评比二等奖；另外，缪德良、罗俊峰和张贺运等9人散文在《羊城晚报》的《花地·围龙》栏目发表；何伟峰、魏京宁、兰菱、青秋4人的新诗在《神州乡土诗人》发表；县作协新诗组在五华作协微信公众号发表6期共创作新诗59首。县书协徐方海作品获全国第五届草书作品展览入展，黄法权作品入展2022“大沥杯”广东第七届中青年书法篆刻作品展，陈国涛作品获广东第十六届美术书法摄影作品联展银奖。县硬协有4人作品在国级、省级展赛中获奖、参展，其中张中建作品获“走进惠州，岭南名郡”全国硬笔书法名家作品邀请展。温治邦版画研究会、县美协张俊侨、张学旭、彭斌受聘为梅州画院（林风眠画院）特聘画家；陈云霞《如醉芳华之语》获“第十六届广东省美术书画摄影作品展”金奖，陈华军《新时期的建设者》获“岭南艺象——2022新时代美术创作作品展”优秀奖，甘淑婷《无极拂丝》获“2022年广东省第八届漆画作品展”优秀奖；19幅作品入选省级展，其中5人的作品入选第二届广东省青年漆画作品展暨“江门漆画”参加巴西国际艺术博览会32周年邀请展。五华诗社围绕“贺元宵”“以诗抗疫”“端阳节诗词”“赞颂温训”“颂教师，贺中秋”“颂重阳，迎国庆”“喜迎二十大”等主题创作一批优秀诗词作品，分别在《长乐文艺》和《五华政报》专版刊载，并通过微信公众号、各网络平台、报刊等发表；罗俊峰、翁国剑、古从新、张让兰和曾幸辉等14人诗作在国家级刊物《神州乡土诗人》（专刊第一期）发表；罗俊峰、李勤花、古新辉、杨希乔、詹南安5人诗作代表广东诗词学会入选《“纪念毛主席在延安文艺座谈会上的讲话发表八十周年”中华诗词学会诗词汇编》，并在中华诗词学会官方微信公众号上发表；在深圳“长青杯”诗词吟唱会上，张洪盛吟诵《水调歌头·中秋》荣获优胜奖；翁国剑诗作《辛丑重阳谒棉洋孝子石屋》获“岭南杯”优秀奖，徐水宏诗作《故乡》获“四海杯”海内外诗联书画赛银奖，杨希乔诗作获“迎夏杯”第三名；张让兰诗作入选《梅州市优秀家规家训选辑》，还有 8 首诗作入选中共广东省委老干局举办的《广东省老干部书画诗词摄影作品展》。此外，由县摄影家提供优秀摄影作品，罗俊峰、钟梦霄等采取“看图写诗”的形式，创作一批植根本土文化、反映时代脉搏的文艺作品。在 2021 年度梅州文艺“双精”工程获奖名单中，五华县共有 4 类、13 人次获“双精”奖，其中古惠龙、古申元、罗爱田、王文东、刘兰辉 5 人获文学奖；李鹏辉获戏剧奖；宋永霞、温标金、张峻侨、张森华、张石玉、钟林泉 6 人获美术奖；赖学优获书法篆刻奖。

【出版刊物及专著】 2022 年，县文联编辑出版《长乐文艺》4 期，发表县内外作者的文学作品 40 余万字，向社会各界赠书 5000 册。五华诗社出版《琴江诗苑》1 期（第 24 期）。县楹联学会出版楹联报刊《长乐联苑》2 期。2022 年，古惠龙出版诗词著作《琴江畔人诗词稿》。

【加入上级协会】 2022 年，缪德良加入中国作协，实现五华县本土作家中国作协会员“零”的突破；张贺运、刘杏红、古汉新 3 人加入广东省作协。翁国剑、曾幸辉、古新辉、陈天祺、廖省如、徐水宏、詹青 7 人加入中华诗词学会，罗俊锋、陈天祺、古朝榜、古新辉、古嘉兴 5 人加入广东中华诗词学会。陈国涛加入广东省书协。张晓丹、魏定彬、吴盆花 3 人加入中国硬笔书协。

（罗俊峰）

五华县残疾人联合会

【夯实残疾人事业发展基础】 2022 年，五华县残疾人联合会（以下简称县残联）认真聚焦党建引领，不断夯实残疾人事业发展的基础。一是优化残疾人基层组织。按照中国残联、省、市残联《关于全面加强和改进镇残联、村（社区）残协工作的实施意见》的工作要求，县残联认真制定出台实施方案，于 2021 年 11 月完成省、市残联赋予五华县镇残联、村（社区）残协改革试点任务，并于 2022 年 7 月全面实现镇残联换届和村（社区）残协的确定工作，同时优化镇、村（社区）残疾人组织机构，为全市“镇残联、村（社区）残协改革工作”树立标杆和样板。二是积极开展扶残助残宣传活动。累计在政府网站、微信公众号等宣传平台上推送新闻宣传 17 篇次，累计发放《残疾人办事指南》《新生儿残疾预防》《残疾人康复知识》等宣传资料 7000 多份，接收到爱心企业和爱心人士的慈善捐赠共 51.25 万元。同时印制一批《乡村振兴，共同富裕一个都不能少》的画册和 800 套宣传海报发放到村(社区)张贴宣传，并在全县 16 个镇树立户外宣传广告牌 34 块。三是巩固脱贫成果，积极助推乡村振兴。由县残联领导班子带队遍访全县防返贫监测三类人员中的 135 户残疾人户和特殊困难残疾人，积极帮助解决生活中的困难问题，确保其不因特殊困难返贫。四是认真抓党员干部学习教育，提升履职能力。积极结合县委县政府“四强四优”“五型五好”“节约型机关”等机关、党组织创建活动要求，认真制定县残联的具体实施方案和理论学习中心组学习计划等。通过组织全体党员干部职工集中学习与自学相结合，开展主题党日等活动，保证县委、县政府各项部署安排及时有效地在县残联落实落细。

【提高残疾人康复服务质量】 2022年，五华县残联认真聚焦精准康复，不断提高康复服务质量。一是稳步推进居家康复和支持性康复服务。2022年新增150户残疾人居家康复服务对象，服务期为1年；同时，将全县有需求的“两类”女童全部纳入支持性康复服务范围。2022年支持性康复服务1236名，其中“两类”女童350名。二是积极开展“两类”女童平安教育系列活动。县残联积极将支持性服务与未成年人工作相结合，认真推动保护女童人身权益工作深入开展。2022年，县残联选取龙村、转水、郭田3个镇，共开展3场“六防”安全宣传教育活动，联合各镇的妇联干部、社工、志愿者共上门服务63名精神障碍女童，慰问5户残疾人家庭。三是继续实施贫困白内障复明手术项目。积极向爱心企业争取60万元资金支持，按照每例手术补助1000元的标准，实施完成600例复明手术。四是扎实抓好0—6周岁残疾儿童康复救助工作。2022年底各康复机构在院康复儿童共277名，全年累计有36名康复儿童经过初期、末期评估均取得明显康复效果，可转入普通幼儿园就读。五是辅助器具适配补贴发放工作有序进行。2022年累计辅具补贴257人258件，共补助27.5万元；累计上门辅具适配163人，免费提供轮椅、拐杖、护理床等各类辅具212件，价值约26.4万元。为适配人工耳蜗的7名残疾人，发放补助10.5万元。

【开拓残疾人就业工作】 2022年，五华县残联认真聚焦培训扶持，不断拓展残疾人就业工作。一是积极推进残疾人就业保障金征收工作。完成100家企业年审工作，实现按比例安排残疾人就业227名，收缴残疾人就业保障金1150万元。二是探索创建残疾人众创基地。打造五华县众创助残产品销售服务有限公司孵化带动残疾人就业创业平台，推动三方紧密联系，让残疾人就业创业与企业实现无缝连接。三是继续挖掘“互联网+”在残疾人就业和培训方面的强大潜力。联合梅州市向东电商孵化中心，以电子商务为发展方向，开发直播带货、网络客服，短视频剪辑带货等适合残疾人创业的项目，让10名重度残疾人实现居家创业和灵活就业；委托县肢残人协会开展支持性就业服务，共服务37名残疾人实现就业。四是探索成立灵芝种植基地。在全县范围选取12个符合条件的残疾人分散种植灵芝，由种植带头人进行产前、产中、产出技术指导，并负责全部产出的收购、营销，带动残疾人致富。五是积极开展残疾人职业技能培训工作。举办1期残疾人初级按摩技术培训班，培训15名学员，为期3个月。六是积极筹办五华县残疾人创业创新大赛。筹办2022年五华县残疾人创业创新大赛，为广东省首个县级创新创业大赛，共10个项目参赛。组织9个优秀项目参加广东省“众创杯”创业创新公益赛。七是扶持残疾人自主创业、灵活就业。印发《2022年五华县残疾人自主就业创业工作方案》，共补助78户，合计扶持资金26.2万元。八是积极帮助残疾人服务业小微企业和个体工商户缓解疫情影响压力。对全县18名就业年龄段创业残疾人经营者、16名困难残疾人和4家残疾人服务机构给予纾困补助，共补助资金 22 万元。九是积极开展残疾人就业宣传年和就业援助月活动。在五华招聘网上举办五华县 2022 年就业援助月线上专场招聘会，上线招聘企业 24 个，发布就业岗位 148 个，实现残疾人就业 3 人。对 2022 年在册登记的 20 名五华籍残疾人高校毕业生提供就业服务，其中实现就业 12 人，专升本就读 6 人。

【提升残疾人服务水平】 2022 年，五华县残联认真聚焦资源整合，不断提升残疾人服务水平。一是扎实推进残疾人“两项补贴”发放和社保、医保缴交工作。2022 年共有 28612 人申请残疾人“两项补贴”；为 17214 人购买社保，缴费总金额 218.4 万元，为 14731 人购买医保，缴费总金额 515.59 万元。二是开展“军民一家亲”“一对一”志愿服务活动。县残联积极与县人武部联系协调，共同成立志愿服务队对重度残疾军人开展实施“一对一”结对帮扶服务。三是落实“南粤扶残助学工程”工作。2022 年共一次性资助残疾人大学生 27 人，其中本科生 8 人，大专生 18 人，研究生 1 人，资助总金额 32 万元。四是开展残疾人居家无障碍改造工作。完成无障碍改造 371 户，改造资金合计 220 万元。五是开展就业年龄段残疾人托养服务。2022 年累计开展托养服务 288 人次。六是扎实提高康园康复站服务水平。实现全县康园中心、康复站“工疗”手工项目全覆盖。2022 年全县康园中心、康复站会员共完成手工产品 425 万多件，共收到加工费 6.6 万元，有效提高会员到园康复的积极性。完善会员免费健康监测服务，投入资金 10 万元，对会员提供每月一次的免费健康监测和日常的康复咨询服务，有效提高会员健康保障水平。认真完成康园中心星级评定工作，根据《广东省社区康园中心星级评定办法（试行）》精神，五华县 20 家康园中心最终获评四星级 2 家、三星级 8 家、二星级 10 家。

【加强残疾人证管理工作】 2022 年，县残联不断加强残疾人证的日常管理工作，切实维护残疾人的合法权益。一是积极做好广东省残联信息化服务平台和广东省残疾人证全流程网上办理残疾评定系统的五华试点工作。通过网上办证系统的推广，有效地打通残疾人申办残疾人证的“最后一公里”，为残疾人提供极大的便利性。至 2022 年底，五华县有持证残疾人 34095 人，2022 年新增办证 2172 人。二是按时完成严重精神障碍患者和疑似残疾孤儿的核查及评残办证工作。认真对掌握的 1040 名疑似人员进行初步筛查后，确定 93 名需入户评残服务的对象，由评残专家入户提供评残服务，共为 65 人办理残疾人证。三是继续开展免费上门评残服务。认真组织各镇残联做好前期需上门评残服务的人员情况摸查，2022 年共免费上门评残服务 259 人。

（周志君）

法　治

政法委与综治

【简况】 2022年，中共五华县委政法委员会（以下简称县政法委）坚持以习近平新时代中国特色社会主义思想为指导，深入贯彻落实习近平法治思想，围绕习近平总书记“疫情要防住、经济要稳住、发展要安全”的重要指示，统筹发展和安全，统筹疫情防控和经济社会发展，全力做好维护政治安全和社会稳定、常态化开展扫黑除恶斗争、市域社会治理现代化试点建设、基层社会治理、法治建设等各项工作，完成党的二十大安保任务，切实为五华县打造“业兴人和、长治民乐”的“工匠之乡·宜居五华”贡献政法力量和担当。

【政治安全和社会稳定】 紧扣为党的二十大胜利召开营造安全稳定的政治社会环境这一主线，坚持全县“一盘棋”，以“时时放心不下”的责任感，深入开展“喜迎二十大·忠诚保平安”五大专项行动，持续滚动排查和防范化解县域各类风险隐患、矛盾问题，实现“五个不发生”目标。深入开展维护政治安全九个专项行动，全力防范美西方、境外敌对势力渗透颠覆破坏活动，有力阻断境外负面因素倒灌，查处网络谣言信息86条，查处非法宗教活动案件5宗，成功侦破邪教案件3宗、抓获18人。聚焦涉问题楼盘、涉众金融、涉劳资纠纷等重点行业、重点领域，深入开展社会矛盾问题八个专项治理，对全年滚动排查的56宗信访突

2022年3月3日，五华县委政法工作会议在县党政大楼大会堂召开（政法委提供）

出问题逐一落实“四个一”机制和领导包案责任，强化化解工作。

【基层社会治理】　坚持创新基层社会治理模式，召开全县党建引领基层治理促乡村振兴现场会，部署推进“全科网格”治理服务工作。全县 450 个村（社区）网格建设前期准备工作基本完成，打造水寨镇西河社区，黄狮新村、大布村和府前社区纬丰花园“全科网格”治理服务先行试点。深入开展乡镇综治中心规范化建设三年行动，对照“五室一厅”建设标准和装备“粤平安”社会治理云平台等信息化设施等要求，全年完成水寨、华城、横陂、转水、棉洋、安流 6 个镇综治中心规范化建设任务。做好严重精神障碍患者救治救助服务管理工作，落实好复核评估、分类列管、经费保障等措施，全年未发生重症精神病人脱管失控、肇事肇祸和个人极端案事件。

【常态化扫黑除恶斗争】　设立扫黑除恶斗争常态化工作机构。打掉恶势力犯罪集团 1 个、涉恶犯罪团伙 12 个，破涉恶“九类”刑事立案 53 宗，完成“铁网 8”10 名涉黑恶犯罪在逃人员追逃工作，配合纪检监察机关共处置涉黑涉恶腐败和“保护伞”问题线索 8 件，接市转“12 · 19”专案涉黑恶问题线索 13 条，党纪政务处分 13 人；全力协助市公安局专案组完成“12 · 19”专案相关清查涉黑资产工作，主动排查化解各类不稳定因素，维护经济社会和谐稳定；制发“三书一函”，督促县相关部门强化“五大行业领域”常态监管、打击突出违法犯罪问题，推动行业建章立制。完成安流镇扫黑除恶后进镇重点整治工作，实现如期顺利摘帽。

【执法监督】　坚定不移推进司法体制改革，加强对政法领域全面深化改革的全面领导和监督，落实各项改革工作任务，切实提升办案质量效率。做好省市交办督办第一批重复信访专项治理倒流件的化解工作，落实“四个一”工作机制，明确化解责任单位和责任人，协同相关部门落实化解稳控措施。集中化解中央交办督办涉法涉诉重复信访事项，按照“三到位一处理”的要求进行核查调处，认真做好约访、答疑、疏导等工作。加强行政执法和刑事司法“两法衔接”联席工作，加强与成员单位联系，对行政机关平台操作问题、法律适用咨询，及时给予答复和提供帮助，并向各行政机关宣传新颁布适用的法律法规，不断提高工作效率和打击合力。

（温东祥）

公　安

【简况】　2022 年，五华县公安局在县委、县政府和市公安局党委的坚强领导下，聚焦党的二十大安保维稳工作主线，围绕市局“1263”工作思路和总体部署，统筹抓好战疫情、防风险、保安全、护稳定、促发展各项工作，推动公安各项工作齐头并进，有力维护全县政治社会大局持续平安稳定，“梅安 2022”专项行动考核排名全市第一。

【常态化开展扫黑除恶斗争】　常态化开展扫黑除恶斗争，破获涉恶“九类”案件 44 宗，打掉恶势力犯罪集团 1 个、涉恶犯罪团伙 10 个，提前完成“铁网 8”逃犯追逃任务。深入开展夏季治安打击整治“百日行动”，严打八类严重暴力犯罪及盗抢骗、黄赌毒等突出违法犯罪，成功侦破2022年“5·4”省目标毒品案、周江镇曾某15年前杀妻案等大要案件，全县刑事打击实现“两升一降一全破”（破案数648宗、抓获在逃人员数298人同比分别上升9.7%、4.5%，立案1095宗、同比下降20.7%，4宗现发命案全破）。“全民反诈”实现“两降两升”目标（立案216宗、同比下降51.2%、财产损失1464.2万元、同比下降30%、破案142宗、同比上升46.8%，抓获429人、同比上升73.6%）。打击整治养老诈骗在全市率先实现突破，破涉养老诈骗现案17起，抓获28人、提清逮捕5人，涉案价值1679万元。

【综治平安建设】 一是推进警务机制改革。在县城城区设置3个警务室，落实“1、3、5分钟”快速反应机制，创新农村治安秩序整治模式，全力压发案、降警情，实现1—10月全县刑事警情、治安警情同比分别下降27.4%、35.5%。二是深化信息前端建设。争取县委、县政府支持448万元专项资金，推动全县村（居）补点安装7000个“天翼看家”视频监控，服务侦查破案和防范管理工作。三是拓宽信访诉求渠道。扎实推进“安全+满意”创建行动，依托“局长信箱”广泛收集掌握社情民意和诉求，累计收到信件169件，办结165件，答复满意率97.6%。建成未成年人被侵害案件“一站式”取证救助专区，协助破案32宗；开通“团圆”行动DNA免费采集绿色通道，成功帮助4个家庭找回失散亲人。四是公共监管安全可控。推进星级派出所创建和“五大要素”风险隐患摸排管控行动，应用平台共采集要素2860条，完成率100%；预警核查指令7221条，完成率100%。持续推进系统防范化解道路交通安全风险工作，查处各类重点交通违法行为2162起，推动落实摩托车、电动自行车治理措施，涉摩电交通事故数147宗、死亡数13人、受伤数197人，同比分别下降13.53%、45.8%、10.45%，未发生较大以上交通事故。事故预防“减量控大”考核排名全市第一。

（五华县公安局）

检 察

【简况】 2022年，五华县人民检察院在县委和上级检察机关的正确领导下，在县人大及其常委会的有力监督和县政府、县政协及社会各界的关心支持下，坚持以习近平新时代中国特色社会主义思想为指导，深入学习贯彻党的二十大精神，紧紧围绕全县工作大局，凝心聚力、务实创新、忠诚履职，各项检察工作取得新成效，被评为“广东省先进基层检察院”，有2个集体、15名干警获市级以上表彰。

【刑事检察】 全年共办理审查逮捕案件351件588人，办理审查起诉案件431件721人。常态化开展扫黑除恶斗争，聚焦维护国家安全、社会安定、人民安宁，批捕各类犯罪嫌疑人220人，起诉591人。坚决守护人民群众生命财产安全，起诉故意伤害、抢劫、强奸等犯罪88人，起诉聚众斗殴、寻衅滋事等扰乱社会秩序犯罪39人。依法惩治“黄赌毒”犯罪，起诉186人。依法打击盗窃等多发性侵财犯罪，批捕59人，起诉146人。从严打击涉众型经济犯罪，起诉侵害企业及企业家合法权益犯罪13人，起诉金融诈骗和破坏社会主义市场经济秩序犯罪 25 人。持续推进打击整治养老诈骗，批捕 5 人，起诉 21 人。持续强化打击整治“两卡”犯罪，起诉电信类诈骗罪、帮助信息网络犯罪活动罪、洗钱罪等犯罪 16 件 21 人。在反腐败斗争中履职尽责，批捕职务犯罪 1 人，起诉 4 人。

【民事行政检察、公益诉讼】 全年办理公益诉讼案件 66 件，发出磋商函 36 份、诉前检察建议 25 份。持续抓好“八号检察建议”的落实，创新建立“检察+消防”工作机制，与县消防救援大队签订《关于建立“检察+消防”工作协作机制的实施意见》。大力惩治破坏生态环境资源犯罪，起诉 12 人，提出纠正违法检察建议 2 件，涉及各类土地 7492 平方米。深化“河长+检察长”工作，汇聚河湖保护合力，督促相关部门修复被损害的水源地 2 处，清理河道 7 千米，清理固体废物 5 吨，拆除违法建筑 1450 平方米。开展医疗污水排放检察公益诉讼专项监督活动，发出检察建议书 16 份，磋商函 1 份，督促相关部门依法履职，确保医疗污水达标排放。开展食品药品安全专项行动，对在粽子中加入违法食品原料硼砂的 10 宗生产销售有毒、有害食品案件依法提起刑事附带民事公益诉讼，追索惩罚性赔偿金 2.7 万余元。针对“消”字号抗（抑）菌制剂产品存在标签、说明书不符合要求等问题，向相关部门发出磋商函，督促依法履职，有效保护人民群众的用药安全。开展窨井盖管理“回头看”专项行动，对县城华兴南路、水寨大道等 20 多个路段以及重点场所的窨井盖情况进行“复检”，推动相关部门出台《关于加强县城井盖设施管理的实施细则（试行）》，该做法被“学习强国”学习平台、《梅州日报》等媒体报道推广。开展燃气安全检察公益诉讼专项监督活动，走访 16 个镇，调查瓶装燃气销售点 42 间，向相关部门发出磋商函 16 份，督促整改消防安全隐患 83 处，确保人民群众用气安全。助力文物和文化遗产保护，守护红色根脉，督促有关部门依法履职，保护 2 处红色遗址和 1 处全国重点文物保护单位。创新开展检邮合作新模式，开辟“公益诉讼邮路”，通过营业网点播放宣传视频、车身广告等形式，让公益诉讼守护美好生活的理念通过邮路走进千家万户。该做法被“南方+”“掌上梅州”等多个媒体转发。

【刑事执行检察】 加强社区矫正法律监督，发出检察建议 1 份，发出检察监督意见书 6 份；强化监管场监督，向看守所发出检察建议 1 份，发出检察监督意见书 2 份；积极开展刑事裁判涉财产刑执行监督工作，发出监督意见书 3 份，检察建议和监督意见均被采纳。加强强制医疗交付执行、解除等活动监督，向相关医疗机构发出监督意见 1 份。

【控告申诉检察】 着力化解涉案矛盾，化解要上访的高风险案件和一宗亲兄弟结怨十几年的伤害案件。用心用情做实群众信访“件件有回复”，处理各类信访 248 件，7 日内程序性回复率、3 个月内办理过程或结果答复率 100%，听诉求、解心结，通过信访事项的解决努力促成群众“事心双解”。对敏感、有社会影响或重大争议案件以检察听证形式公开审查，组织听证 42 件，邀请人大代表、政协委员、人民监督员、社区代表等参与，听证后矛盾化解率 100%。关注案件背后的民忧民愁，办理司法救助案件 18 件 33 人，发放救助金 30 万元，通过“应救尽救”，用司法温暖焐热“受伤的心”。

【案件管理】 全年共受理分流各类案件782件1309人，结案移送772件1271人；接收赃证款物4723件；接待律师阅卷381人次，案件信息查询685人次。制作电子卷宗773件3225册。向社会发布案件程序性信息1205条，公开法律文书85份。组织撰写调研文章28篇次，其中被省级以上部门采用8篇。

【信息、宣传工作】 共编发各类宣传稿件371篇（次）被各级媒体采用。其中，《检察日报》、正义网等中央级媒体采用30篇次，“南方+”、“学习强国”学习平台、《当代检察官》等省级媒体采用49篇次。该院申报的调研课题《洗钱犯罪法律适用存在的主要问题及解决对策》入选省级检察理论研究课题，是全市唯一入选的课题，课题的核心内容在《当代检察官》刊登。由青年干警创作团队创作并参与拍摄的微视频《20秒看检察》被最高检、《检察日报》、正义网采用，《你知道认罪认罚从宽制度吗？》被省检察院采用等。

【派驻检察室】 推进“一镇一检察官”和派驻检察室工作，主动靠前为当地党委政府提供法律服务，打通服务群众“最后一公里”，努力为人民群众、为社会提供更好更优更实在的法治产品和检察产品。

【未成年人检察】 完善未成年被害人保护机制，起诉侵害未成年人犯罪72人。坚持宽容不纵容，起诉涉嫌严重犯罪的未成年人13人，对涉嫌轻微犯罪且有悔罪表现的未成年人依法附条件不起诉17人、不起诉9人。严格落实各项特殊保护制度，发出督促监护令8份，开展亲职教育72人次，对未成年被害人开展心理疏导9人次。开展“法治进校园”活动，14名检察官兼任偏远乡村学校法治副校长，组织法治巡讲13场，覆盖师生1万多人次，帮助青少年扣好人生“第一粒扣子”。拍摄的未成年人专题视频《幸好有你们》以及采用国家级非物质遗产项目提线木偶戏形式拍摄的视频《拒绝邪恶之手》被省检察院采用，取得了良好的宣传效果。

（温　灵）

法　院

【刑事审判】 2022年，五华县人民法院（以下简称县法院）坚持总体国家安全观，常态化开展扫黑除恶专项斗争工作，审结刑事案件375件，结案率98.7%。强化重大刑事案件审理，审结故意杀人、故意伤害、绑架等严重暴力犯罪案件70件，抢劫、盗窃等侵犯财产犯罪案件98件，典型网络电信诈骗犯罪案件13件，黄赌毒犯罪案件71件。推进生态文明建设，审结涉生态环境资源犯罪案件13件。始终保持惩治腐败高压态势，审结原任五华县华城镇中心卫生院院长、县人民医院党委委员张某凡受贿等职务犯罪案件5件。深入开展打击整治养老诈骗专项行动工作，审理一宗涉21人养老诈骗犯罪案件，依法守护好老年人的“养老钱”。落实宽严相济刑事政策，对46名被告人判处五年以上有期徒刑，对193名被告人判处非监禁刑或免于刑事处罚。加强人权司法保障，为70名被告人指派辩护律师。

2022 年 4 月 29 日，五华法院举办“青春献给党 丹心铸法魂”主题演讲比赛（县法院提供）

【民商审判】 2022 年，县法院坚持强化人民权益司法保障，不断增进民生福祉，受理民商事案件 3621 件，审结 3452 件，结案率 95.33%，调解、撤诉结案 1702 件，调撤率 41.18%。审结一批事关群众生产生活的婚姻家庭纠纷案件 864 件，侵权纠纷案件 203 件。防范化解金融风险，审结金融借款、民间借贷、保险、信用卡等金融案件 1207 件，依法平等保护民营企业合法权益，服务经济高质量发展，审结涉企业纠纷案件 459 件。维护房地产市场秩序，审结房地产纠纷案件 20 件。支持劳动者依法维权，妥善审结梅龙高铁务工人员追索劳动报酬等劳动争议案件 73 件，有力保障社会经济发展。

【执行工作】 2022 年，县法院优化执行工作机制，依法兑现胜诉权益，共受理各类执行案件 2074 件，结案 2059 件，结案率 99.3%，实际执行到位金额 1.7 亿多元。司法拍卖 281 件，成交金额超 2183 万元。常态化开展集中执行攻坚活动，集中派出所、司法所、村委等力量开展“旋风执行风暴”“涉民生专项执行”等专项执行活动，精准执行各类案件。强化执行强制措施，制作超 3 万份彩色失信被执行人海报，随梅州日报派送。将失信被执行人信息在 19 个乡镇邮政网点和县城 35 个主要小区邮政显示屏滚动播放。加强失信惩戒，对 2 人采取司法拘留，扣押车辆 18 辆，将 971 人次纳入失信被执行人名单，发出 1311 份限制消费令。依法对符合发布执行悬赏公告的执行案件同步在《梅州日报》等多个媒体发布执行悬赏公告，发动群众力量查找财产线索，给被执行人施加压力，促进案件执行到位。

【立案信访】 2022 年，县法院精准聚焦群众在司法领域的“急难愁盼”问题，不断完善便民司法举措，扎实推进一站式多元解纷和诉讼服务体系建设，诉服平台质效评估在全市基层法院排名第一。诉讼服务中心全年共接待群众超过 2 万人次，处理来信 28 件，来访 6 件。推行跨区域立案服务，跨域立案 2 件，有效解决异地诉讼难问题。继续发挥诉讼服务站职能，法官到镇诉讼服务站值班共 273 次，接待群众 250 余人次，庭、站、点协作调处矛盾纠纷 609 件。通过线上方式为因受疫情影响暂时无法从外市返回五华的双方当事人进行调解，成功化解 837 起纠纷。

（宋志宏 徐冰琪）

司法行政

【依法治县工作】 深入学习贯彻习近平法治思想。提请召开县委全面依法治县委员会第六次会议，进一步深入学习贯彻习近平法治思想，印发《五华县贯彻落实习近平总书记在中央全面依法治国工作会议上的重要讲话精神的若干举措》，传达学习习近平总书记在中共中央政治局就建设中国特色社会主义法治体系进行第三十五次集体学习时的重要讲话精神，推动将习近平法治思想纳入全县各级党委（党组）理论学习中心组学习计划暨学习型党组织建设工作计划、“八五”普法重点学习宣传内容、各级党校重点课程、2022年五华县干部人才培训计划以及本年度乡镇综合行政执法业务培训重要内容等，开设习近平法治思想学习专栏，深入推介五华县学习宣传贯彻习近平法治思想的新做法新成效。构筑法治五华建设总体规划。科学谋划推动出台《法治五华建设规划（2021—2025年）》《五华县法治社会建设实施纲要（2021—2025年）》《五华县法治政府建设实施纲要》一系列文件，全面构筑起“十四五”时期五华法治建设的“一规划两纲要”总体框架，并就规划纲要重要举措分工方案征求相关单位意见；制定印发《五华县2022年法治政府建设工作要点》《五华县2022年全面依法治县工作要点》并部署落实。加强法治建设统筹协调力度。贯彻落实上级有关法治督察与纪检监察监督协作配合机制要求，把落实法治督察发现问题的整改情况纳入十四届县委第一轮巡察内容；通过轮流安排各镇各单位党政主要负责人在有关法治工作会议上述法，每半年组织开展一轮法治建设专项督查，每月在县委常委会会议上通报行政执法数据，加强法治政府建设、法治五华建设考评，强化对法治督察发现问题整改情况、追责问责情况的监督检查等方式，加大法治建设述、考、评、督、责工作力度，进一步压实党政主要负责人履行推进法治建设第一责任人职责。通过不断加强完善依法治县工作机制，依法治县办牵头抓总、统筹协调作用发挥更加充分有力。

【推进政府治理法治化】　加强行政规范性文件制定监督管理。指导监督各镇和县直单位行政规范性文件制定，推进落实备案审查制度，加强规范性文件制定、审查、备案各环节管理，实现五华县行政规范性文件合法性审查全覆盖。2022年，审核审查县政府及其部门文件送审稿188件，其中涉及生态环保、优化营商环境、土地征收等方面规范性文件11件，涉及重大专项规划和重大工程项目的重大行政决策19个；备案登记规范性文件8件，开展专项清理并提请废止规范性文件66件。严格落实重大行政决策程序。贯彻执行《广东省重大行政决策程序规定》，印发通知指导各镇各单位落实重大行政决策程序，增强公众参与实效，用好风险评估功能，严格履行合法性审查和集体讨论决定程序；积极推行重大行政决策事项听证目录公开制度，更新发布《五华县人民政府重大行政决策事项听证目录》；贯彻落实重大行政决策终身责任追究制度和责任倒查机制，将重大行政决策程序执行情况作为法治建设督查、年度工作绩效考核的重点内容。2022年，指导规范重大行政决策事项9项，举办听证3场，专家论证15次。发挥政府法律顾问作用。印发《五华县公职律师（县政府法律顾问）法律服务联系县领导安排表的通知》，有效为县领导咨询决策提供相关法律意见；根据领域和专长提请聘任5名法律人士为县政府第二届兼职法律顾问，充分发挥法律顾问参与政府重大行政决策、行政规范性文件合法性审查、法律风险评估等方面作用；积极推动全县党政机关、国有企事业单位法律顾问工作，2022 年聘请法律顾问单位增加 31 家，2022 年有 53 家，占比为 71.6%。2022 年，法律顾问承办县政府法律事务 5 件，协助审核审查重大行政决策事项 9 项、重大合同和重要文件 8 件，出具法律意见书 8 份，涉及金额达到 194 亿元。

【规范公正文明执法】 深化乡镇综合行政执法改革。印发《关于进一步做好乡镇综合行政执法工作的通知》等文件，统一部署、培训、指导、监督乡镇综合行政执法，推动第一批 519 项职权“放得下、接得住”；创新开展乡镇综合行政执法示范创建活动，做好典型案例总结，其中，县市场监管局、水寨镇、棉洋镇 3 个典型案例被市局推荐至省厅。2022 年，全县 16 个镇基本形成镇域“一支队伍管执法”工作格局，顺利完成机构挂牌、人员转隶、制度上墙和配套机制等系列工作，各镇执法队均下设有 3—4 个中队和 1 个法制审查室，基层执法人员共 239 名。同时，认真做好下放执法职权实施情况评估，拟向市政府建议共回收下放职权 72 项。推进严格规范公正文明执法。完善县镇行政执法协调监督体系，常态化开展执法监督管理，坚持落实每月行政执法公示信息通报制度，推动行政执法“三项制度”贯彻落实。常态化开展行政执法案卷评查。以查促改不断提升执法案件质量。2022 年以来先后组织 2 次案卷评查工作，累计抽查执法单位 41 家，评查案件 550 宗。推进行政执法信息化专业化。推广应用行政执法一体化平台，全县已有 41 家执法单位上线一体化平台办案，累计办理案件 3286 宗。截至 12 月，全县行政执法公示平台公示执法案件 137665 宗，其中行政检查案件 11615 宗，行政许可案件 74679 宗，行政处罚案件 50710 宗，行政强制案件 479 宗，行政征收案件 182 宗，无行政征用案件。提升行政执法队伍专业化水平，分批开展行政执法人员综合法律知识网上考试工作，2022 年共组织 3 批次 740 名执法人员考试；有序推进全国统一行政执法证件换发工作，换证率已达 100%。

【平安建设】 严格规范社矫监管。开展全覆盖实地查访，大力开展社区矫正隐患排查整治专项督查活动，经过两轮深入排查，共发现并核实整改问题线索 12 条。严格执行社区矫正对象报告、外出、请销假等制度，对 7 名社矫重点人员实行“一人一策一专班一预案”；同时强化风险防范预警，未发生社矫对象脱管失控情况。落实教育帮扶关怀，组织专项检查 40 多人次，上门入矫 3 人，受理远程视频会见 310 宗。推进智慧矫正建设，完成标准化社区矫正档案室建设，强化大数据核查手段。截至 2022 年底，五华县现有社区矫正对象共 369 人，其中缓刑 362 人，假释 2 人，暂予监外执行 5 人。扎实做好安置帮教工作。严格落实省外释放刑释人员一人一事一报工作，做到“无缝衔接”，做好初次安置帮教谈话，签订《安置帮教协议书》，建立刑满释放人员一人一档，确保“帮教人员、帮教对象、帮教措施”三落实。同时，积极协调公安、民政、社保等部门在刑满释放人员出监前协调好落户、临时救助等措施，切实帮助困难人员解决就医、就学、就业以及住房、社会保障等实际问题。2022 年，共安置帮教人员 1120 人，其中刑释人员 790 人，解矫人员 330 人；完成信息核查校验 2568 人。着力多元化解矛盾纠纷。坚持和发展新时代“枫桥经验”，制定实施《五华县关于深化社会矛盾纠纷联调机制的实施方案》，积极构建社会矛盾纠纷“大联调”多元化解机制。2022 年，累计调解矛盾纠纷 2737 件，成功调解 2711 件，成功率为 99%，化解疑难案件 86 宗，涉案金额 4300 多万元；新增个人品牌调解室 2 个。同时，充分发挥法律顾问服务专长，建立“信访+村（社区）法律顾问”模式，探索推行法律顾问信访积案包案工作制度。在县信访接访机构设立访前法律工作室，派遣 6 名公职律师工作日轮流驻点值守，加强访前矛盾化解。

【法治为民】　健全完善公共法律服务体系。依托基层司法所、党群服务中心，推动镇村公共法律服务工作站（室）平台实体化运行，至 2022 年底，已实现县、镇、村三级公共法律服务机构全覆盖，其中 7 个镇工作站、63 个村（社区）工作室创建为示范点。同时，强化涉企法律服务保障，整合律师、公证、调解等公共法律服务资源，搭建“线上线下”企业法律服务平台，建立常态化“法律助企”机制，做到“有事必复”，让企业切实感受到法律服务就在身边。优化律师队伍管理服务。修订驻村律师考核方案，加强日常服务效能监管，强化考评及奖惩举措，引导驻村律师参与基层治理，健全完善法律顾问参与信访矛盾预防化解工作机制，顾问服务整体质效有所提升。2022 年，共解聘、新任与优化调整驻村律师 64 人次，有 94 名律师担任 447 个村（社区）法律顾问；累计开展坐班法律服务 5478 场次、法律宣传 1903 场次，出具法律意见 378 份，参与人民调解、法律援助等其他服务 160 件。提升公共法律服务质效。建立五华县首个法律援助律师库，第一批共有 74 名律师参与入库，有力增强五华县法律援助律师队伍储备力量。加强法律援助窗口日常管理，全面落实证明事项告知承诺制，特别是做好特殊困难群体的服务工作，落实刑事辩护全覆盖，做到法律援助“应援尽援”。2022 年，已办理民事案件、刑事案件、认罪认罚案件等法律援助案件 861 宗；接受并解答法律咨询 986 人次。稳妥做好公证停业期间公证，积极引导群众到邻近公证机构办理公证，共接待来访、来电咨询 790 多人次。推进全民守法普法。推动出台五华县《关于开展法治宣传教育的第八个五年规划（2021—2025 年）》，连续 5 年组织开展全县国家机关“谁执法谁普法”履职报告评议、“12·4”国家宪法日集中宣传等活动。2022 年，累计开展法治宣传活动 500 多场次，举办专题讲座 80 多场次，发放宣传资料及纪念品 57 万多份，制作黑板报 20 多期，张贴宣传标语 1000 多条；普法宣传教育青少年、干部群众 20 多万人次。积极筹备推进全国和省级“民主法治示范村（社区）”创建，转水镇里塘村成功入选第九批“全国民主法治示范村（社区）”推荐申报名单，大岭、油新、阳光 3 个村被梅州市推荐申报进入 2022 年广东省“民主法治示范村（社区）”名单。

（邓国浩）

军　事

人民武装

【政治工作】 2022年，五华县人民武装部（以下简称县人武部）深入学习领会习近平新时代中国特色社会主义思想，牢固确立习近平强军思想指导地位，持续加强思想政治建设。严格落实理论学习。围绕深入学习习近平新时代中国特色社会主义思想和习近平强军思想，深入学习贯彻党的十九大、十九届历次全会和党的二十大精神，使全体人员坚持学思用贯通、知信行统一，把党的二十大精神推进到工作中去。深入展开主题教育，扎实开展"传承红色基因、担当强军重任"和深化党史学习教育，聚焦"忠诚维护核心、 矢志奋斗强军"主题教育制定实施方案，筹划组织4个专题教育。坚决贯彻军委主席负责制，切实增强"四个意识"、坚定"四个自信"、做到"两个维护"。突出抓好文化宣传，大力褒奖弘扬先进典型，积极反映全面建设情况、重点工作、经验做法。截至2022年底，在各级媒体共刊发稿件105篇，其中《中国民兵》等国家级媒体刊发28篇，《广东武装》、"南方+"、《国防时报》等省级媒体刊发58篇，市、县级媒体刊发19篇。

【军事工作】 2022年，县人武部持续深化军事斗争国防动员准备，高标准抓好国防动员工作。始终把备战打仗作为党委班子的主责主业，紧紧抓住军事斗争准备这个龙头，全部心思向打仗聚焦，各项工作向打仗用劲。战备规定落实严格。扎实抓好每月1次议战议训制度落实，及时研究解决训练中的矛盾问题。抓好疫情防控、俄乌局势、台海形势战备辅导教育，抓好军情研究、民兵演练、战备值班落实，立起练兵备战鲜明导向。聚力推进制度落实；严格落实党管武装各项制度，召开县委专题议军会、国防动员暨武装工作会议，开展党管武装工作述职和绩效考评，组织过"军事日"及"双争"活动，围绕"三个过硬"目标，采取"试点先行、共同提高"的方式推进基层武装部规范化建设。强力推进民兵整组。先后4次召开军事实力会审联席会议，10余次深入实地开展国防动员潜力调查，退伍军人、党员比率、专业对口率等指标要求全部达标。有序开展演训活动；组织参加市民兵教练员骨干集训和专武干部集训2期，组织开展五华县民兵教练员集训、民兵分队集合点验、入队训练、专业强化训练、抢险救灾强化训练、共同基础训练等活动10期，持续提升遂行任务能力。

【后勤装备】 2022年，县人武部狠抓后装综合保障，建立健全各类保障要素，加强日常监督管理，全面提升综合保障能力“两大抓手”。严抓疫情防控工作落实，结合国内疫情形势，进一步完善本单位疫情防控的工作措施和预案，联合五华县疫情防控指挥部，第一时间掌握辖区内疫情情况并及时报告上级防控办。开展固定资产大清查活动，按照上级“全员参与、专班清查”的要求组织实施，对营区所有物资器材归类盘点进行登记，尤其加大武器装备清查盘点和日常管理力度，随时做好迎接常态化检查验收。完善民兵装备仓库改革后续工作，根据《梅州市民兵武器装备中心库整改方案》的安排，收缴人武部所有武器弹药集中统管。严格落实常态监管。根据上级要求，严格履行“一岗双责”，将廉政和监管责任融入业务工作全过程各环节，加强对典型问题背后的机制性、制度性漏洞进行更深入的分析，规范后续管理运行。

【双拥共建】 2022年，县人武部大力开展走访慰问活动，送关怀达800人次。6月，出动民兵紧急支援清远英德市，完成抢险救灾任务；积极协调其他单位开展送喜报工作，送达三等功喜报19人，二等功1人；积极组织开展“广东扶贫日”捐款活动，筹集爱心善款3750元；投入2万元，改善潭下镇帮扶村村容村貌、产业发展、交通设施，持续筑牢军民鱼水情；与五华县残疾人联合会、宁华高速公路有限公司、广东五华农村商业银行股份有限公司等企事业单位组成军民共建单位，联合开展“军民共建一家亲，扶残助残新风尚”“庆八一、铸军魂”“我为群众办实事”等军民共建活动。

【兵员征集】 2022年，县人武部着眼疫情防控带来的新挑战，应对大学毕业生士兵比例新变化，在县征兵办公室的领导下，协调地方有关单位，于2月、8月分别在县中医院组织征兵体检，并严格按照上级要求组织预定新兵役前教育训练和新兵起运前集中隔离，“一年两征”的新兵征集工作顺利完成。

（钟国林）

人民防空

【人防警报通信】 2022年，五华县人民防空办公室（以下简称县人防办）与崇川培苑警报器材经营部签订人防警报器维护合同，定期对县城固定警报器、移动警报器进行检查、维修。认真做好五华县城防空警报鸣响工作，完成“9·18”人防警报试鸣活动。抽调相关部门工作人员291人组成人防专业保障队，组建工程抢险抢修类民兵队伍，并进行1次集中训练。

【人防工程】 2022年，县人防办加大行政执法力度，不定期对在建人防工程开展安全工作检查，及时消除安全隐患。同时加强人防工程设备维护管理，与广东中安人防股份有限公司签订人防设备维护合同，定期对县城人防工程相关设备进行维护。办理自行修建人防工程报建量为5单，报建面积为1.41万平方米；人防易地改缴5宗，收取人防易地建设费109.28万元；竣工备案6宗，备案面积2.84万平方米。

【人防宣传】 2022年，县人防办发放人防宣传资料共7000余份，通过宣传教育，进一步提高青少年的人防意识和国防观念。

综合经济管理

五华县发展和改革局

【计划编制】 五华县发展和改革局（以下简称县发改局）积极加强统筹调度，深入开展调研分析，科学分析五华县经济社会发展的内在潜力，找准经济运行中存在的问题，提出加快全县经济社会发展的建议性对策与措施，为县委、县政府提供科学的决策参考。2022年，牵头编制《五华县2021年国民经济和社会发展计划执行情况与2022年计划草案的报告》《五华县2022年上半年国民经济和社会发展计划执行情况的报告》，经县人民代表大会审议通过并予以实施。以广东省城乡融合发展中心镇试点的契机，会同华城镇一起制订《五华县华城镇城乡融合发展2022年工作计划》，为全县提供一条可供借鉴、推广的城乡融合发展示范模式。

【固定资产投资管理】 充分发挥县重大项目并联审批工作专班作用，加强与各成员单位的统筹联动、协同配合，发出任务交办单11件，编制工作简报8期，积极协调解决好重大项目审批过程中遇到的突出问题，进一步优化项目审批程序，加快推动五华县重大项目建设。2022年五华县列入的重点项目142项，总投资568.98亿元，其中正式项目98个，总投资357.15亿元，年度投资计划72.53亿元，1—12月完成投资46.86亿元，占年度投资计划的64.6%。2022年列入市重点项目40项，总投资466.03亿元，其中正式项目29项，总投资255.18亿元，年度投资计划33.29亿元，1—12月完成投资35.45亿元，占年度投资计划的108.13%。2022年省重点项目8项，总投资276.05亿元，其中正式项目4个，总投资138.68亿元，年度投资计划13.30亿元，1—12月完成投资12.36亿元，占年度投资计划的92.93%。

【梅龙高铁五华段建设】 梅龙高铁规划五华县境内长约29.2公里，总投资约55亿元，途经转水、华城、岐岭3个镇18个村，五华站场设在华城镇五口塘。共需征收土地96.87公顷、拆迁房屋348座、临时用地117.13公顷。梅龙高铁已基本完成征拆任务。截至目前，梅龙高铁五华段已全面动工建设。高铁经济产业园配套基础设施建设正有序推进。

【争取项目资金】 县发改局积极加强与省、市发改部门汇报对接，及时掌握项目投资信息，积极组织项目上报，努力争取更多资金投入五华县，用好地方政府专项债券资金和政策性开发性金融工具，助推全县经济实现高质量发展。2022年共争取到中央资金11078万元。其中，五华县岩前水库除险加固工程6498万元、五华县琴江新城棚户区改造安置区（一期）建设工程2879万元、五华县城燃气管道等老化更新改造项目1701万元。同时，积极争取地方政府专项债券和政策性开发性金融工具（基金）。2022年已获国家审核通过的专项债资金项目有15个，专项债券需求规模16.7亿元。2022年五华县15个专项债项目中已到位资金7.7亿元。已争取到2023年提前下达新增专项债券项目资金5亿元。2022年争取到政策性开发性金融工具（基金）项目2个，到位资金1.77亿元，超额完成县年初下达的向上争取项目资金目标任务，完成率103%。

【规范和简化办事程序】 县发改局切实贯彻落实国家、省、市关于政府投资项目建设及产业发展相关政策措施，根据权限范围推进项目审批、核准、备案工作。贯彻落实放管服政策，实行一站式一网式服务模式，严格执行限时办结制，优化审批流程，提高办事效能。2022年，依照法定程序，共完成项目审批698个，项目总投资79.39亿元；完成项目备案303个，计划总投资61.16亿元。

【价格调控与收费管理】 认真落实国家、省行政事业性收费政策，规范收费行为，加强事中事后监管，认真贯彻落实和做好清理规范工作。强化市场价格监测预警机制，重点监测粮、油、肉、蛋、菜、奶、液化气等群众生活必需品，设立日报、旬报、半月报、月报制度以及5个市场固定的价格监测点，及时、准确、审核上报上级部门，对保障市场供给和价格稳定起到预警作用。积极推进五华县农业水价综合改革，牵头制定《五华县农业水价综合改革方案》，制定农业用水分类价格和用水补贴节约奖励机制。开展城镇天然气管道配气价格的成本监审，结合五华县实际适时调整五华县城区管道天然气销售价格。

【价格认定服务】 认真做好价格认定工作，严格依法认定作业，扎实做好涉案财产价格认定，2022年共受理业务266宗案件，涉案金额1198.18万元，为公、检、法、司和行政执法部门提供准确的价格依据。

【粮食和物资储备管理】 严格按照地方储备粮管理工作要求，实行粮食轮换工作，2022年3月经县政府批准轮换华城库2019年入库的县级储备粮早籼稻谷，分两批次进行轮换。根据上级要求，经县政府批复同意五华县增加成品粮储备。认真开展2022年度在库粮食质量抽查工作。积极做好2021年度省粮食安全责任考核反馈问题整改落实工作。全面完成横陂、华城粮库智能化升级改造项目，实现动态远程监管、粮库在线监控。充实横陂粮库、华城粮库仓储管理人员，增加聘用8名工作人员。2022年建成过期化学药剂和包装物专门储存库、维修横陂粮库围墙，重新购置一批消防器材，进一步改善五华县仓储配套设施，提升储备库功能。认真落实应急救灾物资储备管理责任，做好应急救灾物资储备管理，6月及时购置补充一批救灾物资，县救灾物资储备仓库物资总价值 258.90 万元。

【能源管理与节能工作】　一是切实加强能源安全监管。2022 年牵头制定《五华县发展和改革局能源行业安全生产大检查工作实施方案》《五华县油气长输管道安全风险专项治理实施方案》《危险化学品安全风险集中治理工作实施方案》等，加大督查检查力度，切实管好行业安全生产。全年共检查加油站 7 批 66 次，排查安全隐患 7 宗，整改违规销售汽油加油站共 11 家，有效规范加油站日常管理制度和市场秩序。积极组织成员单位对全县成品油市场开展专项综合整治工作，2022 年共组织专项行动 2 批次，查处成品油违法案件 1 宗，涉案金额约 3.4 万元，查扣成品柴油约 1 吨。扎实推进梅州—五华—兴宁“县县通工程”项目，五华县段 11.061 千米，设置五华分输站一座。2022 年完成项目征地约 11.061 千米（完成率 100%），焊接 11 千米（完成率 99.45%），五华分输站已进场施工，力争 2023 年 3 月底具备通气投产条件。大力开展辖区虚拟货币“挖矿”专项整治工作。全年共组织开展 12 批次虚拟货币“挖矿”治理行动，核查涉嫌“挖矿”IP 物理地址 61 个，共查处“挖矿”机 167 台，均已封存拆除，每月可节约用电量约 23 万度。二是做好节能减排工作。根据市、县节能监察工作要求，制订印发《五华县 2022 年节能监察工作计划》。结合五华县实际，组织对 10 家单位和企业进行节能监察。协助做好 2022 年重点用能企业能耗监察，重点检查违规用能企业、未批先建大型用能企业，确保五华县节能“双控”目标任务完成。组织开展“5 · 22”生物多样化日、“6 · 15”低碳日等主题活动，在全社会营造节能降耗的浓厚氛围。

（谢晓玲）

市场监督管理

【常态化疫情防控】　五华县市场监督管理局将疫情防控工作与市场监管各项工作统筹谋划，一体推进，紧紧围绕农贸市场和进口冷链食品疫情防控专班“三强化三覆盖”工作措施、“药店哨点”、“疫苗接种”等方面，筑牢市场监管领域疫情防控防线。2022 年，与县疾控中心联动，健全完善农贸市场、冻库、进口冷链食品生产经营单位及其从业人员动态台账，严格落实“三强化三覆盖”工作措施，协调相关部门对进口冷链食品、人员、场所每周核酸检测累计 29552 份；围绕织密进口冷链食品疫情防控防线，开展“进口冷链”、医疗器械企业疫情防控应急演练和培训工作；推进全县 107 个冻库全覆盖登录使用冷藏冷冻食品追溯系统“冷库通”App，确保进口冷链食品来源可溯，累计录入入库信息 1842 条，出库信息 2870 条，总库存量为 67.929 吨。按要求督促农贸市场、涉进口冷链食品生产经营场所（含冷库冻库）、药店、清吧等重点场所设立公共场所码，设立率均为 100%。强化药店“哨点”作用，累计收集上报发热类药品购买信息 27.52 万条。

【商事登记制度改革】　深入推进“放管服”改革，紧扣“优政、惠民、兴业”工作目标，推动提升“双百”（行政审批事项 100%网上受理，100%网上办结）工作，全面优化网上办事平台，进一步提高市场主体设立登记网办率，推进政务服务事项规范化、标准化、便利化。结合五华县优化营商环境“硬措施”15 条，牵头制定《五华县降低企业开办成本工作方案》，率先在全市实行由政府买单，免费为新办企业刻章 4 枚。完善“一窗通取”企业开办专窗，全力推进全程电子化登记；统筹推进“证照分离”和“一照通行”改革，实现“一企一照，一照通行”，激发市场主体发展活力。2022 年 12 月 26 日，市场监管商事登记窗口进驻新五华县政务服务中心。

2022 年，新增各类市场主体 1.45 万户，全县实有各类市场主体突破 7.4 万户，注册资本 711.94 亿元。新登记食品经营许可证 1474 份，食品生产许可证 10 份，食品生产加工小作坊登记证 24 份，药品经营许可证 53 份。全县实有食品经营主体 8395 户，食品生产许可主体 86 户，食品生产加工小作坊 125 户，药品经营主体 336 户。新登记特种设备 366 台（套），全县在用特种设备总数 2532 台（套）。

【信用监管】 全县共有 8084 户企业报送公示 2021 年度报告，年报公示率达 97.34%。发出“双随机、一公开”抽查任务 108 条，抽查市场主体 1476 户，其中通过登记住所（经营场所）无法联系列入经营异常名录企业 186 户，公示企业信息隐瞒真实情况、弄虚作假的 3 户企业，检查结果全部通过“梅州市商事主体综合信息管理平台”推送国家企业信用信息公示系统（广东）向社会公示。加强守信激励、失信惩戒，将 1 户企业列入违法失信企业，清理长期停业未经营企业 2 户。全面规范市场主体经营行为，检查经营主体户数 4112 户次，引导办照户数 370 户次，引导办证户数 213 户次，查处无证无照案件 10 宗。

【市场监管综合执法】 开展成品油、农村假冒伪劣食品、互联网制售假劣药、市场销售长江流域非法捕捞渔获物、民生领域案件查办“铁拳”行动、老年人保健品市场乱象及打击养老诈骗等专项整治，全年查处市场监管领域案件 464 宗（其中各镇政府查处 8 宗），移送公安 5 宗。突出抓好案件质量，办理的案件没有被申请行政复议或行政诉讼。将扫黑除恶斗争与市场监管各项工作一体推进，向梅州市市场监管局、五华县扫黑办报送有效涉黑涉恶线索 5 条。

【价格监督检查和反不正当竞争】 召开公平竞争审查部门间联席会议，加强反不正当竞争和反垄断执法，开展校外培训机构、涉企收费等系列专项检查，加强居民生活必需品、客运票价、防疫用品等价格监测，严厉查处价格欺诈等违法行为，全年开展行业提醒告诫座谈会 1 次，公开发布提醒告诫书 5 次，调处价格消费投诉 32 宗，查处价格类案件 11 宗，反不正当竞争类案件 2 宗。

【特种设备安全监察】 至 2022 年底，全县在用特种设备总数 2532 台（套），其中电梯 1965 台、锅炉 26 台、压力容器 218 台，起重机械 185 台、场（厂）内机动车辆 83 台、大型游乐设施 3 台，压力管道 52 条。以推动企业落实落细主体责任为目标，约谈全县气瓶充装单位，开展燃气安全等专项整治，发现、督促整改各类安全隐患 66 处，发出安全监察指令书 19 份。

【知识产权培育、保护】 落实知识产权培育项目资金7万元，广东辉骏科技集团有限公司获得国家知识产权优势企业称号，五华石雕申请地理标志证明商标。全县全年专利授权389件（其中发明专利6件、实用新型专利152件、外观设计专利231件），商标申请注册1668件、核准注册件数1395件，有效注册量10345件。落实知识产权保护工作项目资金10万元，梅州市松岗嶂绿色生态茶园有限公司在2022年成功申请国家地理标志保护产品专用标志。开展非正常专利申请、专业市场知识产权保护等专项整治行动，加强知识产权维权处置工作，受理知识产权投诉案件2宗，查处知识产权案件30宗。

【质量监督管理】 全面加强钢筋、电动自行车、成品油等12种产品的监管，建立生产者的产品质量监管档案信息，签订质量承诺书104份。加强重点工业产品质量监督抽检，抽检汽油、柴油、化肥、玩具、童装等100批次，其中不合格3批次。查处产品质量案件10宗。2022年3月，在2021年度梅州市政府对县政府质量考核中，五华县考核总分获得第一，再获A级等次。

【食品抽检】 2022年食品抽检工作列入县十件民生实事高站位推进，五华县通过招投标与五家抽检公司签订合同，委托其对全县范围内的食品进行监督抽检，全年按要求完成抽检任务4126批次，不合格124批次，不合格率3%。推进农贸市场食用农产品放心消费工程，完成32646批次的销售环节食用农产品快检快筛工作，不合格率1.11%。

【食品安全协同监管】 全面贯彻落实食品安全“守查保”专项行动。聚焦重点食品生产企业、连锁经营企业、网络平台企业、学校食堂等，全面排查处置风险隐患，适时组织督导，层层压实责任。2022年，共检查食品生产经营单位6717家次，覆盖率100%，发现风险隐患217个，完成处置217个，处置率100%。投入92万元为全县群众购买食品安全责任险；开展预防误食野生植物中毒宣传工作，张贴预防断肠草、毒蘑菇等中毒宣传海报5000余份。

【食品生产监管】 持续抓好小作坊规范工作。根据《五华县食品生产加工小作坊提质行动方案（2019—2023）》，督促全县食品小作坊按要求实行规范生产、实施6S管理，完成食品小作坊提质阶段目标。根据《五华县食品生产加工小作坊集聚区建设工作方案》，启动小作坊集中加工区规划、选址、建设工作。抓好抽样检验后续处理工作，对7家抽检不合格食品生产单位进行约谈并提交不合格分析报告。

【集体餐饮监管】 开展春、秋季校园食品安全专项检查，开展食品安全进校园活动32场次。以食品安全驻点保障、配餐和食品抽检等形式，顺利完成中高考、两会、中超联赛等重大食品安全保障（其中中超联赛和青少年足球夏令营活动为国家级重大活动），食品安全保障总覆盖约4000人次。重视食品餐饮安全能力建设，召开就餐人数1000人以上学校食堂食品安全工作会议，开展学校食堂从业人员培训3场次，农村厨师培训16场次，共计培训1800多名从业人员。推进社会餐饮“互联网+明厨亮灶”建设，制定《五华县大型餐饮服务单位“互联网＋明厨亮灶”工作的实施方案》，推进社会大型餐饮“互联网+明厨亮灶”建设2家。创新监管方式，开展“查餐厅”活动3期，直播活动网络点击量18.47万次。

【食品流通监管】 开展农村食品、学校及周边食品专项整治，实现100%食品销售者线上销售风险分级评定。持续加强特殊食品日常监管，特殊食品追溯系统加入企业330家，加入率100%；报送企业324家，填报率98.2%。积极开展批发市场开办者及商户培训工作，实现农批市场食品安全监管信息化管理，4家商户全部加入。

【农贸市场升级改造】 根据省政府2022年省十件民生实事“完成550家农贸市场升级改造”的部署，五华县有6家农贸市场列入2022年省民生实事农贸市场升级改造任务。牵头开展农贸市场综合治理工作，定期召开推进会议协调解决存在问题，从责任落实、经费投入、部门协作、工作成效等方面着手,确保6家农贸市场升级高质高效推进。2022年，五华县6家农贸市场均根据实际情况以“一场一策”进行改造，均按要求在7月底前完成了改造工作。

【“两品一械”监管】 加强新冠病毒核酸检测试剂使用单位以及医用口罩经营企业，未发现违法违规行为。加强业务培训，对全县38家医疗机构的80多名医务工作者进行了药品医疗器械使用安全监测方面的业务培训。持续加强“两品一械”（药品、化妆品、医疗器械）监督检查，全年收集上报不良反应1044例，抽检62批次，查处案件119宗。

【标准化建设】 新增农村电子商务服务体系建设指南、农产品地理标志五华红薯生产技术规程2个梅州市地方标准，申报市级地方标准制订项目《蛋鸭旱养饲养标准》1个。

【计量监督管理和认证认可工作】 完成计量器具强检2967台（件），免收基层医疗卫生单位强检器具检定费用20.5万元。推进应用广东省强制检定工作计量器具管理平台，全县66家加油站、30家基层医疗卫生单位、4家液化石油气充装单位、43家眼镜制配场所等市场主体在用强检计量器具100%列入平台管理，实现检定率100%。推行计量监管新模式情况。推动1家集贸市场金山市场完成电子秤“统配统管”工作，实施以承诺先行赔付制度为核心的计量监管新模式。开展民生计量领域监管101家次，立案查处4宗。

【广告监管】 牵头召开2022年度五华县整治虚假违法广告联席会议，协力抓好广告市场监管。开展借庆祝党的二十大等名义从事商业炒作牟利乱象专项整治，加强宗教用品营销宣传网络和广告监测，聚焦医疗、教育、食品药品等重点领域，从严从快查处虚假违法广告1宗。

【网络交易监管】 依托广东省工商局网络市场监管综合信息平台及“红盾云桥”智能协作平台，做好网络经营主体经济户口数据导入、搜索、建档、巡查、办案以及消费者申诉处理、网络交易秩序监管等工作，全面调处网络消费投诉举报6宗。加强网络订餐监管，约谈美团、饿了么两家外卖代理商2次，发出监督意见书2份。

【维护消费者权益】 开展公开集中销毁假冒伪劣商品活动1次，开展“诚信兴商”宣传月、“3·15”消费维权便民服务、“诚信承诺 放心消费”社会公益活动，发展“线下无理由退货”承诺企业2家，发展在线消费解决机制（ODR）企业1家。协同各镇综合执法队加强消费投诉举报处置工作，全年办结工单1492件。

（张勇鹏　张　娜）

自然资源管理

【规划引领】 突出规划引领作用，在空间规划中研究编制《五华县工业控制线专题研究》，拟定工业控制线规模，防止工业用地被侵占，在工业园区优先落实用地规模，在全力保障项目建设用地需求的同时，合理使用上级下达五华县的166.67公顷预留城乡用地规模，解决高铁新城站前广场用地、矿山智慧机械产业园、百阳物流园等重点项目、民生项目用地规模需求，积极有效引导产业集聚发展。2022年度，共收集365个“十四五”重点项目，完成60.4公顷重点项目调规；同时按时保质完成“三区三线”成果划定，其中五华县城镇开发边界按照57平方千米划定。

【创新土地机制】 不断创新土地管理机制，全力盘活存量土地，实施“三旧”改造，将土地资源转化为实体经济发展潜力。2022年度，共收储土地17宗，面积577.032公顷（其中梅蓄电站484.3406公顷）；共出让土地19宗（其中住宅用地4宗、商业用地3宗、工业用地9宗、公共管理与公共服务用地1宗、旅馆用地2宗），总成交价款20711.39万元。共审批及备案新增上报“三旧”改造实施项目2宗，面积11.49公顷，占任务比101.42%；完成改造项目共3宗，面积8.09公顷，占任务比101.13%。共已取得省、市人民政府5个城镇批次用地和两个单独选址项目用地的批复，共计批准用地面积66.5476公顷，其中，城镇批次用地批准面积38.3636公顷，单独选址用地批准面积28.184公顷。

【优化营商环境】 为保障五华县梅龙高铁（五华段）项目、梅州（五华）抽水蓄能电站、景田矿泉水厂、工业园区等“打粮食”重点项目的顺利推进，通过开通“绿色审批”通道，推行“容缺受理”机制，合并规划选址和用地预审，统一核发《建设项目用地预审与选址意见书》，实现不动产一般登记办理时间压缩至3个工作日内，抵押登记办理时间压缩至1个工作日内办结。2022年度，共办理11宗新审批及延期的临时用地手续，批准使用面积53.39公顷，有效缓解五华县用地压力。共出具用地预审与选址意见80宗，为乡村振兴、水库除险加固、卫生教育等民生项目提出用地和选址意见，为项目完善立项手续提供保障。

【盘活存量土地】 从2020年开始，国家、省不再直接下达用地指标，要求各地通过处置存量的批而未供和闲置土地来“挣”取用地指标；通过撤销和认定失效批文的方式“腾”退用地指标；通过完成“三旧”工作任务“奖”励用地指标；同时，“争”取将交通、能源、水利等单独选址的基础设施项目列入国家或省重点项目清单，由国家、省直接配置用地指标。2022年，已通过撤销批文来“腾”退用地指标22.67公顷；共处置277.33公顷批而未供用地，处置率排名全市第一；共“挣”得建设用地指标47.13公顷。

【耕地保护】 以健全完善耕地保护责任制体系为重点，形成县镇村三级齐抓共管的工作格局，落实耕地保护主体责任，实施最严格耕地保护制度，着力加强耕地数量、质量、生态“三位一体”保护。一是大力推进上一轮垦造水田工作进展情况。五华县承诺水田指标欠账198.53公顷。2022年度，已入库31个项目（含高标试点安流双福、岐岭凤凰；新一轮华城兴中项目），新增水田面积193.27公顷。二是有序推进新一轮垦造水田工作。2021—2023年，市下达新一轮150.8公顷垦造水田任务。2022年度，已立项17个项目、规模150.78公顷，已集约土地109.4公顷、已竣工项目72.13公顷。三是严格落实耕地保护政策。2021年末，五华县耕地面积39333.33公顷，基本农田面积33215公顷，均高于市下达给五华县到2021年规划期末的耕地保有量37836.6公顷任务和基本农田保护33010.27公顷任务，耕地保护责任目标得到较好落实，全县耕地“进出平衡”方案也正在编制中。据三调统计，五华县有耕地总面积31444.87公顷，其中，水田27126.6公顷，水浇地787.13公顷，旱地3531.13公顷。

【整治违法用地】 按照“一图一策”要求，强力推进违法用地卫片图斑整治工作，及时消除违法用地问题，坚决遏制新增违法用地。2022年度，五华县已完成2020年存量违法用地整治186.052公顷，超过2020年全县存量违法用地总量291.68公顷的一半，超额完成市下达年度整治任务；2022年1—12月，上级分批次共下发全县涉及专项巡查新增违法用地149.01公顷，其中耕地面积21.068公顷。2022年度，已消除违法面积17.48公顷，其中，耕地6.43公顷。全县41宗农村乱占耕地建房图斑，2022年度，已有2宗已拆除，分别为，龙村镇1宗、棉洋镇1宗；剩下的39宗中，已启动立案查处程序，其中：棉洋、郭田、河东、水寨、岐岭、长布等6个镇已下达行政处罚决定书。

【山水生态修复】 践行“绿水青山就是金山银山”的生态修复理念，践行向外向内学习，积极探索合作新途径、新方式，减轻县级政府配套资金压力，努力把华城“山水项目”打造成广东示范项目。五华县山水修复项目共9个，总投资预计8.27亿元，其中：中央资金预计需要3.62亿元，地方配套资金预计4.65亿元。2021年已下达中央资金4958.88万元，2022年已下达中央资金1.15亿元，两年累计下达中央资金1.65亿元。2022年度，五华县山水项目中央资金累计支付1.32亿元，支付率为80.4%，完成上级要求的12月底中央资金支付率不低于80%的任务；9个项目，已全部签订施工合同、进场施工。

【地灾综合治理】 通过电视新闻、短信、网络新媒体等媒介，提高受威胁群众的防灾意识，同时因地制宜对地质灾隐患点实行工程治理和专业监测，实现“人防”+“技防”

的双重防护和保障。2022 年，五华县在册地质灾害隐患点 101 处，受威胁人口 2882 人，受威胁财产 1.18 亿元。按照省地质灾害防治三年（2020—2022 年）行动实施方案和省十件民生实事文件要求，五华县需完成 6 处受威胁 100 人以上的大型隐患点，有 5 处已完成主体工程；95 处中小型隐患点中，有 70 处已完成工程治理，有 22 处已采取安装专业监测设备措施。

【绿色矿山建设】 严格执行《矿山地质环境保护与治理恢复方案》，坚持“边生产、边复绿”，严厉打击非法采矿行为，依法依规出让采矿权，提升矿产利用价值，切实保护矿山自然环境，规范矿业市场秩序。2022 年度，发生矿农纠纷 1 宗并得到妥善调处，调处率 100%；在日常检查过程中共向各矿山企业发出《责令改正通知书》42 份。以网上挂牌方式公开出让 5 个采矿权（水寨地热 741.58 万元，周江龙洞 2428.25 万元，横陂增大 3981.66 万元，棉洋联西 4187.64 万元，长布梅塘 2233.79 万元），合计成交金额 13572.92 万元。全县绿色矿山建设已完成 8 家，计划至 2023 年底将全县持证非煤矿山建成绿色矿山。

【履行安全生产职责】 一是严格执行消防安全制度。局机关办公楼的干粉灭火器和消防设备全部进行更新，确保每个楼道都配置至少 2 个干粉灭火器，对局老水寨自然资源所部分老化供电线路、设备也进行更新维修。2022 年度，无任何消防安全事故发生。二是严格制定网络安全制度。不断加强对本单位网络、业务系统、数据、门户网站和办公邮箱的日常安全防护，确保局网站与政务公开工作安全平稳运行。2022 年度，无任何网络安全事故发生。

【法治建设工作】 认真贯彻落实县委、县政府关于法治政府建设工作的有关精神，以提高自然资源系统工作人员的法律素质和依法行政水平为目标，认真组织干部职工学习和贯彻落实国家现行法律法规，规范执法行为，认真推进法治建设的各项工作。2022 年度，共发放法治宣传资料 2000 余份；有 175 名干部职工以较为优异的成绩通过年度学法考试，合格率 100%；有 25 人拿到执法证，持证率达 57%。共出具法律审查意见 41 份。行政诉讼案件 2 件（其中 1 例撤诉），胜诉率 100%。主动公开 482 条政务信息，其中：重大建设项目批准和实施、公共资源配置领域等通知公告 383 条、工作动态 67 条、征地信息 21 条、部门预结算和“三公”经费预结算 6 条、部门文件 4 条、政府信息公开年报 1 条。

【党风廉政】 认真落实中央、省、市、县纪委全会党风廉政建设、纪律教育工作会议精神，坚持以规范和制约权力为核心，以容易滋生腐败的重要领域、关键环节为重点，以建设“廉洁自然资源”为目标，保证党风廉政建设责任制落到实处。2022 年度，对局机关各股室、局属各事业单位及近三年来退（离）休干部职工开展 100% 自查；制定《五华县自然资源局全面从严治党主体责任工作要点》《五华县自然资源系统开展纪律教育学习月活动的意见》《五华县自然资源局三大“阳光工程”工作任务清单》等多项制度；开展日常谈话 43 人次，警示谈话 9 人次，提醒谈话 12 次；签订个人承诺书 245 份、《党风廉政责任书》27 份、《廉政承诺书》27 份、专项整治自查自纠表 27 份；清查风险点 190 个，其中，高风险点 10 个，中风险点 70 个，低风险 110 个。在从源头上防止腐败的同时，有力地促进机关作风的转变，实现“用制度管人”和“用制度管事”。

（杨明俊）

审　计

【简况】 2022 年，发出审计通知书 22 份，出具审计报告 21 份（含资源资产审计结果报告），经济责任审计结果报告 11 份，审计意见 1 份，审计决定 1 份，整改函 8 份，向有关部门出具审计移送处理书 1 份。审计发现问题 330 个，审计查出违规金额 9881.57 万元，管理不规范金额 19.23 亿元，提出审计建议 66 条。

【政策落实跟踪审计】 组织开展五华县 2021 年度中央直达资金跟踪审计，提出审计建议 2 条。重点关注相关项目的资金使用绩效和决策部署的落实生效情况，促进政令畅通，发挥政策落实的“促进者”作用。

【财政审计】 组织开展 2021 年五华县本级预算执行、决算草案和其他财政收支情况审计，五华县科工商务局等 5 个预算单位 2021 年度部门预算执行和其他财政收支情况审计等项目。审计查出违规金额 9737.36 万元，管理不规范金额 16.65 亿元，提出审计建议 10 条。

【经济责任审计】 组织对 9 个党政机关、事业群团单位的 11 名主要领导干部任期履行经济责任情况进行审计，审计查出问题 162 个，审计查出问题金额 7304.54 万元，提出审计建议 30 条。充分发挥联席会议各成员单位的职能优势，主动对接组织、纪委等部门，商定领导干部经济责任审计名单，确保年度审计项目计划如期开展。

【资源环境审计】 聚焦自然资源资产管理、国土空间规划、污染防治、耕地保护等生态文明建设政策落实情况，对 1 个党政机关的主要领导干部共 2 人进行自然资源资产离任审计，审计发现问题 6 个，提出审计建议 4 条，发挥审计在加快推进生态文明建设中的服务保障作用。

【企业审计】 组织审计人员对梅州市五华拍卖行有限公司 2021 年资产负债损益情况进行专项审计调查，审计发现问题 19 个，查出管理不规范金额 487.59 万元，提出审计建议 3 条。

【公共投资审计】 依法加强对政府投资的重大工程、新型基础设施等建设项目的审计监督，促进项目管理规范，促进提高公共投资绩效。组织开展五华县大都河治理工程项目资金管理使用情况专项审计，审计发现问题 6 个，查出违规问题金额 9.56 万元，管理不规范金额 214.04 万元，提出审计建议 3 条。

【民生审计】 贯彻以人民为中心的审计理念，围绕县委、县政府民生工作的决策部署，助推重点民生项目提质增效、惠民利民政策落到实处，助力乡村振兴发展。组织对华城镇、横陂镇省定贫困村创建社会主义新农村示范村建设项目审计和五华县横陂镇中心小学 2020 年度教育经费管理和使用情况审计。

【协助上级审计机关及县直相关部门的工作】 2022 年，先后派出 12 人次配合参与省审计厅、市审计局和县直有关单位各项任务 6 个。

（严怡斐）

统　计

【统计数据工作】 为确保统计数据质量，县统计局各专业严格按照国家统计制度、方法开展统计工作，规范统计行为，严把数据质量关，按时按质完成各项统计调查工作任务，用统计数据真实反映五华经济发展成果。

【统计监测工作】 围绕县党代会提出的经济社会发展目标，及时跟踪分析主要经济指标走势情况，深入基层和企业，及时了解和掌握重点企业生产经营情况和重大项目进展情况，常态化监测预警各项经济指标，透过数据看趋势，综合分析影响经济发展的有利和不利因素，科学研判国际、国内经济形势和新冠疫情带来的冲击，及时预警预判全县经济运行态势，研究提出工作建议，撰写各类有深度、参考价值高的统计分析，以服务县委、县政府决策部署。一年来，各专业人员深入开展基层统计业务指导、调研约 250 人次，组织编发统计公报 1 期，统计年鉴 1 期，统计月报 11 期、五华统计分析 28 篇。《降幅收窄　困难仍大——2022 年 1—9 月固定资产投资分析报告》受到县委主要领导的高度肯定；《稳安当头　总体向好——五华县 2021 年前三季度经济运行形势分析》荣获 2021 年度梅州市优秀统计分析报告三等奖。

【统计监督工作】 切实以法治思维和法治方式提高统计治理能力，深入开展依法治统宣传，营造依法统计的社会氛围；推进统计诚信建设，逐步建立完善企业统计信用管理体系；充实执法人员队伍，加强统计执法检查，建立健全统计执法检查机制；推动统计监督和纪检监察监督、巡视巡察监督、审计监督等贯通协同，开展统计造假不收手不收敛问题专项纠治，履行防范和惩治统计造假、弄虚作假主体责任，强化统计监督职能。2022 年，面向县、镇、村党员干部和广大统计调查对象，累计发放统计宣传册和统计知识问答卷各 3 万多份；一年来，将统计法律法规和统计重要文件提交县委常委会、县政府常务会学习 4 次；到县委党校开展统计法专题宣讲培训 3 次，把统计法律法规纳入党校领导干部教育培训必修课；严格执行国家统计数据质量抽查制度，按时按质完成 2022 年市、县“双随机”统计执法检查工作，累计检查企业（项目）21 家，与县市场监管局开展的联合执法检查 5 家，并按照专项纠治工作要求对 156 家“四上”企业实行全覆盖数据核查，切实保障统计数据真实准确。

【部门联动工作】 为进一步规范全县部门统计工作，增强政府综合统计与部门统计工作的联动配合，积极主动争取县政府高度重视，印发《关于建立五华县统计工作联席会议制度的通知》（华府办函〔2022〕55 号）、

《关于加强固定资产投资纳统工作的通知》和《关于五华县统计协调联动工作机制的通知》（华府办函〔2022〕112 号）等相关文件。为深入贯彻落实梅州市和五华县统计工作联席会议精神，牵头成立农业、工业、固定资产投资、建筑业和房地产业、贸易业等5 个统计工作专班，各统计工作专班定期召开专班会议，专题研究统计工作。统计局发挥牵头作用，各行业主管部门按照“管行业必须管统计”的要求，齐抓共管，充分发挥统计合力，确保做到“应统尽统”，为五华县经济发展作出应有的统计贡献。

【基层统计规范化建设】 为深入贯彻党中央、国务院关于统计工作的决策部署，按照广东省统计局提出 2024 年底在全省范围实施“7 个一”基层统计规范化建设的要求，县统计局于 2022 年下半年迅速推进基层统计规范化建设工作。结合五华实际，及时印发《五华县加强基层统计“7 个一”规范化建设工作方案》，指导部门、镇、村及企业充实统计机构和人员、保障办公条件、建立健全统计工作制度机制，加大对基层统计的培训和指导力度，规范统计工作流程，严格执行国家、省、市调查制度。共组织参加国家和省统计局视频学习培训 19 次、市统计局学习培训 8 次；同时，邀请市局和本局业务骨干组织对各部门、各镇、村及企业统计员业务培训 16 次。2022 年底，经过梅州市统计局受省局委托的考核验收，县统计局被推荐评为省级先进集体，横陂、潭下 2 个镇被推荐评为省级先进镇，8 个镇被推荐评为省级达标镇。

【普查调查工作】 一是顺利完成第七次全国人口普查工作。全力做好普查数据审核、汇总、评估、开发利用等工作，已通过县级官方平台及时发布《五华县第七次全国人口普查公报》，普查工作已顺利完成，现已进入资料开发利用阶段。县统计局被评为广东省第七次全国人口普查省级先进集体。二是完成 2022 年住户调查大样本轮换工作。根据国家、省、市住户调查大样本轮换工作方案要求，在认真做好经费预算、小区选定、调查员培训、宣传动员工作的基础上，完成13 个点 130 户的核实开户工作，并于 2022年 11 月全面完成试记账工作，为五华县居民人均收入的核算打下坚实的基础。

（古伟良　朱连辉）

城乡建设·环境保护

城市建设

【县城建设】 树牢“发展靠项目、项目靠资金、资金靠争取”的发展思路，紧盯国家和省有关政策导向，主动谋划对接项目，加强与上级部门请示沟通，积极争取更多项目资金投入五华县住房城乡建设事业。2022年，启动华贸片、华景新城片老旧小区改造，共涉及小区数22个、148栋、1995户，建筑总面积16万平方米，投资金额1681.94万元。华景新城项目已开工建设，累计完成总进度约40%；华贸片于12月14日动工建设，正在进行邮政局宿舍改造。启动华兴北路智慧停车场建设，规划总用地面积19756.14平方米，建设地下停车场建筑面积15789.1平方米，建设506个停车位，于6月25日开始动工建设，已完成总工程量的45%。建设县行政服务中心停车场，总面积约5000平方米，约200个车位，总投资约152万元，项目已完成，并移交给县国资运营中心运营。牵头建设五华片区方舱医院，规划总面积约23800平方米（含医护人员宿舍9000平方米），设置1500张床位数，总投资8200万元，至年底已顺利通过竣工验收，已交付县卫健局（县医院）运营使用。建设保障性安居工程，完成咸水坜安置区500套公租房主体工程竣工验收，基础配套设施基本建成。筹建咸水坜集中隔离观察点，完成改造90间公安专用监所人员隔离房间和340间普通人群隔离房间，已如期交付给县公安局和县人民医院使用。谋划推进天然气老旧管网改造、加装安全装置项目，申请中央资金1701万元，至年底已完成工程量的45%。

【法治政府建设】 按照《五华县住房和城乡建设局2022年学法计划》安排，在全局上下开展保密法、习近平法治思想、民法典（合同法篇）、行政处罚法等12次法律知识宣讲活动，组织局机关及下属单位完成2022年度学法任务，并组织开展年度学法考试，参考率、及格率和优秀率均为100%。组织完成重新申领执法证46人（含下属单位20人）。做好执法信息公示和“双公示”，共公示行政许可38件、行政处罚案件8宗。

村镇建设

【农村削坡建房整治】 专门申请资金制作《农村削坡建房网格化管理明示卡》，将其悬挂在风险户家中，并督促各镇村加强巡查监管，各镇村包片干部均到负责管片的农村削坡建房风险点进行巡查监督。2022年整治任务2000户，已全部竣工，如期完成整治任务。

【自然灾害承灾体房屋和市政设施内外业普查】 据统计全县共普查房屋39.3408万栋，其中农村房屋36.6469万栋，城镇房屋2.6939万栋，市政桥梁13座，市政道路67条。从5月24日起，成立工作专班、4个督导组，对16个镇进行为期52天的房屋普查专项督导，多次组织各镇召开业务培训会，并在6月下旬抽调22名干部协助各镇及第三方做好城镇房屋排查整改。7月中旬，全面完成省市两级质检核查合格验收，合格率达91%。

【自建房安全隐患排查整治】 牵头组织召开全县自建房屋安全隐患排查整治工作推进会暨业务培训会议，对整治工作进行专题部署，制定整治方案，成立领导小组，组建督查专班，组织住建局班子成员、技术人员指导各镇对全县所有自建房开展“拉网式、地毯式”摸底排查，共排查自建房26.6万栋，其中经营性自建房1.56万座，排查发现初判可能存在隐患的自建房1918栋，其中可能存在隐患的经营性自建房82座，均已录入城乡自建房安全专项整治归集平台，建立工作台账，初步开展观察管控措施，后续将聘请第三方进行鉴定，制定整治措施，确保如期完成整治工作。

【历史建筑测绘】 扎实做好历史建筑测绘工作。向上争取88万元对全县40处历史建筑进行测绘，至年底，已完成数据整理工作，初步统计总面积3.93万平方米，总建筑面积4.63万平方米。12月底全面完成专家评审工作，报省市交汇。

【农房隐患排查整治】 五华县住建局聘请有资质第三方对全县1102户初评有隐患的农房进行鉴定，至年底，基本完成鉴定，正在征求各镇村意见，后续将结合鉴定结果认真制定整治措施，建立“一户一档”，保障群众生命财产安全。

【危房改造整治】 结合中央危房改造工作要求，对全县困难群众进行摸排，指导开展40户危房改造工作，至年底，已全面竣工，预计下拨奖补资金160多万元。

工程建设管理

【建筑工程质量安全】 受监工程基础和主体实体质量控制呈稳定态势。监管起重设备在监塔式起重机33台，施工升降梯33台，物料提升机1台按规使用，委托第三方检测机构对全县投入使用的建筑工地起重设备进行检查，并根据检查结果要求各工地对不合格项进行整改，整改合格率100%。抽查建材检测材料37次，对全县14家搅拌站混凝土、砂、石进行抽检，结果均合格。加大安全生产监管力度，通过“双随机、一公开”方式对54个在建工地、20家搅拌站、16家砖厂进行安全生产检查，共开展安全检查122 次，出动检查人员 402 人次，发出整改通知单 255 份，整改率 100%；通过广东省房屋建筑和市政基础设施工程施工质量安全动态管理系统，对参建单位和人员的违规行为进行记分处理，及时纠正违规行为，共发出《记分通知书》56 份，记 309 分，对需要限期整改的安全隐患采取“回头看”方式进行复查，全力遏制各类建筑施工生产安全事故发生。

【工程建设审批制度改革】 督促供水、供电、中燃等三家企业按照《推动市政公用基础设施报装接入服务事项纳入城市工程建设项目审批管理系统工作方案》要求，完成工建系统事项和人员配置，共完成市政公用服务项目 18 个，居全市第一。扎实开展行政审批事项“100%网上受理，100%网上办结”工作，对 101 项政务服务事项进行线上线下办事全渠道梳理和公布，已顺利对接广东省政务服务好差评系统。2022 年以来，办理行政许可 185 单，行政征收 13 单，合计征收 103.68 万元。

市容环境秩序管理

【建筑工地扬尘污染管控】 加强日常巡查管理，全面落实扬尘治理“六个 100%”管控措施，重点检查在建工地洗车槽、冲洗设备、工地出入口硬底化落实情况，严肃查处车辆未遮挡、带泥上路、撒漏、扬尘等违章行为。督促建筑工地清洗（扫）路面 345 宗，面积 4000 多平方米，督促运载车辆围蔽密封运输 55 宗，派出工作组累计清运小区、公共区域、工业园等场所共 85 次，囤积的无主暴露垃圾已经全部清除。

【市容环境治理】 持续深入开展市容环境秩序整治行动，重点整治城区违规占用公共停车位、城区主要干道占道经营、流动摊点、人行道车辆停放秩序、汽修和洗车占道等重点难点问题，集中时间、集中力量有效取缔宏达路、华园市场等“马路市场”行为，全面加强餐饮业油烟、县城外置空调主机、井盖、铁皮瓦等专项集中整治，迅速处理水寨镇大湖堤、水寨大桥“网红夜市”摊贩占用人行道和车道摆卖问题，不断提高县城精细化管理水平，有效巩固“创文”“创卫”成果。2022 年来，共发放各类整改通知书、温馨提示等 600 多份，清理违规占用停车位 325 件，督促清理门店占道经营 1086 宗，取缔流动摊档 668 宗，劝离流动摊贩 594 宗，处理各类投诉噪声 98 宗，清理各类广告 500 多块。

【垃圾分类处理】 2022 年来，投入 57.03 万元用于购置更新标准分类垃圾桶，印制宣传资料，聘请小区垃圾分类引导员等，县城范围内公共机构率先开展生活垃圾分类工作，68 个公共机构均已成立工作专班、制定细化方案，布设标准分类垃圾桶，基本实现生活垃圾分类全覆盖。县城建成区范围内 13 个社区（村）共 164 个小区［全县建成区有社区（村）共 22 个］已更新布摆新国标分类垃圾桶，配备垃圾分类三轮车，聘请一批小区垃圾分类引导员，保障城区居民小区垃圾分类投放工作正常运行，确保 2022 年创建的生活垃圾示范片区通过验收。已组织生活垃圾分类志愿活动 646 次，参与志愿者累计 18415 人次。

【燃气安全和市场秩序管理】 全面压实企业主体责任，督促各燃气企业加强入户安检、场站管理、安全宣传、标准化燃气供应站设置。依法打击非法倒卖燃气、擅自设立（无证照）经营燃气的“黑窝点”、游乡卖气等违法经营行为，全面加强燃气使用安全宣传，通过五华新闻、五华发布、各镇微信公众号等宣传渠道向全县市民群众转发《致每位燃气用户的一封信》《规范用气平安在 守护家人守护爱》等燃气安全文章，线下印制《城镇燃气居民使用安全手册》，进一步提高群众对燃气安全的认识。2022 年以来，新发放 2 张燃气经营许可证，共组织 24 轮燃气安全专项检查，每轮对五华县燃气企业站点（5 家）进行全覆盖排查和督导。发现隐患 392 个，至 2022 年底，已经全部整改完成 373 个，剩余 19 个正加紧督导完成；查处 2 宗燃气供气案，共处罚金 10 万元，确保城燃行业安全有序运行。

建筑业与房地产

【建筑业】 组织召开五华县建筑企业代表座谈会，下沉一线走访企业，鼓励建筑企业要提振信心，充分运用好行业资源，积极探索培育行业新的经济增长点，共同推进五华县建筑业健康良性发展，2022 年，全县建筑施工总产值 44.10 亿元，同比下降 4.53%；县内缴税 5.95 亿元，同比下降 11.4%；竣工验收备案总数 63 个，面积 146.65 万平方米，造价 26.98 亿元；消防设计审查 13 宗，面积 26.40 万平方米。审核项目预算 1 个，造价 16.48 万元。新报监工程项目 29 项，总受监工程项目 61 个，建筑面积约 197.8 万平方米，总造价 46.7 亿元；竣工验收工程项目 56 项，一次验收合格率达到 100%。五华二建公司纳税 1.79 亿元，五华一建公司分别被中国建筑业协会、广东建筑业协会及广东省企业诚信建设促进会评定为“AAA 信用等级企业”。全县建筑企业共获创科技进步奖 3 项，省级工法 3 个。

【房地产业】 组织召开五华县房地产企业代表座谈会，进一步加大对企业的支持帮扶力度，增强服务，想方设法为企业解决发展中存在的困难和问题，推动房地产企业稳定发展。2022 年，共销售商品房 3654 套，销售面积 49.84 万平方米，销售金额 26.3 亿元，成交均价 5279 元/平方米。办理商品房预售许可证 17 宗，预售面积 22.02 万平方米。其中，住宅 1562 套，面积 19.63 万平方米；商铺 117 套，面积 1.37 万平方米；办公楼 187 套，面积 1.02 万平方米。拨付商品房预售监管资金 483 宗次，金额 19.85 亿元。

【加强房地产市场监管】 积极推动新网签系统和存量商品房交易平台，从线上线下全面加强商品房购买合同签订（注销）、预售资金（首付款、按揭款）入账监管，大力规范商品房销售交易行为，不断提高企业依法经营意识，有力推动五华县房地产市场平稳运行。严格督促物业公司做好经营服务管理，制定《2022 年五华县物业管理专项整治工作方案》，组织召开物业管理专项整治工作会议，明确物业管理工作任务，切实履行好主体责任，进一步规范物业管理。指导纬丰花园小区业主委员会完成换届选举。2022 年，受理物业公司备案 8 家，累计备案 30 家；受理前期物业备案 2 宗。开展消防、“三防”安全隐患专项治理工作，不定期检查县城物业住宅小区 50 个，对发现存在安全隐患的小区要求物业立即整改，发出书面整改通知 15 份，完成整改 15 个。

【加强住房保障维稳服务】　一是加强公共租赁住房运营管理，新增入住 39 套，退出 37 套，至 2022 年底，已出租 360 套，出租率 94%。发放住房租赁补贴 10 户，发放金额 1.2 万元。完善安流公租房小区外墙维修、摩托车棚及排水设施，咸水坜公租房小区排水排污等维修改造，收缴公租房租金收缴 72.3 万元。二是加强国有直管公房管理，共拍卖处置 23 间国有直管公房，共 812.63 平方米，拍卖成交金额 1967.044 万元，维修维护直管公房和公租房 17 宗，维修金额 26.3 万元，收缴直管公房租金 145.1 万元，完成在疫情防控期间承租直管公房的小微服务企业和个体工商户 129 户租金减免，共减免 46.1 万元租金。加强直管公房和公租房隐患排查，累计出动 90 多人次，落实整改安全隐患 15 处。同时开展了违规租占公有住房问题排查工作，通过排查，未发现违规租占现象。

（邓冬红　胡柳娴）

琴江新城发展

【简况】　五华县琴江新城发展中心是县政府直属正科级公益一类事业机构，主要负责琴江新城 15.74 平方千米规划区范围内的规划建设工作。

【土地出让】　在经济开发区咸水塅内出让 4015 平方米土地，出让收入 900 万元。

【资金争取】　琴江新城污水管网（西外环、琴江大道）争取 5000 万元专项债券；琴江路、环城大道（东延线）管廊工程 PPP 项目融资贷款合同 2.88 亿元已签约，7 月到账首期贷款 1.6 亿元；琴江新城棚户区改造黄井安置区配套基础设施争取省 2022 年第二批保障性安居工程中央预算内投资 2879 万元。

（彭灿明　李　锋）

市　政

【城市管护概况】　2022 年，五华县市政公用事业服务中心用脚步丈量城市，用“绣花”功夫精雕文明县城，把精细化管理服务的理念、标准落实到城市管护的工作中，积极做好环境卫生、公园管护、园林绿化、市政养护、路灯管理工作，不断提升城市“颜值”，不断塑造城市新形象。

【县城环卫保洁】　2022 年负责县城清扫保洁面积 827 余万平方米，其中城区面积 350 万平方米、城中村面积 477 万余平方米。持续推进“人工普扫+机械清扫+人工保洁+三轮车保洁+洒水降尘”五位一体的作业模式，重点实行人行道人工巡回清洗、主次干道机械冲洗、洒水作业、雾炮降尘作业、机械清洗栅栏，每天保洁时间达 16 个小时以上，实现路面垃圾落地不超过 15 分钟即清理干净；强化卫生死角清扫保洁、“牛皮癣”清理和淤泥垃圾清理，做到清扫到边、到角、到底，2022 年共清理卫生死角 6400 多处、乱张贴乱涂写 5500 多处，清理县城淤泥垃圾 1800 多车；做好生活垃圾中转站周边病媒生物防治工作，沉沙井每天及时排放、清洗和清理积水，保持每天除臭一次、三天消杀一次，做到无蚊、蝇滋生地；每天清洗三轮保洁车，同时发现车箱不清洁时，及时清洗，保持无臭味；坚持小区生活垃圾集中收，门店垃圾定时收集，对县城15个城中村实行垃圾上门收运；持续开展城中村、城乡接合部环境卫生整治，“脏、乱、差”现象得到极大改善。

【县城园林绿化管护】 在做好公共绿化常态化管护的同时，积极打造绿化景观。持续做好枯死、缺失苗木的更补植，2022年共种（补）植乔木约1900株、灌木约16800袋、地被约114000袋；做好行道树、绿篱、草坪的修剪和整形，2022年共修剪乔木约13000株、灌木约8600株、绿篱约92000延长米、草坪修剪约39000平方米；做好花池的维护、修缮和保洁，2022年共修缮花池缘石500米、修复树穴200个、人行街砖400平方米，加强园林绿化苗木的肥水管理和红火蚁等病虫害防治；组织在长乐桥底处播（种）格桑花，播种格桑花面积约1000平方米；对县政府外广场进行景观提升，在外广场安装五华logo“相约五华 常来长乐”宣传牌；对沿江路行道树树枝悬挂彩色树灯，共悬挂树灯1500个；加强县城水寨、河东、横陂3个高速出入口簕杜鹃的催花、控花管理，分别打造以“水红、杂色、深红色”为主题的簕杜鹃花多花艳景观；各大节日期间在县政府内外广场及县城交通岛等关键节点更换种植各色莳花约12万袋（盆），共种植簕杜鹃5700多盆。

【道路市政设施管护】 做好城区新移交路段易积水点治理，修复工业二横路（敏捷锦绣华府东门）破损路面及路面积水工程、冠华城门口增设排污管及新做沉砂池工程；完善县城管辖路段道路交通基础设施，优化交叉路口信号灯的设置，推动县城示范道路交通标识标线标准化工作，全力助推智能交通建设；扎实做好民生实事工作，改善工业园区周边居民及企业的市政配套设施，对存在安全隐患的五华县水寨镇工业五路破损路面修复面积约3300平方米；做好破损路面、人行道街砖、道路栅栏、指示牌、井盖、集雨井损坏修复和排水设施清淤疏导，加强市政基础设施维护，确保30分钟内予以响应，1小时内到达现场维修，2小时内排除故障，坚决遏制次生事故的发生。全年共修复破损柏油路面5480平方米，修复人行街砖4370平方米，破损路面混凝土硬底化修复1388平方米，修复路缘石665米，检查、清理沉沙池8707座，清理排水沟4670米，更换下水栅466套，更换圆井盖460套，修复路牌92处，沥青胶填缝约3380米。

【县城路灯管护】 做好公共路灯照明和景观照明的维护保障工作，2022年共修复路灯和景观照明故障2500余处，更换电缆21000多米，更换LED灯3152个、交流接触器1436个、景观数码管3712条、洗墙灯1884个、射灯1627个、中国结电源628个、LED灯电源2179个、景观电源1526个；充分利用好亮灯监控平台、“两遥”时间控制器、漏电保护装置，不断推动路灯管护智能化；对百花苑、狮山苑、布心岭市场、上新市场周边小巷等背街小巷加装简易路灯20余盏；为东延线缺失路灯线路的部分地段，重新铺设地下路灯线路，更换部分缺陷路具，共修复112杆，该路段已恢复亮灯；及时修复水潭路、转水旅游专线、工业园区等28处路灯地下线路下沉的问题，全年确保县城主次干道、商业街等的装灯率 100%，亮灯率≥98%，背街小巷装灯率 98%，亮灯率≥97%。

【公园管护】 对园区内植物进行精细化养护，积极打造景观亮点，2022 年累计种植更换补植更换乔木 120 多株，灌木 210 多株，地被71000多株，铺植草坪约4200多平方米，在琴江公园景观桥、护坡等周边种植炮仗花 800 多株，打造花海景观；在长乐公园东西岸播种格桑花约 0.5 公顷，艳丽绽放的格桑花海，引来市民游客赏花打卡，乐享公园美景；春节期间在县城长乐公园、琴江公园、老河道公园、上坝公园等公园悬挂节庆灯笼约 800 盏、塑纸灯笼 3500 多串、悬挂 LED 灯笼 600 多对；为庆祝国庆节和党的二十大召开，在长乐公园、老河道公园设置 3 个立体花坛，花色、品种和层次的搭配及整体观赏性较强；定期检查园内设施设备，并不断完善公园公共设施，2022 年更换破损老旧的广告牌 260 多块，疏通厕所 20 多次，更换灯泡 400 多盏，维修石板 400 多平方米，更换园林灯灯杆 30 杆；对长乐公园 2 号、4 号厕所倍特板更换为铝合金隔板，面积约 95 平方米，对狮山公园木塑栈道部分生锈钢骨架进行打磨、喷防锈漆，更换损坏的木塑板、角铁等，面积 154 平方米，消除安全隐患；对狮山公园 2 个凉亭顶面老损木板进行更换维修，面积约 90 平方米。

【数字化城市管理平台】 2022 年，数字化城市管理业务平台共发现案件 3668 件，处置案件 3557 件，处置率为 99.7%，市民举报、投诉、建议 38 件，处置 38 件，处置率 100%；同比 2021 年，发现案件，处置案件及处置率有明显提高，根据中心对城市改造、扩容提质，美化亮化的工作部署，紧紧围绕城市环境综合整治、文明城市创建、群众反映热点问题等内容，切实提升履职效率。

【工程建设】 协助做好五华县城琴江河引水至老河道公园工程，此工程从原有引水涵进水口段起重新铺设引水管从琴江河内引水至公园内，解决老河道公园水源、水质问题。2022 年，公园景观湖水质和生态环境明显改善，老河道公园湖水净化，治理效果显著，已达长治久清；解决工业园区工业二横路（敏捷锦绣华府东门）破损路面修复及路面积水问题，新做 8 座沉砂池，安装 200 毫米 PVC 排水管 15 条合计约 90 米，修复厚度为 30 厘米规格破损路面约 100 平方米，确保市民安全出行。

（胡志通　曾绮玲　古文怡）

环境保护

【建设项目环境管理】 2022 年，梅州市生态环境局五华分局按照《中华人民共和国环境影响评价法》和《广东省建设项目环境保护管理条例》的有关规定，认真履行环保前置审批权职责，坚持发展经济和保护环境并重，严格把关，防止重污染企业进入五华。对已经审批的项目，加强建设期监管，坚持执行“三同时”制度的落实，把住环保设施竣工验收关，有效地控制新污染源的产生。2022 年，审批建设项目环评文件 47 个，环境影响登记表（网上备案）87 个。

【排污许可证核发】 2022 年，梅州市生态环境局五华分局认真做好五华县固定污染源排污许可证核发工作，确保企业“持证排污、按证排污”，全年共核发排污许可证66份，其中重点管理6份，简化管理60份；同时做好排污登记企业的排污登记质量抽查和指导工作。

【做好主要污染物总量减排工作】 2022年，梅州市生态环境局五华分局根据上级下达的年度减排目标，充分梳理减排项目，深挖潜力，严格审核筛选，对符合要求的减排项目做到“应报尽报”，完成上报2个减排项目，包括1个城镇污水治理项目和1个产业结构升级项目，预计可减排污染物化学需氧量642.9吨、氨氮93.9吨。

【开展环保宣传教育】 2022年，梅州市生态环境局五华分局认真落实“谁执法谁普法”工作责任制，组织全局干部职工认真学习习近平法治思想和《中华人民共和国环境保护法》《广东省环境保护条例》等环保法律法规，不断提高环保意识和执法水平。以“国际生物多样性日”、“六·五”世界环境日、全国节能宣传周和全国低碳日为宣传节点，开展环保法律法规宣传活动，向群众宣传普及环保法律知识。据统计全年共设立宣传咨询点3个，发放环保袋、环保围裙、环保扇1600多件、环保宣传资料1800多份，接受群众和企业员工现场咨询60多人次。以“创文大家谈”和“喜迎二十大”为契机，通过县融媒体中心播放环保专题片，向群众展现全县多年来取得的环保成效，激励广大群众更好地爱护自然、保护自然。

【强化环境执法监管】 2022年，梅州市生态环境局五华分局强化执法监管，确保生产安全及环境安全。一是组织开展环保领域安全生产隐患排查，督促企业按要求限期落实整改。截至年底，排查安全生产隐患并落实整改共12宗。二是建立健全行政处罚、环境信访、环境污染事故与纠纷处理等工作制度，强化规范执法。2022年，共出动执法人员926人次，日常检查企业286家次，“双随机”检查企业177家次，责令整改7家，立案查处5宗，处罚金额合计人民币43万元。三是及时调处环境信访问题，确保件件有着落，事事有回音。2022年全年共受理群众信访案件190件，已全部办结，结案率100%。针对2021年中督交办五华县96宗案件和反馈的14项共性问题，梅州市生态环境局五华分局发挥牵头抓总作用，主动作为，积极协调牵头单位抓好整改落实。现交办案件已全部办结，办结率100%；反馈的14项问题中，已完成7项，需长期坚持的2项，按时序推进的5项。四是全面落实执法“三项制度”，强化审批事前、事中、事后监督，及时做好信息公开公示。2022年，梅州市生态环境局五华分局在相关信息公示平台公示行政检查44宗、行政处罚5宗，无行政强制、行政征收和行政征用案件。五是定期开展突发事件应急处置法律法规培训，提升干部职工应急处置水平。采取应急措施，及时有效处置2022年1月安流镇福华村胶花厂火灾事故引发的环境安全事件；参与10月大丰华高速公路五华段聚氨酯漆泄漏事件的处置工作，及时消除污染隐患。

【扎实推进污染防治工作】 2022年，梅州市生态环境局五华分局扎实做好污染防治各项工作。

抓好大气污染防治。一是开展烟花爆竹

禁放工作，严格落实全县森林防灭火特别防护期和县城禁放区烟花爆竹禁止燃放规定，有效消除污染天气。二是积极联合县扬尘整治专班，大力开展扬尘管控执法行动，督促施工工地严格落实“六个 100%”防尘措施。三是督促使用生物质锅炉的 20 家企业配套除尘设施并安装在线监控，强化达标排放监管；将全县 3 家涉 VOCs 省重点企业纳入监管名单，督促企业完善治污设施，实现达标排放。四是全面完成五华县柴油车用车大户入户检查共 2 家任务。

抓好水污染防治。一是加强益塘水库、桂田水库和蕉州河饮用水源保护，完善保护区规范化建设，开展保护区及周边生态环境整治，保障县城饮水安全。二是全力推进农村生活污水治理，全面完成省、市民生实事 5 个自然村的污水治理任务，根据对全县 414 个行政村共 1763 个自然村生活污水治理现状摸查结果，因地制宜印发治理攻坚方案、资源化利用方案和运维方案，对标对表有序推进，2022 年，治理率达 55.8%。三是实施山水林田湖草沙一体化保护和修复项目，全力推进 13 个镇村级饮用水源保护区规范化建设和农村 5 个臭水塘整治工程。

抓好土壤污染防治。一是要求产生危险废物的企业在广东省固体废物管理信息平台进行如实申报，并对申报材料进行现场核实，同时，要求企业做好危废的收集、储存，并与有资质的第三方签订危险废物转移处置合同。2022 年，五华县共有 64 家工业企业和 537 家机修企业在平台申报，转移处置危险废物 375 吨。二是强化对医疗废物处置的监督管理，严格执行备案制度。2022 年，全县 82 家医疗机构的医疗废物和防疫隔观点、核酸采样点、方舱医院产生的特殊医疗废物统一交由金川医疗废物处置有限公司进行处置。三是加大对污泥产生单位的日常监管力度，至 2022 年底，全县所有生活污水处理厂及垃圾中转站产生的污泥均交由有资质的公司处理，全年共产生转移污泥 4761 吨，未发现非法倾倒生活污泥问题。

【环境监测】 2022 年，梅州市生态环境局五华分局按照上级要求，认真做好五华县环境监测工作。一是按时完成全年全县地表水常规监测和县城生活污水处理厂、工业园污水处理厂、镇级生活污水处理厂的进出水水质监测；完成污染源执法监测。共获得有效监测数据 9500 个。二是做好县城空气质量实时自动监测工作，保持与生态环境部 24 小时联网；联合公安局交警大队对五华县大排量汽车的尾气进行监测。三是按时完成县城区域噪声 108 个监测点位、县城交通干线噪声 8 个监测点位及功能区 4 个监测点位的监测任务，监测结果均达到《声环境质量标准》（GB 3096—2008）中相应标准。四是按市生态环境局要求，在疫情防控期间每周对防疫隔离观察点排放口的废水进行余氯监测，实现废水余氯达标排放。从监测结果来看，2022 年五华县县城空气质量优良天数比例达 99.7%；国控、省、市考核断面水质年均值优良率均为 100%；县城集中式饮用水源水质优良率 100%。

（黄彤华）

供　电

【简况】 2022 年，五华供电局坚持以习近平新时代中国特色社会主义思想为指导，以迎接和学习宣传贯彻党的二十大为主线，坚决落实党中央“疫情要防住、经济要稳住、发展要安全”的工作部署，全面落实梅州局党委和五华县委、县政府各项工作部署，高效统筹疫情防控和生产经营、统筹发展和安全，坚持改革创新争先，打赢了电网建设、增供扩销、降损增效、提升供电可靠性“党建+”四大攻坚战，实现“目标不变、标准不降、成效不减”，完成年度目标任务。

【全社会用电】 2022 年 1—12 月，五华县全社会用电量累计 13.88 亿千瓦时，同比下降 0.58%。其中工业累计用电量 3.49 亿千瓦时，占全社会用电量 25.13%，同比下降 9.10%。城乡居民生活累计用电量 6.50 亿千瓦时，占比 46.86%，同比增长 4.29%。第一产业（农、林、牧、渔业）用电量累计 0.29 亿千瓦时，占全行业用电量 2.10%，同比上升 4.56%；第二产业（工业、建筑业）用电量累计 3.89 亿千瓦时，占全行业用电量 52.79%，同比下降 13.98%；第三产业累计用电量为 3.19 亿千瓦时，占全行业用电量 43.26%，同比增长 9.27%。五华县各电源上网电量 44345.92 万千瓦时，同比增长 102.54%。其中，水电上网电量 17353.95 万千瓦时，同比增长 257.47%；光伏上网电量 8794.19 万千瓦时，同比增长 37.11%；垃圾发电上网电量累计 18184.39 万千瓦时；沼气、余热发电上网电量累计 13.39 万千瓦时。

【重大决策部署】 发挥属地管理职能，助力梅州第二座 500 千伏敬州站建成投产；全力推进敬州站配套 220 千伏线路工程、威光、小都等 3 项输变电工程建设青赔协调工作，完成长乐输变电、梅龙高铁接入系统、黄泥寨接入系统工程等前期工作。推进落地五华的 2 项亮点名片项目进度，助力公司走在全国前列、创造新的辉煌。多措并举推动乡村振兴落地见效。水寨新型城镇化配电网示范区建设取得阶段性成效，被列入省政府乡村振兴考核加分项；出资 35 万元建设水寨镇大沙村村委分布式光伏发电项目，产业帮扶成效显著；推动完成双头龙颈、梅林双坑口(龙村片)和安流腐竹等 3 个小水电站自供区接管改造工作。做到“应并尽并”，推动 1196 个光伏项目顺利接入，1.8 亿千瓦时清洁能源实现 100%，积极服务“双碳”目标实现。坚决扛实电力保供政治责任，组建防疫保电“特战队”，全力保障方舱医院和准定点救治医院的建设用电。成功抵御多轮大范围强降雨等恶劣天气，完成党的二十大、春节等 10 项重要保供电任务。

2022 年 9 月 29 日，五华局电网警务室揭牌，五华县副县长兼公安局局长李政江（左五）、梅州局邱卓伟副总经理（左四）、梅州局张巧华调研员（左三）参加仪式，正式开启政企联动保障电网安全工作（古海莲 摄）

【安全生产】 牢固树立“一切事故都可以预防”的安全理念，坚持严的主基调，牢牢守住安全生产底线。落实风险隐患双重预防机制，实现人身风险立体化、源头化、透明化管控。以“十五条硬措施”“从严治安 20 条”和“1+4”作业风险管控机制为抓手，县供电局查处 AB 类严重违章 8 起，问责 8 人次，有序管控作业 9016 项，齐心协力打造“平安现场”。强化电网风险管控，不断提升设备健康水平。落实防范设备运行风险 8 项重点工作任务，组织特巡特维 3219 次，消除紧急、重大缺陷 338 项，整改率提升至 65%。综合施策，大力整治安全隐患。强化安全隐患排查、系统录入及整改闭环管控，全年发现安全隐患 2405 单，已整改 1345 单，整改率 55.9%，推动安全隐患在阳光下整改。全面完成梅州局安委办挂牌督办 5 处安全隐患整改销号工作，全量完成供电责任的“三线搭挂”隐患整治。完成 2022 年防风防汛应急综合演练，有效提升应对大面积停电的应急响应和处置能力。用时 65 天建成投运电网警务室，实现政企联动保障电网安全。

【创新攻关】 发挥“华电人创新工作室”创新效能，受理 3 项新增发明专利、授权 1 项，新增职工创新项目 6 个。适应数字化转型的生产组织方式变革步伐加快。智能作业班实现有效运转，扎实开展配网自动化、机巡作业、智能设备应用等专业化工作，投入配网自愈馈线 106 条，自愈复电及时挽回负荷 7.601 兆瓦，完成无人机飞巡线路 1688 千米，机巡业务集约化飞巡进度达 81.06%，设备智能运维水平得到大幅提升；完成 3195 台公变低压沿布图绘制和 155 个智能网关上线，为低压透明化管理奠定坚实基础。推进数字运营增效。配合市局完成协同转资、业财协同“两大攻坚”目标，推动数字赋能企业管理、基层减负工作，自主开发完成两个南网数据中心应用场景。

【电网发展】 项目储备做大做强。结合负荷发展情况，完成 2022 年配电网滚动修编工作，储备中低压项目 1191 个，规划估算 5.25 亿元。投资 1.09 亿元实施 239 个项目，完成投运项目 224 个，全市最多，完成项目结算 314 个。供电可靠性进一步提升。全面投产油兴线、油浮线等 8 个网架项目，紧凑投产双圩线、三田—锡坑线等网架项目关键段任务。新增投入自愈功能线路 53 回，配网自愈覆盖率提升至 78%。大力实施线路主干线、大分支的合理分段行动，新增 36 回配电自动化有效覆盖线路，配电自动化有效覆盖率提升至 82.71%，平均自动化分段低压用户数下降至 914 户。整治低电压台区 845 个，客户平均故障停电时间（低压）降至 2.3 小时，同比大幅下降 38.66%。水寨新型城镇化配电网示范区建设步伐加快。投产 75 个项目，投运智能网关 70 台，有效解决低电压、重过载等问题，实现 25 回线路投入自愈功能，示范区配网可转供电率提升至 80.56%，自动化有效覆盖率提升至 72.72%。

【经营服务】 千方百计提质增效。在河东、横陂所试点开展低压业扩配套驻点施工，业扩服务时限达标率 98.63%，超出市局考核指标 1.63 个百分点。全年挖掘电能替代项目 53 个，完成替代电量 773.41 万千瓦时，目标完成率 193.35%。运用线损“五分”（线损“五分”管理指，分区、分压、分线、分台区、分相管理）管理实现指标“两降一优”。综合线损率降至 4.345%，有损线损率降至 4.43%，线损异常率 3.8%优于考核值。全年完成省管高损台区15台、高损线路1条的治理任务，治理超5%非轻载台区280台，查处窃电77宗，挽回经济损失44.28万元，损失电量同比上年减少150万千瓦时。计量运维水平进一步提升。完成5万只电能表宽带改造任务，宽带覆盖率达99%。建立计量运维日监控、督办工作机制，自动化抄表率达99.9%，同比提升0.21个百分点。优化电力营商环境实现新突破。承接“四办”（四办指，主动办、线上办、联席办、一次办落地），全面推广客户电子签章，成功实现“不动产过户+用电过户”一窗通办，做到“数据多跑路”，客户“不出户”，客户服务水平进一步提升。获评政府公共服务满意度第一，第三方客户满意度调查得分90分，位列全市第一，创历史最好。全面落实需求侧管理。推动县政府成立电力供应市场需求响应工作专班，面向五华县67家用电大户召开需求响应宣贯会，建立政企联动工作机制，动员需求响应储备能力达62.11兆瓦，交易注册率达99.07%，17家用电大户积极参与需求响应42次，实现五华地区电力有序供应和企业盈利的双赢局面，全县未发生错峰用电，牢牢守住“决不允许拉闸限电”的底线。经营发展能力稳步提升。全年上缴税费1213.65万元，推广南网联名卡302张；合理运用商业票据，拓宽支付及融资渠道，节约融资成本21万元。全年完成固定资产投资1.11亿元，挖掘存量资产潜在效能，新增有效资产6882.65万元。推进星级班所建设，建成三星级班组4个、三星级供电所13个、四星级班组1个。依法主动维权，完成主诉案件3宗，实现新发主诉案件占比不低于40%的目标。

【党建引领】 一是认真学习宣传贯彻党的二十大精神。严格落实第一议题机制，党委会学习习近平总书记重要指示批示77条次，形成落实措施63条，扎实开展“建功新时代，喜迎二十大”主题活动，筑牢忠诚拥护“两个确立”，坚决做到“两个维护”的思想根基，有效推动局中心工作完成。建设23个党支部红梅“6+3”堡垒工程，持续推动党史学习教育和“我为群众办实事”常态化长效化。二是队伍活力持续迸发。选优配强干部员工队伍，全年开展各类空缺岗位公开组竞聘4期次，28人竞聘成功上岗，公开选聘六级拔尖专业技术专家8人、技能专家4人。建立“走出去、引进来”“上挂下派”干部人才常态化交流锻炼机制。坚持党建带团建“四带四提升”工作思路，引领团员青年在实战历练中增长本领、创造价值。三是唱响“三好一正”主旋律。全年重点工作信息在市局以上政务平台累计被采用55篇次，政务信息年度总积分位列各区县第一，在内外媒体发布新闻宣传稿件160多篇次，为企业奋进新时代、建设新征程营造良好的新闻舆论环境。四是持续关心关爱员工。各级领导慰问生产一线职工73次，常态化排查化解职工利益诉求，用心用情打造“五送”（五送指春送祝福、夏送清凉，秋送希望，冬送温暖），全年送服务员工关心关爱品牌；对标“五有四具备”（五有指有小食堂、休息室、淋浴室、文化活动室、体育活动场所；四具备指具备职工用餐、休息、文化活动、体育活动的条件），完善双华所等基层供电所职工小家建设，切实增强员工安全感、获得感、幸福感。全年获国家级荣誉1人次，省级荣誉1人次，梅州局荣誉24人次，县级荣誉2人次，获各级先进集体14个。

（廖妙杰　曾婷婷）

工 业

科工商务

【简况】 2022年以来，五华县科工商务局在县委、县政府的坚强领导下，在县人大的监督和县政协的支持下，坚持以习近平新时代中国特色社会主义思想为指导，认真贯彻落实习近平总书记对广东重要指示批示和视察广东重要讲话及十九届历次全会精神，全面贯彻落实党的二十大精神，不忘初心、牢记使命，加快构建“一城两带四区”发展新格局，打造业兴人和、长治民乐的“工匠之乡·宜居五华”，扎实推动全县经济社会健康平稳发展。2022年，全县52家规上工业企业累计完成工业产值38.2亿元、同比增长6.5%；完成规上工业企业增加值8.4亿元、同比增长16.8%，超额完成市下达增加值增速9%的任务，增加值增速排名全市第一；社会消费品零售总额87.38亿元，同比增长2.3%，增位居全市第二；实现外贸进出口总额11.87亿元、同比增长6%，增位居全市第二；完成进度102.8%，排名全市第一；完成15家小微工业企业“小升规”，超额完成任务2家。

【创新驱动发展】 加强科技合作和科技项目申报，着力提升企业研发水平。做好高新技术企业认定工作。广东省2022年高新技术企业认定申报分3批次受理，及时组织企业参加梅州市高新技术企业认定申报实务网络培训，对企业在申报材料中知识产权运用、科技成果转化、研发费用归集、创新体系管理等方面存在的问题进行指导并提出改进建议，为提高企业申报成功率打下坚实基础。提升卫生领域基础研究技术水平。推进五华县临床医学应用研究，促进医务工作者科学技术创新，签订2022年社会科技计划项目在研合同书6项。加快推进红薯示范种植基地建设，构建好省级农业科技园，扶持资金59万元，谋划建设五华县省级农业科技园区。鼓励企业与高校院所合作开展产学研工作、联合研发和成果转化工作。围绕做强梅州柚、嘉应茶、客都米、南药、油茶等重点产业，做优水产、微生物、园林花卉等特色产业，实施基础研究平台、新品种选育、产业技术攻关、科研成果转化等项目强化与大专院校、科研院所的创新发展合作，实施农村科技特派员制度，全面开展行动，依托16支团队58名专家、教授的技术优势，借智借力服务五华县现代农业高质量发展。积极推进与广东省科学院梅州产业技术研究院等高校院所深度合作，征集2家企业的技术需求信息提交给梅州产业技术研究院。广东井得与广东科学院工业分析检测中心签订合作协议和企业特派员服务协议。2022年，五华县有10家企业申报了高新技术企业，其中9家企业已通过省级评审工作；梅州晶铠被认定为广东省工程技术研究中心，泰金智能被认定为梅州市工程技术研究中心；有4家企业已通过项目验收结题。梅州神牛获得2022年省科技创新战略专项（“大专项+任务清单”）项目资金129万元。

工商业服务

【主导产业不断壮大】 围绕市绿色产业体系建设，结合五华县实际，调整印发《县领导直接联系开展服务企业工作方案》《五华县科工商务局2022年局领导、相关股室挂钩服务企业工作方案》等工作方案。深入开展“一起益企”“双统筹”等服务工作，严格落实挂钩联系服务企业制度，充分发挥服务专员作用，加强与服务对象的对接沟通；全面贯彻落实《梅州市加快实体经济振兴发展若干措施》，用好全市、全县工业重点项目每月调度机制，千方百计为企业纾困解难；大力发展以先进制造业为主体的实体经济，着力培育以辉骏集团、井得电机等企业为龙头的装备制造主导产业，同步培育以精荣科技、神牛摄影器材等企业为领衔的电子信息产业，以百岁山矿泉水、康奇力、长乐烧等为代表的制酒制药和包装饮用水产业，以及以红木产业园为代表的红木产业，加快形成特色鲜明、经济效益不断提升的绿色工业产业体系。2022年，五华县52家规上工业企业中属于“1+4”重点产业的企业有23家，占全县规上工业企业的44.2%，累计完成工业产值22亿元。

【企业发展质量不断提升】 调整印发《县领导直接联系开展服务企业工作方案》，推动暖企稳企服务向纵深延伸。充分发挥专项资金撬动作用，协同企业积极向上争取各类奖补资金，协助解决企业技改、融资等资金需求，助力企业又好又快发展。协助联基电子、泰金智能、明珠星钟表等3家企业成功申请产业共建等项目资金343万元，并根据《梅州市2023年省级先进制造业发展专项资金（企业技术改造）项目入选项目库的通知》，协助立信织造等企业完成进入2023年技术改造项目库，为后期经济增长提供新的活力。深入“上规”培育库企业开展调研工作，加大对拟培育上规企业政策的宣传力度，掌握培育企业的生产经营情况，积极协调解决企业存在的困难问题，充分运用中小微企业信贷风险补偿资金、上规奖励资金等政策助力企业发展壮大。2022年实现梅州抽水蓄能电站、梅州五华百岁山矿泉水等15家工业企业“小升规”。推荐辉骏集团、井得电机、康奇力和晶铠科技等4家企业申报省级创新型中小企业及“专精特新”企业认定；推荐梅州生长地农业开发公司复核认定“专精特新”企业。至2022年底，全县有6家省级“专精特新”企业。

【工业和信息业转型升级】 支持五华县5G基站和信息基础设施建设，大力推进“互联网+”，提升工业信息化水平。五华县5G基站至2022年累计共建有971个，4G基站本年新建有 304 个，基本实现县城 5G 信号全覆盖，全县 4G 信号盲点稳步消除。加大工业互联网的宣传力度，提升企业“上云上平台”的主动性，规划打造泰金智能、辉骏科技等 2 家企业拟申报“上云上平台”项目。2022 年 5 月 18 日上午，辉骏集团 5G+智慧园区项目建设启动仪式在五华县科工商务局举行，该项目总投资约 1458 万元，建设内容包括 5G 专网、数据中台、巡检系统，该项目的建成标志着梅州市首个企业级 5G 专网智慧园区项目落户五华，吹响了五华县制造业数字化转型升级的冲锋号，为制造业高质量发展注入强大动能，丰富了五华县“产业兴县 制造强县”的内涵。

【推动商贸流通发展】 五华县科工商务局积极培育限额以上商贸流通企业，锚定重点商贸流通企业，加强开展业务指导，并拟订《五华县对首次达到限额以上商贸流通企业进行扶持奖励的实施办法》，为五华县本地企业做大做强提供政策扶持。一是为做大做强商贸品牌，形成商贸流通带动效益，五华县科工商务局深入品牌企业开展宣传并指导其加入梅州市老字号协会，五华县长乐烧酒业、华兴隆食品、柯树潭米醋等 9 家企业已入会，其中长乐烧酒业公司成为会长单位，有力提升五华县品牌企业的商业价值，同步推进《梅州市 2022 年促消费活动工作方案》等促消费政策的落实，紧抓消费热点，积极动员五华县 4 家限上商超参与由市科工商务局组织的消费券发放活动，活跃五华县消费氛围，推动五华县消费市场加速回暖。2022 年，完成 10 家商贸流通企业上限入库纳统，其中 8 家为贸易业，2 家为服务业，不断壮大五华县商贸流通企业总量规模。二是加强对拍卖行业和二手车交易市场经营者和经营主体的监督管理，用好二手车交易发票统计数据，督促企业落实报送交易信息的主体责任。三是帮助企业利用展会平台拓展国际市场，组织、协助企业参加第 131、132 届广交会线上线下展、第五届进博会等展览会，帮助新办理进出口业务的企业尽早开展进出口业务，支持企业宣传产品、签订订单，提高五华县内外贸水平。

【推进电子商务发展】 一是全面完成 2018 年国家电子商务进农村综合示范创建项目，2022 年 2 月，2018 年国家电子商务进农村综合示范县项目接受广东省商务厅委托的第三方机构广东三胜管理顾问有限公司评估验收，被评为优秀等次，为五华县电商经济发展增添了新变化、新进展和新气象。中央财政 2020 年服务业发展专项资金推动农商互联完善农产品供应链项目“广东汉光超顺农产品产后商品化处理设施建设”和“中农批农产品冷链物流集散中心建设”已完成建设，通过项目验收并投入使用；二是 2022 年 1 月 10 日—2 月 7 日，积极发动 28 家企业参加“2022 全国网上年货节”，并成功举办 3 场五华农产品年货节直播专场活动，累计观看超过 6.9 万人次，平台下单和转化采购订单数量接近 2200 单，销售金额超过 73 万元；在“6 · 18”期间开展“粤贸全国•粤品粤靓”6 场线上主题营销活动，各平台线上浏览量累计达 211.39 万人次，线上销售额 71.292 万元，共有 37 款优质特色农产品亮相直播间，对五华地区的农副产品推广起到一定的作用。

【推动全产业链招商】 全面加强与招商和

企业服务中心保持密切沟通，合力推进招商项目咨询、洽谈、引进等相关工作。开展内外贸全产业链招商，充分运用商会、协会平台，前往广州、深圳、珠海等地，以标准化厂房、梅州综合保税区、大湾区经贸发展中心、医疗健康产业园、矿山机械产业园和智慧家电产业园等为切入点，开展专题招商和项目招商。开展产业链精准招商，依托五华县的工业园区平台、农副产品资源以及足球、建筑、文化、旅游等特色产业，突出比较优势和产业链条，瞄准重点产业开展精准招商，做足“延链、补链、强链”文章，推动五华县实现三产融合、产业集聚发展。2022 年，五华县已签约项目有 12 个，计划投资总额 135 亿元，签约项目中已纳统项目有 10 个，计划总投资额 83.06 亿元，完成实际投资总额 7.9 亿元。

【落实行业安全生产和疫情防控监管】 全面贯彻学习国务院安全生产的各项政策，落实“一岗双责”安全生产责任制，切实加强岁末年初、节假日、党的二十大、冬奥会期间的消防安全火灾防范和疫情防控等工作。建立健全餐饮场所燃气安全管理制度，2022 年，全县有 1928 个餐饮服务场所使用可燃气体，已安装报警装置的 1879 个，安装率为 97.5%，对餐饮场所安全生产检查累计出动 986 人次，共检查 326 个场所，发出 79 份整改通知书，累计发放宣传海报 5000 份。加强对拍卖、二手车交易市场、再生资源回收等行业安全生产管理；认真履行民爆生产销售企业安全生产监督管理责任，深入开展安全隐患排查，11—12 月期间牵头组织在全县范围内集中开展工业企业及各类工业生产经营储存“三小”场所的安全生产大检查工作，2022 年，五华县科工商务局共检查民爆企业仓库 13 批次，52 人数，排查安全隐患 8 宗；检查瓷土矿 1 批次，4 人数，排查安全隐患 2 宗。全力做好商务领域重点场所疫情防控工作，健全疫情防控常态化工作体系，建立疫情防控台账，通过实地查看、现场询问、翻阅台账等方式，对 16 个乡镇疫情防控工作进行检查并组织落实“回头看”。2022 年联合相关部门共出动 1590 多人次督查星级以下酒店宾馆、经营性公寓、美容美发行业、洗浴沐足、餐饮场所 745 间次；印发 8000 多份《五华县新型冠状病毒肺炎疫情防控指挥部通告（2022 年第 2 号）》和 5600 份疫情防控宣传画及资料分发至全县各商务领域重点场所，营造防控疫情的良好氛围。2022 年 4 月以来，县科技应用组迅速行动，广泛宣传发动，采取有效措施，努力推动粤康码公共场所码、团体码推广使用工作。为科学精准做好五华县疫情防控工作，构建群防群控体系，推动全县重点公共场所扫码核验准入，坚决落实“外防输入、内防反弹”总策略和“动态清零”的总方针，压实各方主体责任和严肃追责问责，筑牢疫情防控安全防线。全县累计设置公共场所码数有 11653 个，累计打卡数有 1616.8375 万人次，日均打卡数有 112911 人次。全县累计收集设置团体码有 446 个。

（钟汉初 邓会洲）

广东五华经济开发区

【简况】 为构建县域“一核两区三组团”发展格局，五华县依托广东五华经济开发区[广州番禺（五华）产业转移工业园]、河东绿色生态工业小镇、华城工业园、安流生态产业园四个产业园区，发挥四轮驱动效应，加快工业经济发展。其中，广州番禺（五华）产业转移工业园是依托广东五华经济开发区，与番禺区合作共建，高起点规划、高标准建设的工业园区，于 2015 年 2 月获省批复纳入省级产业转移园管理。园区总规划面积 20 平方千米，首期 12.2 平方千米，2022 年建成区面积扩大至 10.5 平方千米。截至 2022 年底，广州番禺（五华）产业转移工业园进园企业累计 131 家，其中投产企业 85 家（规上企业 32 家），吸纳用工约 1 万人。初步形成五金机电、食品饮料、医药制造、家居建材、再生资源利用等主导产业。河东绿色生态工业园是广东梅兴华丰产业集聚带的重要组成部分，规划总面积 25 平方千米，首期 4 平方千米，至年底已完成征地 556.67 公顷、平整 260 公顷，正在同步推进土规、林地调整以及供水供电、交通路网、排污净化、通用厂房、标准厂房、绿色能源科技中心、综合服务中心等基础设施和配套服务项目建设，全面拉开开发架构。河东工业园重点培育发展先进装备制造、电子信息、生物制药和医疗用品、农副产品深加工产业。同时，引进一批成长性好的项目，进一步扩大园区的规模。2022 年，广悦鞋业、大昌粮贸、奇昊家具、百阳物流、弘杰盛科技、榕辉工艺、兔哥包装、树煌礼品、京武工艺制品等 9 个项目建成投产，达产后预计实现年产值 8.64 亿元，年税收 2460 万元；在建项目 8 个；筹建项目 3 个。安流生态产业园地处安流镇半田村、半径村、吉水村交界处，园区总规划面积 10.37 平方千米，至年底，已征地 53.33 公顷，已丈量土地面积 68.67 公顷，平整土地 6.66 多公顷。有嘉信装饰材料、华南城工业物流园等 14 个项目意向进驻园区，其中，经县政府常务会议审议同意入园项目 3 个。华城工业园位于华城镇规划区内北部，距离梅河高速公路出口 500 米，园区总规划面积 80 公顷，已出让用地 18.58 公顷，已完成园区控制性规划工作。截止到年底，已引进梅州市冠华杭萧装配建筑股份有限公司、梅州市神牛摄影有限公司、广东冠华传导科技有限公司等 3 个项目落户。2018 年 7 月，经省经信委等部门同意将河东、安流、华城 3 个园区符合土地利用规划的区域一并纳入依托广州番禺（五华）产业转移工业园带动发展的产业集聚地范围，享受省产业转移政策。

【园区经济】 2022 年，县产业园管委会会同相关部门，主动下沉企业，加强暖企服务行动，协助企业解决用工、用水、用电、用地和融资贷款等实际问题，保障企业正常生产经营。2022 年工业总产值 29.06 亿元，同比增长 5.4%，规上工业增加值 4.34 亿元，同比增长 1.189%，全口径税收 3.85 亿元，

2022 年 1 月 3 日，梅州市广悦鞋业有限公司举行投产庆典仪式

（陈宝连 摄）

同比降低-9.7%。

【园区建设】 按照“先急后缓、先易后难”的原则，确定急需重点推进的基础设施和服务配套项目，集聚土地、资金、人力等有限的资源要素，推动项目加快建设。截至年底，新建成华兴东路延长线、工业四横路凤凰城段等道路长3.5千米，三坑移民安置区、足球小镇、技工学校周边污水管网工程已启动建设；河东工业园化裕水质净化厂项目总体建设进度完成约75%、油新水质净化厂项目总体建设进度完成约70%，县城工业区污水管网工程新建污水管网7.593千米；职工宿舍和标准厂房（一期）基本建成可逐步交付使用。广东五华经济开发区智能机械产业基地产业基础设施项目（首期）争取到国家政策性开发性金融工具支持，前期工程已动工建设。

【园区招商】 2022年，园区围绕主导产业定位，加大建链、强链、补链、延链招商力度，主动外出对接行业协会、商会，跟进洽谈一批意向企业，引进“打粮食”企业落户。园区引进南网独立储能项目、榕辉工艺、弘杰盛科技、兔哥包装、康奇力印刷包装、胜工矿机二期、恒思越科技等9个项目落户，计划总投资12.7亿元。项目全部建成达产后，预计实现年产值5.6亿元，年税收2510万元，招商选资工作取得阶段性成效。

【园区管理服务】 一是全力帮助企业降低成本。严格落实省“实体经济十条”措施，根据《五华县降低制造业企业成本支持实体经济发展的若干政策措施》（华府〔2018〕3号）文件，不断健全暖企行动，从降低社会保险成本、降低企业用电成本、降低企业土地成本、降低企业融资成本，以及支持工业企业盘活土地资源、支持企业开展技改事后奖补、产业共建奖补等方面降低企业负担，引导企业用足用好政策措施，推动企业做大做强。二是全程代办服务。积极加强与县自然资源局、住建局、科工商务局、发改局等业务部门沟通联系，主动为企业提供全程代办服务。2022年，为伟明轩、红品汇、创悦贸易、鸿宇达、三顺矿机五家企业办理六宗土地使用证，办证面积48590.44平方米，不断为企业提供“一站式、保姆式、101分”优质服务，不断优化营商环境。

（张 灵）

五华县招商和企业服务中心

【简况】 五华县招商和企业服务中心主要职能和职责是贯彻执行国家和省、市关于对外开放、对外经济技术合作的方针政策；负责全县招商引资和协调相关工作，协助拟订本县招商引资规划（计划）、对外投资规划（计划）、有关经济合作和改善投资环境的政策措施和管理办法；负责全县招商工作督查、考核以及对外投资管理和服务相关工作。负责全县招商引资项目的洽谈、筛选、研判、评审论证、签约、跟踪服务及招商项目库建立、完善工作，收集和发布有关商务交流信息。

【提质抓招商】 2022年五华县招商和企业服务中心围绕完成70亿元年度招商引资目标任务，立足五华县现代装备制造、电子信息、新型建材等特色主导产业，紧盯先进制造业，重点瞄准产值高、税收大、就业多、成长性好的“打粮食”项目，主动对接、融入“双区”和横琴、前海合作区产业分工体系，积极承接大湾区产业外溢辐射，着力引进“链主型”企业，带动形成产业集群。2022年已签约项目12个，计划投资总额135亿元，均为“打粮食”工业项目。其中已纳入市商务局招商引资任务统计项目10个，计划投资总额83.06亿元，完成年度招商引资任务的118.7%，引进亿元以上项目7个，占市下达任务的100%，引进十亿元以上项目2个，占市下达任务的200%，其中京武工艺品、弘杰盛科技等4个项目已投产，粤风新能源、南方电网调峰调频等6个项目已动工建设。

一是筹备举办梅州五华（番禺）大湾区经贸发展中心招商推介会暨首批企业进驻签约仪式、实体经济动工投产系列活动、全县招商引资工作大会、驻外招商队和招商引资工作专班业务培训等系列会议，对招商行动计划早安排、早部署。二是编制出台《五华县大力推进招商引资工作实施方案》，确定全县招商引资目标任务和工作重点，成立招商引资工作领导小组，为完成全年目标任务提供了坚强保障；组建驻外招商队，明确人员、区域、重点、任务有针对性地开展招商；成立招商引资工作专班，协调解决项目在推进中遇到的矛盾和问题，确保项目的顺利推进。三是制作完善2022年招商宣传视频、招商引资画册、招商引资政策汇编，通过线上、线下多方位宣传五华县政策优惠、园区载体、区位交通、人力资源等优势。四是赴深圳、广州、东莞、中山、惠州等珠三角地区实地考察招商项目，密集拜访对接一批领军行业企业，有力推动投资50亿元的华润循环产业园、投资47亿元的梅蓄二期等重大项目落户。五是以番禺五华对口帮扶为契机，利用设在番禺区南村镇万博一路的梅州五华（番禺）经贸发展中心全面开展项目对接，2022年签约进驻12家企业。

（罗洁茹　李运鸿）

交通运输

公路建设和养护

【简况】 2022年度，五华县交通运输局通过积极向上争取共收到上级补助资金2.56亿元，全年完成投资4.43亿元，同比增长197%。其中，省道建设完成1.3亿元，农村公路完成9215万元，公路客货站场及其他完成投资2.215亿元。

【高速公路建设】 2022年，兴汕高速兴宁至五华段新增转水、锡坑互通出入口项目，已完成工程可行性研究报告及社会稳定风险评估，下一步开展用地预审等前期工作。

【普通省道公路建设】 2022年，新开工普通省道项目2个，均已动工建设。一是省道223线转水五星至华城万子段路面改造工程，总投资4212万元，完成投资2833万元。二是省道238线龙村大桥危桥改造工程，正在进行桥梁下部结构施工，总投资1712万元，完成投资750万元。

【农村公路建设】 深化“四好农村路”建设，推进农村公路提档升级，加快通建制村道路、国省道联结道路单车道改双车道和县道升级改造工程。完成通建制村公路单改双工程46.8千米；完成Y406线长中桥等5座农村公路危桥改造工程；完成S223线益塘桥等14座桥梁的施工图设计和审批工作和X853线柏洋桥等11座桥梁的四类桥变更

2022年11月17日，省交通运输厅到五华调研督导农村公路建设工作

工作；完成农村公路安全生命防护工程 50 千米。

【县养公路养护管理】　五华县交通运输局坚持“建设是发展、养护也是发展”的工作理念，遵循“安、畅、洁、绿”的养护方针，强化养护管理，提升养护管理质量。

2022 年，完成 X030 线、X003 线“畅返不畅”工程；完成农村公路路面自动化检测工作；完成水毁公路抢修复工作，清理 68 处护坡、挡墙坍塌和 839 处约 48000 立方米坍塌方；清理路障 460 多处 3400 多平方米，拆除违章广告 230 多块，纠正并处罚各类路政违章 100 多宗，确保管养路面畅通。

高标准建设绿色廊道。结合乡村振兴示范带建设，推进绿美五华，对周华线华阳至周江段 20 千米、S239 线枫林塘至平安寺段 6 千米等路段进行补种樟树等乔灌木近 6000 株；打造 Y271 线美丽公路样板线路。

交通运输与综合执法

【运力与运量】　2022 年，全县共有营运客车 207 辆，客位 6155 座；营运货车 803 辆，核载 12220 吨。全年公路运输完成旅客周转量 1131 万人千米，完成货物周转量 68054 万吨千米。

【综合行政执法工作】　2022 年，县交通运输局加大对运输市场的监控和管理力度，全年共出动执法人员 5760 人次，出动执法车辆 1152 车次，检查车辆 2304 辆次，查处案件 226 宗，结案 210 宗，结案率 92.92%，罚款 21.24 万元，卸货 3360.96 吨，为 2021 年同期相比，立案件数下降 36.69%，结案率下降 2.32%，罚款下降 64.60%，执法系统办案率均为 100%。

【“平安交通”建设】　抓好道路运输安全生产。督促企业落实安全生产主体责任、抓好安全生产教育培训，加强动态监管；抓好交通在建工程和养护作业安全生产，全面开展交通基础设施风险管控和隐患治理。持续抓好安全生产专项整治三年行动。重点排查整治易发生拥堵路段点、事故多发路段、地质灾害易发点、急弯陡坡临边临水林崖路段、农村公路安防设施。全力协助做好县内省管铁路梅龙铁路（五华段）项目工程质量和安全监管工作；扎实推进普速铁路漳龙铁路（五华段）沿线安全环境隐患治理工作，完成隐患治理 6 处，道口平改立工程一处。深化行业安全监管。对全县三类以上维修企业进行专项整治检查，138 家维修企业成功对接电子健康档案；规范驾培市场管理，严厉打击“黑驾校”、蓝牌车教学和学时造假等违法违规行为，全面推进驾培行业健康有序发展。全力以赴做好防汛、防台风、森林防灭火和应急保通工作。深入开展交通运输领域涉稳问题专项治理工作，有效防范化解交通运输新业态领域风险矛盾。

（李孟飞　张　威）

普通国省干线公路工作

【公路建设】　科学规划项目，把向上争取资金作为工作的重中之重，全年共争取国道 238 线五华县城段改线工程等 11 个项目、到位资金 24143 万元，超额完成上级下达任务，为推进公路建设提供有效资金保障。主动作为，科学安排，采取一切行之有效的措施，加快公路重点项目建设，完成投资28088万元，扎实推进国道238线五华县城段改线工程、国道355线琴江大桥危桥改造工程等8个国省道重点项目和一批养护专项工程建设。

【养护管理】 全面完成321.22千米国省道公路的日常养护和路面保洁任务，完成路面日常清扫95040多千米、疏通淤塞水沟100千米、清理桥梁进出水口淤积共706座、割路肩草2520千米、清理边坡430千米、清理塌方10500立方米，修复水毁8处、修补路面坑槽61处，加强82座桥梁日常巡查监测，确保路面清洁、卫生、畅通。同时，加强公路绿化管理，投入218万元，推进国省道干线公路和郭田、平南、安流等6个高速出入口的公路绿化提升及近江、东山、转水等停车区的日常养护管理。

【路政管理】 加大路域环境的整治力度：上路巡查264天2856人次，巡查里程53800千米，清理路障748立方米，整治污染公路车辆157辆次，拆除违法广告标牌28块93平方米（横幅广告387条)，告知交通综合行政执法局处理15宗，发出违法行为告知书15份，有效保护路产路权。

【平安公路】 投入980万元，完成G355线K682+640—K683+198段、S226线K111+490—K142+480段安全提升工程和“平安村口”工程及30多处国省道隐患整治；投入950万元，推进G205线K2652+636—K2680+966段、S120线K289+787—K344+358段安全提升工程，有效防范化解道路交通安全风险，保障人民群众安全出行，其中国道205五华段被评为“平安公路”省级示范路段。

【美丽公路】 按照《梅州市普通国省干线公路“美丽公路”建设五年行动计划方案（2021—2025年）》要求，围绕“畅通、安全、舒适、美丽、绿色”建设目标，持续加快美丽公路建设，投入260万元完成国道238线华城至水寨段和国道355线水寨至安流段美丽公路建设任务。

【服务区建设】 已投入使用的服务区、停车区、服务站共有13个，其中服务区3个，停车区9个，服务站1个。切实加强日常管理，在转水停车区安装汽车充电桩，服务群众美好出行；扎实推进国道238线化裕服务区、省道238线梅塘服务区、省道226线蕉州服务区的前期工作。

国道355线琴江大桥危桥改造工程施工现场（曾剑权 摄）

【智慧公路】 大力发展智慧交通，积极推动大数据互联网技术与交通行业深度融合，提升公

国道238线“美丽公路”建设示范路（县公路事务中心提供）

路监控养护管理、应急指挥、出行服务效能。至2022年底，已完成“5G智慧公路”监测大厅和视频实时监测点建设，2022年6月，完成与市公路事务中心平台的链接工作。

【安全生产】 全面落实安全生产“一岗双责”制度，积极开展“安全生产月活动”，悬挂横幅标语20条，设置宣传栏6块，印制宣传资料500份和发放宣传物500份。积极开展安全生产大检查和桥梁专项检查，全年共出动检查人数170人次，检查企业80家，检查道班（养护中心）98个次，共排查隐患58宗，完成整改58宗，整改率100%，2022年以来未发生安全生产事故。

【“双防”工作】 积极落实疫情防控常态化工作措施，干部职工接种疫苗率达100%；安排精干力量84人次参加5个高速路口和2个市际出入口防疫执勤；根据“新十条”积极引导干部职工树牢“每个人是自己健康第一责任人”；全方位开展公路路肩“三清”大行动，有效截断火灾源头，做好公路防灭火工作。

【法治建设】 深入学习贯彻习近平法治思想，扎实推进法治政府建设工作，组织单位全体干部职工进行网上学法，制定2022年度学法计划和普法规划，加强宪法、国家安全法、《信访工作条例》和民法典等法律法规的宣传学习，举办专题法律知识培训讲座2次，发放宣传海报600份、法治教育宣传手册1200份，有效提升了干部职工的法治意识和依法行政水平。

【综治工作】 通过多种宣传形式加强扫黑除恶、防邪反邪、禁毒禁赌等宣传，签订责任书240份，印制彩色宣传海报300份、宣传手册2000份，悬挂横幅标语8条，更新宣传栏画布7幅；认真做好接访、解释、劝导、调处等维稳工作，共调处办结各类来信来访件87件（次），办结率100%，及时化解矛盾纠纷，有效维护发展稳定大局。

【工会工作】 发挥工会服务基层、服务大局的职能作用，积极开展职工文体活动，投入92.5万元开展慰问和健康检查、送温暖、送清凉等活动；投入450万元建设油田道班及琴江公路超群养护中心，投入7万元建设棉洋道班“职工小家”，有效改善一线养护工人的工作生活环境。

【创文巩卫】 深入开展新时代文明实践志愿服务活动，开展“创文巩卫”集中整治18次、专项清理10次，做好垃圾分类工作和网格化责任区及挂点七都村的保洁净化工作，有效提升了文明、卫生水平。

【挂镇联村】 扎实开展挂镇联村工作，主要负责人及志愿者深入挂点的双华镇禾沙、华拔等7个联系村督促检查党建、“双防”、安全生产等工作，选派高素质的工作人员担任禾沙村第一书记，投入41.5万元重点支持挂点镇村的基础设施建设及“双防”工作等，助力乡村振兴。

（曾耿兴 黄 锋）

汽车运输

【简况】 五华汽车运输有限公司是梅州市粤运汽车运输有限公司的下属子公司；是五华县唯一一家国有道路旅客运输企业，也是当地的道路旅客运输龙头企业。2022年，公司有二级站场1个（五华汽车站），四级站场1个（华城汽车客运站），简易站场1个（公共汽车客运总站）；拥有客运标志牌104块，营运班线40条；营运车辆78台。平均日发96班次，年道路客运量12.25万人次、年旅客周转量18214万人千米。自有一类汽车维修厂1家。2022年，共发出班车11025班次，完成客运量28.24万人，完成旅客周转量11510.24万人千米；总营收1859.18万元、净利润亏损96.38万元，上缴税金22.88万元，国有资产总值8280.81万元。安全行车1040万千米，没有发生重特大交通责任事故，四项安全指标均控制在市粤运公司下达的年度安全指标范围内，公司未发生治安和民事纠纷事件。

【经营工作】 公司营运车辆78辆，完成客运量38.24万人，与2021年同期88.3万人相比下降56.96%；旅客周转量11510.24万人千米，与2021年同期26578.3万人千米相比下降56.7%。全司实现营业收入1859.18万元。

【安全工作】 2022年度共投入车辆106辆，驾驶员102名，总行驶里程2200万千米，上路安全检查108天，检查车辆2136辆次，悬挂横幅标语22条，共发出安全提示信息44008条，全年无发生同等以上责任交通事故，安全行车四项指标为零。

（周志扬）

通　信

中国电信股份有限公司五华分公司

【简况】　中国电信股份有限公司五华分公司（以下简称五华电信）拥有本地规模最大的光纤宽带网络、技术领先的移动通信网络和达到5G网络覆盖水平的物联网（NB-IOT）。具备为本地客户提供跨地域、全业务的综合信息服务能力和客户服务渠道体系，承担着五华县基础通信服务、党政军专网通信、应急通信和抗洪救灾通信等保障重任。网络能力持续提升，全县宽带端口数达到28万个，实现县城及圩镇5G网络基本覆盖，农村区域4G网络覆盖率达98%，并承接了政务、党建、教育等重点信息化项目建设。

【光纤网络】　按照国家“宽带中国”发展战略，2022年共投资800万元，用于宽带骨干网提速改造及光纤到户网络建设，全年新增光网端口0.5万个，累计光网端口容量到达28万个，全面完成了铜缆退网，实现县城及29个乡镇圩镇区域及农村区域的全光网络覆盖，可为全县绝大部分家庭用户提供网速千兆以上的光纤宽带接入服务，让“宽带中国、信息惠民”走进全县人民的家庭。

【网络建设】　2022年对无线网及其配套工程投资约3000万元，共完成119个5G基站建设项目，县城范围的党政军大楼、金融、车站、医院、学校及圩镇等重点区域基本完成5G信号覆盖，即可实现基于5G网络的各项智能应用；新增256个4G无线基站，农村区域覆盖率达98%，其中20户以上自然村覆盖率达98.7%，县城及乡镇圩区域、高速、国道、省道沿线4G网络信号100%覆盖，使无线网络覆盖和通信业务质量得到进一步提升。

【网络运营】　坚持落实网络应急预案、强化日常通信应急演练，扎实做好网络安全评估，持续做好网络设备安全隐患排查整改，加强对骨干网络线缆的安全巡视，确保网络安全运行，特别是党、政、军、“三防”等部门通信的高效安全运行。持续推进网络优化工作，提升网络健壮性，确保各网络结构安全合理，有力地支撑了市场业务发展。2022年实施了2个汇聚层交换机（硝芳、中兴）上联链路分离、2个汇聚层交换机（小都、新桥）双链路上联改造。完成 9 台 OLT 双路由上联接入。新增 IPRAN（华城 B1—双头 A3—潭下 A3—转水 A3—华城 B2）成环。顺利完成了大型会议活动如党的二十大“抗疫助学”“中超联赛通信保障”“2022 年中高考”“平安五华”中的通信保障任务。

【节能增效】 高质高效推进设备退网拆除工作，完成 63 台老旧传输设备、2 台老旧汇聚交换机、10 台低能 OLT、17 台 EPON 退网下电，共计节约 6500 千瓦时/月。

【社会责任】 推进“互联网+政务服务”项目、“2022 年高考中考”、“平安乡村”、“中超联赛通信保障”等项目顺利实施。

【互联网+】 互联网+政务：根据市政府的统一安排部署，完成了全县政务系统迁云备份工作，在“数字政府”政务云梅州节点的基础上，本公司全面升级完成了县、镇、村三级政务外网 OTN 升级改造工作，为省、市、县平台之间的安全互认、数据互通、资源互用打下了坚实基础。

互联网+服务：集全公司之力，以最大的力度保障“2022 高考中考”通信网络安全畅通，对全县 5 个高考考场的视频监控网络、办公网络的主干线路开展全面巡检整治工作，为县公安局的高考便民服务站应急开通 5 条公安网、视频监控 10 路，以最快最便捷的方式服务考生。高考和中考期间，中国电信网络运行稳定，保障能力强，实现网络零中断，完成了各项通信保障工作。

互联网+建设：建设“平安乡村”项目，全面完成全县视频监控建设及 16 个镇级和 31 个派出所监控平台建设，与公安部门共同打造“全域覆盖、全网共享、全时可用、全程可控”的乡村治理综合服务平台，项目建成后将覆盖五华全县 448 个行政村/社区，形成全方位、全天候、立体化的科技型群防群治、联防联治体系。全力配合市政工程、高速公路建设、公路改造、圩镇改造，配合做好乡村振兴建设管线迁移美化整治，做好管线迁移，积极争取省、市公司的支持，协助政数局完成了政务服务中心搬迁工作，有效支撑了县委、县政府重点工作建设，助力地方经济发展。

互联网+实惠：坚决贯彻落实中央政府提出加大网络提速降费力度的相关要求，为各行业单位、中小企业等提供质优价廉的专线网络，并累计安装开通了 512 条专线/电路，并完成 20 个单位线路的搬迁工作。电信光纤专线速度快、安全、稳定及服务好，为各行业单位提供专业的网络支撑。

互联网+网络安全：在党的二十大、年度网络护网行动、网络安全普查工作等热点安全事件，密切联系公安网警、重要党政军客户，外部联合监管部门宣传造势，通过积极争取上级支持并充分利用现有的各种资源，整合网络、平台、技术，打造安全大脑、安全防护+安全服务、云堤等安全防护平台，保障全县网络信息安全。同时，聚焦智慧城市、工业物联网、企业商业等新兴领域的物联网领域，建设 NB-IOT 新型物联网，不断提高全县公共安全管理的科技含量和综合治理水平。

移动通信

【业务发展】 2022 年，中国移动通信集团广东有限公司五华分公司（以下简称五华移动）贯彻落实上级战略部署，紧抓 5G 时代机遇，加快高质量发展，全面推进 5G 向纵深普及，5G 用户数占比达 32.7%，5G 用户人均流量环比提升超 48%。全面推行宽带客户“全千兆行动”，千兆宽带用户数突破 2.21 万户，新增宽带千兆占比超 20%，不断满足人民日益增长的美好文化生活需求。落实“心级服务”，开展“站店听音”、总经理接待日、宽带义诊等服务活动，进一步提升服务质量，做好客户服务工作。

【基础网络建设】 2022 年，五华移动持续完善移动通信网络建设，全年新建 5G 站点 337 个，基本实现县城 5G 网络优化、乡镇及自然村 5G 网络到达覆盖；新建 4G 站点 90 个，累计建成 4G 基站 2203 个，基本实现县城、乡镇、行政村连续覆盖。加快光纤网络的覆盖建设，2022 年新增光纤端口数 4.5 万个，光纤端口数达 31.5 万个，覆盖用户数 44.1 万户。

【信息化发展】 2022 年，五华移动充分发挥信息服务优势，全力协助推动数字政府改革建设各项工作高质量发展。助建五华县农业农村局“网约农机”平台，在农机服务的需求端与供应端之间搭建桥梁，实现供需信息精准对接。助建五华县公安局违法停车取证系统，有效遏制乱停乱放行为，为广大市民出行创造良好环境。

【乡村振兴】 2022 年，五华移动积极履行社会责任，强化责任担当，深入落实乡村振兴驻镇帮扶工作。协助军营村开展紫灵芝和赤灵芝试种植，建设光伏发电，提高村集体经济收入约 57000 元。协助军营村开展撂荒复耕集约土地 60 亩，收获大米 6000 公斤，产值 4.8 万元。积极筹集社会资金，开展主干道河道内清淤、更换 100 盏主干道太阳能路灯、安装 1000 米主干道围栏等民生工程，推进人居环境整治，改善人居环境。

（钟秀容）

中国联合网络通信有限公司五华县分公司

【简况】 2022 年，中国联合网络通信有限公司五华县分公司致力于发展数字经济，让数字赋能需求在乡村振兴、社会基层治理、智慧城市建设和数字政府打造等方面更加凸显；将千兆宽带网络建设到家家户户，与镇村共同推进数字乡村运营、智慧农业推广、智慧家庭惠民等，为乡村振兴提供新的发展模式，并持续加快 5G、全光网络、云计算、大数据、人工智能等新型基础设施建设，着力提升基础设施服务能力，为经济社会发展畅通信息大动脉、构筑数字新底座。同时，积极融入千行百业，灵活满足 5G 行业客户需求，在工业互联网、城市安全、智慧政务、医疗、智慧教育、数字乡村等重点领域，与地方经济发展实现同频共振。

【网络建设】 2022 年，中国联合网络通信有限公司五华县分公司完成新型通信基础设施、网络覆盖补强投资 3126.3 万元，全年在五华县开通 4G/5G 信号 281 个站点、重点扩大 4G/5G 广度和深度覆盖，助力加速数字乡村新基建，新建 39 个/累计 60 个国标小区千兆光纤新建接入、新增千兆端口约 0.6 万个/累计 1.0 万个，实现全县行政村全覆盖，提升了城镇密集居民区、地下停车场、商超等深度覆盖场景的网络质量，用户感知体验明显提升；打造千兆宽带精品网，完成城区大中型住宅小区、商务楼宇千兆宽带新建接入，为商品楼房家庭客户提供千兆上网服务；打造政企精品网，依托梅州联通数据中心承载政务、医疗、工业、教育等信息化应用场景能力，完成多个政企精品网节点建设，同步扩容建设联通云、5G+MEC边缘云等设施，实现省市县节点端到端互联互通，大幅提升网络数据交换的速率，为本地提供高效的网络保障，同时完善民生提速降费网络服务，以及市县数据节点机房新建、加速五华地区通信数字化升级。

【疫情防控】 2022年，推动基于大数据技术的“人口流动大数据分析平台”“智能体温监测平台”等平台应用，配合梳理疫情、物价、疫情物资重点单位产能等方面数据，提供数据分析报告，在阻断疫情传播方面发挥重要作用。

【客户服务】 2022年，中国联合网络通信有限公司五华县分公司发布“U悦服务”品牌，公开承诺治理“亮码支付卡顿”“千兆宽带WiFi、装移修慢”“业务定制差错”三大用户急难愁盼的顽疾。用户可扫码进入“联通U悦”小程序，对以上三项问题进行上报。亮码支付卡必赔承诺，即需亮健康码或按支付需求扫支付码进行应用体验，出现亮码扫码失败，可获得相应赔付，推动升级改进千兆网络覆盖、网速提升；千兆宽带慢必赔承诺，即用户在使用时遇到千兆WiFi网速慢、服务慢时可申请赔付，推动解决宽带端到端全流程体验的快速改善；业务定制差错必赔承诺，即出现未征得用户明确同意，为用户定制收费业务的行为，可获得赔付，进一步规范业务宣传、完善业务办理，从而实现明白消费并加强个人隐私保护。同时还为老龄与残障人士推出贴心服务，持续提升跨区域通办能力和携号转网服务能力，以差异化的优悦服务，提升品牌形象。

（李秀蓉）

农业·林业·水利·气象

农业农村

【简况】 2022年，全县农业农村工作坚持以习近平新时代中国特色社会主义思想为指导，全面贯彻党的二十大、十九大和十九届历次全会精神，贯彻习近平总书记系列重要讲话尤其是视察广东重要讲话精神，坚持稳中求进工作总基调，坚持和加强党对“三农”工作的全面领导，走生态优先、绿色发展道路，牢守国家粮食安全和不发生规模性返贫底线，加快农业基础设施建设，积极探寻全县农业产业特色化发展，力促乡村全面振兴，推动农业农村高质量发展，加快农业农村现代化步伐。

【粮食生产】 全面落实粮食安全党政同责，牢牢守住保障国家粮食安全底线。2022年全年完成粮食种植面积56160公顷、总产34.54万吨，其中水稻播种面积52153.33公顷，总产33.42万吨；全县综合机械化水平达74.94%。全年完成撂荒复耕面积9193.33公顷、复种面积5606.67公顷，其中省下达连片1公顷以上图斑4440公顷。落实耕地地力保护补贴、实际种粮一次性补贴等各项强农惠农政策。

【畜禽和水产养殖】 积极推进畜禽养殖标准化建设，稳定生猪产能。至2022年底，生猪存栏35.05万头、出栏59.11万头，能繁母猪存栏2.89万头；家禽出栏569.02万羽，牛出栏1.42万头，羊出栏1.43万头；生猪肉类产品6.38万吨。稳定全县水产养殖面积，水产养殖面积2166.67公顷，水产品总产量1.73万吨；打造“稻虾共作”基地155.33公顷。

【基础设施】 有序推进高标准农田建设，2022年规划建设高标准农田1760公顷，惠及华阳、龙村、横陂、双华、华城等5个镇57个行政村，截至2022年底工程进度约30%。发扬敢抢善争精神，成功争取到小型农田水利设施建设试点项目，惠及河东、转水、安流、水寨等4个镇29个行政村共833.33公顷农田，进一步补齐农田水利短板和欠账，不断强化农业生产支撑保障。推进华阳、安流肉联厂迁建工作，畜禽无害化处理厂运营有序，全年共处理病死畜禽3.8万头/羽。

【特色产业】 大力实施蔬菜省级现代农业产业园、广东柚子跨县集群产业园、广东金柚优势特色产业集群、“一村一品、一镇一业”等农业产业项目建设，带动全县特色产业加快发展，全力打造粤港澳大湾区的“菜篮子”“米袋子”“果盘子”“茶罐子”。2022年新增茶叶66.67公顷、梅州柚1000公顷，全县累计茶叶种植面积4626.67公顷、产量4636吨；水果种植面积18940公顷、产量9.67万吨（其中梅州柚5993.33公顷、产量4.89万吨）。烤烟种植面积595.27公顷，收购量1240吨。2022年重点打造五华县华城镇黄埔村乡村产业社区试点，发展茶树菇、“稻虾共作”等产业，挖掘打造黄埔村状元文化乡村旅游品牌。

【品牌建设】 实施农业品牌振兴计划，强化经营主体品牌经营和保护意识，引导企业开展“两品一标”“粤字号”等品牌建设工作。2022年新增认证绿色食品4个、“粤字号”农业品牌5个、粤港澳大湾区“菜篮子”生产基地6家，累计认定省级“菜篮子”基地11个、“粤字号”农业品牌31个、“两品一标”11个，粤港澳大湾区“菜篮子”生产基地34家。梅州配送中心及客家预制菜在央视频道亮相。“庆丰收 迎盛会”梅州市五华县2022年庆祝中国农民丰收节活动成功举办，进一步宣传推介五华优质农产品。

【农业经营主体】 积极宣传发动、引导农业经营主体开展龙头企业、示范社、示范家庭农场申报和监测，推动农业经营队伍发展壮大。至2022年底，全县累计培育县级以上农业龙头企业108家（其中，省级23家，市级27家，县级58家），县级以上农民专业合作社示范社118家（其中，国家级7家，省级18家，市级13家，县级80家），县级以上家庭农场34家（其中，省级8家，县级26家）。强化农业农村人才队伍培训，开展分类型、分层次、分期分批的乡村振兴、农业科技培训，2022年共组织线上线下培训合计1.72万人次；认定农村乡土专家43名。有序推进广东省博士工作站建设。

【巩固脱贫成果】 落实防返贫监测集中排查、网格化管理责任、动态监测机制和挂镇联村工作机制。至12月31日，全县三类监测对象327户1158人（其中有劳动能力105户465人、无劳动能力222户693人）；2022年1至12月，脱贫户家庭人均可支配收入16138.72元（其中有劳动能力16904.43元）。积极开展广东扶贫济困日活动，共认捐约9027万元。全面铺开“乡村振兴共同富裕带头人”评选活动，共评选出100名县级、170名镇级“共同富裕带头人”。深入实施驻镇帮镇扶村和挂镇联村，加强帮扶成效评估，建立健全重点帮扶镇和巩固提升镇乡村振兴监测评价机制。印发《五华县乡村振兴驻镇帮镇扶村资金筹集使用监管办法》，强化帮扶资金使用监管和扶贫项目资产后续管理。

【乡村建设】 深入实施农村人居环境整治提升五年行动，继续开展“三清三拆三整治”回头看，全县100%自然村达到干净整洁村标准，60%以上自然村达到美丽宜居村标准，因地制宜打造农村“四小园”小生态板块4931个。农村无害化卫生户厕普及率达100%。基本完成114千米的农村村内道路攻坚任务。有序推进“益水长乐·状元古韵”

乡村振兴示范带和中央专项彩票公益金支持欠发达革命老区乡村振兴示范区建设项目建设。在全市率先设立乡村振兴信用贷款风险补偿基金 2000 万元，为服务全面乡村振兴输入更多的“金融活水”。

【农业服务水平】　聚焦水稻等主要粮食作物和关键薄弱环节，以创建广东省农业生产社会化服务创新试点县为契机，大力发展农业社会化服务。初步构建“县级托管运营中心+镇级助农服务中心+镇级托管服务站+村级托管员”的县镇村三级协办体系，创建县级水稻种植全程托管示范基地 3 个共 1500 亩，建立农机服务组织名录库 1 个、五华“网约机”微信小程序平台 1 项。2022 年全县累计开展农业生产托管面积达到 3.942 万亩，服务小农户约 9400 多户。成功举办“广东农业生产托管南粤行”大比拼第二轮比赛。推进二类耕地（5319.81 亩）受污染耕地安全利用区域排查和治理工作，全县受污染耕地安全利用率达 90%以上。积极开展农药使用量零增长行动。大力推广农业主导品种 60 个和主推技术 22 项，全县测土配方施肥技术覆盖面积达 98.6%。

【农村工作】　深入推进农村综合改革。一是积极开展省农村改革试验区创建申报工作。二是有序推进农村宅基地审批管理，2022 年共审批宅基地 427 宗。三是扎实推进发展壮大村集体经济工作，2022 年扶持 229 个村发展壮大村集体经济项目。四是扎实推进依法行政。严格执行行政决策法定程序，坚持科学民主决策。2022 年累计出具重大行政决策合法性审查意见 8 份；涉农行政应诉案件 2 宗、行政复议 4 宗，均胜诉。全面推进和严格执行行政执法“三项制度”，维护司法权威。2022 年审批行政许可事项共计 252 项，累计出动执法人员 835 人次，办理执法检查案件 87 宗，处理行政处罚案件 2 宗。五是深入推进涉农维稳工作。加强农村不稳定因素排查和化解，妥善调解农村土地矛盾纠纷、处理各类信访信件，无重大上访事件。未出现因农村土地承包经营纠纷调处不及时引发的群体性事件。2022 年累计处理网上信访 31 宗，成功调解农村土地承包经营纠纷 36 件。

【安全生产】　统筹推进农业领域安全生产各项工作。全力抓好农业生产安全。坚持“党政同责、一岗双责”“综合治理、失职追责”，扎实开展水上交通、农机、农药、沼气等农业行业重点领域专项整治和农业领域安全生产大排查行动，保障农业生产安全。不断优化疫情防控工作。持续做好农村和渔民领域新冠疫情防控工作，毫不松懈抓好非洲猪瘟、口蹄疫、禽流感等重大动物疫情防控和农产品、水产品、畜产品安全检测，确保猪肉等重要农产品生产保供稳价。积极做好“三防”管理、农业应急、河长制等各项工作。

（李逸勉　李俞璇）

烤烟生产

【简况】　2022 年，全县分解落实种烟镇 9 个、种烟村 46 个、合同户 142 户、种植烤烟面积 595.27 公顷、合同约定收购量 25000 担。全县实际收购烟叶 24804 担，计划完成比例为 99.22%，其中，上等烟比例达到 70.31%，对比 2021 年提高 0.32%；中部上等烟比例达到42.33%，对比2021年提高3.16%。

【科技兴烟】 全县划定优质永久烟田1466.67公顷，为加强对优质烟田的保护工作，2022年组织开展烟田保护系列专项行动，大力加强烟田保护相关政策的宣传，全面推行烟叶大田生产GAP管理，落实控氮施肥、简易水肥一体化、绿色防控、地膜清理回收等技术措施，减少化肥、农药及地膜等残留污染，将绿色发展理念贯彻落实到烟叶生产全过程，促进烟叶产业可持续发展。

【专业化服务】 抓好合作社建设，增强合作社服务主体功能。指导合作社有效开展专业化育苗、机耕、土壤保育、植保、烘烤、分级等各项专业化服务，合作社专业化服务水平和服务质量进一步提高。

【烟叶收购】 抓好烟叶收购调拨工作。深化流通模式改革，全面实行专分散收、原收原调，加强质量把控，提升优质原料供应保障水平。根据全市统一部署于6月15日开磅收购烟叶，收购等级8个，上等烟占比66.66%、中等烟占比33.34%。 （甘夏明）

林　业

【林业生态建设】 2022年，五华县林业局在县委、县政府的正确领导和上级林业主管部门的具体指导下，深入贯彻落实习近平新时代中国特色社会主义思想和党的二十大精神，围绕创建国家森林城市目标，大力推进林业生态工程建设，积极培育森林资源，推深做实林长制，狠抓森林资源管护，发展林业产业，完成林业各项工作任务。全县有林业用地面积231693.33公顷，森林蓄积量903.93万立方米，森林覆盖率69.27%，有省级以上生态公益林136200公顷；有市级以上自然保护区11个，总面积48980公顷。全面完成林业生态工程建设任务，统筹推进山水林田湖草沙一体化保护和修复工程，完成造林面积2506.6公顷，完成抚育面积7098.73公顷。大力发动义务植树，累计发动全县41.29万人次参与义务植树123.87万株。有序推进天云岭森林生态综合示范园二期建设，项目进度已完成65%。对全县古树名木进行全面摸底排查，全面掌握古树的健康状况和存在的安全隐患，新增古树35株，死亡古树30株，至年底，全县共有古树557株，已全部按规范悬挂保护牌，挂牌率100%。

【森林资源管护】 2022年，五华县林业局以全面推行林长制为抓手，压实各级林长责任，完善各项工作制度，多举措抓好森林资源管护工作。

严防森林火灾　持续加大森林防火宣传力度，落实“敲门行动”，印发森林防火宣传资料，曝光典型案例，达到以案示警作用。强化野外火源管理，加大巡查力度，护林员北斗巡护终端上线率排在全市前列，大力开展“猎火”专项行动，依法严厉打击野外违规用火和森林火灾肇事者，2022年全县查处野外违规用火行为159宗，其中罚款149宗，行政拘留7人。持续开展森林防灭火“一网三行动”工作，累计建设森林防火隔离带1837.56千米，清理整治山边住户森林火灾隐患30885户，联合县应急管理局到16个乡镇开展森林火灾“以水灭火”培训及实战联合演练78场次，提高森林火灾应急处置能力。

2022年11月29日，省林长制考核小组组长、省公安厅森林分局局长罗燕喜（中）一行到五华县开展林长制现场核查工作，市政府副市长陈亮（左），县委书记朱少辉（右）陪同检查（县林业局提供）

森林防灭火“一网三行动”做法得到省森林防办、省应急管理厅、省林业局等单位的充分肯定，在全省推广。

严管森林资源　推深做实林长制，制订印发6项配套制度，完善“林长+警长”工作机制，完成五华县智慧林长制平台框架搭建、信息录入等工作，并购置30部平板电脑用于全县森林资源管护日常工作。加强林地保护管理，全面完成森林督查和森林资源管理“一张图”更新工作；严把使用林地审批关，积极做好建设项目使用林地报批工作，2022年共受理林木采伐申请102宗，面积2323.03公顷，蓄积量160949.7立方米，出材量102688.7立方米；受理完成林地报批40宗，合计面积168.398公顷，为五华县社会经济发展大局提供用林用地保障。

防治森林病虫害　扎实做好以松材线虫病、马尾松毛虫、薇甘菊等为主的林业有害生物日常监测和除治工作。编制《五华县松材线虫病疫情防控五年攻坚行动实施方案》，完成松材线虫病防治作业面积达29.7578万亩次，清除枯、病死松树10247株，同比上年发生面积压减167.6公顷；完成马尾松毛虫防治1686.67公顷，全面完成本年度省市下达的防治任务。

【林业产业】　扎实推进油茶扩面提质工作，完成油茶林新造133.33公顷，低产林改造666.67公顷任务。推动林业企业品牌建设，积极培育广东省龙头企业和林下经济示范基地，2022年申报省级林业龙头企业1家，林下经济示范基地1家。加快国储林建设工作进度，与广西鹿鼎林业集团签订国家储备林项目战略合作协议，积极协助做好林地流转和收储工作，至年底，已洽谈收储林地面积2666.67公顷，其中已办理林权流转登记1833.33公顷。

（张　涛　王　磊）

水　务

【简况】　五华县水务局抢抓上级支持老区苏区振兴发展的政策机遇，积极争取上级资金和专项债券资金支持。2022年，共向上争取到位水利工程项目资金约4.2亿元，为加快全县水利项目建设提供有力保障。坚持疫情防控、水利工作两手抓，有效落实疫情常态化防控和复工复产的各项决策部署，全力推进水利重大项目建设，努力补齐水利基础设施短板。全年累计完成水利建设投资约 6 亿元，比 2021 年增长 10%。

【重点水利项目建设】 2022 年，共谋划水利项目 49 个，总投资约 16 亿元，完成年度投资约 6 亿元。全面完成牛石水、大都河（联新片）生态清洁小流域治理，基本完成三源水生态清洁小流域治理工程主体工程建设，顺利完成市下达五华县 2022 年度 62 平方千米水土流失治理面积指标任务；完成全县 265 个自然村供水管网铺设，新增保障农村集中供水 16.65 万人，在省农村集中供水全覆盖攻坚行动成效评估结果为优秀等次、典型先进评估结果为综合评价先进县，获得奖补资金 7225 万元奖励；完成七都涝区治理工程建设任务，岩前水库除险加固及锡坑、尘风坳等 13 宗小型水库除险加固工程完成主体工程建设，筑牢防洪安全屏障；高标准建设万里碧道，基本完成 15.9 千米年度碧道建设任务；扎实推进城乡供水一体化和农村供水“三同五化”改造提升工作。2023 年度 41 宗病险水库除险加固、镇级污水处理设施建设（二期）及配套管网、韩江治理工程五华段、澶下河生态清洁小流域治理和中小河流治理二期等项目有序推进。

3 月 22 日，“世界水日”“中国水周”五华县水务局宣传活动举办（县水务局提供）

【民生水利建设】 强化农村饮水安全保障，加快提升农村供水工程建设管理水平，为巩固拓展脱贫攻坚成果、全面推进乡村振兴提供有力支撑保障。将农村供水巩固提升工作列入县十件民生实事，完成全县 265 个自然村供水管网铺设，新增保障农村集中供水 16.65 万人，龙村集中供水水源工程有序推进。全面推进城乡供水一体化和农村供水“三同五化”改造提升，已完成实施方案编制及合法性审查工作；城乡供水一体化升级改造工程已基本完成立项前置条件，其中子项目县自来水厂提升改造项目已于 10 月 21 日动工建设。加快完善农村水利设施。积极推进灌区续建配套与节水改造工程建设前期工作，已完成 4 宗小型灌区设计编制工作，3 宗中型灌区续建配套改造工程设计方案正在编制中。深化农业水价综合改革。开展农业水价综合改革实施面积核定，实现改革面积矢量化上图。新增安装计量水尺 200 套，进一步配套完善改革区域农业供水计量设施建设，完成 2022 年度 1953.33 公顷的新增改革面积任务。加快污水管网建设，县城污水处理厂三期扩建工程及配套管网工程投入商业运营，完成高级中学至枫林塘污水管网工程，合计新增县级污水处理能力 4 万吨/日，提标改造 2 万吨/日，新增县城污水管网约 13 千米。

【水旱灾害防御工作】 2022 年，五华县累计降水量 1519.8 毫米，较常年（1479.7 毫米）偏多 2.7%。面对 2022 年旱涝急转，开汛后降水集中的极端天气，本局提早部署，通过开展汛前专项检查、严格落实“三个责任人”“三个重点环节”、健全水旱灾害防御各项预案、强化值班值守等举措全力做好各项防御工作。一是强化精细预报和科学调度。启动水利（内部）防汛Ⅳ级应急响应 2 次，通过山洪灾害预警平台接收预警信息 213 条，共发出预警短信 6091 条，先后发出 4 道调度令提前对有关电站进行泄洪调度，有力保障上下游行洪安全。二是扎实开展水旱灾害风险普查及防御体系标准化建设工作。全县共计普查水库 198 宗、山塘 46 宗、小水电 79 座、水闸 54 座、堤防 31 处；同时，编制《五华县水旱灾害防御体系标准化建设实施方案》并选取华城镇作为标准化试点，正积极向上争取项目资金。三是强化水利应急救灾资金使用。2022 年，向上争取省级水利应急救灾资金 94 万元，实施完成梅江河东镇布头村段护岸修复和安流镇、华城镇水毁修复工程。

【河长制工作】 2022 年，强力推进“清四乱”“清漂”常态化规范化，大力开展妨碍河道行洪突出问题整治、防汛保安等专项行动，不定期开展暗访督查工作，通过全面清理清查、加强监管、强化问责等措施，有效改善河库面貌。全年共投入 881 万元，累计清理河流长度 377 千米，清理水面漂浮物约 4.405 万吨，整改销号县级自查及上级交办碍洪问题 5 宗、河库“四乱”问题 57 宗，吊离“三无”船舶 26 条。扎实开展流域面积 50 平方千米以下河道划界工作，顺利完成 2022 年度 46 条河流、279.51 千米的河道管理范围划定工作。高标准建设万里碧道，依托琴江、五华河等主要水系高标准高质量建设万里碧道，组织实施五华河华城镇塔岗村至转水镇枫林塘村碧道工程、五华河河口段碧道工程、矮车河碧道工程及大嵩河碧道工程，基本完成 15.9 千米年度碧道建设任务，加强五华河河口段、转水镇枫林塘村段 2 条碧道的建后运行管护。

【依法治水】 铁腕整治非法采砂行为，县镇联合巡查执法累计出动执法人员 2850 多人次，处理电话投诉及上级交办信访件 60 多起，立案查处非法采运河砂等水事违法行为案件共计 9 宗，暂扣非法作业工具挖掘机 4 台、铲车 1 部、汽车 4 辆，二轮、三轮摩托车、手推车及各类型抽砂机（船）一批；依法作出行政处罚 9 起共计罚款 33.7 万元，全县河道采砂管理秩序明显好转。加强对河砂可采区的监督管理。通过聘请第三方监理、联合属地镇落实现场监管人员等方式加强对河砂可采区的日常监督管理，累计扣除采砂企业履约保证金 201.6 万元，依法作出行政处罚 5 次，琴江低坑可采区和五华河蛇塘可采区均已开采完毕。全面贯彻落实习近平法治思想，以法治思维、法治方式推进五哈县水利高质量发展，政务服务能力进一步增强，重大行政决策法治化、科学化、民主化程度进一步提升，水行政执法进一步加强，法治宣传教育取得新成效，水利工程项目建设进展顺利。按时按质受理办理人大建议、政协提案 10 件，受理办理各类信访件 65 宗，办结率为 100%。

【水利行业管理】 2022 年，坚持多措并举，全力加强水利行业监管。一是落实最严格水资源管理制度，扎实推进县域节水型社会达标建设，进一步规范取水许可审批，益塘水库、桂田水库、蕉州河等饮用水水源地水质长期保持在Ⅱ类以上。二是完成 2 宗小型水库安全鉴定、3 宗小型水库降等、2022 年度 30 宗小型水库安全运行管理标准化建设和 190 宗小型水库管理养护工作，小水电清理整改、安全生产标准化等工作稳步推进。三是持续加强生产建设项目水土保持方案审批和监管，强化事中事后监管，完成 46 个遥感监管图斑现场核查认定工作，整改销号问题 18 宗，全面遏制各种违法乱象造成的水土流失。

（钟政辉　魏运锋）

抽 水 蓄 能

【梅蓄项目一期 4 台机组全面投产发电】 2022 年 5 月，梅蓄项目一期实现 4 台机组全部投产发电；4 台机组全部投产后，电站预计年发电量可达 15.7 亿千瓦时，将主要承担广东电网调峰填谷、调频调相和事故备用功能，每年预计可节约标准煤 17.1 万吨、减少二氧化碳排放 42.8 万吨、减少二氧化硫及粉尘排放 0.15 万吨。截至年底，梅蓄一期已全面投产，正全力开展一期竣工验收结算工作。

【梅蓄项目二期启动建设】 梅蓄二期计划投资约 47 亿元，在一期的基础上新增建设 4 台机组（共 120 万千瓦）。2022 年 1 月 21 日，五华县发布《梅州抽水蓄能电站二期征收土地预公告》（华府征〔2022〕1 号）；2 月 28 日，水电水利规划设计总院出具《关于印发《广东梅州抽水蓄能电站二期工程可行性研究报告审查意见的函》（水电规水工〔2022〕19 号）；3 月 11 日，取得省政府《关于梅州抽水蓄能电站二期建设征地移民安置规划大纲的批复》（粤府函〔2022〕32 号）；3 月 25 日下午，水电水利规划设计总院主持召开广东梅州抽水蓄能电站二期移民安置规划报告视频审查会议；4 月 27 日，水电水利规划设计总院出具《关于印送〈广东梅州抽水蓄能电站二期移民安置规划审查意见〉的函》（水电规库〔2022〕126 号）；5 月 30 日，五华县发布《梅州抽水蓄能电站二期征地补偿安置公告》。2022 年，梅蓄二期已列入国家《抽水蓄能中长期发展规划（2021—2035 年)》和《广东省能源发展“十四五”规划》，已完成立项、前期专题报批和征地工作，并于 2022 年 9 月 19 日正式启动建设，全年累计完成投资 21749 万元，预计 2025 年底全面建成投产发电。

【启动三渡水抽水蓄能电站前期工作】 梅州三渡水抽水蓄能电站项目于 2021 年 10 月 19 日签订框架协议；框架协议签订后，县蓄能办积极主动协调各方开展前期准备工作。2022 年 1 月 15 日完成项目上、下库 6 个地勘点的勘测工作；3 月 16 日，省重点办正式下发文件明确三渡水抽水蓄能电站项目被列为省预备重点项目；4 月 18 日，市发改委列入市“十四五”能源规划；5 月 9 日启动社会风险稳定评估工作；7 月 13 日，已向省申请纳入“十四五”可再生能源重点建设工程。截至目前，已基本完成社会风险稳定评估工作，于 2022 年 9 月 19 日启动前期工作；10 月 15 日，调峰调频发电公司正式委托中南勘测设计院组织人员到三渡水抽水蓄能电站下库区开展项目前期地质勘查工作。截至年底，已完成 33 个地勘点（其中上库 18 个、下库 15 个）中的下库区 13 个点的地勘，正在积极申请纳入广东省“十四五”能源项目中期规划调整和国家《抽水蓄能中长期发展规划（2021—2035 年）》，力争 2024 年启动建设。

【龙洞蓄能电站项目签订框架协议并开展初步地勘】 2022 年，蓄能办积极加强与南方电网调峰调频公司沟通协调，先后到五华县内的区域对各镇开展蓄能电站新选址踏点查勘，全力推动抽水蓄能电站选址工作。经过踏点勘察、复勘和多方论证，最终确定五华龙洞抽水蓄能电站项目新址选点。该选点位于五华县长布镇和周江镇交界处，电站拟规划装机容量为 120 万千瓦，建成后，将主要服务河源等光伏发电的消纳，为广东电网安全稳定运行，提高粤东及粤港澳大湾区高质量电能供给水平等起到至关重要的作用。龙洞项目已于 2022 年 9 月 19 日与调峰调频发电公司签订框架协议，并于 10 月 23 日开始进场开展初步地勘，截至年底，已完成 6 个钻探点的 3 个钻探点的地勘工作；正在积极申请纳入省、市“十四五”能源项目中期规划调整和国家《抽水蓄能中长期发展规划（2021—2035 年）》，计划 2030 年启动建设。

（周　勇）

气　象

【气候概况】 2022 年五华县气候特点是开汛偏早，龙舟水强，汛期降水前多后少，极端高温频发，台风影响轻。

气温　年平均气温 21.9℃，较历年平均气温偏高 0.2℃，年极端最高气温 39.6℃，年极端最低气温 3.6℃。1 月气温偏高 2.1℃，3 月气温偏高 3.0℃，11 月气温偏高 2.5℃，4 月、7 月、8 月、9 月、10 月气温略偏高；2 月气温偏低 3.4℃，5 月气温偏低 2.0℃，12 月气温偏低 2.6℃，6 月气温略偏低。

降水　年降水量 1545.2 毫米，较历年平均偏多 3%，其中汛期（4—9 月）降水量 862.9 毫米，约占全年降水量的 56%，其他月份占全年降水量的 44%。降水量时间分布不均匀，降水量偏多的月份有：2 月偏多 274%，3 月偏多 65%，5 月偏多 41%，6 月偏多 31%，11 月偏多 271%；降水量偏少的月份有：1 月偏少 36%，4 月偏少 77%，7 月偏少 61%，9 月偏少 100%，10 月偏少 98%，12 月、8 月偏少幅度较小。

日照　年日照时数 2391.2 小时，比历年平均偏多 29%。2 月、11 月日照时数偏少 1 成以上，12 月略偏多；其余月份日照时数均偏多，其中 3 月、4 月日照时数比历年平均偏多 10%。

台风　汛期内有 1 个台风给五华县带来较明显降水影响。2022 年 7 月 1 日 20 时至 4 日 20 时，受 2203 号台风“暹巴”影响，全县普降大到暴雨，局部大暴雨，全县平均雨量 58.5 毫米；2022 年 11 月 1 日 8 时至 3 日 8 时，受 2222 号台风“尼格”影响，五华县普降大到暴雨，局部大暴雨，平均雨量 63.9

毫米。

【气象防灾减灾】 2022年，县气象局继续加强部门联动，全面做好各项气象服务和公共安全气象保障工作，努力守好防灾减灾第一道防线。提升生态气象保障能力和深化重点领域服务。推动气象与林业深入融合，共同建设五华县森林火险精细化预警预报平台建设项目，提升森林防灭火气象保障能力。建成梅州抽水蓄能电站自动站，为蓄能电站提供更全面更到位的多灾种行业气象服务。推动县政府印发《五华县气象防灾减灾第一道防线建设实施方案》《五华县防雷安全管理联席会议制度》《2022年五华县气象灾害防御重点单位名单》和修订《五华县气象灾害应急预案》等文件，协调、整合部门力量，形成政府统一领导，部门各司其职、齐抓共管的工作格局。加强与自然资源局的合作，全面开展全县地质灾害预警信息的发布工作。2022年联合发布地质灾害预警70次，发布地质灾害服务短信总计158万余条。

制定《五华县2022年人工影响天气工作计划》，并定期组织开展人工影响天气安全检查，开展作业人员培训，扎实履行各项安全管理职责。2022年共开展人工影响天气作业2次，发射火箭弹8枚，对增加水库蓄水、降低森林火险等级等起到了积极作用。

3月，县气象局在应急管理局主持召开“三防”工作研讨会，交流讨论建立健全灾害天气“五停”工作机制，并传达学习《河南郑州“7·20”特大暴雨灾害调查报告》，从报告中凝练重点，自查短板，做实做细汛期气象服务工作。

7月，五华县气象局、应急管理局、住房和城乡建设局和交通运输局联合印发重点单位气象灾害防御专项执法检查工作方案，开展了重点单位气象灾害防御专项执法检查，加强对气象灾害防御重点单位的服务指导、监督检查和技术支撑。

全年共发布预警信号76次，其中暴雨黄色预警信号15次、橙色预警信号9次；雷雨大风黄色预警信号14次；高温黄色预警信号9次、橙色预警信号5次，红色预警信号2次；寒冷黄色预警信号5次、橙色预警信号3次；森林火险黄色预警信号7次、橙色预警信号5次、红色预警信号2次。制作60期《重大气象信息快报》，为县委、县政府科学决策提供依据。

（黄　媚）

商　贸

供　销

【简况】　五华县供销社根据县委县政府赋予职能负责全县供销系统的组织、指导、协调和管理工作，积极履行工作职责，认真完成县委、县政府交办的各项任务。2022 年供销社深入学习贯彻习近平总书记对“三农”工作重要论述和对供销合作社工作的重要指示批示精神以及党的二十大以来的各项方针政策，以习近平新时代中国特色社会主义思想为指导，坚持发展为第一要务，锐意改革创新，围绕服务“三农”这一主业，认真构建县域助农服务综合平台、镇级助农服务中心，全力推进供销合作社综合改革，加强各类农民专业合作社的管理，充实完善“四大网络”，有效促进农业增效、农民增收、农村繁荣。同时，认真做好脱贫攻坚工作，为乡村振兴、美丽乡村建设。近四年全省综合业绩考核均获得优胜三等奖。

【经济指标完成情况】　2022 年供销系统完成商品总购进 101821 万元，比上年同期 45732.51 万元增长 122.64%，商品总销售 424033 万元，比上年同期 280001.69 万元增长 51.44%，其中农业生产资料销售 252908.83 万元，比上年 169332.71 万元增长 49.36%。利润总额完成 119.99 万元，继续保持全市供销系统前列。

【全面深化供销社改革成效明显】　一是联农带农基层组织建设有力有序。2022 年，恢复梅林供销社，新建 1 家村级供销社（梅林镇尖山村供销合作社），完成新增培育农民专业合作社 2 家（五华县宏林种养专业合作社、五华县琴江园艺种养专业合作社），改造 1 家薄弱镇级基层社（转水供销社），升级打造 1 家具备 3 项以上功能的镇级供销社（横陂供销社）。二是基层社改造稳步推进。华阳社、安流社、潭下社、岐岭社升级改造项目稳步有序推进，通过经营服务网络对接、社有企业带动、社会资本投资、政策性亏损资金等方式，恢复重建经营业务，筑牢为农服务阵地。其中华阳社积极与省、市社对接，申报“生产·供销·信用”综合合作试点——华阳供销社农产品综合服务站建设项目，向上争取资金约 200 万元。三是农业社会化服务工作持续向好。2021 年 12 月由省、市、县三级供销企业联合成立的五华县优禾农业科技服务有限公司成立运营，至2022年底,已完成早造统防统治30.47公顷，早造收割服务98公顷，晚造耙田349.45公顷，晚造统防统治351.53公顷，预计至2023年底社会化服务面积可超过1333.33公顷，召开全县农业社会服务建设工作推进会，累计完成20场农业社会化服务培训会议，培训2000余人。四是冷链物流基础设施深入推进。通过省天业公司、市社、县供销实地考察拟选址河东工业园建设冷链物流基础设施，通过招拍挂方式取得用地面积约1.33公顷，规划建筑面积5000平方米，主要建设冷冻冷藏综合冷库、加工车间及配套设施设备等，其中冷库建筑面积约2500平方米，规划库容约0.3万吨。逐步探索在田头建设具有收购、预冷、保鲜等功能的乡镇农产品集散中心，补强冷链“最先一公里”，真正发挥冷链基础设施为农服务功能。五是放心农产品直供配送平台持续推进。由广东供销农产品股份有限公司、广东梅州供销嘉合农产品有限公司、五华县福华供销百货发展有限公司和梅州市俊丰园农业发展有限公司联合投资运营，投资600万元成立广东供销放心农产品直供配送五华子平台，该平台已进入试运营阶段期有效提升全县农产品供给质量和效率，打造产供销一体化的新型农产品流通枢纽，实现农产品多层次、多环节转化增值，切实增加农民收益。六是用好用活供销合作社合作发展基金。为进一步实现基层供销社（公司）的可持续发展，采取有效措施重组保全社有资产，基层供销社（公司）利用自有的部分政策性亏损资金分别购置位于县城范围内的17间国有资产门店作为社有资产，总投资超过2000万元，预计可增加基层供销社年收入约70万元。有效改善基层社（公司）资产质量，提高资金运行效率，增加资产性收入，切实推动基层社（公司）平稳健康发展。七是全力推动开放办社。与广东鼎创食品发展有限公司共同成立五华县供销合作社联合社食用油生产基地，充分发挥企业在食用油的加工、仓储、物流、销售服务和供销社助农服务示范体系的优势，引进社会资本，不断壮大供销合作发展基金，增强为农服务能力，提升产品和品牌价值，在服务乡村振兴战略上发挥独特优势和作用。

【五华供销“粤菜师傅”培训】　为深入贯彻落实省委、省政府实施“粤菜师傅”工程的工作部署，切实抓好广东省人力资源和社会保障厅关于《广东省“粤菜师傅”工程实施方案》《广东省供销社贯彻落实“粤菜师傅”工程的实施意见》的落实，县社努力向上争取资金近32万元，大力发动职校或培训机构开展“粤菜师傅”培训，其中2022年7月在双华镇、安流镇、梅州镇等举办“粤菜师傅”培训班中培训结业200名农户；技能培训是作为促进农民就业、保障农民增加收入的关键举措，培养乡村实用厨艺人才既能弘扬客家特色饮食文化，促进农民自主就业创业，积极发挥供销优势，助力乡村振兴。

【贯彻落实县委县政府部署，完成各项工作任务】　一是积极抓好“双防”工作，投入近2.5万元资金添置各种设备，制作疫情防控、森林防灭火宣传牌、印刷宣传资料，完善网格化管理等。二是积极开展驻镇帮镇扶村工作，筹措5万多元资金帮扶挂镇联村，派专人负责协助安流镇福龙村、福西村、福陂村、福华村和低坑村开展脱贫攻坚、乡村振兴建设等工作。三是积极参与“回乡联村”工作，较好完成县镇各项工作任务，特别是实施乡村振兴战略工作方面，“两美”建设成绩显著。四是组织干部职工认真完成县委县政府的造林绿化任务。

（魏玉霞　钟益华）

烟草专营

【简况】　2022年，五华县烟草专卖局（分公司）紧紧围绕广东烟草卓“粤”创一流高质量发展战略目标和梅州市烟草专卖局（公司）九项工作任务，坚持党建为引领，以“党建+”促提升，以打造工作特色、亮点为切入点，推动企业高质量发展。全年实现销售总额108871.84万元，毛利32854.55万元，税额6356.77万元。

【党建引领】　一是“党建＋理论”，增强党的思想引领力。党总支部持续落实“第一议题”学习制度，从根本上夯实党员思想根基。同时，局（分公司）领导班子发挥表率作用，带头宣讲，推动党的创新理论进站、点、中队、片区。二是“党建+服务”，提升“红色引擎”运转力。建立1名局（分公司）班子成员统筹管理X名党员，1名党员挂点N名群众的管理体系，每位党员定期收集挂点群众的“急难愁盼”问题，领导班子汇总统筹推进服务群众工作，在完成“我为群众办实事”党建任务的同时，促进业务工作。2022年，采用技术指导或志愿活动服务烟农142户、卷烟零售客户1170户，帮助干部职工解决困难事12件。三是“党建+创新”，激发创新发展活力。2022年，局（分公司）积极搭建创新平台，创建“智慧匠人”工作室，开展相关活动4场次，组织两个QC小组积极开展QC课题活动，鼓励党员骨干诊断局（分公司）的短板问题。2022年，局（分公司）《推行“133”工作模式　打通联系服务烟农“毛细血管”》被省局（公司）推荐为基层党建实践案例。四是“党建+团建”，激发党建新活力。组织青年员工开展学习讨论6场次、志愿服务群众6次，带动青年积极发挥作用。

【烟叶生产】　一是较好完成年度烟叶种植收购调拨任务。2022年度种植烤烟面积595.27公顷，收购烟叶24804担，完成计划任务的99.22%。二是聚焦规范经营，加强监督管理。加强员工业务规范培训，在关键风险节点开展廉洁教育、谈话提醒，不断强化员工底线意识、规范意识。三是聚焦烟叶质量提升，深化工商研协同合作。围绕工业企业质量需求，制定原料定制化生产质量提升责任清单，狠抓各环节标准技术措施的落实。四是聚焦绿色发展，加强优质烟田保护。全县规划优质烟田1466.67公顷，将基本烟田纳入基本农田总体规划，建立烟稻和谐共生的耕作制度，组织开展烟田保护系列专项行动，与所有烟农签订《烟田保护承诺书》，并将绿色发展理念贯穿于烟叶生产全过程。五是稳步推进烟叶基层建设，初步做好双头新烟点建设规划，2022年11月安流、棉洋烟点完成撤并整合，计划2023年按行业标准化烟站创建及安全管理要求，对棉洋烟叶工作点进行修缮改造，烟叶基层办公生活环境不断改善。

【卷烟营销】　一是“党建+营销”激发新

动能。以建设零售终端党员“驿站”等为载体，把联合党员零售客户开展主题党日活动和帮扶困难零售客户慰问活动有机融入营销终端建设。至年底已建设2家党员“驿站”。二是多措并举持续推进“322工程”。全年实现“三转”农网终端183户，城网农特货架建设客户165户，新农网创业带头人建设4户。三是持续推进农网建设与乡村振兴深度融合。完成6间农网特色功能店建设，专门设立农特实物货架，全县已有245户客户与五华消费扶贫馆签订经销协议，零售客户全年共订购扶贫农产品约11万元，经销扶贫产品平均毛利率提升约9.13%，爱心助农直播带货新模式助力卷烟经营水平提升。四是零售客户终端形象提升成效明显。全年有2573户零售客户完成终端形象升级改造提升，占比达到81.35%，完成整体推进目标。五是20支全零售网络终端建设达到预期目标。全年实现易灵通店铺管家系统使用客户共有418户，占比达到13.21%，其中星级终端236户，农行聚合支付使用客户201户。全年累计销售卷烟29557.87箱，实现销售收入（含税）11.38亿元，实现毛利（不含税）3.05亿元。

【专卖管理】 一是持续深化政府领导下的多方协作机制，推动烟草打假打私综合治理深入开展。2022年，五华县烟草专卖局（分公司）查获涉烟案件81宗，案值1449.37万元；刑拘16人、逮捕8人、判刑14人；成功申报国标三级网络案件1个、省标二级1个、省标三级2个。二是强化多部门协作，深化烟草公安等部门联合执法机制，深化烟草与公安经侦、交警、治安和市场监管、交通等的执法协作，强化执法合力。一年来，先后分别与市、县公安打私、市场监管，县检察、县公安经侦大队，市公安交警支队高速六大队及寻乌县烟草专卖局召开执法协作工作交流座谈会共4场次，并向市公安交警支队高速六大队及其棉洋中队赠送了锦旗。三是路查路堵成效显著。联合市县公安、交警部门查获涉嫌无烟草专卖品准运证运输烟草制品案件11宗，总案值681.73万元。四是电子烟监管实现常态化。查获自《电子烟管理办法》公告以来梅州市首宗涉嫌非法生产、仓储假冒注册商标电子烟案件，总案值545.8万元。规范辖区电子烟零售过渡期的监管，依法依规办结3份电子烟零售许可证。五是非烟整治专项行动成效显著。共查获5万支或5万元以上违法违规大户案件32宗，同比增长45.45%，总案值190.99万元。六是大要案查办实现新突破。全县实现5万元及5万支以上案件48宗，案值 1439.85万元，同比分别增长33.33%、3.15%。

【企业管理】 一是队伍建设焕发新活力。坚持正确的选人用人导向，抓好队伍建设，专业技术人才、人才队伍活力日趋增强。二是科技创新取得新进展。打造“智慧匠人”工作室，充分发挥示范引领作用，让广大员工学有榜样、赶有目标，推动形成人尽其才、人事相宜的良好局面。工作室已吸收各业务线骨干共12名青年人才，每月定期开展1次集中活动不定期召开专题碰头会，开展工作交流、对标对表、QC小组等活动，进一步夯实发展基础，提升管理效能和规范化水平，不断增强五华烟草核心竞争力。2022年，局（分公司）烟叶管理部发明的“一种烤烟种植干施追施专用工具”，被国家知识产权局授予实用新型专利权。

【社会责任】 一是抓好疫情防控。动员全体干部职工自愿捐款 1.075 万元，采购物资支援挂钩、联系村。同时，按地方政府要求统筹安排员工参与疫情防控工作。二是助力乡村振兴。继续派出 2 名干部驻镇帮镇扶村杞水村，与村“两委”统筹推进乡村振兴各项任务落实。2022 年，投入 22 万元帮扶杞水村兴建水圳 700 米，20 万元建设光伏发电项目；开展义务植树活动植树 120 棵，组织认耕认种“撂荒地” 4333.33 公顷，以实际行动助力乡村振兴。三是回报社会勇担当。做好网格化责任区域和 3 个帮扶村民小组的创文巩卫工作，并争取上级支持解决创文巩卫费用 27000 元；组织 21 名员工积极参加无偿献血，展现烟草企业责任担当。

（张　怡）

盐　业

【简况】 2022 年，广东省盐业集团梅州有限公司五华分公司以坚决贯彻落实党中央、国务院和省委、省政府关于国有企业改革的路线方针政策和决策部署，积极深入推进落实广东盐业混合所有制改革任务，按照“强品牌、提品质、增品种、优服务”及“以盐为基、以盐带路、严把盐关、广开盐路”的战略部署，为树立坚定的信心与定力，持续提升企业经营能力，完成企业各项工作任务，确保食盐市场主渠道、主力军的作用，保障食盐质量安全和供应安全。

【盐业作风整治】 2022 年，广东省盐业集团梅州有限公司五华分公司按照《广东省广盐集团股份有限公司 2022 年党风廉政建设和反腐败工作要点的通知》（广盐党〔2022〕49 号），开展作风整治专项行动，狠抓作风建设，把纪律挺在前面。制订客户经理市场营销考核办法，明确客户经理营销推广、品牌宣传、客情维护、货架维护、市场访销等工作职责和要求。完善薪酬激励机制，激发员工工作积极性。

【盐业市场供应】 2022 年，广东省盐业集团梅州有限公司五华分公司牢固树立“市场为导向、顾客为中心、效益为目标”的经营理念，以全面提升企业经营能力为目标，落实各项经营工作。提升网络体系建设，强化市场竞争意识。广东省盐业集团梅州有限公司五华分公司作为五华全县人民的食盐市场供应单位，积极配合县市场监督管理局，狠抓市场监管一刻不放松原则，肩负着 9958 家流通环节食品经营（包括食盐批发企业）、餐饮服务经营、小作坊经营使用食盐安全等访销工作。积极对食盐市场进行访销与粤盐品牌宣传，针对在市场访销发现违规购进外省盐的认真做好登记，及时向当地市场监督管理局汇报和沟通，保障全县人民食盐的安全。

（华盐办）

财政·税务

财　政

【简况】 2022年，五华县财政工作在县委、县政府的坚强领导下，在县人大、县政协的监督和支持下，坚持以习近平新时代中国特色社会主义思想为指导，认真贯彻落实中央和省、市、县的各项决策部署，坚持稳中求进工作总基调，实施积极的财政政策推动高质量发展，加快建立现代财政制度，财政运行积极稳健，预算执行良好，有力推动全县经济社会的持续健康发展。一是2022年五华县一般公共预算收入累计完成124300万元，同比增长2.26%，增速排名全市第一，总量排名全市第二。其中，税收收入累计完成60505万元，同比减幅17.46%，非税收入累计完成63795万元，占比51.32%。政府性基金预算收入累计完成39825万元，其中，国有土地使用权出让收入30318万元。二是，2022年全县一般公共预算总收入988767万元，同比减幅15.39%，其中，县本级一般公共预算收入124300万元，为年度预算（调整预算）的99.28%，同比增长2.26%；上级补助收入731827万元；债券转贷收入42424万元；上年结转71614万元；调入资金18347万元；动用预算稳定调节基金255万元。

【抓好国有资产资源处置收入】 2022年依法依规办理资产处置报废53宗，拆除房屋9宗，资产拍卖17期，拍卖标的总数95笔，拍卖成交标的43笔，成交价7590万元，溢价168万元。确保国有资产的保值、增值和安全完整。

【争取上级支持收入】 动员各镇各单位，积极向上争取项目和资金支持，深入研究《支持梅州对接融入粤港澳大湾区加快振兴发展总体方案》，吃透中央、省、市扶持方向，以生态环保、旅游产业、城乡基础设施、农业产业化、乡村振兴等为重点，努力向上争取项目和资金支持。2022年1—12月，全县47个单位（含四大集团）累计向上争取项目资金452836.13万元，完成总目标金额的87.81%；2022年五华县获得新增债券资金11.64亿元，债券资金支出使用率100%。

【推进涉农资金统筹整合】 2022年，五华县向省级申报涉农项目共获得省级涉农转移资金 68948 万元，其中，获得农村集中供水省级奖补资金 7225 万元、四好农村路省级示范县奖励 1000 万元，争取涉农资金总量连续多年位居全市第一。同时，提前开展 2023 年度涉农资金项目入库申报，组织县涉农相关单位抓好 2023 年度涉农资金项目入库储备培训工作，提高入库储备项目的针对性和储备质量，争取更多的涉农资金支持乡村振兴领域，至年底，省级已提前下达五华县 2023 年省级涉农转移支付资金 41164 万元。

【服务保障民生】 注重教育优先发展。一是扎实推进教育惠民政策落实。2022 年拨付教育惠民资金 3846.66 万元。其中义务教育家庭经济困难学生资助 677.36 万元、学前教育家庭经济困难儿童资助 230.35 万元，普通高中国家助学金 479.9 万元、普通高中免学费补助 108.64 万元，中职国家助学金 55.8 万元、免学费补助 288.61 万元，原民办代课教师生活困难补助 2006 万元，确保各项惠民政策得到有效落实。二是加大中小学校校园校舍建设，2022 年拨付 8422 万元推动各级各类学校建设。三是发展特色教育，投入 393 万元承办 2022 年广东省青少年校园足球夏令营活动；积极开展小学、初中、高中足球三级联赛，有全国、省级、市级青少年足球特色学校 88 间；拨付 44.8 万元承办 2022 年梅州市“满天星”经营训练营暨参加广东省第十三届中学生运动会足球项目运动员集训等活动。四是推进义务教育优质均衡发展。2022 年投入 491 万元用于民办义务教育学位补贴经费，通过在民办义务教育学校购买学位的方式增加公办义务教育学位供给，优化义务教育公办民办结构。

不断提高医疗保障水平。一是拨付 5187.14 万元用于新冠疫情防控经费，按照特事特办、急事急办原则，优先保障疫情防控经费，加快资金拨付使用。二是拨付 20307 万元用于县人民医院、第六人民医院、精神卫生中心大楼建设。三是拨付补助资金 469 万元，将核实符合条件 10 年以内的农村接生员和赤脚医生纳入“三保”保障范围。四是 2022 年 7 月开始，拨付 10700 万元将 30 间基层卫生院和县妇幼保健院、县慢性病防治站在职人员工资纳入财政统发，保障职工待遇。

加大底线民生投入。一是足额保障社保基金支出。拨付 65040 万元用于机关事业单位养老保险待遇支出；拨付 91587 万元用于企业职工养老保险支出；拨付 39149 万元用于城乡居民养老保险支出。二是提高基本民生保障水平。拨付 12709 万元提高低保对象每月补助标准；拨付 1599 万元提高孤儿基本生活最低养育标准；拨付 4691 万元提高特困人员每月基本生活标准；拨付 6644 万元，将城乡低保对象、建档立卡贫困人口政策范围内基本医疗救助比例提升到 80%以上；拨付 10033 万元提高残疾人生活补贴；拨付 9280.27 万元用于退役安置、优抚对象生活补助、高原兵和大学生入伍一次性生活补助；拨付 237 万元用于 0—6 岁残疾儿童康复补助；拨付 960.2 万元用于技工院校国家奖学金、助学金和免学费补助。拨付 220.4 万元为 371 户贫困残疾人家庭无障碍改造。

着力支持加强耕地保护和地力提升。全年安排资金 7162.79 用于新建高标准农田 1760 公顷，完善农田水利基础设施建设，提高农业质量效益；安排 1494.675 万元用于基本农田保护，提升耕地质量；安排 2549.56

万元用于推进撂荒耕地复耕复种，调动农民和经营主体复耕复种积极性。争取省级小型农田水利建设试点项目资金2500万元，用于粮食生产的农田水源工程和灌排渠道（圳道）工程、农田水利基础设施建设等，涉及河东、转水、安流、水寨4个镇29个村，惠及农田面积833.33公顷。

补齐农村基础设施短板。一是加快推进“四好农村路”建设，全年统筹涉农资金5599万元，完成对行政村道路提档升级和农村公路养护；安排6500万元用于农村村内道路建设，完成村内道路攻坚114千米。二是提升乡村风貌管控，安排4247万元用于改善人居环境风貌管控提升，支持镇级创建乡村振兴示范带，重点打造华城、转水、龙村、安流、横陂以及河东镇油田片区村村联动示范带。三是推进农村集中供水建设，安排4114.89万元推进实施农村集中供水全覆盖巩固提升，加快建立农村供水“三同五化”保障体系；安排1600万元用于县城污水处理运维，加快推动城镇生活污水治理“双转变、双提升”。四是实施农村污水处理建设，统筹省级涉农资金1684.84万元和乡村振兴驻镇帮镇扶村资金7020万元合计8704.84万元，用于农村生活污水设施处理建设和维护。五是发展壮大村集体经济，安排4580万元用于229个村发展壮大村级集中经济项目，有效增加村级集体经济收入，确保每村集体经济收入达10万元/年以上。

推进水利基础设施建设。一是全面推进河长制湖长制，安排1376万元全面落实河长制湖长制，完成688千米河道管护任务。二是推进水土保持综合治理，安排水土保持资金3599.62万元，推进三源水生态清洁小流域治理水土流失面积30平方千米、牛石水生态清洁小流域治理水土流失面积38.5平方千米、大都河生态清洁小流域治理水土流失面积6.5平方千米。三是支持农村水利建设，安排7890万元用于五华县岩前水库除险加固工程，完成中央预算内投资水利项目；安排4299.49万元用于支持农村水利建设，重点改造水寨七都涝区治理工程。

全力支持生态文明建设。一是安排3956万元用于造林及抚育建设，重点支持完成新造林面积846.67公顷、大径材抚育400公顷以及高质量水源涵养林抚育、低效林更新改造等。二是推进林业有害生物防控体系建设，安排429.94万元用于松材线虫病和马尾松毛虫病防治；安排414.57万元用于自然保护地整合优化和食用林产品质量安全监测。三是推进森林火灾预防，安排1677.24万元用于支持森林火灾风险普查工作和新建2000千米生物防火隔离带及维护。四是全面推进林长制，安排300万元用于森林资源保护与监测，重点完成1个林长制综合管理平台、4个林长制改革示范点和16个林长制惠民绿园项目。

落实强农惠农政策。2022年安排7609.43万元用于发放耕地地力保护补贴、一次性种粮补贴、生态公益林补偿、大中型水库移民后期扶持补贴、休禁渔渔民生产生活补贴以及农机器购置补贴等各类惠农资金。安排3500万元用于农业政策性保险保费，对农户和农业企业购买政策性农业保险进行补贴，落实应保尽保。

文化事业蓬勃发展。一是大力发展体育事业，拨付3800万元扶持梅州客家足球俱乐部参加中超联赛，确保赛事顺利进行；拨付1189万元用于奥林匹克体育中心、长乐游泳中心运营；拨付600万元用于扶持梅州客家女子足球超级联赛保级奖励、400 万元用于梅州客家足球职业足球后备梯队扶持资金；投入 130.79 万元用于承办第十六届曲棍球比赛。二是完善公共文化服务体系，积极配合部门向上争取专项债券资金 1 亿元，推进五华县融媒体制播中心建设；拨付 1234 万元用于县委党校建设；拨付 214 万元用于农村电影、戏剧等文化活动；投入 162 万元推进图书馆、文化馆等公益性文化设施免费开放，综合文化站奖补等。

【积极应对疫情，助企纾困稳岗】　深入贯彻落实国务院扎实稳住经济一揽子政策措施，全年发放各类就业创业补贴 644.17 万元，扎实开展“三项工程”，开展“南粤家政”培训 1135 人、“粤菜师傅”培训 572 人，“广东技工”等各类技能人才培训 3739 人，分别完成年度目标任务的 141.88%、286%、124.6%；扶持就业创业 2547 人次；审核灵活就业社保补贴申请 1454 人，共 7100 人次；审核创业担保贷款贴息业务 55 笔；新增发公益性岗位 4 个，公益性岗位安置累计 4 人。创新线上线下劳务对接平台，促进就地就近就业，开展“百日千万网络招聘”等线上线下招聘会 71 场次，累计 268 家次企业参加，协助县内企业提供招聘岗位数 11114 个次，达成就业意向人数 3324 人次，协助 2663 人就业。

【巩固脱贫成果，推进乡村振兴】　2022 年上级下达五华县乡村振兴驻镇帮镇扶村资金有 32816 万元（包含省级涉农安排 17600 万元）以及县本级配套 1600 万元，合计 34416 万元。按照《五华县乡村振兴驻镇帮镇扶村资金筹集使用监管办法》等要求，在资金安排上，根据县乡村振兴局牵头制订的使用方案安排用于补齐乡村振兴领域短板弱项，主要包括：发展壮大村级集体经济、撂荒耕地复耕复种补贴补助、巩固拓展脱贫攻坚、推进“一村一品、一镇一业”建设、村内道路升级改造、村庄风貌提升和农贸市场改造等。据统计，县农业农村局（乡村振兴局）向财政申报拨付资金 10432.97 万元。

【深化财政管理改革，加快建立现代财政制度】　一是扩大国库集中支付范围，全年国库集中支付拨付资金 93.6 亿元，其中直接支付资金 67.86 亿元，授权支付资金 25.73 亿元，拨付资金总额对比 2021 年同期减幅 11%。二是全力做好全县行政事业单位的采购服务，全年采购 6.74 亿元，其中公开招标采购 5.36 亿元，中标金额 4.98 亿元，节约资金 0.38 亿元，节约率 7.06%。三是加强工程预结算审核评审，全年审核工程项目 221 个，送审造价 18.934 亿元，其中，预算项目 53 个，送审造价 4.564 亿元，审定造价 4.357 亿元，核减 0.207 亿元，核减率 4.53 %；结算项目 168 个，送审造价 14.368 亿元，审定造价 12.967 亿元，核减 1.401 亿元，核减率 9.75%。

（钟　华）

税　务

【简况】　2022 年，国家税务总局五华县税务局组织税费收入 38.65 亿元，扣除增值税留抵退税因素还原后可比（下同）增长 7%；同比增收 0.25 亿元，增长 0.65%。其中组织国内税收收入 14.68 亿元，可比下降 12.5%，同比减收 4.89 亿元，下降 24.99%。组织费金收入 23.98 亿元，同比增收 5.15 亿元，增长 27%。2022 年，全县共办理增值税留抵退税 158 笔，退税金额 24325.86 万元；“六税两费”减免 3082.53 万元；小规模纳税人新增减免增值税 2732.41 万元；小型微利企业减免企业所得税 6954.25 万元；累计办理社保费缓缴费额 449.99 万元。

【税收征管】 2022 年，国家税务总局五华县税务局紧紧围绕深化改革战略部署，全面压实主体责任，坚持一级抓一级，层层抓落实，集中力量进一步提升税收管理服务水平。

大力加强税收征管。一是加强税种精细管理。全面加强 2021 年度企业所得税汇缴申报数据准确性监控，汇缴入库 8008.44 万元；核查研发费用加计扣除调增应纳税所得额 741.23 万元，补缴税款及滞纳金额 45.10 万元。稳妥有序完成 2021 年度综合所得个人所得税汇算工作，全年申请退税 18112 人，申请退税金额 651.93 万元，申报非豁补税 503 人，补税金额 161.41 万元。认真落实印花税法，印花税入库 1865 万元。全力推进土地增值税清算工作，全年共完成 8 个项目清算，实现清算入库 3250.8 万元。加强与县自然资源局的协作机制，推动提高耕地占用涉税事项管理水平，全年耕地占用税入库 11531 万元，其中双龙高铁项目入库 875 万元。房产税、城镇土地使用税实现由“以户管税”向“以地管税”转变，全年房土两税入库 3455 万元。二是强化欠税管理。在密切关注新增欠税风险的同时，针对欠税大户和历史遗留问题，采取约谈纳税人、查询银行账户、增值税留抵抵欠、抵缴欠税、制订清欠计划等措施，全年共征缴欠税 4684 万元。三是认真开展风险核查。依托各涉税数据平台对企业开展风险评估风险，督促企业补缴税款 1122.96 万元，滞纳金 21.91 万元，增值税抵减留抵金额 1143.52 万元，企业所得税调整应纳税所得额 1483.08 万元。四是做好社保费和非税收入征收管理，其中全县入库国有土地使用权出让收入 2.3 亿元，矿产资源专项收入 7191 万元，残疾人就业保障金 1150 万元。五是严格规范公正文明执法。全面落实《广东省税务系统规范税务行政处罚裁量权实施办法》，实时跟踪开展裁量权适用不当问题自查自纠工作，强化税务执法内部控制和监督，严格执行“首违不罚”清单。

深入推进征管改革。紧紧围绕中办、国

2022 年 3 月 25 日，五华县妇联主席张玉珍（第二排左四）、五华县税务局局长李郁轩（第二排左六）到第一税务分局参加“广东省巾帼文明岗”授牌仪式

办的《关于进一步深化税收征管改革的意见》，稳步实施发票电子化改革，完成数字化电子发票推广 5434 户。积极开展大数据分析应用开发，在市税务局的支持下，成功开发“外埠报验建筑业纳税人全生命周期管理”新应用，在省税务局“智税·2022”应用创新赛中荣获二等奖，依托该应用上线，共计查补跨区域经营纳税人税款 1643.74 万元。依托税收大数据和涉财税源共享数据，全年共督促资源性行业、建筑安装企业、摩托车与电动车销售行业补缴税款 863 万元。切实加强增值税留抵退税后续管理，严查狠打骗取留抵退税违法违规行为，全年共计追回多退留抵退税 3201 万元。

以税资政服务发展。围绕服务五华经济发展大局，深入开展税务调研和税收经济分析，积极以税资政、服务地方党政领导决策，全年共提交 12 篇税收分析专题报告，共计为 18 个招商引资项目提供税费分析研判和风险评估。

【纳税服务】 2022 年，国家税务总局五华县税务局始终坚持“以纳税人、缴费人为中心”的服务理念”，持续优化税收营商环境。一是深入开展 2022 年便民办税春风行动。结合县内实际，围绕“智慧税务助发展，惠企利民稳增长”活动主题，扎实推进各项便民举措落到实处，其中，新办纳税人“套餐式”服务、首票服务在 1 小时内办结；出口退税压缩至 1.71 个工作日内办结，远低于税务总局 5 个工作日办结要求。二是整合重组线下办税资源。按照“集成集约、联动高效”思路，7 月成立纳税服务运营中心，由第一税务分局承接日常运行管理，实现全县电子税务局业务集约、高效受理和人力资源动态调配。在精准研判各办税厅业务量、纳税人缴费人分布情况和服务峰值规律的基础上，撤销 3 个办税服务厅、4 个办税服务厅改设为办税服务点。积极参与五华县地方政务服务能力提升、打造一流服务品牌建设工作的部署安排，第一税务分局（办税服务厅）整体进驻县政务服务中心。三是大力推行“非接触式”办税缴费服务。全县电子办税率为 96.8%，位于全市前列。与县直、镇、村等单位密切配合，推动“税村共建”，引导群众在全县村（居）的 478 台“粤智助”政府服务自助机上办理税费业务。

（梁丽娟）

金融·保险

中国人民银行五华县支行

【简况】 2022年，中国人民银行五华县支行坚持以习近平新时代中国特色社会主义思想为指导，深入学习贯彻党的二十大和十九届历次全会精神，认真贯彻落实党中央和县委县政府的各项工作部署，以党的建设为引领，紧扣金融支持乡村振兴和金融生态示范区建设两条业务主线，担当作为、攻坚克难，统筹推动全面从严治党、金融服务实体经济、防范化解金融风险、践行“金融为民”等履职工作，为五华县经济社会健康发展提供了有力金融支撑。

【落实金融政策助推地方经济】 扎实落实稳住经济一揽子政策措施，统筹做好金融支持稳增长、保就业各项工作。加强信贷政策指引，确保信贷总量合理增长。截至2022年9月末，全县金融机构各项贷款余额230.91亿元，比2021年同期增加17.56万元，同比增长8.23%，全县存贷比达64.09%，全市排名第三，信贷结构进一步优化。用足用好货币政策工具强化金融助企纾困。认真落实普惠小微贷款延期支持工具和普惠小微企业信用贷款支持计划两项直达工具的接续转换工作，累计办理普惠小微贷款支持工具3笔，涉及名义本金30589.79万元；发放支农再贷款3笔，金额6182万元；发放支小再贷款5笔，金额6585万元，惠及农户、涉农企业、小微企业和个体工商户100多户，为农户和农企节约成本近100多万元；发放普惠小微贷款提供激励资金461.21万元，推动增加贷款投放3.06亿元，增强地方法人机构普惠金融服务能力。强化对重点领域和薄弱环节金融支持力度。聚焦首贷掣肘点，指导金融机构持续赋能首贷金融服务，累计开展56次融资对接会，新增首贷户750户，发放贷款6.78亿元；继续推动五华县实体经济“应急转贷业务”，将受益范围扩大至辖区内所有市场主体，累计为87家企业办理转贷业务87笔，金额8.18亿元；坚持深入一线，及时向金融机构提供重点行业企业名单和重点项目清单，指导金融机构主动对接，加大对制造业、基础设施、绿色发展等重点领域信贷支持力度，截至9月末，五华县制造业贷款增加19.43亿元，同比增长10.97%；基础设施业贷款余额38.41亿元；

绿色贷款余额16.3亿元，同比增长2.39%。落实金融支持全面推进乡村振兴政策部署。坚持多方联动，凝聚纵横工作合力，与县金融局、乡村振兴局联合印发了《五华县金融助力乡村振兴15条》，在全市率先系统梳理汇编了乡村振兴信贷产品简介、适用对象、申请条件、联系方式等相关信息，并以线上+线下的方式向企业、农户集中推送，畅通贷款申请渠道；推动设立乡村振兴信用贷款风险补偿基金2000万元，给予本金80%的风险代偿及贷款利息，以“风险补偿+信用担保”，破解重点企业供应链上游主体的融资瓶颈；推动发放农发基础设施基金贷款2笔，金额1.77亿元；开展“践行普惠金融助力乡村振兴”活动，为转水镇授牌“普惠金融服务点”，并指导五华农商行为三源村、长源村、畲柯村进行信用村授牌，总授信额度达1亿元；主动下沉服务，指导银行系统选派金融助理、金融特派员470名，成立乡村振兴服务团队，专业化推动金融服务乡村振兴工作，创新产品与服务，已推出77项银行业金融产品和16项保险类金融产品，多措并举打通金融支持乡村振兴“最后一公里”，至9月末，全县涉农贷款余额150.74亿元，同比增长8.83%，增速高出同期各项贷款增速0.6%。

【强化金融服务供给】 加强存款利率监管，着力稳定银行负债成本，推动企业综合融资成本稳中有降，指导银行机构严格落实各项降费政策，累计降费801万元，惠及2.17万小微企业和个体工商户；与五华县税务局、财政局建立落实留抵退税政策会商机制，出台政策实施方案，确保政策红利直达市场主体，国库办理留抵退税157笔，金额2.27亿元，惠及纳税人133户。持续改善乡村基础金融服务。指导五华农商行加强推进普惠金融户户通工作，在448个村（居）委会和30个政务服务中心，布放了478台“粤智助”政府服务机，提供了211项政府服务和17个金融服务项目，构建起“村村通政务+户户通金融”乡村格局；健全农村信用体系建设，已对413个行政村开展“整村授信”工作，累计为20.57万户农户办理预授信及授信88.67亿元；配合农村产权流转交易工作和满足管理服务对象基本户开户许可证需求，完成农村经济合作社开户许可达3225户，有效满足农村经济组织对账户服务的需求；巩固优化银行卡助农取款服务，截至年底，全县金融机构助农取款交易81206笔，金额3665.22万元；持续推进华城镇移动支付示范镇建设，累计交易笔数为32148笔，累计交易金额为385.12万元，全市排名第一。完善金融消费权益保护长效机制。加强统筹规划，在五华县技工学校成立金融法治宣传教育示范基地和金融教育示范基地，建立“金融读书角”，配套完善金融书籍、报刊读物等知识类资料150余册，建立金融知识宣讲轮值制度，组建、培养一支金融讲师队伍，通过“课堂+课外”“线上+线下”等方式推进金融知识普及常态化阵地化；与五华县教育局、金融局签订《全面推进金融法治宣传和教育工作合作协议》，分阶段地对全县中小学师生开展金融知识宣传普及，截至年底，已开展活动6场次；与五华县公安局联合制定《五华县常态化警银联合宣传方案》，整合公安、银行系统宣传资源，针对“一老一少”、县域乡村等重点人群联合宣传教育活动5场次，将反电信诈骗纳入五华县村（社区）党组织书记推进乡村振兴专题培训内容。深化金融纠纷多元化解机制建设。打造人民调解委员会办公室（调解室），组建一支金融调解员队伍，建立常态化的信息互动机制，联合县司法局组织开展调解基本技能培训，提高金融调解队伍工作能力，截至年底，妥善处理金融消费投诉12件，成功调解金融纠纷案2宗。做好征信管理和服务工作。继续推广应用个人信用报告自助查询机查询业务，依法合规提供信息服务，共查询个人信用报告15090份，查询企业信用报告401份，全年无个人信用报告异议。强化现金服务管理。建立长效小额现金供应机制及反假机制，加大小面额现金投放力度及残钞兑换服务，扎实推进人民币反假宣传，累计开展人民币反假宣传活动5场次。扎实做好国债工作。建立国债轮值宣传制度，共开展宣传活动7次，累计发放宣传资料800余份，储蓄国债销售额达318.05万元，撰写国库及国债相关材料11篇，被上级国库采用2篇，获地方政府批示一篇。

【**金融风险防控**】 坚决落实党中央“发展要安全”的明确要求，以“时时放心不下”的责任感和态度，牢牢守住不发生系统性区域性金融风险底线。加强对地方法人金融机构流动性监测。建立每日每周监测制度，定量分析稳健性和风险状况，完善风险预警指标和监测指标体系，重点关注资本充足率、资产质量、盈利能力、市场风险敏感性等指标，通过风险警示、约谈整改等方式，压实责任，推动法人机构金融风险稳妥有序化解。强化重点领域风险监测和应对。设立金融稳定信息员，加强对金融外部风险的监控，重点对投资公司、担保公司、非法集资等高危机构和高风险领域的动态进行监测和预判，共上报送5期风险监测专报。做好大型企业债务违约监测预警，制定接续融资和债务重组预案，积极妥善应对不良资产反弹，坚决打击逃废债行为，维护区域信用环境和金融秩序。切实防范化解房企风险，配合地方政府做好保交楼，在市场化、法治化框架下提供开发贷、并购贷、个人住房贷款和续贷等金融支持。精准打击非法金融活动，维护地方金融秩序。开展“征信修复”乱象专项治理“百日行动”工作，与五华县市场监督管理局联动，对五华县企业名称和经营范围中含有征信字样的企业进行了全面排查，对两家违规使用“征信”等金融字样的企业进行了整改；深入推进电信网络诈骗治理，持续加大新开银行结算账户的调查及宣传力度，建立警银联合教育机制，成功劝退20多起可疑开户、转账；强化非现场账户监管，账户备案系统为辖区银行提供企业监测查询信息1000多条，通过备案系统监测发现、共享的企业异常开户案例累计30多条；积极开展个人账户风险排查，至2022年底，重新核实14388户账户的合规性，有力阻断账户潜在涉案风险。

（古小伶）

中国农业发展银行五华县支行

【**简况**】 2022年以习近平新时代中国特色社会主义思想为指导，认真贯彻党的二十大和十九届历次全会精神，全面落实2022年总行及省、市分行党的建设工作会议和年度工作会议精神，坚持党建统领，坚守农业政策性银行主责主业，坚持服务保障国家粮食安全和战略物资储备，坚持提升服务实体经济能力，全力服务地方乡村振兴，各项工作稳步提升、卓有成效。

【发挥政策性银行角色职能】 2022 年全年贷款收回率 100%，无不良贷款。助力国家粮食安全之路。至 2022 年 12 月末，企业客户库存粮食 23991 吨，补贴到位率为 88.58%。严格按要求存量核查工作，做到每月不少于一次到企业各库点进行库存核查，做到银行库存台账、企业会计账、保管账三账账实相符，按照“有库必到、有粮必查、有账必核、查必彻底”的原则，逐库逐仓检查，确保储备粮库存数量真实、质量可靠。全力服务乡村振兴建设。全力作答切实发挥“当先导、补短板、逆周期”作用，进一步强化政银合作和银企联动，助力融资项目平稳落地。2022 年全年共发放中长期项目贷款 5227.42 万元，全年共收回中长期项目贷款 3056.2256 万元。极答好基础设施基金任务卷。为深入贯彻党中央、国务院关于全面加强基础设施建设的决策部署，落实国务院关于新时代支持革命老区振兴发展的意见，充分发挥农业政策性银行职能作用，紧盯目标，成功协助投放农发基础设施基金两个项目，高质量完成支持重大项目建设重要任务，为助力革命老区巩固拓展脱贫攻坚成果贡献力量。

【融资存款业务】 为进一步降低资金成本，提高经营效益，牢固树立“存款增效、存款兴行”意识，认真落实总行和省、市分行存款工作部署，积极转变存款营销观念，不等不靠，主动出击。强化高层营销，深入走访政府各部门、企业，多措并举稳存增存。以贷款项目为引线，积极主动与客户沟通，深入了解目标客户的资金使用规律，制定个性化营销方案。截至年末，共营销有效客户 6 户。

【信贷风险防控】 高度重视信贷风险防控，坚持问题导向，加强信贷各环节管理，严格信贷准入、客户调查，强化贷后监测，严格资金支付审查、严格贷后管理检查、按时收回贷款本息、密切关注地方政府财政状况和债务化解进展，强化各类风险综合管控。

【柜面基础管理】 一是完成重要岗位轮换。二是做好对账管理工作。全年银企、人行、同业对账均相符，全年核算无差错。三是落实查库管理规定。

【运营条线任务】 提升账户管理水平。提升集约化、线上化和自动化水平，为客户提供更加专业和优质的金融服务。加强对操作手册、培训 PPT、操作提示的学习，提高柜面人员操作规范性、合规性，最大限度减少退件发生。

【减费让利】 根据总行《关于推进减费让利工作的通知》，免除全部客户柜面、网上银行、手机银行渠道跨行转账汇款手续费，免除网上银行、手机银行证书年服务费和 USB、蓝牙 KEY 工本费，免除小微企业和个体工商户结算账户开户手续费，账户管理费。对全部客户免收本票和银行汇票的手续费、工本费、挂失费及支票工本费、挂失费，免收中小微企业询证回函服务费等。2022 年各项手续费减费规模达 3.71 万元，切实降低小微企业和个体工商户等市场主体经营成本。

【反洗钱管理】 根据反洗钱工作管理有关规定，严格执行客户准入制度。利用全国企业信用信息公示系统、企查查等第三方平台核查申请开户企业，利用公民身份信息联网核查系统对法人身份证及经办人身份证进行联网核查。及时做好综合业务系统、新核心系统、账户管理系统、反洗钱管理系统的客户身份信息采集、录入。针对存量客户和日常交易，严格执行反洗钱风险防控规定，对客户交易情况详细了解其资金来源、资金用途、经济状况或者经营状况，持续关注受益所有人信息变更情况，及时提示客户更新身份资料信息。

（古茹萍）

中国农业银行股份有限公司五华县支行

【简况】 中国农业银行股份有限公司五华县支行坚持以习近平新时代中国特色社会主义思想为指导，坚守服务实体经济本源，坚持把金融服务的着力点放在支持实体经济上，主动聚焦国家及五华当地经济社会发展重点领域及基础设施建设项目，大力发展先进制造业、绿色能源、战略性新兴产业、乡村振兴、普惠小微等重点领域，用足用活本行差异化政策，不断创新金融服务模式，加大资源倾斜力度，综合运用信贷多种方式提供综合性融资支持，金融支持重大基础设施项目建设尽快落地，不断提升金融服务实体经济质效，助力五华经济高质量发展。

【业务发展】 2022年，中国农业银行股份有限公司五华县支行各项业务稳健发展，本外币各项存款余额51.45亿元，比年初增长4.01亿元，存量位居四行同业第一。2022年末，各项贷款余额48.59亿元，比年初增加4.98亿元。积极落实国家政策性开发性金融工具支持基础设施建设有关部署要求，为加快基础设施项目建设提供配套融资支持。2022年9月高效落地某医院设备更新贷款2000多万元。大力发展绿色金融，把绿色金融作为推进绿色经济转型发展的重要抓手，不断完善涵盖绿色信贷、绿色投放、绿色租赁等多元化的绿色金融产品和服务体系，扩大提升绿色金融服务质效和覆盖面，全力保障绿色贷款加快投放，助力经济绿色低碳转型和绿色经济加快发展，2022年全年向五华县惠农新能源（光伏发电），梅州抽水蓄能（水力发电）累计发放贷款16449万元；2022年全年五华农行向五华县当地中小微企业76家累计发放158笔共37109万元。发挥网点、团队和渠道优势，通过实地走访、信息采集等方式，深入了解村民生活生产经营需求，对客户进行分类管理，以点带面推动信用村、信用户建设，营造良好金融生态环境，全年发放农户信息建档贷款2031笔、金额超18042万元。

（古琳琳）

中国工商银行五华支行

【简况】 2022年度，中国工商银行五华支行紧紧围绕五华县委、县政府的中心工作，认真落实省市分行的工作部署，结合当地实际情况，“与客户共同成长、靠服务创造价值”，提出“人人做、天天做”，“狠抓过程管理 落实拓面提质”经营模式，因地制宜服务支持好实体经济，继续保持良好的发展态势。“存贷比”继续上升。年末“存贷比”为 128.2%，比年初上升 12.74%。各项贷款继续保持增长。各项贷款时点余额为 22.67 亿元，比年初增加 2.06 亿元，信贷结构进一步优化。各项存款时点余额为 17.67 亿元，比年初减少 0.21 亿元。全年中间业务收入 778 万元。信贷的投放推动拨备前利润增长，全年实现拨备前利润 6816 万元，比上年同期增加 262 万元。全年安全运营无事故，确保平安金融。

【支持地方经济建设】 2022 年度，结合当地实际情况，“与客户共同成长、靠服务创造价值”，提出“人人做、天天做”，“狠抓过程管理 落实拓面提质”经营模式，切实加大实体经济的支持，同时主动“减费、让利”，持续降低小微企业融资成本。2022 年度累计发放 8 亿元，其中投放公司贷款 5.6 亿元、个人贷款 2.4 亿元。年末各项贷款时点余额为 22.67 亿元，比年初增加 2.06 亿元。“存贷比”（贷款余额 ÷ 存款余额）为 128.2%，比年初上升 12.74%，向总行拆借资金支持五华县地方经济建设。

（黄朝松　刘伟洪）

中国建设银行股份有限公司五华支行

【简况】 2022 年，中国建设银行股份有限公司五华支行实现账面净利润 11171 万元，比上年增加 2131 万元；实现中间业务收入 2951 万元。

【业务经营】 一是负债业务持续发展。一般性存款余额 24.54 亿元，比年初新增 -3.03 亿元；其中，企业存款余额 7.17 亿元，个人存款余额 17.37 亿元，比年初增长 2.11 亿元。二是资产业务快速发展。2022 年各项贷款余额 34.52 亿元，比年初增长 4.15 亿元，存贷比从年初的 130% 提升到 141%，贷款新增及存贷比提升在系统内及当地排名第一，体现国有大行之担当，实现资产业务快速发展。三是创新产品服务。截至 2022 年底，涉农贷款（乡村振兴类）余额 8.197 亿元，助推五华乡村振兴工作的深入开展，全力支持五华地方经济和中小微企业的发展，提升脱贫攻坚与乡村振兴的有效衔接。

（曾汉忠）

广东五华农村商业银行股份有限公司

【简况】 2022 年，广东五华农村商业银行股份有限公司（以下简称五华农商银行）高举习近平新时代中国特色社会主义思想伟大旗帜，积极贯彻落实金融监管政策，持续加强党的全面领导，存贷款业务规模持续增长，履行五华金融长子的责任担当，积极融入五华经济发展的大潮流中，全县开展广东农村金融（普惠）户户通工作，全年取得较好的经营业绩和工作成效。截至 2022 年末，五华农商银行各项存款余额 145.61 亿元，对比年初增加 10.84 亿元，增长 8.05%，存款市场占有率 40.57%，对比年初提升 1.11%。五华农商银行各项贷款余额 90.22 亿元，对比年初增加 7.94 亿元，增长 9.65%，贷款市场占有率 38.33%，市场份额与年初基本持平。存贷款市场份额继续保持县内银行机构第一。

【服务县域经济发展】 五华农商银行坚守

支农支小定位，践行乡村振兴战略。一是涉农贷款稳步增长，支农支小力度持续加大。截至12月末，该行涉农贷款余额75.69亿元，对比年初增加11.27亿元，增长5.60%，涉农贷款占各项贷款的83.89%；小微企业贷款余额49.23亿元，对比年初增加8亿元，增长19.42%，占各项贷款的54.57%。二是持续加大政府重点项目和民生项目的支持力度。截至12月末，五华农商银行支持县内的省市县重点建设项目授信金额4.87亿元，贷款余额3.74亿元。三是加快整村授信工作，助力农户共同富裕。截至12月末，五华农商银行已完成整村授信行政村413个，授信及预授信217437户，整村授信金额（含预授信）133.91亿元，整村授信贷款余额24.69亿元。四是持续加大普惠型信贷产品的投放力度。截至12月末，五华农商银行已累计发放“光伏贷”93笔、金额1690万元，对比年初增加1600万元；“农担贷”2笔，金额492万元；“生猪贷”5笔、金额782.88万元，对比年初增加190.88万元。

【普惠金融发展增速】 五华农商银行全力推进户户通工作，普惠转型实效显现。一是将户户通工作纳入全行年度重点工作，领导班子定期和机关部室带头深入网格走访企业和个体工商户，全面完成“五个一”工作目标。二是主动争取政府部门支持。2022年1月16日五华县人民政府印发《五华县普惠金融户户通工作实施方案》，并将户户通工作列入政府年度重点工作。三是“内派+外聘”特派员齐发力。五华农商银行有金融特派员555名，其中内派金融特派员108人，外聘金融特派员447名，派驻覆盖全县447个村居，实现“一特派”所有村居全覆盖。四是出台多样化的考核激励机制，全力提升户户通贷款签约率。通过领导带队、全员营销、组建贷款营销精英团队、组建三人营销小组等方式开展全面营销。截至12月末，五华农商银行贷款总户数41208户，对比年增加27151户，增幅193.15%；普惠型贷款签约覆盖率达20.22%，在全省30家试点机构中位列第六，超额完成省联社下达的18%的工作任务；一把手挂点镇户户通排名第一。

【积极履行社会责任】 五华农商银行积极履行社会责任，体现金融主力军的责任与担当。一是积极开展“3·15”消费者权益保护日、金融知识万里行等宣传活动。二是加大支付结算宣传。2022年开展支付结算现场宣传24次，派发宣传资料6400多份，覆盖群众6500多人。三是扩大反诈宣传覆盖面。五华农商银行共印制反诈宣传海报117幅，宣传折页2万页、宣传卡片6万张，发送各类反诈宣传短信共99.3万条。四是组织本行员工参与政府组织的献血活动。2022年五华农商银行员工献血达58人次。

（钟伟权 廖远花）

中国邮政储蓄银行股份有限公司五华县支行

【简况】 2022年，中国邮政储蓄银行股份有限公司五华县支行在分行党委的正确领导下，以党的二十大精神统领全局，认真贯彻分行经营战略决策，坚持效益、质量、规模协调发展的方针，外拓市场开发与营销，内抓能力建设和管理，全力促进各项业务的持续健康发展。以“党建引领 合规首位”为指南，支行实现全年安全无事故。

【业务经营】 2022 年，中国邮政储蓄银行股份有限公司五华县支行各项业务稳健发展，全年取得较好的绩效。截至 2022 年 12 月末，实现全年收入超 7000 万元，各项存款 77.13 亿元（含邮政代理），市占率 23.02%，位居同业第二。各项贷款 14.51 亿元，市占率 6.21%，位居同业第五。

【乡村振兴】 2022 年，全面贯彻落实县委、县政府推动金融支持乡村振兴工作的要求，基于长期服务“三农”的积极实践与探索，立足自身资源禀赋，明确服务乡村振兴的工作框架和实施路径。依托政府、协会、企业等资源，根据五华县地方的经济实际，结合该行服务“三农”的定位，推出适合五华县乡村振兴的金融产品，研究制定综合金融服务方案，加大地方农业特色优势产业支持力度。截至 2022 年 12 月末，中国邮政储蓄银行股份有限公司五华县支行涉农贷款结余约 7.3 亿元，年净增超 2000 万元。普惠型涉农贷款结余约 3.2 亿元，普惠小微贷款结余超 1.27 亿元。发挥邮银协同优势，加快县域移动支付场景建设，将金融服务嵌入农村政务、农资购销、特色产业链群、专业市场等应用场景。按照“信用即财富”的思路，积极推进“信用村”建设。截至 2022 年 12 月末，新建信用村 387 个，采集信用户档案超 7371 户。（林　曼）

五华惠民村镇银行

【简况】 2022 年，五华惠民村镇银行坚持稳字当头、稳中求进的工作总基调，坚守“支农支小”的市场定位，紧扣“稳增长、优结构、强基础、控风险、提质效”的主线，以高质量发展为主题，以“优质服务巩固年”活动和“内控合规深化年”活动为抓手，以营业大楼落成启用为品牌宣传契机，实现稳健发展。2022 年 10 月 18 日，五华惠民村镇银行新总行办公大楼举行落成启用仪式。大楼建筑面积 5679.23 平方米，总层数为 8 层。一楼营业大厅设有咨询服务区、现金区、非现金区、智能服务区、金融教育区、便民服务区、自助服务区、客户休息区等，设施齐全、分区合理、环境舒适。大楼投入使用以后，进一步填补产业园区和附近农村的金融服务空白，为园区中小微企业提供优质的金融服务，助力五华县经济高质量发展。

【加大支农支小】 五华惠民村镇银行始终坚守“支农支小”的市场定位，以市场为导向，以客户为中心，持续深耕普惠金融，充分发挥“短链条、决策快”的优势，突出本源导向，聚焦实体经济重点领域，加强对制造业、绿色金融、基础设施建设、乡村振兴、民生保障等重点领域的服务对接，坚持在总量上做“加法”，在价格上做“减法”，加大信贷投放力度，在服务实体经济、践行乡村振兴责任中高质量发展自己，2022 年共发放贷款 5.36 亿元，为实体经济让利 370 余万元。

【纾困解难】 五华惠民村镇银行围绕落实纾困帮扶政策、对接金融服务需求、助力企业复工复产、加强客户服务质效四个方面，多措并举，支持小微企业复工复产、平稳发展。积极落实延期还本付息政策，根据企业申请，结合企业受疫情影响情况和经营情况，通过贷款展期方式给予企业一定期限的临时性延期还本安排。2022 年，为 28 户小微企业提供展期服务，涉及贷款金额 7910 万元。充分运用“应急转贷”平台，为企业共办理 31 笔“应急转贷”业务，涉及贷款金额 12565 万元。积极落实阶段性减息政策，对存量和新发放普惠小微贷款给予定向金融支持，2022 年，对 297 笔普惠小微贷款阶段性减息 141.01 万元。

（邓秀兰）

中国人寿保险股份有限公司五华县支公司

【简况】 2022 年，中国人寿保险股份有限公司（以下简称中国人寿）五华县支公司按照上级公司统一部署上下一心，以市场为导向，坚持发展业务和充实队伍“两手抓”，切实贯彻省市公司文件精神“以队伍建设为本，以客户经营为载体，以个险为重、队伍为本、干部为先”16 字方针，深化改革创新，使管理水平迈上新台阶。

【经营情况】 2022 年，中国人寿实现总保费 8798 万多元，全年共处理死亡给付、医疗给付赔款支出、伤残支出、满期给付、退保金、年金等支出 2913 万多元，为五华县的经济发展和人民群众的生活安定起到了良好的风险保障作用。

【辖属机构】 中国人寿保险股份有限公司五华县支公司下设华阳、龙村、梅林、棉洋、安流、横陂、锡坑、双华、郭田、油田、平南、河东、长布、潭下、周江、水寨、大坝、转水、华城、新桥、岐岭、双头 22 个营销服务部。

（刘 琴）

中国人民财产保险股份有限公司五华支公司

【简况】 2022 年，中国人民财产保险股份有限公司五华支公司在县委县政府和市分公司党委总经理室的正确领导下，在有关部门的大力支持下，公司认真贯彻学习党的十九大及十九届五中、六中全会精神和党的二十大精神，以习近平新时代中国特色社会主义思想为统领，以总公司新的发展战略为指引，紧扣（发展业务为中心，提高效益为核心，合规经营为主线）的工作主基调，狠抓各项工作的完善和落实。2022 年度经营的险种主要有机动车辆险类、财产险类、责任险类、意外伤害险类、短期健康险类和政策性业务共 40 多个险种。

【业务经营】 2022 年，实现收取全险种保费 14183 万元，其中车险 5478 万元，非车险 8705 万元（农险业务 5888 万元、医保补充“保尚保”业务 580 万元），为受灾企业和保户共支付赔款 7644.6 万元，简单赔付率 53.9%，上缴税款 373 万元。

（张健华）

教　育

综　述

【全县中小学基本情况】　2022年，全县有664所学校。其中幼儿园225所（含民办幼儿园171所），完全小学161所，教学点219个，初级中学24所，九年一贯制学校20所，高（完）中学校13所，中职学校1所，特殊学校1所。专任教师14440人（含民办幼儿园自聘专任），其中学前教育3300人，小学5624人，初中3430人，高中1969人，中职学校72人，特殊教育45人。在校学生225258人，其中学前教育学生44860人，小学生101117人，初中生52224人，高中生24780人，中职学生1997人，特殊教育学生280人。

【党建引领】　落实"第一议题学习制度"，组织师生学习宣传贯彻党的二十大精神，向市推荐5个党建工作创新作品；实施党的基层组织建设三年行动，落实局领导挂点联系党建工作以及党建指导员挂钩联系学校党组织制度。抓实思想政治建设。组织局班子成员到挂钩学校上思政课，推动中小学党组织书记、校长上好开学第一堂思政课，推动各类课程与思政课同向同行，教育引导广大干部师生把"两个确立""两个维护"融入日常。积极开展教育系统"三好一正"宣传活动。扎实开展党风廉政建设。开展纪律教育学习月活动，开展党员干部、工作人员"赌风""酒风"突出问题专项整治，扎实做好八届市委第一轮县级交叉巡察第四组对局党组巡察整改工作。

【学位扩容】　完成河东镇第五小学、潭下镇第一小学、华城镇禾岭小学、安流镇万塘小学等学校建设，新增学位5900个；实现全市首个小区配套小学无偿移交给政府举办公办小学（长乐小学），完成教师发展中心培训大楼建设。有序推进岐岭镇第一小学综合楼建设项目、岐岭镇中心幼儿园综合楼、县第八小学教学楼等项目建设。实施乡镇小学、教学点校容校貌管理提升工程，改善学校办学条件，提升办学水平。

【强师兴教】　完成第二轮"县管校聘"管理改革工作，有效激发教师内生动力，优化教师资源配置，促进教育均衡发展。加强师德师风建设，开展教育系统违规兼职取酬问题专项整治工作，开展“优秀教师、优秀校长、优秀教育工作者、优秀班主任、最美乡村教师和教学工作先进教师”等评选活动，龙村镇中心小学温少猛获广东省“五一劳动奖章”。多渠道补充缺额教师 354 名。实施名师名校长培育工程，不断提升五华县中小学校长、教师队伍的专业化水平。

【教学质量稳步提高】 开展“聚焦课堂教学变革，构建科学评价体系”活动、“区域教研联盟”大教研活动，有 4 项省级课题成功立项，县级教研基地、校本教研地基顺利通过中期检查，出版专著 1 本《特色课程探索与实践》,《教研基地建设的“五华经验”》被广东教育进行了专题报道，2022 年高考成绩实现新突破，入特控线和地方专项（重本）投档线 520 人，本科线 2554 人，600 分以上有 39 人，其中有 6 人被清华大学、北京大学录取，有 102 人被“985”、“211”、双一流院校录取。

【特色教育成效明显】 开展小学、初中、高中校园足球三级联赛，有全国、省级、市级青少年校园足球特色、向 88 所学校推广。积极承办全国、省级、市级青少年校园足球夏令营竞赛活动、“市长杯”青少年校园足球联赛，“省长杯”青少年校园足球联赛（高中、中职组）总决赛暨第一届中国青少年足球联赛高中年龄段 U16—U18 组（广东省赛区）等活动，兴华中学夺得“市长杯”全市冠军，高级中学夺得“省长杯”高中男子、女子足球赛“双冠军”，县教育局被省教育厅、省体育局评为“省长杯”“优秀组织单位”。坚持五育并举，平南中学获省中小学劳动教育特色学校；继续推进“校内课后服务 430”工程，成为广东省第一个组建中小学校内课后服务教研中心的县。

【教育扶贫扎实开展】 发放生源地信用助学贷款与考入外省大学新生资助政策简介宣传资料 8700 份,共资助学生 7.567 万人次，资助资金 4530.8275 万元。组织党员干部 240 人次深入岐岭镇 8 个联系村协助开展教育帮扶、乡村振兴、森林防火等工作，营造了全社会共同支持资助工作的良好气氛。

【校园安全常抓不懈】 扎实做好常态化疫情防控工作，推进师生、教职员工疫苗接种工作；开展校园及周边食品安全督查，实现学校食堂“互联网+明厨亮灶”全覆盖；开展交通安全、防溺水专项整治 7 场次，发放疫情防控、校园安全宣传小手册 25 万份，联合各镇开展敲门行动，走访近 8.5 万户家庭，发放宣传单 15.2 万份。通过警校联动、镇村联动，创设学校、家庭、社会协同育人的良好氛围，提升学生、家长安全意识。实现“县安全文明校园”全覆盖，23 所中小学校被评为“市安全文明校园”，8 所中小学校被评为“省安全文明校园”。

普通中小学教育

【校园安全工作】 一是加强宣传教育，提高安全意识。各学校结合实际，多措并举，采用主题班会、专题安全知识讲座、签名仪式、征文比赛、安全知识竞赛、观看警示视频后写心得体会等方式，在安全生产活动月、安全教育月等关键节点，积极开展心理健康、防火、防溺水、交通安全、防意外伤害等宣传教育，提高师生的安全意识和自防自救能力。据统计，全县中小学校共发布安全工作短信（微信）123 次；悬挂安全标语（横幅，含电子显示屏）3900 多条；出版宣传栏 1633 个；通过微信、企业微信、书面纸质等方式发放致家长一封信 9 次，共 200 多万份。二是加强部门协同，形成管理合力。发挥五华县预防学生溺水工作领导小组统筹作用，定期分析研判预防学生溺水工作。各学校通过企业微信、班级微信群发送安全提醒短信，与家长签订安全责任承诺书、家长与学生齐看交通警示视频、开展敲门行动等方式，督促提醒家长加强对学生的安全监管。开展敲门行动，走访 16 个乡镇 8.5 万户家庭，发放宣传单约 15.2 万份。联合交警和派出所共进学校 163 所、发放宣传资料 533210 多份。通过警校联动、镇村联动，创设了学校、家庭、社会协同育人的良好氛围，形成教育合力，进一步提升广大家长和学生的安全意识。三是加强督查，落实“一线三排”工作机制。各学校利用寒暑假、开学初对校园及周边进行全面的安全隐患大排查大整治，对排查出的隐患、问题，进行登记造册，强化落实“一线三排”工作机制。对排查出的隐患按照“责任、措施、资金、时限、预警”五到位的要求整治隐患，实行隐患治理闭环管理，完善“一患一档一照片”隐患整改档案建设。较小的安全隐患，如线路老化、批荡层脱落、瓷块脱落等，老建筑渗水等学校立即自行整改解决。较大的且学校没有能力解决的安全隐患及时上报相关部门，并做好沟通与跟踪整改落实工作，确保不出现安全生产事故。

【德育工作】 2022 年，德育工作以培养学生社会主义核心价值观为主线，以日常行为规范养成为抓手，以文明礼仪养成教育为切入点，全县中小学校的德育水平得到整体提升。一是开展丰富多彩的德育教育活动。组织开展未成年人思想道德建设为主线的系列德育活动，征集“喜迎二十大”征文作品 523 份、手抄报 568 份、书法作品 2632 份，组织文艺表演 63 场次，激发了学生学习美术、音乐的兴趣，培养学生的爱国情操。二是部门联动，齐抓共管。牵头制订《五华县预防学生性侵工作实施方案》，明确公安局、检察院、法院、司法局、教育局、妇联、团县委部门职责，开展宣传教育活动 27 场次，有效维护女生的健康和安全。

【教学工作】 一是以课堂教学变革为抓手，推动教与研有机融合。以开展“聚焦课堂教学变革，构建科学评价体系”活动为抓手，推动教研员驻校上课，组织开展《五华县初中青年教师教学能力评比活动》，进一步提高教师的专业素养和教学技能，夯实教师驾驭课堂的能力，加强学科组成员之间的交流。二是以区域教研联盟为载体，助推全县教育均衡发展。继续做强“区域教研联盟”大教研活动，在全县进行“区域教研联盟”大教研活动的实践探索。开展疫情防控下师生心理健康教育专题讲座，组建县城心理健康教育团队。三是采用线上线下相结合模式，构建教科研训一体化。积极完成各类培训任务。举办 2022 年中考学科备考培训，培训 8 科次 932 人。采用线上线下相结合的方式，组织开展 2022 年五华县中小学（幼儿园）教师暑假培训，全县 11851 人参训，促进广大教师更新教育教学理念，优化知识结构，提升教学技能，促进教师专业发展。

实施名师名校长培育工程，助推五华教育整体提升。与嘉应学院合作，结合“三区”培训计划，制定培训方案，通过对学校行政领导、教师进行有计划、分层次、分类别培训。发挥五华县中小学教师教育培训专家、名教师、名校长的引领作用，不断提升五华县中小学校长、教师队伍的专业化水平。建立互联网+教研新模式。采取线上线下相结合模式，组织开展小学数学、英语、道德与法治、语文四个学科的全县性网络教研活动和初中全学科网络校本教研学习活动。四是整合优质教育资源，助力教师专业成长。推动教研员引领教师专业成长。通过全面提升教研员的素养，充分发挥教研员在教育教学中服务学校教育教学、服务教师专业成长、服务学生全面发展，推动教研员采用线上线下相结合的方式给相对应学科的教师进行教学理念、课标、教材教法的培训，突破全县教师专业发展的瓶颈。整合优质资源。教研员组织本学科全体教师积极参与《南方大讲堂》省级教研活动，借鉴先进地区高水平教学经验，引领全县教师教学理念的更新与教学技能的提升。五是以教研基地建设为契机，促进教学的改革与发展。继续以县级教研基地建设为契机，探讨解决新时代基础教育现代化进程面临的重点、热点、难点问题。做好红色教研工作。省教研基地学校河口中学开展“红色校史润心田，革命精神鼓斗志”的红色校史系列活动；省级校本教研基地兴华中学开展“赓续苏区精神，传承红色基因”的红色校本课程开发活动。做好送教下乡活动，整体提升乡村教师教学水平，推动城乡教育均衡发展。省级校本教研基地成员学校——河口学校承办“广东省基础教育校本教研基地（五华县兴华中学）数学科说课展示活动”。做好2022年五华县教育教学科研小课题招投标工作，解决课程与教学改革中的实际困难和问题，提升全县教师的教育科研能力，促进教育教学改革。推进课堂观测工具、课例分析工作坊的落实。建立河口小学县级综合实践基地。

【文体卫工作】　一是积极开展书法进校园、科技进校园活动。有26间学校被评为市级以上书香校园，荣获“广东省硬笔书法名城”称号，成为广东省首个县级书法名城。推进16个乡镇的乡村少年宫建设，实施“校内课后服务430工程”，在全市率先实现校内课后服务全覆盖，成为粤东地区第一个借助信息技术和大数据平台、助力学校开展“互联网+”校内课后服务的县，成为广东省第一个开展校内托管“五育并举自主阅读”项目的县，成为广东省第一个组建中小学校内课后服务教研中心的县。扎实开展小学、初中、高中校园足球三级联赛，2022年有全国、省级、市级青少年校园足球特色、推广学校88所。积极承办全国、省级、市级青少年校园足球夏令营竞赛活动、“省长杯”青少年校园足球联赛（高中、中职组）总决赛暨第一届中国青少年足球联赛高中年龄段U16—U18组（广东省赛区）活动、“市长杯”青少年校园足球联赛。兴华中学夺得“市长杯”全市冠军，高级中学夺得“省长杯”高中男子、女子足球赛“双冠军”，县教育局被省教育厅、省体育局评为“省长杯”“优秀组织单位”。二是严格落实校园疫情防控。严格贯彻落实上级文件精神和校园疫情防控工作专班会议精神，切实加强校园疫情防控措施，特别加强节假日人员管控，把好校门入口关。每天在校长工作群和学校卫生工作群将国务院端的疫情最新形势和中高风险地区情况进行工作提醒；对学生、在职教职员工、退休人员的疫苗接种情况进行及时更新统计；滚动更新收集、填报跨市出行师生员工信息登记表和重点人员排查表。积极推动师生员工的疫苗接种证，确保应接尽接。做好其他传染病的防治工作。如结核病筛查、诺如病毒、流感防治工作等。三是深入开展爱国卫生运动。各校积极开展爱国卫生运动，全县各校均组织开展多次爱国卫生运动，组织学生集中清理校园及周边环境卫生，每天坚持对教室、宿舍、食堂、卫生间等公共卫生区域进行 2 次以上集中清洁消毒。积极发布关于疫情防控、爱国卫生微文等。四是加强健康教育和生命教育的宣传。上好健康主题教育课，切实提高学生健康知识知晓率和健康行为形成率。充分利用校园网站、广播站、微信群、校讯通、发放宣传资料等手段，加强新冠感染等传染病防控健康知识的宣传。积极通过各种方式对学生进行讲文明、讲卫生、防疾病意识的教育，开展文明餐桌创建、文明生活新风尚 5 大项主题活动。对师生进行疫情防控知识视频类等技能培训，举办防传染病知识轮训 3 次，各校组织开展主题班（队）会 1218 次，加大“近视眼”和“爱惜粮食”公益宣传，发放宣传单 45680 多份。举办全县“爱眼日”活动，进行作品评奖活动 1 次；艾滋病授课比赛 1 次。五是扎实做好各项食品安全准备工作。全面排查食堂从业人员健康状况。有效开展疫情防控知识技能培训。组织食堂从业人员进行核酸检测。对学校食品安全开展联合督查。严格落实各项食品安全防控措施。积极推进“互联网+明厨亮灶”建设，利用信息化手段，切实提高学校食堂食品安全程度。五华县学校食堂“互联网+明厨亮灶”已实现全覆盖，通过科技手段进行智慧监管，提高学校食堂管理水平。加强培训学习，落实学校食品安全管理员监管责任。

【师德师风建设】　始终坚持把师德师风建设放在教师队伍建设的首位，常抓不懈。先后开展教育系统违规兼职取酬问题专项整治和在校外培训机构兼职问题专项清理工作；开展 “优秀教师、优秀校长、优秀教育工作者、优秀班主任、最美乡村教师和教学工作先进教师”等评选活动。其中获得市级优秀教师 23 人、优秀教育工作者 23 人、优秀班主任 19 人、教学工作先进教师 15 人、最美乡村教师 6 人，评选出县级优秀教师 200 名、县优秀班主任 150 名、县优秀德育工作者 50 名、县教学工作先进教师 200 名、县思政课优秀教师 50 名、县学生资助工作先进个人 50 名。

【师资队伍建设】　多渠道补充教师 354 名。为 31 名公费定向培养师范毕业生安排入职，通过引进急需紧缺人才 16 人，通过广东省事业单位集中公开招聘高校毕业生 40 人，夏季公开招聘教师 170 人，招聘特岗教师 97 人。

【管理改革】　完成第二轮“县管校聘”管理改革工作，进一步优化教师资源配置。

职业与成人教育

【职业教育】　五华县职业技术学校是五华县委、县政府全力优化打造的公办中职学校，投资 1.3778 亿元，按广东省重点中等职业学校标准进行建设，按省重点标准办强办大。2022 年，开设有工业机器人应用技术、计算机动漫与游戏制作、计算机网络技术、电子商务（电商美工方向、新媒体方向）、社会文化艺术、电子技术应用(智能制造 SMT 方向）、计算机应用（3+证书高考班）、城市轨道运营与管理 8 个专业。

【社区教育和老人教育】 持续开展好书推荐、好书诵读、书友会、书香之家、读书之城、智能学习等线上线下活动。广泛开展微信读书、数字化阅读 等活动，采用作家与受众、传播者与受众网络互连、线上线下互动等多种活动方式，组织社区居民广泛参加读书活动，营造全民 参与、全民阅读、全民智学的氛围。以网络互联互通加强国家通用语言文字教育，传承中华优秀传统文化的阅读活动力度。

（魏秀玲　罗旭辉）

五华开放大学

【简况】 2022 年，五华开放大学在编教职工 23 人，其中中级职称 6 人，初级职称 6 人，外聘教师 20 人（有高级职称 12 人)，借用教师 3 人。2022 年 6 月，五华开放大学被广东开放大学评为广东开放大学体系 2021 年度奥鹏远程教育先进学习中心，陈贵君老师被评为“广东开放大学体系 2021 年度奥鹏远程教育优秀教育工作者”；2022 年 7 月，卓文就老师被评为“县优秀教师”。

【疫情防控工作】 五华开放大学高度重视学校疫情防控工作，按照县新型冠状病毒感染的肺炎疫情防控指挥部办公室的要求，校领导带头坚守防控一线，全力做好学校疫情防控常态化工作。同时，坚决服从上级工作安排，抽调党员干部职工积极参与到国庆期间疫情防控和党员“双报到”点公园社区协助开展核酸检测等工作，主动担当作为，形成强大合力，为打好疫情防控攻坚战做出应有的贡献。

【服务学员工作】 本着以生为本，服务学员的原则，学校通过对学员学习状态的全过程实时跟进，筛查出符合条件申报办理学士学位的学员，由班主任耐心帮学员们收集、整理、上传资料，积极主动协助学员申报学士学位。截至 2022 年底，已有 6 名学员顺利获得学士学位证书，另有 3 名学员已经通过学位英语考试，2 名学员已经通过学位论文答辩。在学校的贴心服务下，学员的学士学位申报热情普遍高涨。此外，为给莘莘学子提供学习便利，解决学员头疼不已的工学矛盾，学校决定每学期为学员印制学科复习资料，至年底，已印制《法理学》《宪法学》等 33 门学科复习资料，共 1 万多册。这两项暖心的举措，切实解决学员们“急难愁盼”的问题。

【社区教育】 学校充分发挥社区学院、老年大学的优势，联合团县委、琴江医院、太极拳协会等部门和行业协会举办社区公益大课堂。一是与梅州市创客工场科技有限公司利用周末时间开设“社区教育科创公益大课堂”（含《创客达人》《科学实验》《截拳道》三门课程），至 2022 年底，已开讲 360 多课时。二是与太极拳协会合作开设太极拳公益课，已开讲 60 多课时。三是与五华县琴江医院联合开设服务社区老人的健身康养公益课，由该医院资深专家、主任医师为社区居民科普健康知识，建立科学健康的生活方式，至年底，讲座已开讲 10 课时。据不完全统计，该系列活动受益师生和社区群众达 3.1 万余人次。

【乡村振兴工作】　在推进党史学习教育常态化长效化工作中，学校始终把为民办实事作为“学史力行”的生动注脚。学校主要领导高度重视，多次到乡村振兴挂点村华城镇兴中村进行实地考察，与村“两委”干部召开联席会议，并推荐指派两名干部到华城镇兴中村分别担任第一书记、产业指导员，全面激活教职员工干事创业的激情与活力，得到五华县组织部门的充分肯定。一是在撂荒复耕工作中，派驻的工作人员和村“两委”干部们一起集约荒地 10 公顷，引进梅州多盛生态农林有限公司，种植玉米、红薯等旱粮作物，盘活土地资源。二是完成该村 4.942 公顷垦造水田项目，夯实农业基础，增强农业综合生产能力、抗灾能力和发展后劲。三是在兴中村兴中小学楼顶，引进光伏发电项目，每年能为该村带来 6 万多元的“光伏红利”，不断壮大村集体经济收入。四是通过五华开放大学的努力和兴中村乡贤的支持，硬底化建设该村排下公路等 3 条村道，修建 1.2 千米长的沿路护栏，还为所有村道安装路灯，方便该村学生上学和村民的生产及生活出行，有力保障群众的生命财产安全。五是积极向上争取政策、资金支持，大力推进农村集中供水工程，通过村村通自来水工程，让全村 95%村民用上安全饮用水。同时，还投入经费修建完善党建宣传栏，助力提升基层党组织党建水平。学校切实为群众办实事解难题，把党的温暖送到人民群众心坎里，让党员干部在实践中学、在为民服务中学，真正做到学有所思、学有所悟、学有所获，更加坚定理想信念，更好地把学习成果转化为干事创业的动力。

【抓实课研】　学校申报的省级课题“县域‘家校社一体’协同育人社区教育示范基地”继续教育质量提升工程项目已于 2022 年 5 月获得省教育厅批复并成功开题，至年底，课题各项工作正如火如荼开展。学校将以此项目建设为契机，进一步推进社区教育进家庭、进校园、进社区，力促“家校社”深度融合、协同发展。

【招生工作】　五华开放大学招生工作以疫情防控要求为准绳，严格落实防控措施，实现防疫和招生两不误，面对招生形势压力重、竞争大的实际，通过多种方式的宣传，2022 年招生人数 637 人，进一步巩固在梅州开放大学体系中招生工作及招生人数的领跑位置。

【新闻宣传工作】　2022 年 6 月，学校被广东开放大学评为“广东开放大学体系新闻宣传工作先进集体”，傅佐洲老师被评为“广东开放大学体系新闻宣传工作先进个人”；2022 年 12 月，学校撰写的新闻通讯稿《联合创新服务共享振兴，事事用心广度深度温度热度力度，度度有情》被中国新闻社采用，并刊登在国际级刊物《2022’推动梅州苏区加快振兴共同富裕专刊》（ISBN 978-988-74993-0-5）上。

（傅佐洲）

社会科学

党史研究

【《中共五华县地方历史（二卷）》编纂】 《中共五华县地方历史（二卷）》系统地记述1949年10月中华人民共和国成立至1978年12月党的十一届三中全会召开这一历史时期，五华各级党组织带领全县人民进行社会主义革命和建设的各项实践活动，是中共五华县委党史研究室组织编写的又一部党史著作。2022年，该书已完成排版并送省委党史研究室和中共党史出版社最终审定。五华地方党史（二卷）篇目设置、文字记述等受到上级部门的充分肯定，市委党史研究室将五华地方党史（二卷）作为范本印发给各县（市、区）作编写参考。

【党史丛书征研编写】 2022年，县委党史研究室聚焦主责主业，组织人员积极配合上级党史部门做好相关红色书籍的编写工作，协助完成了《旌旗红——古大存军长》《广东省红色革命遗址大博览》等红色书籍的史料征集、田野调查和文稿审定等工作。

【党史宣传教育】 2022年，县委党史研究室积极动员业务骨干主动挖掘丰富的五华党史资源，一是撰写党史红色文稿。先后撰写《实业报国赤子心，矢志不渝肝胆情》《此超级大镇曾唤“安流市”》《刘愈忠：从中央苏区修枪到沂蒙山造弹的军工人》《五华革命先辈的红色家风故事》《李威光·嘉应州唯一的状元》《五华县申报中央苏区县工作综述》《一座大桥见证一座小城的美丽蝶变》《中国军医之父徐华清：中国医学史上“睁眼看世界”的梅州人》《民国军工翘楚文献印证传奇——汉阳兵工厂厂长钟毓灵的传奇人生》《周鉴祥：修枪造币二十载 烽火征程硝烟伴》《“烂尾”志书经沧桑 校点重印文脉传》等10多篇党史文稿在省、市、县各级报纸杂志和相关媒体等上发表。编写选送的曾国华将军家书参加由市妇联、市委党史研究室、梅州日报社等8家单位联合主办的梅州市“嘉言懿行·书功竹帛”家书征集评选活动获“十佳家书”奖；撰写《用好五华红色资源，加快老区振兴发展》论文参加市委党史研究室和嘉应学院等相关单位举办的“新时代广东原苏区振兴发展学术论坛”获入围奖。二是制作党史宣传资料。创新形式丰富党史宣传教育载体，制作《广东刘胡兰——张剑珍》党史教育微视频，协助梅州电视台拍摄制作了《黄国梁：用青春播撒革命火种》宣传纪录片，协助河东镇做好在“油乡水韵”油田片区乡村振兴示范点“红军长廊”的建设，联合县教育局做好党史进校园活动，为广大党员干部群众接受光荣革命传统教育提供鲜活教材，用丰富的红色文化助力乡村振兴，积极开创党史工作新局面。

【革命旧址保护利用开发】 2022年，县委党史研究室立足五华县老区苏区资源特色，充分挖掘、保护、利用全县丰富的红色文化资源，传承弘扬红色革命精神，推动五华县老区苏区振兴发展。一是做好革命遗址修缮。协助县有关部门做好“五华县农民运动遗址群红色革命遗址保护利用项目”“五华县长征人物红色革命遗址保护利用项目”“长布镇中共后东特委遗址群红色革命遗址保护利用项目”3个广东省红色革命遗址保护利用项目的修缮保护推进工作。二是做好革命遗址布展。配合县退役军人事务局做好五华县革命烈士事迹陈列馆的布展工作，指导安流中学做好党建红色文化宣传栏建设等。这些项目建成后，将成为五华干部群众接受爱国主义教育、革命传统教育和党史教育的经典红色教育基地。三是做好革命遗址利用。按照上级相关部门的工作部署，做好革命遗址史料挖掘，协助相关部门做好革命遗址的活化利用。黄国梁故居、竹山阻击战遗址群2处革命遗址被公布为第二批梅州市中共党史教育基地，古大存故居、竹山阻击战遗址群2处革命遗址公布为梅州市党员教育基地，全县有12处革命遗址入选首批《广东省革命文物名录》，古大存故居和曾国华故居公布为广东省文物保护单位，协助县老促会做好为曾国华故居、东征军政治部旧址、古大存故居、黄国梁故居等革命旧址向中国老促会申报“弘扬老区精神传承红色基因示范基地”牌匾的工作。

（黄彦杰）

地方志事业

【年鉴编纂工作】 2022年，五华县人民政府地方志办公室（以下简称县方志办）按照《广东年鉴》《梅州年鉴》组稿工作编写大纲要求，及时研究、制定和布置编纂工作计划，落实撰稿人员，明确任务分工，条目在相对固定的基础上，各卷年鉴均根据实际有所增减。同时坚持“一年一鉴”的工作要求，确保每年按时按质出版。至年底，《五华年鉴（2022）》由方志出版社公开出版。

【五华红色故事编写】 为充分利用五华丰富的红色资源，开展革命传统教育，讲好红色故事，让五华的革命历史家喻户晓，深入人心，进而引导广大党员和人民群众增强历史定力，增强对习近平新时代中国特色社会主义思想的政治认同、思想认同和情感认同，让苏区精神代代相传，继承发展。五华县人民政府地方志办公室组织人力，深入挖掘史料，夯实史料基础，萃取史料精华，编写出《带刺的玫瑰花——古大存》《开国中将——曾国华》《五华第一个中共党员——黄国梁》《清代武状元——李威光》《世界球王——李惠堂》5篇，每篇4000字左右并配以3—4张图片的故事材料，上送到《广东史志》《当代广东》《粤故事》栏目，以传播正能量，赓续五华苏区精神血脉，凝聚奋进力量，推动五华苏区的振兴发展。

【《长乐风物丛谈》出版印行】 五华县地方史志丛书《长乐风物丛谈》2022年3月底由五华县人民政府地方志办公室印行。《长乐风物丛谈》是延伸和扩宽旧县志记录的局限和视野。《长乐风物丛谈》结合遗存实物、族谱、墓志、民间传说等资料，使人物变得有血有肉，村庄活色生香。全方位地展示古长乐的自然地理、社会人文、政治经济，古迹遗存、风土人情、风俗节景等方面的内容，既有其知识性和资料性，又富于趣味性和可读性。

2022年8月4日，县方志办在华城镇铁炉村督导村志编修工作（李志权 摄）

【广东省情网“产业·产品”栏目共建工作】 按时按质完成16份材料的编写和55张图片的摄制、收集编排上报工作，其中五华县茶叶产业园1个和专业镇8个：果合柿种植及加工专业镇长布镇、工艺品加工专业镇安流镇、酒业专业镇岐岭镇、水果专业镇棉洋、旅游专业镇转水、生态农业专业镇华城、油茶专业镇潭下、蔬菜专业镇华阳。特色小镇2个：横陂足球小镇、棉洋水果特色小镇。老字号1个：广东长乐烧酒业股份有限公司生产的长乐烧。名优产品4个：大田柿花、五华红薯、长乐烧酒、七畲径茶叶。

【《广东乡村经典菜肴》编写】 菜肴从起源、制作技艺等进行认真的挖掘整理，完成全县每镇1份共16份菜肴材料的编写和66份图片的摄制、编排、上报工作。五华县有5份菜肴材料入选《广东乡村经典菜肴》，占梅州市入选13份菜肴材料的38.3%。

【试点镇、村的镇志和村志的编纂工作】 截至年底，试点镇村的镇志村志正按计划进行。面上村龙村镇留畲村的《留畲村志》已在2022年3月出版。 （李志权）

档案管理

【档案馆藏】 2022年，五华县档案馆共接收档案676卷、5552件（文书档案111卷、5552件，专门档案565卷），比2021年新增2%。至2022年底，有馆藏全宗110个，19个门类，馆藏档案55558卷、150465件，已有99个全宗的档案实行电脑检索，共著录案卷目录18916条，文件级目录383484条。已全面完成馆藏文书纸质档案数字化扫描工作。

【档案开发利用】 五华县档案馆开展现行文件利用和档案资料开发工作，按规定已向社会开放档案共9716卷，2022年新增93卷，完成到期开放档案的100%。2022年共接待利用者221人次，提供档案38卷、219件。

（巫秀梅）

文化·旅游·体育

五华县文化广电旅游体育局

【重点项目建设】 一是五华县游客服务中心建设项目完成主体工程。二是五华横陂足球特色小镇一期足球学校、运动员公寓已运营。三是五华热矿泥温泉山庄升级改造项目一期建设实现对外开放运营，二期项目建设投资 3800 万元，占年度投资计划的 76%。四是五华县双龙山旅游区建设项目，已完成投资 300 万元，占年度投资计划的 50%。五是推进五华苏区革命历史博物馆项目建设，已完成总工程的 60%。

【基层文化设施建设】 为了满足人民日益增长的精神文化需要，提升五华县公共文化服务效能，使全县广大基层群众享受到更加丰富的基本公共文化服务，助力文旅强县建设，按照梅州市文化广电旅游局《关于加快推进文旅融合试点建设工作的通知》文件要求，五华县完成 2 个粤书吧（五华县热矿泥温泉度假村粤书吧、五华县双龙山旅游景区粤书吧）、1 个粤文坊（水寨镇长乐画廊粤文坊）、1 个两中心融合试点（华城镇黄埔村“两中心融合试点”）工作任务。

【文化建设】 积极开展文化艺术展示、交流。参加粤港澳大湾区在广州市举办的喜迎党的二十大全省木偶皮影剧（节）目展演活动；参加在重庆·成都举办的“活力广东·客都梅州、和美汕头、古韵潮州、魅力揭阳”文化旅游推介会展演；创排木偶书法节目《守正创新》，参加在广西南宁举办的全国第八届木偶皮影中青年技艺传承展演，其中，周鹏润荣获优秀技艺传承奖，周鹏鸿荣获助演奖；创排的小品《吃在五华，游在五华》入选参加广东省第五届曲艺大赛。

【文化惠民活动】 组织举办五华县 2022 年“奋进新征程·建功新时代”全县广场舞大赛。大力实施文化惠民下乡活动。组织县提线木偶传习所和采茶戏传承保护中心两个专业剧团全年完成送戏进校园 18 场、进企业 16 场、进农村 22 场、进社区 9 场、进军营 3 场，其他惠民演出 29 场。合计线下演出共 74 场，通过网络直播、抖音等线上宣传达 23 场次，线上线下受益观众达 60 多万人次。

2022 年 8 月 31 日上午，五华县文物局揭牌仪式在县文化广电旅游体育局举行（廖国怀摄）

【文物保护和活化利用】 五华县文物局揭牌仪式于2022 年 8 月 31 日上午在县文化广电旅游体育局举行。狮雄山秦汉建筑遗址入选“广东省十年十大重要考古发现”。古大存故居遗址、曾国华故居被公布为广东省文物保护单位。推进世界球王李惠堂旧居展馆足球文化宣传展示提升工程项目，已完成宣传展示设计展陈大纲的充实完善和专家评审工作。完成 63 处县级以上文物保护单位保护范围及建设控制地带的划定工作和公布。完成长乐学宫东庑、西庑屋面抢救性保护修缮工程、李惠堂旧居修缮工程的验收工作。完成文物保护单位锡坑儒林第、百安烈士纪念碑修缮。制作和发放文物保护法宣传手册4500 份，加强文物保护法的宣传。征集到包括五华花灯版画县级代表传承人温治邦雕刻母版、各类战役纪念章、奖章、证书等印证经济社会发展变迁当代物证 400 多件/套，每件物证或文物已编号入库保护。

【旅游项目建设】 五华县华城镇黄埔村被公布为第三批广东省文化和旅游特色村；新丰寨旅游景区、登云嶂云雾茶园被梅州市农业农村局、文化广电旅游局授予市级休闲农业与乡村旅游示范点。五华县热矿泥温泉度假村旅游厕所（GD-MZ-0498）被公布为“梅州 10 座最美旅游厕所”。

【旅游业平稳发展】 组织甜粄、酿粄、发粄、切糕、米橙、长乐烧酒等系列美食产品赴江西省赣州市寻乌县参加“喜迎二十大 留住乡愁味”中国（寻乌）客家灰水粄制作大赛暨客家美食文化节活动，其中五华县客乡品米粄食品有限公司的客家酿粄制作技艺获得三等奖。精选优秀提线木偶剧目赴重庆、成都参加“活力广东·客都梅州、和美汕头、古韵潮州、温润揭阳”文化旅游推介会。截至 12 月，全县共接待游客 67.12 万人次，实现旅游总收入 4.17 亿元。

【群众体育事业】 积极开展各类全民健身活动。制定出台了《五华县全民健身计划“十四五”规划（2021—2025 年）》，五华县文化广电旅游体育局被评为“十三五”时期群众体育工作先进集体。完成市分配五华县国民体质监测任务数 640 人，举办 2022 年梅州市国家体育锻炼标准达标测验活动，开展五华县群众体育赛风赛纪大检查。举办横陂镇“乡村振兴杯”足球联赛、“农商行杯”五四青年篮球邀请赛等活动，全年全民健身活动 2000 多场次。

【体育项目建设】　2022 年 12 月止，五华县拥有大型体育运动中心 5 个。各级各类足球场地 291 块。全县健身步道 66 千米。进一步完善全民健身设施建设。新增五华河河口段碧道工程、水寨镇罗湖公园健身步道 2 条，新建转水镇益塘村社区 1 个篮球场，升级改造五华县体育场（足球场）、水寨镇大湖村 2 个足球场地。

【竞技体育再创佳绩】　五华代表梅州市参加广东省第十六届运动会男子足球项目获得丙组冠军，丁组第二名，乙 B 组第三名，乙 A 组第四名好成绩；五华县卓裕霞夺得省运会跆拳道冠军；五华夺得 2022 年广东省“省长杯”高中男子、女子足球赛“双冠军”；夺得梅州市青少年男足梯队精英选拔赛 U9 冠军和女足 U9、男足 U10、男足 U11 亚军。完成了 2021—2022 学年度五华县校园足球三级联赛暨“县长杯”足球赛总决赛工作。广东省第十六届运动会“中国体育彩票”竞技体育组曲棍球比赛，五华县体育运动学校曲棍球队代表梅州参赛，分别获得男子乙组第四名，女子乙组第五名。

【加大文旅体市场监管】　2022 年受理办结经营许可证共 20 件,受理按时办结率 100%，网上网下零投诉，群众满意度 100%。会同公安、市场监督、卫生等部门开展联合执法检查行动 50 余次，签订企业安全生产责任书、疫情防控责任书共 110 份，检查了各类经营单位 2560 余家次，出动执法人员 7882 人次；开展校园周边环境专项整治工作，出动执法人员 396 人次，检查网吧 22 家次、书店 25 家次、印刷企业 10 家次、娱乐场所 42 家次；开展查处取缔无证歌舞娱乐场所专项整治工作，出动执法人数 180 余人次。依法查处扣封无证歌舞娱乐场所 10 间，规劝关闭无证歌舞娱乐场所 1 间，共发出责令停业通知书 11 份。

（李高文　廖国怀　刘　涛）

融媒体工作

【简况】　五华县融媒体中心（以下简称县融媒体中心）是五华县的主流宣传媒体，内设 12 个正股级内设机构和 1 家下属企业，2022 年，有干部职工 72 人。全年，县融媒体中心广播电台播出新闻稿件 2168 条，其中被上级台采用 10 条；电视台播出新闻稿件 2168 条，其中被上级台采用 462 条。

【舆论引领】　2022 年，县融媒体中心坚持党媒姓党原则，坚持团结、鼓劲、稳定、正面宣传为主的方针，紧扣县委县政府的中心工作，充分发挥主流媒体的舆论引领作用和传播矩阵优势，在电视、广播、报纸和新媒体等媒体平台，围绕党的二十大精神、省第十三次党代会、梅州市第八次党代会、五华县第十四次党代会、县“两会”，以及疫情防控、森林防火、乡村振兴、撂荒复耕、创文创卫等重点工作精心策划和创作有深度、有分量、有影响力的新闻报道，努力在媒体融合发展中，讲好五华故事，壮大主流媒体声音，让正能量更强劲，让主旋律更高昂。

【电视栏目】　为进一步满足广大人民群众的精神文化需求，县融媒体中心在巩固和精办现有频道和栏目的基础上，着力加强节目创新建设。一是开通影视剧场，购买优秀军事、党建题材电视剧和电影在黄金时间段播出，让广大人民群众在自家的频道也能看到最新最优秀的影视作品。二是增设电视少儿节目《七彩童心》，丰富电视节目内容，得到广大群众的一致好评。三是为满足人民群众特别是五华老年观众喜欢看客家山歌的需求，协调播出部分五华采茶剧团优秀的采茶戏、山歌剧等优秀剧目。四是创新宣传方式，开办《创建全国文明城市大家谈》访谈栏目。五是精心拍摄交通、医保、就业、税务等方面的小剧场短视频。六是加强疫情防控、安全生产、社会稳定、长乐清风、消防安全、创文创卫、“三防”、反电信诈骗、社会主义核心价值观、国家安全、各种应节性等公益宣传。每天公益宣传播出时长3小时40分钟，每天播出公益广告140多条次，全年共播出5万多条次。

【安全保障防范工作】 县融媒体中心把广播电视安全播出工作纳入重要议事日程，按照上级提出“预防为主，完善措施，健全制度，落实责任，确保安全”的工作要求，加强领导，周密部署，定期研究，严明纪律，建立健全安全播出应急预案，持续加强开展自查和巡查演练工作，以“零容忍”的高压态势，扎实开展好安全播出、技术系统、网络安全和设施保护等安全保障防范工作，确保党的二十大期间播放内容和设施设备安全播出保障工作，顺利完成重点转播工作。

【融媒体制播技术中心建设项目】 按照县委县政府国民经济发展“十四五”规划部署，县融媒体中心积极加快推进融媒体制播技术中心建设项目。截至年底，项目已于2022年8月19日顺利开工建设，主要是进行开挖搬运土石方工程，2022年底基本完成土石方工程，预计2024年5月竣工交付使用。项目申请1亿元政府专项债券资金已获国家发展和改革委员会审核通过后下达县财政专户。同时积极向上争取中央及省市专项资金等，分别向省委宣传部、省广播电视局等部门申请广播电视公共文化服务、融媒体建设专项资金，解决建设缺口资金，确保项目建设顺利完成。

【其他各项工作】 县融媒体中心积极做好政府与基层群众关系连接和情感沟通的纽带，以人为本，传递温情、传递社会责任，统筹做好助力经济社会发展等方面的工作，一是成功承办2022五华春晚、五华县狮鼓闹元宵、庆祝中国共产党成立100周年广东曲艺专场 省内巡演第四站·梅州龙村、梅州市五华县中国农民丰收节、同创森林城市共享绿美五华等大型活动。二是积极主动做好回乡联村、挂镇联村、驻镇帮镇扶村等工作，彰显媒体担当。

（陈跃彬）

梅州市五华龙狮湖管理中心

【简况】 梅州市五华龙狮湖管理中心是五华县人民政府直属正科级公益一类事业单位。管理中心内设综合服务部、党群服务部、财务部、发展规划部、建设工程部、招商引资部6个职能部门，核定事业编制30名；实有在职干部职工22人（其中在编人数19人）。办公地址为梅州市五华县龙村镇登畲大街17号。

【环库道路建设】 为进一步建设龙狮湖风景旅游区，依托梅蓄电站上下库规划打造环库路道路，盘活库区周边丰富的人文资源、红色资源和得天独厚的自然资源，管理中心积极推进环库道路建设，五华县发展和改革局关于梅州抽水蓄能电站环库道路项目初步设计概算的批复时间于 2022 年 9 月 7 日，随后管理中心安排专人配合第三方进行测绘工作，至年底，项目图纸预算资料及预算书已经由五华县工程预结算审核中心审核完毕，正与第三方招投标公司进行招投标资料准备，尽快推进环库路项目建设，为梅蓄电站库区周边的旅游开发开好头立好局。

【志愿服务队成立】 为持续推进新时代文明实践工作，打造特色旅游志愿服务品牌，管理中心成立专门的志愿服务队，充分整合相关资源，打造新时代文明实践阵地开展志愿服务活动，促进旅游服务质量提升，推动龙狮湖全域旅游文旅志愿服务活动科学化、制度化、专业化发展，让游客感受到龙狮湖人的温暖，让文旅志愿服务成为龙狮湖特色旅游名片。

（黄雨杰）

卫生·医疗

卫生健康

【医疗卫生概况】 2022年，全县现有公立卫生健康单位40间（县级10间、乡镇卫生院30间），村级卫生站518间，民营医疗机构13间。全县设置病床4749张，每千常住人口病床数5.17张。各级各类医疗卫生机构现有执业（助理）医师1555人、注册护士2963人，每千常住人口数分别为1.7、3.2；全科医生数380人，每万常住人口数为4.17；全县配备乡村医生530人。

2022年12月7日，省疾控调拨防疫物资支持五华方舱医院建设（县卫生健康局提供）

【新冠疫情精准防控】 突出加强医疗机构感染防控，加强预检分诊和发热门诊（诊室）管理，建立健全县、镇“三人组”运行机制高效处置“1·15”、“11·26”及后续系列疫情，对突发疫情，根据研判结果精准落实防疫措施。

【应急准备工作】 结合形势发展需要，主动加强和协调落实应急物资、方舱医院建设、医疗救治资源等准备工作，加强医疗救治、流行病学调查、核酸检测三支队伍建设配备1500张床位的五华片区方舱医院于2022年12月9日投入使用，有效保障五华县发生大规模疫情时的应急防控需求。

【医务人员支援】 2022年，按照省、市疫情防控指挥部统一部署安排，全县卫健系统先后派出核酸采样、流调、检测、医疗救治疫情防控人员1187人次，支援广州、深圳、惠州、丰顺、梅县等地疫情防控工作。在县内发生突发情况时，包括部分民营医院在内的全县医务工作者积极响应号召，支援各镇区域防疫工作。

【医疗资源保障】 2022 年 12 月以来，国家和省先后制定和完善第九版防控方案、"20 条优化措施"、"新 10 条优化措施"和"省 8 条意见"，根据防控措施的优化调整，全县卫健系统牢牢把握疫情防控新阶段的新形势、新任务，制定对应优化措施，有序调整防控资源。随着防控措施的进一步优化，特别是在 12 月底五华县新冠病毒感染高峰期以来，全县卫健系统发挥公立医院医疗救治兜底保障作用，通过诊室病房扩容、医疗资源整合、医护人员培训等方式，加强产科、儿科、老年科救治能力建设，提升院前急救能力，做好救治药品和检测试剂储备和宣传教育等应对工作，努力化解医疗救治压力，全力保障重症、儿童、孕产、老年人、血透等特殊人群医疗救治需求。

【硬件设施建设】 以实施医疗卫生基础设施建设为切入点，补齐设施短板，建强发展平台，县人民医院门急诊医技住院综合大楼、县妇幼保健计划生育服务大楼已投入使用，梅州谷城民营医院即将试运营，投资 3.99 亿元动工建设以医养结合为主题的第六人民医院，县精神卫生中心门急诊大楼建设和县人民医院深圳大楼改造等项目正在加快推进。同时，借助粤东西北地区中心卫生院升级建设的东风，全力推动第二、第三人民医院向"二甲"综合医院迈进。

【医药卫生体制改革】 围绕医改总目标，持续深化医药卫生体制改革，完善县镇疾病防控体系，镇级卫生院分别加挂疾病预防控制中心牌子；32 间公益一类医疗卫生单位全面落实"一类财政保障，二类绩效管理"政策，其人员经费由财政全额保障，促进基层医疗卫生单位健康运行。由 6 间县级医院牵头的县域医共体管理架构和内部运行机制逐步完善，实施以县中医医院与河东镇 3 间卫生院医共体的特色专科建设为重点，推进建立互认范围明确、项目清晰、运行流畅的检查检验结果互认机制，着力打造五华县县域医共体建设亮点。加强五华籍在外卫生健康高层次人才沟通交流，加快发挥推动五华县中医药服务高质量发展的"五华县中医药学会"作用，努力培育卫生健康新业态、新模式。暨南大学附属第一医院托管县人民医院工作取得重大进展，解决县人民医院历史债务、新大楼家具和医疗设备采购、信息化建设等重大问题，达到全面移交托管的先决条件，并在首批托管帮扶专家团队技术力量的支持下开展不少新技术、新业务。

【卫生人才队伍建设】 借助国家和省、市对经济欠发达地区人才发展优惠政策措施，继续实施"人才兴医"战略，落实新引进紧缺高层次卫生人才每年 3 万元的生活补贴，为留住人才创造良好环境。并采取多种形式继续引进卫生技术人才，2022 年全县引进卫生人才 189 人，其中面向社会公开招考 151 人，引进急需紧缺人才 26 人（研究生 1 人、本科 25 人），农村订单培养医学生定向安排 13 人。

【医疗服务】 立足本地实际需求，依托政策优势，进一步完善全县医疗服务体系，县人民医院开展卒中中心建设，2022年开展造影检查296例、行PCI术127例、卒中溶栓救治72例。同时加强专科专病建设，设立暨大附一院专家诊室，成立儿童生长发育门诊、肺结节门诊、妊娠血糖及甲状腺功能专家门诊，扩大医疗服务范围，在医疗业务收缩的情况下，门急诊就诊人数增长10%，住院手术增长57%，逐步提高县域急危重症救治水平。县中医医院继续完善急诊急救一体化建设，急诊科、手术室和ICU合并筹建危急重症医学部，与市中医医院签订急性胸痛联合救治协议；加强针灸康复科、肺病科和中医适宜技术推广中心建设，国家标准化代谢疾病管理中心开科，与广州中医药大学第一附属医院的足球保健康复项目正在磋商。县妇保院与省生殖医院签订生殖专科联盟建设协议，与省妇保院建立医联体协作沟通机制。第二人民医院对接番禺区中心医院帮扶，服务能力得到持续发展；第三人民医院在市人民医院的托管下，运行机制不断完善和融合。

【妇幼健康服务】 会同教育部门为本省学籍，对2022年9月起新进入初中一年级、未接种过HPV疫苗且未满14周岁的女生免费接种HPV疫苗；对符合条件且有接种意愿的8283位适龄女生全部完成免费接种，进一步推动降低宫颈癌发病率。

【基本公共卫生服务】 全县基本公共卫生服务人均经费补助标准提高至84元，努力推动国家基本公共卫生服务下沉到村，公共卫生服务项目受益人群逐步扩大。

【监督执法】 全面强化医疗执法行为和疫情防控措施落实情况监督检查，加强放射卫生、公共场所卫生、生活饮用水卫生、学校卫生、职业卫生监督工作，开展消毒产品标签说明书专项整治行动。全年检查医疗机构、隔离场所、公共场所、托幼机构、学校、生活饮用水供水单位等2255间次，发出卫生监督意见书1688份，调查处理群众投诉举报13宗，受理调查案件29宗，立案处罚25宗，罚没金额约12.12万元。

【促进家庭发展情况】 贯彻落实省委办公厅、省政府办公厅《关于优化生育政策促进人口长均衡发展的实施方案》精神，推动完善生育支持体系，积极提升家庭发展能力，把提高优生优育水平，促进托育机构发展、加强老年健康保障写入全县卫生健康事业发展“十四五”规划；同时，加强县级危重孕产妇、新生儿救治体系建设，支持社会力量举办婴幼儿照护服务机构，全县在卫健局备案的托育机构由1间增加至3间。积极应对人口老龄化，推进实施油田卫生院医养结合项目，开展“银龄安康行动”，继续实行农村部分计划生育家庭奖励对象、城镇独生子女父母计划生育奖励对象、独生子女伤残死亡家庭特别扶助对象、计划生育手术并发症人员等奖励扶助政策，切实从制度上、政策上、服务上给予家庭生育更多保障。

【爱国卫生工作】 以创建“国家卫生县城”为抓手，辐射带动各镇创建“广东省卫生镇”工作，加快美丽圩镇建设，大力完善基础设施建设，严抓“六乱”整治、食品安全、重点场所卫生和病媒生物防制等工作，发动群众深入开展爱国卫生运动。岐岭、长布、横陂、安流、棉洋、华阳和龙村 7 个镇于 2022 年 1 月成功获得“广东省卫生镇”荣誉称号；截至 2022 年底，全县 16 个镇中，成功创建 1 个“国家卫生县城”（水寨镇和河东镇）和 14 个“广东省卫生镇”，实现县委、县政府全域创建“广东省卫生镇”工作的目标；有 413 个村荣获“省卫生村”称号，415 个村荣获“市卫生村”称号，2022 年 12 月 24 日，五华县爱国卫生健康促进中心荣获全国爱国卫生运动委员会授予的“爱国卫生运动 70 周年先进集体”称号，为梅州市唯一获评单位。

（朱华鹏　余秋萍）

医疗保障

【医药、医用耗材采购】　推进药品跨区域联合集团采购、医疗服务价格动态调整、新增医疗服务价格项目执行等工作，做好药品和耗材线上集采工作，2022 年全县定点公立医疗机构医用耗材采购总额为 1.29 亿元，其中线上采购金额为 1.26 亿元，线上采购率为 97.59%；药品采购总金额为 1.27 亿元，其中线上采购金额为 1.26 亿元，线上采购率为 99.44%。

【医保经办业务】　2022 年城乡医保参保 104.09 万人，预计总收入 9.37 亿元。零星报销基金支出 7635.5 万元，享受报销 2.41 万人次。职工基本医疗保险参保 6.18 万人，预计总收入 2.91 亿元，零星报销享受住院和特殊门诊基金支出 978.85 万元，享受报销 3015 人次；职工生育保险零星报销基金支出 521.82 万元，享受报销 534 人次。大病保险理赔 4.065 万人次，赔付 9305 万元。职工补充险理赔 368 人次，赔付 696.89 万元。保尚保理赔 2940 人次，赔付 946 万元。

【医保基金监管】　2022 年 4 月，在全县范围内开展以“织密基金监管网 共筑医保防护线”为主题的集中宣传月活动，印发宣传单 5 万张、宣传海报 5000 张、宣传折页 1 万份。利用“五华发布”“五华新闻”微信公众号、政府官网和五华电视台等推送基本医疗保险基金监管法律法规和政策、典型案例、举报投诉渠道等信息。组织开展现场检查，2022 年共追回违规结算报销医保基金 67.85 万元。引进第三方监督力量，在全县范围内聘任 7 名医疗保障社会义务监督员参与日常的社会监督管理工作，充分发挥社会各界的监督力量。

【医保扶贫】　2022 年共资助困难群众参加 2022 年度城乡居民基本医疗保险共 92706 人，共支出救助资金 2966.59 万元；对低保户、五保户、精准扶贫建档立卡户、孤儿和事实无人抚养儿童、低保边缘户及流浪乞讨人员、因病致贫患者等困难群众进行了医疗救助共救助 8.78 万人次，共支出医疗救助金 4434.95 万元。

【城乡医保普通门诊“镇村一体化”试点工作】　华城镇医保普通门诊“镇村一体化”工作于 2022 年 8 月 15 日正式上线运行。2022 年 8 月 15 日至 12 月 31 日，华城镇 40 家村卫生站医保普通门诊“镇村一体化”享受人次 1640 人次，医疗费用总额 13.58 万元，统筹基金支付 4.93 万元。

（李宇宁）

社会生活

民政工作

【社会救助】 2022年，五华县城镇、农村低保对象最低生活保障人均补差水平分别为每月653元、300元；城镇、农村特困人员供养标准分别为每人每月1325元、930元，有效提升困难群众幸福指数。全年共新增低保764户1830人，退出低保1575户5651人；新增特困供养人员114人，退出255人，持续巩固动态管理下的“应保尽保、应退尽退”，兜住兜准兜好民生底线。至2022年底，全县有低保11782户26714人，其中，城镇低保219户351人、农村低保11606户28602人；特困人员3499人，其中，集中供养241人、分散供养3258人。

【便民服务和区划地名】 圆满完成2022年度“广东兜底民生服务双百工程”社工招聘各项工作，如期实现乡镇社会工作服务站100%覆盖、困难群众和特殊群体社会工作服务100%覆盖。全县建有镇级社工站16个、村（居）社工服务点113个；现有“双百社工”419名，实行包片包村包户网格化管理，将服务延伸到群众身边，有效解决特殊人群的难点和堵点。扎实做好县正常离任村（社区）干部信息采集工作，积极参与“一站式”城乡社区综合服务设施示范创建，开展村（居）议事协商创新实验，加强全县地名命名、更名、销名管理和地名标志设置，完善国家地名信息库数据质量专项建设，落实市、县、镇三级界线界桩管理。

【社会事务】 2022年，五华县孤儿和事实无人抚养基本生活最低养育标准集中供养、分散供养分别为每人每月1949元、1313元；重度残疾人护理补贴和困难残疾人生活补贴分别为每人每月252元、188元，有效保障特殊群众基本生活。至2022年底，全县有孤儿85人，其中，集中供养12人，散居供养73人；事实无人抚养儿童641人，其中，集中抚养3人，散居抚养638人；残疾人“两项补贴”对象35908人次。在全县16个镇深入开展“关爱困难群体 慰问温暖人心”系列走访慰问老人儿童活动；帮助儿童福利院一名儿童成功寻亲。每周派出宣传车深入各镇、村（社区）宣传殡葬政策，严格执行约谈制度，狠抓违建墓地专项整治，切实巩固遗体火化率100%。2022年协助指导镇村办理12座公墓申报手续，协助河东镇政府申报并取得1座经营性公墓指标。以创建“省二级馆”为目标，积极完善骨灰楼建设、悼念厅升级改造手续，提升殡仪馆管理服务水平。

2022年10月4日，县委书记朱少辉（中）率队调研民政工作，并出席长者饭堂揭幕仪式（甘文敏 摄）

【养老服务】 启动并完成第一期6间长者饭堂、居家养老服务中心（站）试点建设，于10月4日正式运行，有效满足老年人多层次、多样化的用餐和服务需求。完成320户特殊困难老年人家庭适老化改造，安装家庭无障碍设施1150余件（套），有效解决老年人的现实生活困难。引进民营企业参与养老服务体系建设，共同打造居家养老综合服务中心。加快敬老院适老化改造，有序推进公办养老机构打造居家养老综合服务中心建设，进一步扩展敬老院综合服务功能，着力把服务范围延伸至村级居家养老服务站和居家老年人，解决好困难群众生活照料护理缺失难题。按时为129名百岁老人每人每月发放200元长寿保健金；为28468名80—99周岁老人每人每年发放200元高龄津贴。

【社会组织管理】 坚持党对社会组织的全面领导，持续加强对社会组织的双重管理，认真履行登记管理职能，从严把握社会组织登记入口关和质量关，持续深入开展打击非法社会组织和社会组织法人治理整治。2022年办理社会组织登记11家，注销12家，完成30%社会组织“双随机、一公开”抽查工作。至2022年底，全县有依法登记的社会组织365家。

【救助工作】 认真开展“夏日送清凉”、“寒冬送温暖”、“619救助站开放日”、受助人员寻亲等工作。全年共救助42人（站内救助29人，站外救助13人）；为5名儿童办理收养登记；为18名长期滞留受助人员办理入户手续，申请特困供养及医疗救助并完成安置工作。

【福利彩票和慈善工作】 至2022年底，五华县有44个福利彩票销售点，年内新增3个，全年福彩销售2140万元，同比增长13.4%。全年县慈善会共接收善款2348万元，物资5批（价值189万元）。

【婚姻登记】 全年共办理结婚登记6236对、离婚登记1644对、补领结婚证934对、补领离婚证129对。完成2017—2022年的婚姻登记档案8.5万份电子化及移交档案馆工作；顺利完成办公地点搬迁。

【疫情防控和安全生产】 始终把疫情防控、安全生产作为头等大事和首要政治任务，以“时时放心不下”的责任感和“时不我待”的紧迫感不折不扣落实各项防控措施，严把“一老一小”机构“入口关、内控关、保障关、检查关、服务关”。持续深入开展隐患排查，强化责任担当，全力做好安全生产、防汛防灾等工作，坚决遏制安全事故发生，全力确保民政服务机构“零感染”“零事故”。

（李丽霞 甘文敏）

人力资源和社会保障

【发展规划】 根据《梅州市人力资源和社会保障事业发展“十四五”规划》和《五华县国民经济和社会发展第十四个五年规划和二〇三五年远景目标纲要》，为谋划推进全县人力资源和社会保障事业迈上更高水平，在充分调研、专题研究、广泛征求意见、专家评审的基础上，由五华县人力资源和社会保障局（以下简称县人社局）、医保局联合起草编制，2022 年 5 月 27 日，由五华县人民政府办公室印发《五华县人力资源和社会保障事业发展“十四五”规划》（华府办〔2022〕3 号）。

【就业服务管理】 2022 年，五华县城镇新增就业 4574 人，完成市下达任务 4000 人的 114.35%；城镇下岗失业人员再就业 2748 人，完成市下达任务 2500 人的 109.92%，其中就业困难对象再就业 340 人，完成市下达任务 330 人的 103.03%；城镇登记失业率为 2.29%。积极搭建劳动力供需平台，全年开展线上线下招聘会 71 场，进场企业数量达 268 家次，提供就业岗位数 11114 个次，协助园区企业新招工 2663 人。“促进就业 3.0”政策红利得到释放，2022 年全县共申请中央和省级就业创业专项资金 1561.52 万元；申请创业担保贷款 56 笔，共 1325 万元，贴息 277.61 万元；企业和个人享受就业创业政策扶持 5975 人次。

【培训和职业能力建设】 2022 年，全县开展“粤菜师傅”技能培训 572 人，完成年度目标任务数的 286%，带动创业就业人数 412 人；开展“广东技工”等各类技能培训 3739 人次，完成年度目标任务数的 124.63%；开展家政服务培训 1135 人次，其中妇婴护理（母婴服务）459 人，完成率 183.6%；家庭保洁（居家服务）250 人，完成率 100%；居家养老照护（养老服务）202 人，完成率 202%；医护服务（医疗护理）224 人，完成率 112%。

【技工教育工作】 2022 年，五华县技工学校有教职工 205 人（其中高级职称 10 人，中级职称 29 人，技师等级 16 人，中级工、高级工等级共 54 人，一体教师 30 人），在校生 4510 人。2022 年，汽车维修、幼儿教育、烹饪（中式烹调）、电子商务 4 个专业申报设立高级技工班；加大校企合作力度，派出 6 批次 1200 多名学生到企业进行顶岗实习。为解决学校发展空间不足问题，成功争取专项券 1.6 亿元的技工学校（二期）项目并已动工。

【人事人才管理】 2022 年，县人社部门接收各类流动人才档案 8663 份，办理高校毕业生调档函 1926 份，至年底，在库高校毕业生档案共 59234 份，在库企业人员档案 10918 份；五华县“1+16”人才库在库人才共 709 人，其中镇级 395 人，县级 314 人。事业单位引进全日制硕士研究生 12 名，企业引进研究生 1 名。全年按相关规定为机关事业单位工作人员办理县内调动 1851 人（含改革转隶、选调等人员），调往外县 33 人，调入本县 18 人。

【专业技术人员管理】 2022 年，县人社部门按照《广东省人力资源和社会保障厅关于印发广东省职称评审管理服务实施办法及配套规定的通知》要求，认真做到规范职称评审程序，加强评审管理，强化评审服务，保证评审质量，全年审核审批各行业专业技术资格资料高级 417 份、中级 389 份、初级 277 份。

【劳动保障检查、劳动人事争议仲裁】 2022 年，县人社部门开展劳动保障监察和劳动人事争议仲裁工作，立案受理各类劳动人事争议案件 133 件，其中调解 90 件，裁决 43 件，受理案件涉及劳动者 497 人，较 2021 年增长 91.89%，涉案金额 1877.52 万元，较 2021 年增长 115.38%；基层调解组织调解案件 164 件，案件均在法定审限内结案，仲裁结案率 100%，调解率 85.52%。处理劳资纠纷案件 570 件，较 2021 年增长 1.97%，涉及农民工 1600 人，按时结案率 99%；受理信访案件 550 件，涉及劳动者 600 人，较 2021 年增长 208.99%，结案率 100%。

【职业技能鉴定和劳动关系】 2022 年，县人社部门按照《广东省人力资源和社会保障厅 广东省财政厅广东省国资委 广东省总工会 广东省工商联关于全面推行中国特色企业新型学徒制加强技能人才培养的通知》（粤人社规〔2022〕4 号）文件精神，严格审核程序，认真审查审核材料，开展了专项职业能力的鉴定，其中妇婴护理 84 人，母婴生活照护 162 人，客家风味菜烹饪 82 人，网商运营 138 人；认定一批职业资格等级证书，其中五华县技工学校等级认定电工 13 人，数控车床 30 人，保育师 267 人，汽车维修检验工 90 人，中式烹调师 77 人，电子商务师 65 人，育婴员 73 人，五华超顺餐饮服务有限公司等级认定中式烹调师 44 人，梅州市国友义齿有限公司等级认定口腔修复体制造工 75 人。

【社会保险管理】 2022 年，五华县参加职工养老保险 6.93 万人，失业保险 4.48 万人，工伤保险 5.98 万人。职工“三险”收入 67210 万元。城乡居民基本养老保险参保人数 44.73 万人，征缴收入 3708 万元。机关事业单位养老保险参保人数 2.2 万人，征缴收入 37829 万元；职业年金征缴收入 20175 万元。职工“三险”支出 93013 万元。企业职工基本养老保险离退休人数 4.06 万人，平均待遇水平 1951 元/月，城乡居民养老保险领取待遇人数 14.57 万人，平均待遇水平 218 元/月。

【养老与失业保障】 2022 年，县人社部门办理就业登记 7994 人，失业登记 1559 人，认定就业困难人员 131 人。按政策为机关事业单位工作人员 439 人办理退休手续。办理下岗工人退休 26 人。发放失业补助金 3332 人次，金额 174.9 万元；发放失业保险金 2331

人，金额 339.86 万元；发放技能提升补贴 41 人，金额 6.4 万元；发放留工补助企业 1880 家，金额 933.2 万元。

【被征地农民养老保障】 2022 年，县人社部门积极协助自然资源局做好征地报批以及被征地农民养老保障工作，已批复征地项目 70 批次，应分配保障资金 15903 万元，其中省下达分配任务 8855.1 万元。根据《广东省人民政府办公厅转发省人力资源社会保障厅关于进一步完善我省被征地农民养老保障政策意见的通知》（粤府办〔2021〕22 号）文件要求，为做好新老政策链接，对征地社保留存资金进行全面清理，保障资金 15903 万元已全面分配到 22207 名被征地农户，及时为被征地农民办理参保手续，做到应保尽保，保障被征地农民的权益，全面完成征地社保资金分配工作。已到 60 周岁领取待遇人数 8600 人。

【工伤认定和劳动能力鉴定】 2022 年，县人社部门已认定工伤 113 件，不予认定工伤 1 件，不予受理工伤认定申请 1 件，撤销工伤认定申请 2 件；做出职业伤害确认 3 件。受理劳动能力鉴定申请 71 人次；受理职工非因工伤伤残或因病丧失劳动能力程度鉴定申请 11 人次。

（陈　芳　李子裕）

社会保险基金管理

【社保征缴】 进一步深入镇、村、园区调查研究，结合大数据平台，弄清各项参保底数，及时制定工作方案。常态化加大对社保惠民、惠企政策的深度和广度宣传与督促检查力度，加强与税务、人社、财政等部门的定期会商和协调，强化服务和精准指导，抓重点，破难点，合力完成社保扩面征缴各项指标任务。2022 年度，企业职工基本养老保险参保人数 6.93 万人，失业保险参保人数 4.48 万人，工伤保险参保人数 5.98 万人。全县职工“三险”收入 67210 万元，其中企业职工养老保险收入 65524 万元；失业保险收入 1128 万元；工伤保险收入 558 万元。城乡居民基本养老保险参保人数 44.73 万人，征缴收入 3708 万元。机关事业单位养老保险参保人数 2.2 万人，征缴收入 37829 万元；职业年金征缴收入 20175 万元。

【纾困稳岗】 按照县人社局《五华县关于组织开展送政策、送资金、送服务“三送”活动工作方案》的要求，组织局干部职工学习熟悉关于社保助力企业纾困稳岗的政策文件内容，帮助广大企业和劳动者知晓政策、了解政策，让企业和劳动者第一时间享受到实实在在的红利。全力落实社会保险降费率工作。阶段性降低失业保险费率和实施浮动费率为 2431 家企业（40402 人）纾困减负；阶段性降低工伤保险费率为 2404 家企业（50143 人）纾困减负。全力落实缓缴社会保险费的工作。做好餐饮、零售、旅游等特困行业阶段性缓缴企业职工基本养老保险费、失业保险费、工伤保险费工作，缓缴期间免收滞纳金，不影响参保人享受各项社会保险待遇。2022 年单位类型缓缴 405 户，人数 4884 人，企业职工基本养老保险费、失业保险费、工伤保险费“三险”阶段性缓缴费为 596.39 万元。

【应发尽发】 坚持以人为本，对疫情防控期间未能及时办理申领待遇的，先预约登记，后提交相关材料，按规定补发、调整社保待遇，确保按时足额发放到位，让改革成果及时惠民。

2022 年全县职工“三险”支出 93013 万元，同比增支 9656 万元，增幅 11.58%。其中企业职工养老保险支出 91587 万元；失业保险支出 490 万元；工伤保险支出 936 万元。城乡居民养老保险支出 39148 万元；机关事业单位养老保险支出 63060.5 万元；企业职工基本养老保险离退休人数 4.06 万人，平均待遇水平 1951 元/月，城乡居民养老保险领取待遇人数 14.57 万人，平均待遇水平 218 元/月，机关事业单位养老保险领取待遇人数 9798 人，平均待遇水平 5380 元/月。2022 年共发放失业补助金 3332 人次，发放金额 174.9 万元；发放失业保险金 339.86 万元，享受待遇人数 2331 人；发放技能提升补贴 41 人，金额 6.4 万元；发放留工补助企业 1880 家，金额 933.2 万元。

【社保改革】　按上级部门的统一部署，做实做细企业职工养老保险基金全国统筹工作；同时做好失业保险省级统筹工作，按照省、市部署建立失业保险业务权限控制机制、数据安全保护体系和数据规范化管理和使用机制，增强失业保险风险防控能力，加强失业保险基金管理监测，防范基金管理风险，确保省级统筹工作安全运行。

【完善基金风险防控机制】　完善各项基金风险防控机制，常态化加强内部监督与检查，继续开展“清数”“筑墙”活动，大力开展社会保险基金管理提升年行动和养老保险基金管理整治行动。加强部门数据的互通共享，动态掌握参保人员生存状况、户籍信息、服刑情况等信息，实现参保数据的精准比对、精细管理，防止待遇多发重发。常态化开展风险警示教育和业务人员经办权限管理活动，引导经办人员提高风险防范意识，筑牢底线思维。同时广泛宣传社保基金知识，引导全社会监督不良行为、举报欺诈行为，营造全社会共同维护基金安全的良好氛围。

【服务便民惠民】　以“强作风、惠民生”为出发点，将作风和行风建设深度融入流程优化、社保服务等各环节，精简办事程序，优化服务流程，提高办事效率。同时深化“互联网+社保经办”，大力推广政务服务网站、手机 App、社保自助服务终端等服务功能，拓宽社保业务网上办理渠道，提升公共服务能力。一是大力推进电子政务建设。县社保业务有 94 项服务事项放到了广东政务服务网。据统计，城乡居民养老保险待遇申领、城乡居民养老保险个人账户一次性待遇申领、退役军人养老保险关系转移接续申请、企业职工领取养老保险待遇资格认证等公共服务事项，至 12 月底，全年网上共申报 17154 件。二是推进“快办”服务。对符合办理条件的事项实现限时办结制，对不符合办理条件的实行一次性告知制，让群众“最多跑一次”。三是认真落实向乡镇下放政务服务事项工作，继续深入推进第二批政务事项下放。

（廖亚带　李智贤）

应急管理

【日常安全监管】　为进一步强化党政领导

责任、部门“三个必须”监管责任、企业主体责任落实，深入开展危化品、非煤矿山、工贸行业等安全生产专项整治，紧盯重点领域安全生产监管，坚决防范遏制重特大安全生产事故发生。同时，为深刻吸取省内外事故教训，举一反三，迅速启动“一盘棋”应急响应，深入开展烟花爆竹、危险化学品、工商贸行业、非煤矿山等方面安全生产检查，坚决将事故隐患遏制在萌芽之中。

烟花爆竹、危险化学品及工商贸行业方面。共检查企业272家次，发现安全隐患519项，其中立即整改235项，限期整改284项，发出执法文书127份，经复查，已整改486项，整改率达93%。

非煤矿山方面。共出动执法人员362人次，检查生产经营单位104家次，发现问题和隐患86处（其中已整改和消除事故隐患72处），重大安全隐患1项进行挂牌督办，下达执法文书38份，停产整顿1家，立案查处3起，处罚金额3.6万元；在安全生产专项整治三年行动方面，共成立检查组205个，督导检查次数498次，督导单位1023家，督导问题1154个，行政处罚141次，共罚款51.27万元，排查出安全隐患5276项（其中一般隐患5260项、已落实整改5240项，重大隐患16项）；结合2022年度执法计划，针对重点领域、危险因素较多企业实际情况、重点企业事故易发点和多发期，制定切实可行的专项执法工作方案并组织实施，重点突出非煤矿山、重点工矿商贸、危险化学品、烟花爆竹等重点行业和领域监察执法。至2022年底，立案处罚13宗，结案13宗，已处罚款30.48万元，5例行政处罚案例被应急管理部评为典型案例。突出抓好重点时段安全防范，要求各镇各单位狠抓责任和落实防范措施，全力做好两会、元旦、春节、“五一”、中秋、国庆、党的二十大等重点时段安全防范，节假日期间开展安全大检查、形势会商研判、加强应急值守，确保重要时段安全生产形势稳定。

【防风防汛防灾】 按照“属地管理、分级分部门负责”的原则，及时梳理调整三防指挥部领导成员，更新明确各防洪工程的责任人，进一步更新完善县镇村责任对接“三个联系人”，将三防工作责任细化明确到具体单位和个人，形成一级抓一级、层层抓落实的工作格局。截至年底，全县三防责任人更新率和“应急一键通”App安装率均已达到100%。共排查发现存在度汛安全隐患的水库65宗（其中62宗安全鉴定为三类坝）、水电站1宗、库容1万立方米以上山塘3宗、地质灾害隐患点101处、高风险和极高风险削坡建房户6137处，针对汛前检查发现的问题，逐项落实整改责任人、制定整改方案，按时完成整改，全面消除安全隐患，确保防汛安全。三是全力做好强降雨防御工作。针对全县遭遇两轮强降雨过程，县三防指挥部分别启动防汛Ⅳ级应急响应和防汛Ⅲ级应急响应，加强预报预警，滚动会商研判，全面排查治理各类风险隐患，果断转移受威胁群众，全力做好强降雨防范工作，切实守护人民群众生命财产安全。两轮强降雨期间，全县共转移危险区域群众1324人，排查各类风险隐患点4604处，共实施关停建筑工地590处、旅游景区景点5处，积极争取省市抗洪救灾资金436万元，有力保障受灾群众生命财产安全。四是开展应急救援力量抢险救灾演练。汛期期间，五华县应急管理局集合 13 个单位共 100 多人参加应急力量抢险救灾强化集训，此次集训共调动 6 艘冲锋舟，3 艘橡皮艇，3 套舷外机，2 台无人遥控救援器，围绕防汛抢险救援任务，提升队伍应急作战能力。据了解，此次集训被中国应急管理报收录《喜迎二十大丨广东持续深化应急管理改革》篇幅中报道。

【森林防灭火】 一是充分利用广播电视、融媒体、门户网站、微信公众号、标语、横额、喇叭村村响等传统宣传方式的基础上，大力开展“小手拉大手”“敲门行动”等宣传活动，把森林特别防护期禁止一切野外用火、全域禁燃禁放烟花爆竹、禁止烧香点烛等规定宣传到户到人。二是抓好火源管控。与公安、林业等部门充分发挥联动配合作用，加大工作力度，严厉打击野外违规用火行为。三是加强督促检查。与林业局成立联合督查组深入镇村一线对镇村干部、护林员等履行森林防火职责情况进行全方位督查，全面堵塞森林防灭火工作中存在的薄弱环节和漏洞。四是开展森林防灭火巡回宣传暨以水灭火、无人机技能培训。以水灭火是现代条件下扑救森林火灾最有效的手段之一，在森林防火特别防护期来临之际，五华县应急管理局联合相关部门组织业务骨干人员到 16 个镇大力推广“以水灭火”，立足于打早、打小、打了，不断提升全县森林火灾快速处置能力，为人民群众生命财产安全和生态环境筑牢安全防线。

（徐琪森　蔡珊珊）

消　防

【简况】 2022 年，五华县消防救援大队在支队党委和县委、县政府的坚强领导下，大队党委团结带领全体指战员深入学习宣传贯彻党的二十大精神，忠实践行习近平总书记授旗训词精神，紧扣主题主线、紧抓基层基础、紧盯主责主业，出色完成了防风险、保安全、护稳定、促发展的工作任务，确保“两个稳定”，实现队伍和县域内火灾形势的持续稳定，未发生较大及以上和有影响的火灾。2022 年，大队被县委县政府记“集体三等功”，华城、安流专职消防队获评总队“基层建设先进政府专职消防队”，陈林被记“个人三等功”。

【防火监督】 五华县委、县政府常务会议多次部署安排消防安全工作，出台县消防工作“十四五”规划。全部乡镇应急消防所已挂牌完毕并运行，建设县消防安全宣传主题公园。积极联合各部门开展消防安全大检查、居民自建住宅、“三小”场所、出租屋（群租房）、电动自行车、工业园区、乡村电气火灾综合治理、“扫雷”行动等专项排查整治行动，全县共组织县级以上政府联合检查组 150 个，出动各镇及行业部门联合检查组 609 个，出动检查人员 2958 人次，检查发现火灾隐患 1355 处，整改火灾隐患 1230 处；发动专职消防队、消防志愿者队伍，依托各大节日等活动，发放宣传资料 216 次，结合“消防园丁”培养、“走进乡村学校”敲门行动，对全县中小学开展 73 余次宣传培训，培训人员 5000 余人；迎接 2000 余名师生到队参观学习消防知识；积极发动各重点单位在 LED 屏播放走马字幕、张贴、发放消防宣传海报 4 万余份；同时全面助力乡村振兴发展，打造华城镇乡村振兴消防安全试点及华一南路消防宣传示范一条街。

【作战训练】 2022年，共接警出动258起，其中火灾扑救174起，抢险救援67起，社会救助及其他警情17起，共出动车辆649辆次，出动人员3169人次，抢救37人，疏散7人，保护财产价值788.2万元，成功打赢“1·23”安流塑胶工艺厂、“10·10”岐岭镇荣贵村民房火灾、“10·17”工业园灭火救援战斗，圆满完成中超联赛、重大节假日、全国两会、党的二十大特殊防护期、强降雨防汛等安保任务。根据辖区实际，开展山火扑救、防疫洗消、“一短三快”、“三小”场所、“自建房”情景模拟、初战控火救人操及“高低大化”等实战演练40余次，大队主官带头研战、谋战、督战10余次。每月开展重点单位实地熟悉、实战演练和灭火救援业务授课和案例研讨，修订完善应急处置预案40余份。

【消防队（站）建设】 县委、县政府常务会审议通过五华县专职消防队组建相关事宜，完成梅林、郭田、双华、河东、棉洋五支“一镇一队”建设任务。2022年，地方消防业务批复经费2142.84万元，较2021年提高899.84万元，增长72.39%。采购190万元装备器材和180万元水罐泡沫消防车及245万元城市多功能主战消防车，至年底，三辆车已全部交付到位。召开年度联勤保障联席会议，与24个社会单位签订保障协议，协调林业局借用一辆19座运兵车、应急管理局调拨一批森林火灾扑救个人防护装备。河东专职队入驻执勤点，龙村、华城入驻新营房。积极推进长布、安流营房库室修缮改造及营产营具配套，营房标识化建设一体推进。将队员关心的“未休假补助”列入工薪结构，专职消防员人均薪资待遇进一步提升。开展游泳专项、电摩车驾驶证、固定消防设施操作员、厨师厨艺、摄影摄像、办公一体化等培训，鼓励学历教育、考编，1名文员考取教师编、2名文员考取社工、3名专职队员考取国家队。

（吴涵博）

退役军人事务

【移交安置与就业创业】 2022年，五华县退役军人事务局做好自主就业退役士兵接收工作。一是在五华县退役军人服务大厅打造为退役士兵报到、落户、党（团）组织关系转接、社会保险关系接续、预备役登记、一次性经济补助申领、教育培训报名等“一站式”办理“总站”，为退役士兵提供贴心

2022年9月16日，五华县举行2022年秋季退役士兵报到仪式

（县退役军人事务局提供）

高效而又温馨的服务。二是组织当年返乡退役士兵参加全员适应性培训，并开展短期职业技能培训，帮助自主就业退役士兵提升职业技能。三是严格按“阳光安置”政策要求，完成 2022 年度符合政府安排工作条件的多转业士官的安置任务。四是全年发放军休干部及遗属补助、企业军转干部困难生活补助、自主择业军转干部住房补贴等补助。五是在梅州市首届退役军人创新创业大赛中，五华县积极发动退役军人企业参赛，推荐参赛的 5 家退役军人企业荣获金奖 1 名、铜奖 3 名、优胜奖 1 名，充分展现了五华县退役军人的双创风采。

【优待抚恤政策落实】 一是持续采集全县退役军人及优抚对象信息，为现役退役军人家庭悬挂光荣牌。二是为优抚对象发放抚恤补助金、义务兵家庭优待金，医疗补助金和节日慰问金。组织多名优抚对象到省第二荣军医院进行为期 15 天的短期疗养。三是全面推进建档立卡和优待证申领发放工作，为全县退役军人实现精准画像，录入率、通过率均达 100%。四是向上争取资金，对县光荣院进行一期升级改造，优化老人居住场所环境。五是完成五华县 46 处烈士纪念设施修缮改造，建成五华县革命烈士事迹陈列馆及英名墙。六是积极推进零散烈士墓迁移集中保护工作，将五华县 33 处零散烈士墓迁入县革命烈士陵园集中保护。七是在清明、“9·30”烈士纪念日组织举办烈士褒扬纪念活动，充分发挥英雄烈士纪念设施红色教育功能。

【双拥共建】 一是元旦、春节、“八一”期间，由县委、县政府主要领导带领拥军慰问团对梅州军分区、梅州市武警支队及驻五华部队开展走访慰问活动，走访慰问物资约 33 万元。二是加强军地沟通，2022 年慰问过往演练部队 2 批，为部队送上一批慰问物资。三是积极开展为立功受奖功臣送喜报和发放奖励金活动。全年为现役军人开展送喜报活动，发放奖励金共 17.38 万元。2022 年 3 月，县退役军人事务局联合县人武部、梅林镇人民政府敲锣打鼓为现役军人古志强送上“二等功臣”牌匾和 5000 元奖励金，引起社会强烈反响。四是高度重视省双拥模范县中期考评调研情况汇报视频，并在全市率先完成 145 项考评内容录入任务，受到市级通报肯定。五是五华县双拥主题公园建设完成并对社会开放，全县拥军优属氛围不断浓厚。

（钟东云　钟广明）

各镇概况

水寨镇

【简况】 水寨镇地处县城，是五华政治、经济、文化中心。总面积 99 平方千米，辖 24 个村委会、453 个村民小组和 6 个居委会，全镇总人口 47074 户 168622 人，耕地面积 1335.45 公顷，其中水（旱）田 993.23 公顷、旱地 341.91 公顷、水浇地 0.31 公顷。2022 年，全镇一般公共预算补助收入 4686 万元，一般公共预算支出 4686 万元。

【经济产业发展】 坚持实业兴镇、产业强镇，巩固推进暖企服务行动，促进带动镇域特色产业全面发展。建立 4 个产业社区并组建临时党支部，探索联村共建、资源共享、产业联动模式。筹集产业发展基金 230 余万元，集约撂荒土地 133.33 公顷，顺利吸引广东悯农、梅州兆余、梅州方源等 10 多家农村企业落户产业社区。引进七都村草莓种植、莲洞村稻虾共作、高车村稻虾共作、南粤家政产业园水寨分园建设等近 20 个项目。统筹辖区企业用工、用电等需求，开展一系列“暖企”行动，保障企业“快投产”，全镇产业发展势头持续增强。全年新增罗湖、上坝等 11 个村光伏发电项目，建设规模达 934.67 千瓦。截至年底，全镇现有 18 个农业产业基地，省级农业龙头企业 1 家，市级农业龙头企业 5 家，县级农业龙头企业 8 家，农民专业合作社 5 家，已有光伏发电站（点）24 个，建设规模达 1992.4 千瓦。

【国土村建】 持续规范管控私人建设报批及乡村建设规划审批，结合“126”专项整治行动，从严打击辖区内违法占耕、占道、占用河堤等违法用地及违章建筑行为。保持“双违”执法高压态势，常态化开展违章建筑拆除、占耕占林集中整治等执法行动，全年制止违法建筑 25 宗，开展拆违行动 11 次，查处违规占用林地 1 宗，拆除违章建筑 8 座共约 1380 平方米；整治卫片执法图斑 8 宗，复耕复绿 8 宗（其中复耕 0.84 公顷，复绿 0.13 公顷）。加强耕地保护，高标准基本农田建设、撂荒土地复耕复种工作扎实推进。地质灾害防治和农村房屋安全隐患排查整治工作持续开展。

【人居环境整治】 扎实开展农村人居环境

整治提升五年行动，全年累计清理垃圾 4239 吨、清理水圳及污水沟 27 千米、污水塘 13 口，清淤 298 吨；拆除危旧房、废弃猪牛栏 51 座 2600 平方米。持续推进岗阳、榕树、善坑等 8 个村污水处理设施的运营工作，协调大布、员瑾、坝美等 6 个城中村纳入县城污水管网处理接管工作，完善协和、良美等 4 个村纳入琴江新城管网处理计划方案。扎实推进厕所革命，加强公厕管理，2022 年来共计新建卫生公厕 5 座、无害化户厕改造 11 座，全镇旱厕全面清零。持续推进村庄清洁行动，完善“检查—通报—整改—回头看”机制，2022 年累计发出通报 13 期。健全农村生活垃圾收运长效机制，实现生活垃圾日产日清，全镇 24 个行政村均已达到干净整洁村标准。实施“水寨高速口—罗湖北延线”农房管控和风貌提升工程，以及“四小园”示范建设，整体提升村容村貌。加强县城范围生活垃圾分类，西河社区、府前社区、大坝社区、员瑾村、大岭村、大布村、坝美村 7 个村（社区）已基本建成生活垃圾分类示范片区。

【生态文明建设】　全面落实“林长制”，深入开展森林防火，扎实推进“一网三行动”，全年未发生特大森林火灾事故。加大野外违规用火执法力度，全年查处违规野外用火 10 宗共罚款 2000 元，全民防山火意识明显增强。推动“河长制”落地见效，坚持实行河长工作交办机制，各级河长坚持每月、每周开展巡河护河行动，全年开展河湖巡逻 3335 人次，发现并整改 21 个安全隐患，断面水质考核年平均水质达标率、优良率 100%。坚决打击污染直排行为，开展“五清”“清四乱”8 次，累计清理河道杂草、白色垃圾等 9 千米，辖区河湖生态质量持续向好。狠抓禁止焚烧秸秆工作，创建大布、大岭禁烧秸秆示范村；大力治理扬尘污染和燃放烟花爆竹污染，县城范围空气质量优良率达到 99.5%。常态开展重点环境问题专项整治工作，全面完成省生态环境保护督查反馈意见整改，持续巩固中央环保督察组交办案件整治成果，案件重复整治问题得到解决。严厉打击垃圾、固体废物倾倒占用河道、畜禽养殖场污染水源行为，全年查处大型违法偷砂行为 2 宗，缴获偷砂车 3 辆、挖掘机 2 台。高标准建设罗湖公园、蒲丽顶公园等生态休闲场所，辖区生态环境质量持续改善。

【安全生产】　全面落实安全生产主体责任制，认真开展安全隐患、危险源大排查大清理大整治专项行动，扎实开展消防车通道集中治理行动和消防安全、火灾防控、电动自行车消防安全专项整治工作；实施突击夜查行动 69 次，对辖区“三小”场所、出租屋、酒店宾馆、KTV、酒吧、超市等开展行政检查 284 次，发出责令限期整改指令书和检查表 158 份，整改未配备消防器材、占用、堵塞、疏散通道等问题 153 宗，打通消防通道 6 处，安装联网式火灾报警器 2300 套。建立隐患排查治理双重预防机制，制定特殊天气值班值守、防灾减灾应急机制，加强汛期强降雨、地质灾害、火灾、突发事件应急值守，妥善处置火灾、围墙坍塌等应急事件 8 起，全镇全年未发生死亡及重特大财产损失和各类重特大事故，安全生产、消防形势整体稳定。

【社会治理】　加大矛盾纠纷排查调处力度，积极妥善化解信访积案和矛盾纠纷，全覆盖落实信访化解工作，全镇全年成功化解重大信访积案4宗、办结重复信访事项6宗，调解镇村各类纠纷176宗；全年办结上级交办案件56宗，办结率100%；受理“12345”政府热线993宗，办结率98.9%。配合公安机关继续抓好扫黑除恶斗争工作，全力维护社会平安稳定。坚决打击治理电信网络新型违法犯罪；扎实开展反电信诈骗工作，全年悬挂宣传横幅131条、张贴宣传海报500张，发放宣传资料2万余份，“挂牌整治镇”成功摘帽。积极开展道路运输安全、全民禁毒、反邪教、防范非法集资等宣传活动，群众风险防控意识明显提升。维护政治安全八个专项行动、社会矛盾问题八个专项行动稳步推进，扎实做好“六稳”工作，全面落实“六保”任务，全镇政治安全社会大局稳定。

【乡村振兴】 紧紧围绕“产业兴旺、生态宜居、乡风文明、治理有效、生活富裕”的总要求，扎实做好巩固拓展脱贫攻坚成果同乡村振兴有效衔接，全面推动乡村产业、人才、文化、生态、组织振兴，不断促进农业全面升级、农村全面进步、农民全面发展。聚焦党中央关于乡村振兴和支持老区苏区振兴发展的意见，召开党委会研究全镇产业发展工作，针对水寨片、大坝片等4个片区不同功能定位深度调研，大胆尝试，制定“一云一带四区”规划，科学制定水寨镇产业发展“7个一”实施方案，根据各村区位分布和发展定位，因地制宜谋划制定全镇产业布局蓝图，科学规划水寨镇城乡融合产业社区综合发展示范带建设，通过做“山、林、田、水”的文章，打造梓皋片、大坝片乡村产业社区综合发展示范带，促进一二三产业融合发展。有序推进《五华县县城城中村供排水升级改造工程建设项目（一期）》和《五华县城乡融合产业社区综合发展先导区（水寨镇片区）配套基础设施建设项目（一期）》2个专项债券申报工作，为补齐水寨公共基础设施短板，加强产业配套设施建设争取政策性资金支持。

【文教卫生】 水寨镇深化文明村镇创建，完成年度规划目标；新时代文明实践所（站）建设实现全覆盖，全年开展文明实践活动360场次、社会主义核心价值观教育实践活动96场次，覆盖群众逾6万人；积极引导群众参与志愿服务，开展志愿服务和培训342场次，参与志愿者8000多人，累计开展志愿服务时长12.6万小时。积极营造文明创建氛围，设立文化墙4处共200余平方米，更新安装公益广告牌184块，组织党员、志愿者发放各类宣传资料8.9万份，借助新媒体发布相关报道18篇，群众知晓率稳中有升。加快推进教育现代化先进镇创建，省级示范幼儿园澄湖幼儿园顺利动工建设，投入65万元升级改造梓皋学校运动操场。创立镇级教育基金会，筹资40万元奖励辖区中小学校教师468名、教育先进单位9个。开展计生优质服务活动，免费为全镇1886名农村适龄妇女进行“两癌”检查。开展无偿献血活动，465名干部群众献血9.3万毫升，超额完成县下达任务。

【社会事业】 水寨镇深入开展先进模范等评优评先活动，宋治中获评“2022年第四季度五华好人”，岗阳村王燕荣获五华县孝老敬亲好媳妇，澄湖村戴高燕家庭荣获五华县文明家庭。强化就业创业服务，2022年新增就业 350 人、城镇下岗失业人员再就业 300 人、农村劳动力转移就业 1600 人。率先设立“双百工程”社工服务站示范点，聘选 24 名专职社工下沉到村入户开展民生服务工作，全年为低保、残疾、孤儿等对象共建档 1784 户，联合镇妇联、团委开展志愿服务活动 86 场，受益妇儿 2 万余人次。积极推进畜牧业发展，全年开展生猪屠宰检疫 3.2 万余头，养殖和屠宰环节违禁药物监测 1040 份。市场监督管理工作有序推进，市场秩序持续规范稳定。社会救助、社会治理服务体系得到完善，西河社区“长者饭堂”投入使用，心理辅导服务实现社区全覆盖。征兵、国防动员、拥军优属、国防教育等工作有效落实，征兵数据库效能发挥，兵役征集和民兵后备力量建设成效明显。妇女儿童、工会、宗教、侨务、统计、档案、关心下一代、残疾人、地方志等各项事业取得新发展。

【法治建设】　水寨镇坚持依法行政，突出用制度管权管事管人，坚持决策权、执行权、监督权既相互制约又相互协调，镇政府自觉接受党内监督、人大监督、民主监督、司法监督，确保在法律允许的范围内行使权力。全镇公务员队伍通过普法学习考试、宪法学习、“学习强国”学习平台等加强法治教育培训，各村居以民法典为主题举办学习讨论、法治讲座等各类活动，增强依法行政、依法履职、依法办事的意识。建强宣教队伍，建立“业务骨干+律师顾问”强强结合的专业队伍，通过开展知识讲座、一线咨询、志愿服务等形式多样内容丰富的活动，积极向广大群众宣传法治知识和提供法律援助。2022 年，全镇组织开展宪法、民法典、信访条例宣讲会、法治宣传等活动 48 场次。完善宣教阵地，持续强化基层法治宣传阵地建设，依托新时代文明实践站宣教平台有机融入法治内容，截至年底，建成 2 个镇级、32 个村级宣讲阵地。深入挖掘群众身边便利场所营造浓厚法治氛围，罗湖公园法治宣传广场、奥园广场法治宣传（反电信诈骗）一条街、公园社区普法讲堂等充分发挥普法阵地建设的示范引领作用。创新宣教方法，强化镇调解委员会、村（社区）调解委员会以及社区“家委会”成员法治培训，有效提高相关人员依法调解水平和处理纠纷能力。

（张喆昊　陈彩婷）

河东镇

【简况】　河东镇位于五华中部，地处县城，是五华著名的工贸集市、人文秀区、果蔬之乡和建材重镇。辖区总面积 238 平方千米，下辖 43 个村委会和 3 个社区，全镇有 30534 户 154432 人，其中城镇人口 97205 人，农村人口 57227 人。耕地总面积 3402.6 公顷，其中水田 2798.93 公顷，旱地 527.34 公顷，水浇地 76.34 公顷。2022 年镇级一般公共预算收入 4302.34 万元，一般公共预算支出 4302.34 万元。

【农业产业】　金柚、丝苗米产业持续时间长，经济效益好，群众参与度高，是河东镇的主导产业，在空间布局上呈现金柚产业带和丝苗米产业带，全镇金柚种植面积达 1533.33 公顷，金柚种植企业、合作社、种植大户约 200 家，丝苗米种植面积达 1000 公顷，有 14 家企业、专业合作社加入五华县丝苗米协会会员。培育农业产业化联合体 22 家，其中省级重点龙头企业 1 家、省级专业合作社4家、县级重点龙头企业7家、市级专业合作社2家、县级专业合作社8家。大力实施“一村一品、一镇一业”，因地制宜进一步发展增塘村茶亭岗金柚、油新、化裕村33.33公顷“烟稻双优”项目、黄坑村“农业+生态旅游”、油新村草莓采摘园等特色产业。加大撂荒地水利、农机通道等基础设施建设，完成640多公顷复耕复种任务。

【乡村振兴】 在1949户6028名建档立卡贫困人口全部如期脱贫的基础上，全面落实“四个不摘”措施，健全防止返贫动态监测和帮扶工作机制。开展“乡村振兴共同富裕带头人”评选活动，建立健全农村致富带头人“传帮带”长效机制，通过评选，河东镇有7家企业代表获得五华县2022年“乡村振兴共同富裕带头人”荣誉；省卫生健康委、南方医科大学高度重视乡村振兴驻河东镇帮扶工作，先后筹措资金共441.5万元用于改造河东镇卫生院新门诊大楼一楼大厅、建设五个村规范化公建卫生站、打造两个驻点村（黄湖村和蝉塘村）党建示范工程等乡村振兴帮扶工作。突出美丽宜居，因地制宜发展特色示范点，油新、化裕、和民村三村联动，依托大嵩河沿岸景观和红色资源，配合周边田园风光，绘就独具特色的乡村振兴三村联动示范带（油乡·水韵），周边受益群众约3万人。升级改造河东圩镇——长乐农贸市场，为群众提供一个安全、整洁、规范、有序的市场环境。以镇级人才驿站打造为契机，用活河东乡土专家和乡土人才，精准培育更多农村实用人才，推动乡村人才振兴。深入“三清三拆三整治”工作，解决农村“脏乱差”问题，推动镇容村貌持续改善；积极推进农村公路建设，完成农村村内道路攻坚建设任务5.48千米。

【基础设施】 推进农村村级道路“单改双”工程，改善农村交通条件，完成黄坑村Y249乡道、平西村Y250乡道单改双工程8.6千米，完成罗塘村Y245和桂田村Y246乡道单改双工程8千米，高车塘村Y223乡道单改双工程4.6千米已动工；完成油新村、化裕村、和民村、沙溺村7.3千米沥青路面铺设，干净整洁的沥青路面，村民出行更加便捷舒心，村容村貌焕然一新；全面推进集中供水工程建设，提高农村供水质量与管理水平，实现城乡供水同质同服务，35个村（社区）已实现县城集中供水；平西村、黄泥寨村和黄坑村约106.67公顷农光互补光伏复合项目稳步推进中，建成后预计每年为村民增加650元/亩收入，为村集体增加150元/亩收入。

【重点项目】 把重点项目建设作为拉动经济增长的关键引擎来抓，抽调精兵强将全力加快重点项目征拆工作，省道239线林石至桂岭村段改建工程项目已征地2公顷，签订房屋征拆协议20份；丰华高速联岭互通平南圩镇连接线、500千伏输变电工程、天云岭森林生态综合示范园、国道238线五华县城段改线工程等重点项目稳步有序推进中。同时，依托河东工业园引进恒思越电子、大昌粮贸、荣晟科技、金西湖实业、南网独立电池储能等25个项目落户。

【创文巩卫】 持续巩固卫生城市基础，开展圩镇市场经营秩序规范、城中村“六乱”、环境卫生整治等行动，镇容镇貌取得明显效果。积极推动志愿服务，全镇46个村（社区）均成立志愿服务队伍，注册志愿者 1600 多人。加强精神文明建设，大力推动“文明村”“星级文明户”“文明家庭”创建，选送平东村李胜添、下一村李山录、布头村陈火华等参与“五华好人”评选，通过抓典型、树标杆、争先进，依托新时代文明实践所（站）常态化开展文明实践活动和志愿服务活动，着力培育文明乡风、良好家风、淳朴民风，推动移风易俗，树立文明新风尚。

【生态环境】 坚持践行“绿水青山就是金山银山”的发展理念，坚决扛起生态环境保护的政治责任，深入推进河长制工作，镇、村河长巡河 2605 次，巡河发现问题 8 个，已处理 8 个，公众投诉 4 个，已办结 4 个；完成五华县牛石水生态清洁小流域治理工程，清淤疏浚河长 5.94 千米，浆砌石等护岸 5.3 千米，道路硬底化 1.2 千米，绿道 250 米。严格落实林长制，全力保护辖区森林资源，依法查处违规野外用火案件 5 宗，行政罚款 0.36 万元，发放违规占用林地制止通知书 29 份，查处非法占用林地案件 19 宗，行政罚款 43.5566 万元，广泛开展森林防灭火宣传，悬挂 200 余条横额标语，张贴宣传标语 3200 余条。

【文教卫体】 充分发挥好基金会作用，积极开展奖教奖学，9 月 7 日召开河东镇奖教奖学大会，奖励优秀集体 15 名、优秀教师 112 名、优秀学生 121 名。积极争取上级支持扩建河东第一小学、兴建河东第五小学，不断提升中小学教育教学质量。完成卫健日常服务管理工作，落实“两癌”筛查 437 人次，发动 511 名干部群众献血，超额完成上级下达的任务。

【民生事业】 持续开展“我为群众办实事”实践活动，2022 年以来聚焦完成民生实事 52 件，着力解决群众“急难愁盼”问题。统筹推进公益慈善和扶老、助残、救孤、优抚等事业发展，保障困难群众基本生活，2022 年以来新增低保户 53 户 103 人，新增五保 32 人；新增办理残疾证 153 人，其中重度残疾 110 人；新增困境儿童 80 人。

【公共服务】 在县政数局和五华农商银行的推进与支持下，镇、村两级服务中心共安装 49 台“粤智助”政府服务自助机，实现河东镇“粤智助”服务自助机全覆盖，为群众办事提供更大便利。预计年底完成三田、油新、桂田、化裕、太和 5 个村老旧的党群服务中心优化升级，完成后将进一步提高基层党组织服务能力。通过不断提升政务服务，优化党群服务中心办事效能，河东党群服务中心获评县重点示范镇级政务服务中心。

【社会治理】 有力化解信访矛盾，2022 年 1—10 月河东镇共受理各类信访事项和矛盾纠纷案件 105 宗，同比下降 8.6%，“12345”网上信件 420 件，同比下降 17.9%，协助村级调解 179 宗。积极开展反电信诈骗工作，通过发放宣传单、开展敲门行动、转发公众号投票、宣传栏、横幅等形式加大宣传普及范围，累计发放宣传单 10 万多份、宣传手册 5 万多份、张贴宣传海报 1000 多张，群众防骗意识进一步提升。

【安全生产】 严格贯彻“生命至上、安全第一”工作理念，紧绷安全弦，紧守安全线，对加油站、非煤矿、酒店、建筑工地、“三小”场所等各类安全生产进行大检查大排查大整治，消除隐患，降低风险，确保经济社会平稳有序。定期进行安全生产业务能力考核和开展人员培训，提升安全生产工作人员素养和业务水平。组织执法人员出动执法车辆 42 辆次、200 多人次，警告违法违规 50 多次、责令改正 41 起、责令停产停业 5 家、打击违法行为 11 起，有力打击各行业非法违法行为，有效防范和遏制安全生产事故的发生。

【法治建设】 坚持依法行政，坚持决策权、执行权、监督权既相互制约又相互协调，镇政府自觉接受党内监督、人大监督、民主监督、司法监督，确保在法律允许的范围内行使权力。充分发挥镇聘律师作用，整合“一村（社区）一法律顾问”资源优势，驻村律师定时定点到村（社区）指导人民调解工作，累计服务 434 次，解答法律咨询 668 人次，开展法治讲座 108 场次，参与镇村矛盾纠纷调解 36 宗，审查合同 22 份，出具法律意见书 14 份。

（魏子浩　李承洁）

转水镇

【简况】 转水镇位于县城北部 13 千米，东北与兴宁刁坊镇、福兴街道相连，全镇总面积 158.5 平方千米，辖 21 个村委会和 1 个社区。全镇有耕地总面积 2077.6 公顷，其中水（旱）田 1800.2 公顷，旱地 277.4 公顷。总人口 18421 户 72563 人，其中农业人口 45103 人，非农业人口 27460 人。2022 年，转水镇财政总收入 3763 万元，总支出 3763 万元，收支基本平衡。

【“三农”服务】 2022 年，转水镇推广种植优质水稻两造合计 3333.33 公顷，其中种植丝苗米 3333.33 公顷，水稻保险参保率达 95%以上。为支持农业发展提高有利条件，修建完善五星、三源、新华等村排灌站、水圳等水利设施一批，治理服务完成水稻病虫飞防 506.67 公顷、飞播紫云英 346.67 公顷。认真落实 2021 年度耕地地力保护补贴发放（返盘）及种粮农民一次性补贴等惠农政策，全方位推进撂荒地复耕复种工作，通过成立黄青维农业专业合作社、发起认耕认种倡议、引进龙头企业等形式完成复耕复种面积 320.10 公顷。蛇塘、旱塘和下潭等村完成共 14.27 公顷的集约任务，扎实推进 6 个村的高标准农田建设。

【产业发展】 大抓村集体产业发展，支持蛇塘、青塘等 7 个村集体经济收入低于 10

2022 年 8 月 30 日，番禺区助力转水镇撂荒耕地复耕复种农产品消费帮扶发车仪式在转水镇举行（转水镇提供）

2022 年 9 月 29 日，转水镇举行创维光伏整镇推进签约仪式

（转水镇提供）

万元的村利用“光伏贷”金融产品发展光伏项目，还贷期预计每年能增加 2 万元村集体收入；引进广东康和药业与梅州潮发生态农业有限公司合作，发展牛大力深加工产业，预计 2022 年 7 月可投产。成立黄青维农业专业合作社，统筹用好镇级消费帮扶馆和驻镇帮镇扶村工作队，解决价值 300 多万元的农产品销售问题。发挥联村共建党支部资源整合作用，引进延丰农业、智农科技、悯农公司等农业龙头企业盘活撂荒耕地，发展蔬菜、毛豆种植、稻虾共养产业。依托苏区融湾先行区建设，整合圩窝里、荣槐楼、文奎塔等红色文化资源，深入挖掘精神内涵，统筹推进全镇革命文物保护利用与传承。

【重点项目】 2022 年，转水镇按照县委、县政府的工作部署，坚持重大项目带动，增强全镇经济发展后劲，扎实推进乡村振兴示范带、智能矿山机械产业园征地等重点项目。通过“党委+联村党支部+党员”方式统筹镇村力量，在 1 个月内完成智能矿山机械产业园五星村板块 33.33 公顷的征地工作。深入推进“国家卫生镇”创建工作，深入实施美丽圩镇建设，扎实开展“三线”“六乱”整治，省级示范圩镇创建工作通过市级验收。保障万里碧道工程五华河转水段 7.6 千米的无障碍施工。新民村绿美古树、三源村和新丰村村级森林公园等林业重点生态工程有序开展，为转水实现高质量发展奠定坚实基础。

【城乡规划】 2022 年，转水镇持续巩固梅州市“四好农村路”示范镇创建成果，完成 13 个村共 13.35 千米的农村村内道路硬底化建设任务；积极开展农村违规建筑整治专项工作，发放《限期拆除（清除）通知书》30 多份，拆除 2 处违法建筑，约 480 平方米。全力做好强降雨防御工作，坚决果断转移受威胁群众 21 户 64 人，完成新民、枫林塘地质灾害点整治，97 户农村削坡建房风险点综合治理任务。常态化、长效化开展“我为群众办实事”实践活动，升级改造下潭村柯树潭石古大王道路、新华村合溪桥、五星村谢排道路，组织摩托车驾驶证“送考下乡”23 轮。

【资源管护】 2022 年，转水镇始终坚持“绿水青山就是金山银山”的理念，全力以赴打好蓝天、碧水、净土三大保卫战。全面落实“河长制”工作，常态化开展河湖“五清四乱”行动，全年整改问题 43 宗。抓好全镇 35 个污水处理设施的运营维护。大力推进农村集中供水建设，保障群众饮水安全。铁腕整治环保督察交办案件，完成上级交办案件

10件。全面落实土地管理和耕地保护责任，以“零容忍”的态度惩治违法建房行为，整治卫片图斑点32个，做好耕地图斑整改。严厉打击非法盗采河砂行为，深入开展稀土专项整治行动，有效维护正常的矿产资源秩序。“林长制”责任有效落实，大力实施绿美行动，开展义务植树活动。深入开展“一网三行动”2022年新增防火隔离带91.258千米，严厉打击野外违规用火行为，强化实战演练，全年开展以水灭火演练15次，狠抓落实林业卫星图斑核查整改，依法查处违规占用林地行为26宗，保护转水绿水青山。

【社会保障】 2022年，转水镇按照《五华县民政局关于印发低保、特困、信息核对在系统上重新核对的实施方案的通知》文件要求，截至年底已完成低保复核共686户，特困复核175人；已取消不符合低保条件的82户、241人，取消特困人员9人，坚决做到应退尽退。着力健全农村精准帮扶服务，对低保、五保、建档立卡贫困户及低收入家庭进行救助。大力推进居家养老服务站建设，积极探索乡村新型养老模式，完成五星村长者饭堂、居家养老服务站建设，切实打通长者服务“最后一公里”。全面落实“双拥”政策，走访慰问现役军人三等功获得者和困难退役军人。

【平安法治】 2022年，转水镇深入推进法治政府建设，贯彻习近平法治思想，里塘村获评第九批“全国民主法治示范村”。严格执行行政重大决策程序规则，做好规范性文件审查等工作，行政效能得以提升。严格规范行政执法行为，提高依法行政水平，全面推行“三项制度”，全年开展行政执法案件605宗，行政检查258宗，行政处罚47宗，实施行政强制1宗，完成行政许可299宗。综治中心全面统筹相关职能部门集中精力开展信访突出问题和信访秩序专项治理工作，强化领导包案制度，积极化解一批疑难积案。2022年，镇综治信访中心共接待上访群众68批次、168人次（含法律咨询），受理矛盾纠纷92宗，其中已成功调解82宗，调处率100%，调处成功率89.1%。

【文教卫生】 2022年，转水镇持续改善转水教育硬件设施，借力驻镇帮镇扶村工作队力量，完善转水中学、新华小学门窗等基础设施。积极开展教育奖教奖学工作，2022年度共发放奖教奖学金20万元。推动党史学习教育常态化、长效化，实现新时代文明实践所（站）建设全覆盖，以新时代文明实践站为载体，抓好镇村文化服务中心（站）日常管理，定期组织开展志愿服务活动，丰富群众精神文化生活。积极开展道德模范选树，新华村曾纪娣获评2022年第一季度“广东好人”，里塘村陈爱民家庭获评2022年“五华县文明家庭”。抓好常态化疫情防控，深入推进“一老一小一加强”疫苗接种工作，全力筑牢疫情防控线。积极组织开展无偿献血活动，全年超额完成无偿献血工作任务。征兵、宗教、“两癌”筛查、统战侨务、妇联、统计等各项事业得到有效落实。

（周瑜城　李　燊　吴俊森）

华城镇

【简况】 华城镇位于五华县北部，旧称长乐镇，原属五华县城所在地，距县城水寨 27 千米。全镇辖 34 个村、3 个居委会，人口 13.5 万人。总面积 247.5 平方千米，耕地面积 2866.67 公顷，山地 16000 公顷。华城交通便利，广梅汕铁路、205 国道和梅河高速公路穿境而过，铁路、高速公路均设有上落站和出入口，梅龙高铁五华站也落户华城。现属全国重点镇之一，是五华北部商贸、物流、宜居城中心，是梅州市乡镇街道体制改革试点镇、广东省数字乡村发展试点镇、广东省城乡融合发展中心镇试点镇。2022 年，华城镇地方财政总收入 4693 万元，其中镇本级一般公共预算收入为 4490 万元，包含税收收入 4253 万元，非税收入 237 万元；镇本级政府性基金预算收入 203 万元。

【梅龙高铁】 2022 年，华城镇牢固树立抓项目促发展的理念，对照时间节点和目标任务，狠抓梅龙高铁项目建设。五华高铁经济产业园首期约 11.33 公顷征地拆迁工作已进入奋战收尾攻坚阶段，站前广场、中心大道及园墩岭、月岭板块安置区的三通一平工作有序推进；500 千伏敬州站配套 220 千伏线路建设项目、葵富村威光 220 千伏变电站已进场施工，截至年底已完成变电站封顶，21 座塔基、16 座施工便道交地，确保梅龙高铁一大批配套设施项目按照节点要求快速推进。

【城乡建设】 2022 年，华城镇聚焦“示范圩镇”攻坚目标，紧抓城乡融合发展试点镇发展机遇，分片划区对城镇建房秩序、“六乱”现象和镇容镇貌等进行规范化、精细化管理。国道 205 线安全提升改造工程和华新街美丽圩镇示范街建设等项目已基本完成，大力推进华城大桥拆除重建，状元大道（环城街段）、新河南路、海员路等圩镇主要道路升级改造，有效夯实城镇发展基础。统筹碧道、绿道、健身步道、休闲公园建设，打造绿色开敞空间和景观长廊，不断提升状元公园、金山公园、民法典公园、乌陂河堤等场所的绿化水平。

【乡村振兴】 2022 年，华城镇坚持产业培育、绿色为先，结合撂荒地复耕复种工作要求，探索发展“稻虾共作”养殖、农渔光互补、黄豆及胡萝卜种植等特色产业，铁炉村稻虾共作基地、兴中村胡萝卜种植基地已顺利收成，至年底，正着力打造黄埔村稻虾共作示范基地、兴中村农、渔光互补光伏发电项目。同时，顺利挂牌成立华城镇乡村振兴豆制品产业示范车间，成功举办为期 12 天的华城镇乡村振兴农特产品展销推广活动，拓宽农特产品展销推广渠道。深入开展农村人居环境整治，扎实推进厕所革命“回头看”摸排整改工作，全年完成 106 座公厕整改任务，20 个村完成后期查漏补缺摸查工作，村容村貌有效提升。稳步推进农村道路攻坚、自来水集中供水等基础设施建设，17 个村完成集中供水工程建设。同时，积极争取上级专项资金大力推进华城镇乡村振兴示范带项目建设。

【数字乡村】 2022 年，华城镇紧紧围绕“治理有效、便民惠民、共享发展”的思路，重点打造一个手机前端“数字华城”微信小程序和一个管理后台的数字乡村信息化平台。通过数字乡村信息化综合平台为群众参与基层治理创设了“民情通”“志愿者积分兑换”两条新渠道，为全镇党员、群众提供上线学习交流的“智慧党建”平台，为“三小”场所安全生产提供“数字消防”保障，为商户和群众开发“数字商城”平台进行销售、购买农特产品，为游客打造一个了解华城镇情村情的“数字旅游”平台，推动华城实现乡村振兴。

【生态环境】 2022 年，华城镇进一步落实环境保护监管职责，深入打好污染防治攻坚战，持续推进山林湖草沙一体化保护和修复工程、“河长制”、“林长制”和畜禽养殖污染治理工作，有序对接县级下放的执法工作权限，加大环境违法行为惩治力度，高标准、常态化巡查管控中央环保督察组交办的 6 个案件。加强对施工单位和工矿企业扬尘污染防治措施落实情况的巡查监管，不定期组织人员进行明察暗访，对发现的问题逐一反馈、逐一攻坚，整改率达到 100%。全面推进全镇农村污水治理，协助上级部门完成对华城镇辖区内 39 个在建、已建农村生活污水处理设施进行运行现状摸排，加快达标处理。

【综治维稳】 2022 年，华城镇全面开展“平安华城”建设，全镇以护航党的二十大为主线，全力保稳定、促平安、抓创建、强队伍，政法和信访工作交出一份优异的成绩单。共受理各类矛盾纠纷案件 64 宗，已办结 58 宗，案件办结率达 90%，大力开展反诈宣传“六进”活动累计 18 场次，营造全民防诈反诈的浓厚氛围，实现全国两会、党的二十大召开期间政治安全、社会和谐稳定的工作目标。2022 年第十七期《五华政报》专门刊登华城镇信访工作主要做法。

【安全生产】 2022 年，华城镇全力以赴抓好安全生产，建立健全安全生产“一岗双责”责任体系，全力消除各项安全隐患，在全镇范围内大力开展自建房安全整治百日攻坚行动，共派出排查组 37 个，派出排查人数 350 人，累计检查自建房屋总数 37000 多户。认真做好防灾减灾救灾工作，多频次高效率组织召开专题工作会议，累计巡查风险点 428 个，转移群众 62 人。持续开展削坡建房风险排查和整治工作，动工整治 71 户，完成整治 46 户，有效防范和遏制自然灾害引发的安全事故。

【文教卫生】 2022 年，华城镇持续加大教育投入，不断优化教育资源配置，共发放年度奖教奖学金约 76 万元，五华中学运动场、禾岭小学主楼、新新学校运动场均已完工并投入使用，华城中心幼儿园、银桂小学、维新小学迁建等项目建设稳步推进，扎实开展华城镇教育强镇第二轮复评工作，教育发展基础更加牢固，全镇教育教学质量不断提

2022 年 12 月 17 日，新新学校运动场竣工启用（华城镇供图）

升。加快镇村两级养老、医疗服务体系建设，正式启动城乡居民医保普通门诊“镇村一体化”试点工作，东区康园中心已经投入使用，华城区域性敬老院、残疾综合服务中心、镇级公墓山建设有序推进。谋划建设“志愿者之城”，全镇注册志愿者近 3000 人，组建志愿服务队 40 多支，积极开展志愿服务活动 80 余场次。首创“志愿妈妈”和留守女童“1+N”结对志愿服务模式，成功招募 30 多名“志愿妈妈”与 80 多名留守女童结对，关爱留守女童行动走在全县前列。

（张嘉林）

岐 岭 镇

【简况】 岐岭镇地处梅州市西部，五华县西北部，距县城 49 千米，总面积 154.6 平方千米，下辖 25 个村和 2 个居委会。2022 年全镇有 19403 户 77415 人；全镇有山地面积 10830.02 公顷，耕地面积 1591.91 公顷，其中水田 1410.62 公顷、旱地 110.88 公顷、水浇地 70.41 公顷。全年镇级财政总收入 4162.95 万元；财政总支出 4162.95 万元。

【镇域经济发展】 2022 年，岐岭镇一般公共预算收入 4200 万元，比 2021 年增加 350 万元。总投资约 2.4 亿元的岐岭镇美丽乡村建设项目已完成可研、初设、概算、编制和立项等工作，国家发改委已审核通过该项目地方政府专项债券资金 1.2 亿元。全力配合做好华润（五华）循环经济产业园项目建设工作，进矿道路应急抢险工程租地工作加快推进，全面梳理 32 公顷红线内三号库场地未征地情况，核实青苗、坟地和金神等数量，并全面完成勘探工作。全力保障梅龙高铁（岐岭段）项目无障碍施工。丝苗米产业园长乐烧仓储项目建设基本完工。眉山水泥有限公司、佰仕伟业饮料有限公司产量和营收逐年提高。

【乡村振兴】 2022 年，岐岭镇高质量完成镇域乡村振兴规划编制，获得全省优秀镇域乡村振兴规划二等奖。持续巩固提升脱贫质量和成效，对全镇 32 户 90 名返贫监测对象推行党员干部“一对一”包户监测和动态管理，及时消除风险。成立岐岭镇乡村振兴跨村连片示范带联合攻坚临时党支部。严守耕地红线，累计完成撂荒复耕复种面积约 340 公顷。新增梅州柚种植面积 67 公顷。完成华源村垦造水田项目 19.2 公顷。在鲁占、荣福、王化、龙水、黄福、皇华五村组织实施沃柑、梅州柚、黄皮果、桃驳果、南薯、沙田柚等“一村一品”产业。通过“农业龙头企业+合作社+农户”的有效联结，大力发展各村产业基地，新涌现出联安村毛豆种植基地、荣贵村玉米种植基地、孔目村丝苗米种植基地、皇华村稻虾共作基地、大蒲村蔬菜种植基地、龙岭村贝贝南瓜种植基地、塔星村蔬菜种植基地、罗经村大亚湾胡萝卜供给种植基地等产业社区。完成 7 村农村村内道路攻坚任务，新建道路 10 条、共 7 千米。

【城乡生态环境】 2022 年，岐岭镇全力推进美丽圩镇建设攻坚行动，岐岭圩镇农贸市场建设全面开工，国道 205 线圩镇范围铺设柏油路，并新装违停抓拍摄像头；清溪美丽圩镇建设加快推进。镇级生活污水处理设施一期管道已铺设。强力推进卫片执法整改，拆除整治各类违建和违法用地 130 多处、面积约 20 公顷。完成 117 户农村削坡建房风险点整治和2处中小型地质灾害隐患点整治。制止违规建坟行为23宗。全面推进林长制，深化森林防灭火“一网三行动”，完成造林面积约300公顷，完成森林防火隔离带建设36条、共189千米，并种植25000株树苗加强生物防护建设；制定印发《岐岭镇特别防护期间森林防灭火“见烟就查、见烟就核”工作要求》，新增设朝阳村瞭望台，投入20多万元更新补充扑火物资器械，森林火灾防救综合能力有效提升。全面落实“河长制”，有序推进岐岭河周边水环境综合整治工程，严厉打击整治非法采砂和堆砂点。

【平安创建】 2022年，岐岭镇妥善处置“1·15”疫情，实现疫情无外溢、无扩散的目标。全力做好防风防汛工作，面对6月15日的持续强降雨，紧急转移安置受灾群众25户82人，集中社会各方力量全面开展救灾复产工作。积极开展矛盾纠纷排查化解工作，累计受理案件42宗，调处、办结成功38宗。扫黑除恶常态化，全年立刑事件44宗、治安处罚47宗。持续推进反电信诈骗宣传和App安装工作。深入开展安全生产特别是消防安全整治攻坚行动，累计清查390家“三小”场所，对检查发现存在的隐患和消防违法行为，责令限期整改并建立“一户一档”，全力保障人民群众生命财产安全。

【社会民生】 2022年，岐岭镇深入挖掘用好红色历史文化资源，有序实施岐岭镇红色资源活化利用项目。曾国华故居被列为梅州市第五批爱国主义教育基地、广东省第十批文物保护单位。荣福村中山大学农学院办学旧址涂屋、苏屋主体修复工程基本完成，并联合中山大学农学院设立乡村振兴工作站。完成“南粤古驿道建设——新建绿道”延长线项目建设。完成荷梅村烈士纪念碑和龙岭村石碣围战斗遗址修缮工程。完成孔目桥重建和三多齐至白石嶂单改双工程。福安桥新建工程加快推进。全力推进农村集中供水全覆盖，已完成5个省定贫困村村村通自来水工程和6个村集中供水工程。累计开展23轮摩托车“送考下乡”便民活动，3000多名群众实现在家门口考证。教育质量稳步提升，岐岭镇教育发展基金会共筹得善款296.53万元，累计发放约78万元（2022年共发放约38万元）奖金进行奖教奖学。高考方面，皇华中学本科线入围人数38人，被一本院校录取3人，其中一人入围211院校，创办学最好成绩。中考方面，皇华中学东中、宪梓线以上36人；双头中学东中、宪梓线以上5人。岐岭镇中心小学2022年毕业水平测试乡镇排名第五。

（孔天宝）

潭下镇

【简况】 潭下镇地处五华县西北部，距离县城35千米，因境内潭下河河道弯曲，形成许多河湾潭角且潭深而称潭下。镇域面积258平方千米，辖21个村委会和1个居委会，全镇总人口62745人。自然资源丰富，山地面积20733.33公顷，约占全县山地面积的1/10；耕地面积1498.2公顷，素有“五华粮仓”之美誉。潭下镇以“互联网+”为抓手，加快互联网与传统产业、特色产品融合发展，推广电商“招牌”，做强产业“品牌”，培育一批特色农业产业，全力建设“电商强镇·富庶潭下”。2022年，全镇预计实现生产总值 11.03 亿元，比 2021 年递增 1.2%；一般公共预算财政收入 24257658 元，支出 24257658 元，其中县级税收收入共 288.84 万元，比 2021 年递增 15.54%。

【基层治理】 2022 年，潭下镇始终以“稳定压倒一切”的思想贯穿综治维稳工作，狠抓综治、维稳各项工作落实，定期召开专题会议研判，及时化解各类矛盾纠纷，确保镇域社会大局持续稳定。社会治安平稳有序。坚持和发展新时代“枫桥经验”，扎实做好初信初访调处工作，开展矛盾纠纷大排查大化解行动，全年共受理群众矛盾纠纷 41 起，化解历史积案 5 宗，受理信访案件 11 宗，处理 12345 政府服务热线各类工单 124 宗，办结率均为 100%；扎实做好扫黑除恶斗争、禁毒、反电信诈骗等工作，多措并举开展普法知识宣传，发放宣传资料 2 万余份，群众法律意识大大提升。坚守安全底线毫不动摇。严格落实安全生产“一岗双责”责任制，坚持底线思维，以“时时放心不下”的责任感，毫不松懈抓好安全生产，全年共开展安全生产一般性检查 116 次，专项督查检查 13 次，发现安全生产隐患问题 244 个，均已责令整改到位；对全镇 273 家“三小”场所常态化开展消防隐患排查行动，出动检查人员 280 多人次，不定期开展消防夜查行动，排查出隐患 218 宗并全部整改完毕；扎实开展农村自建住宅电气火灾安全专项治理行动，共排查农村自建住宅 10452 户，整改电气火灾隐患 1300 多处。疫情防控扎实有效。慎始如终做好疫情常态化防控工作，坚决落实县委、县政府的部署要求，坚持“外防输入、内防反弹”总策略不动摇，有效应对“1·15”“1·31”和丰顺“10·23”等疫情冲击。

【产业发展】 2022 年，潭下镇坚持做强做优做精特色优势产业，始终坚持发展“一村一品”，坚定发展鹰嘴桃等主导农业产业，在 1 月，镇政府专门出台鹰嘴桃、柚果种植奖补方案，采取以奖代补的方式，鼓励广大农户发展特色农业产业，产业结构不断丰富。积极引导全镇糕点厂家研发更多具有当地特色的产品，并赋予深厚的文化内涵，糕味嘉食品有限公司申报的潭下镇月光糕生产工艺在 5 月被列入五华县第十批非物质文化遗产，在 12 月被列入梅州市第十批市级非物质文化遗产，潭下月光糕市场影响力不断扩大，全年仅月光糕销售额就超过 1500 万元。紧紧围绕“电商强镇·富庶潭下”的发展定位，抢抓“互联网+农业”的发展机遇，在 8 月专门出台电商奖补相关政策，积极引进优秀企业和社会各界人士参与电商发展，截至 2022 年底，潭下镇共引进优秀电商企业 8 家，培育本地电商企业 12 家，全镇电商平台帮助脱贫户销售红薯、薏米共 5 万公斤，销售额达 60 万元，助农增收成效显著。大力发展村级集体经济，因地制宜利用村委大楼楼顶、小学教学楼、文化广场等地，在福灵、杞水、文里、汶水、中村、竹梅村 6 个村建设一批太阳能光伏发电站，装机总容量达到 694.3 千瓦，每年可以为村集体带来近 5 万元的“阳光效益”。截至 2022 年底，全镇 22 个村（社区）集体年收入均达 5 万元以上。

【乡村振兴建设】 2022 年，潭下镇持续推进综合整治，打造美丽宜居乡村。人居环境持续提升。扎实推进农村“厕所革命”，实现无害化卫生户厕普及率达100%；集中开展露天厕所、废弃猪牛栏整治行动，共拆除26座，去功能化91座；持续深入开展镇对村人居环境整治月度测评工作，督促、指导村级完善长效卫生保洁制度。生态治理凸显新成效。全力以赴做好森林防灭火工作，严厉打击非法毁林、违法建设、违法用地、非法盗采稀土等行为，全年来共处罚毁林行为21宗、违规野外用火5宗，制止违法建设行为12宗、违规建坟行为29宗；严格落实“河长制”工作责任，严厉打击偷采河砂、非法排污等行为；加快推进污水综合处理，全镇已建成污水处理设施28座，铺设管网共148多千米；严格开展禽畜养殖业专项治理，开展常态化检查，及时整改存在问题，严禁个人和企业在禁养区或未办理相关手续的情况下发展养殖。基础设施建设不断完善。配合完成省道223线潭下段16.143千米的升级改造，完成中村村、文里村共2千米的道路硬底化及修补，完成梧村小学公园的建设，南华村三级浪至车站道路的升级改造工程全面竣工；启动文里桥、柏洋桥拆除重建项目；完成潭下镇农贸市场升级改造工程，实现市场内外环境整洁。实施一批农田水利设施修缮项目，完成10个村高标准农田建设，为耕作提供坚实保障。

【民生事业】 2022年，潭下镇始终把关注民生、改善民生作为各项工作的出发点和着力点，不断加大社会事业投入力度，提高广大群众的满足感、获得感、幸福感。用心推动教育事业发展。坚持每年开展奖教奖学活动，表彰一批教育工作者以及成绩优异的学生，营造良好的崇文重教的氛围；努力改善办学条件，建成潭下镇第一小学前栋教学楼拆除重建项目，加快推进新建中心幼儿园前期工作，已积极向上对接争取，多渠道筹措资金。全力做好社会保障工作。严格落实城乡低保、孤儿供养、特困供养人员、社会救助等惠民政策，加强对特殊人群核定工作，认真完成年度城乡居民基本医疗保险参保缴费工作。扎实服务好优抚对象。细致做好退役军人及其他优抚对象信息采集工作，成功创建全国示范型退役军人服务站。同时，征兵、档案、妇女儿童、团委、应急、老年人等工作扎实有效，社会各项事业稳步发展。

（张 鹏 廖珍珠）

长布镇

【简况】 长布镇位于五华县西北部，毗邻河源市的紫金县、龙川县、东源县，总面积284.1平方千米，耕地面积2265.2公顷，其中水田1791.27公顷，旱地473.46公顷，山地面积28000公顷，辖25个村和2个居委会，总人口共8.2万人。一般性公共预算收入0.33亿元，税收收入0.0038亿元。

【项目建设】 依托长布特色生态资源，深入推进“一村一品，一镇一业”项目，因地制宜发展梅占茶、大田柿花、澳洲夏威夷坚果等富硒农产品，结合养蜂、种植金柚等丰富长布镇农业产业结构，全力打造“长布品牌”。截至年底，全镇共完成复耕面积309.30公顷，完成率达99.84%。有序发展光伏发电产业，积极协调完成蓝塘村、粘坑村、大径村、福兴村、高福村光伏发电建设项目，共铺设光伏600千瓦，为村民和村集体经济创造10余万元的“阳光收入”。

【环境保护】 牢固树立“绿水青山就是金山银山”的生态观，守住守好长布的28000公顷山地。一方面深入开展河长制工作，督促镇、村两级河长落实巡河护河职责，严格落实禁渔期制度，全面查处非法捕捞行为，镇、村河长巡河1432人次，跟踪发现河道问题3宗，已全部完成整改，完成年度中小河流综合治理工程任务和水库养殖水体污染整治工作，进一步改善全镇水生态环境。另一方面深入开展林长制工作，全力守护森林资源，持续推进森林防灭火“一网三行动”，通过“一宣二防三建四打”工作举措，提升长布镇森林防灭火工作水平，成立打造镇级半专业扑火队，建设防火蓄水池28个，开设61.6千米的森林防火隔离带，严厉打击野外违规用火行为。

【民生保障】 聚焦民生实事，强化使命担当，不断提升人民群众的幸福感、获得感。一是扎实做好脱贫后评估工作，2022年对全镇27户易返贫致贫人口实施常态化监测，全面落实“四个不摘”措施。二是开展低保五保核实工作，对全镇1784名五保、低保人员精准发放兜底保障资金，切实保障困难群众基本生活。三是扎实开展社会救助，持续做好残疾人补贴发放工作，全年开展“送温暖”等慰问活动130多人次。

【平安建设】 长布镇紧紧围绕法治与稳定的新要求，夯实基层基础工作，深入推进社会管理创新，社会持续和谐稳定。一是加强乡镇综合行政执法工作，强化执法业务衔接，规范执法程序，依法依规开展各项执法行动。2022年，处罚案件12宗，罚没金额27675元。二是抓好信访工作。有力化解信访矛盾，1—12月共受理各类信访事项和矛盾纠纷案件55宗，办结49宗。三是持续开展精神障碍患者救治管理工作，对辖区内登记在册的345名患者做到救治到位、监护到位。四是抓好平安长布工作。开展打击涉黑涉恶势力专项行动，深挖深究线索2条，扎实开展防电信诈骗宣传，充分发挥微信反诈日报作用，拓展防诈骗宣传覆盖面，守护好群众“钱袋子”。

（陶锐敏）

周江镇

【简况】 周江镇位于五华县西南部，距离县城38千米，总面积199.4平方千米，其中山地面积17266.67公顷，耕地面积1479.33公顷。全镇下辖22个村委会和2个居委会。有14632户63614人，其中农业人口56943人，非农业人口6671人。全镇经济稳步增长，农村经济总收入5.32亿元，比上年增长4.1%；镇级财政收入2433.42万元，比上年负增长11.2%；农民人均纯收入12065元，比上年增长5.3%。

【特色产业】 一是发展丝苗米产业园项目，大力集约土地种植丝苗米，累计种植80多公顷，年产值约672万元。二是探索发展南药种植产业。截至年底，蓝坑村种植20公顷300亩沉香、联太村种植13.33公顷山仓子，增洞村规划种植8公顷五指毛桃、利河村种植16.67公顷巴戟。三是全面壮大茶叶种植。集约13.33公顷山地种植茶叶，采取“合作社+农户+电商”发展模式，带动村民增收致富。四是大力发展红色文旅产业。拿出真金白银，统筹投入630多万元，推进红源村“红十景”和人居环境提升工程，打造“农村党建＋四小园＋红色旅游”的旅游模式。五是扎实推进撂荒地复耕复种。创新开展“认领一亩撂荒田”活动，动员党员干部职工、挂镇帮扶单位、广大群众等出资认筹撂荒田，以包地购粮的形式推动复耕复种；大力实施乡贤回归兴业工程，蓝坑村乡贤创立本土农业公司，以“公司+经济合作社+农户”的农业经营体系，完成4块连片16.67公顷撂荒复耕复种任务。

【城乡建设】 一是全力攻坚农村集中供水。加快推动村村通自来水工程，全年新铺设自来水管道34千米，完成新良、冰坎、早成、龙堵、联太等村农户水表安装。二是全面推进道路攻坚。完成Y193线中兴至周江圩镇道路单改双项目建设；全面推动Y197线中兴至红源升级改造工程，稳步推进冰坎至甘茶村沿河道路建设和单改双项目建设，全面完成2022年度周江镇11个村共9.59千米村内道路攻坚任务。三是深入开展农村生活污水治理。大力推动36座村级污水处理设施建设，已完成28座，4座正在施工，4座正在规划设计；计划铺设管网31.76千米，已完成22.7千米；项目建成后处理能力可达1590吨。

【乡村振兴】 一是发展好光伏发电项目，10个集体经济收入低于5万元的村，借助驻镇帮镇扶村资金30万元+60万元银行免息贷款政策红利发展光伏项目。截至年底，全镇光伏发电项目建设面积约1万平方米，总投资约1000万元，为全镇带来约120万元的村集体经济收入。二是积极争取重大项目落户。衔接好梅州五华龙洞抽水蓄能电站项目落地，成立巡查小组常态化开展巡查，及时引导制止突击抢建和违建行为，为项目落地打造良好环境。

【生态环境】 一是全力创建国家卫生城镇。持续做好农村人居环境综合整治，高质量开展“三清三拆三整治”和社会主义新农村示范村创建，全域推进“美丽周江、美好家园”行动。二是扎实加快美丽圩镇建设。完成中兴圩镇街道（一期）升级改造工程，启动周江圩镇街道（二期）升级改造项目，全力配合推动省道238线周江至长布路段升级改造工程，构建“畅、安、舒、美”的交通新面貌。三是启动百岁山森林公园升级改造。邀请专业团队进行高标准设计，已完成立项进入施工招投标阶段，全面启动“省级森林小镇”创建工作。

【民生保障】 一是对周江社区和中兴社区党群服务中心进行拆旧建新，项目完工后，将实现支部工作有阵地、群众办事有窗口、党群活动有场所。二是强化国土管理，全面规范农村建房秩序，扎实推进削坡建房整治、人居泥砖危房改造，完成2022年度63个土地卫片监测图斑外业核查工作，完成第四批59户削坡建房整治验收。三是营商环境不断优化。各部门加强联动，涉企事项实现“一套材料、一张表单、一次申请、一窗受理、一网通办、一次办结”，切实帮助企业解决办证、审批等实际问题，为全镇的高质量发展创造更优的营商环境。

【社会治理】　一是积极稳妥处置化解在重点项目、民生实事中的各类矛盾纠纷；“中心+网格化+信息化”作用有效发挥，对各领域风险的排查化解和监测预警得到加强，全力防范化解禁毒、电信诈骗、非法集资等领域风险。二是紧绷安全弦，紧守安全线，对重点领域和重点行业开展大检查大排查大整治，定期开展安全生产业务能力培训，全力除隐患，降风险，确保经济社会平稳有序。三是抓严抓实抓细各项疫情防控工作，确保将各项措施落实到位，将风险影响降到最小。四是大力开展防火工作，开展“森林防火万人行—绿树青山伴我行”“森林防火警示行”“敲门入户”等宣传活动；投入 20 多万元高标准建设镇级物资储备仓库；投入 120 万元建成畠头村福禄嶂瞭望台及配套设施；投入 100 多万元开辟 114.46 公里的森林防火隔离带。

【文教卫生】　一是高效发挥镇级教育发展基金会作用，自基金会成立以来，认捐资金总额达到 550 多万元，募集超过 420 多万元用于学校软硬件建设和奖教奖学。二是全面推进“卫生强镇”创建，由 2 家县管理、镇辅助直医疗单位挂点联系 22 个乡村卫生站，定期派出技术人员对挂点村的健康教育工作进行业务指导。

（何诗莹）

横 陂 镇

【简况】　横陂镇位于五华县城西南 8 千米，总面积 236 平方千米，辖 35 个村委会和 3 个居委会。2022 年末，全镇有耕地面积 2722.73 公顷，其中水田 2079.35 公顷，旱地 545 公顷，水浇地 97.91 公顷。2022 年，全镇农村经济总收入为 146378 万元，人均收入为 13694 元。全镇一般公共预算总收入 4146.09 万元，政府性基金预算财政拨款收入 1873.65 万元，税务收入 1251 万元。

【重点项目建设】　2022 年，横陂镇始终坚持发展是第一要务，牢固树立“项目为王”的工作导向，统筹力量、全力以赴加快重点项目征拆工作，镇域经济发展后劲得到进一步增强。长乐谷国防教育基地项目配套的水寨镇罗湖村至新联村乡道改建工程已进入建设阶段；谷城民营医院一期主体已完工，二期、三期征拆房屋 8 户 16 座合计 4400 平方米，剩余部分正加快征拆清表中；足球小镇二期正在稳步推进中；其他重点项目建设持续推进。

【特色产业】　2022 年，横陂镇始终立足工作实际，深挖资源优势，聚力打造“一镇一业，一村一品”，创新村集体经济收入增长方式，奋力绘出一幅农业增效、农民增收的新画卷。叶湖灵芝种植基地、新联村石金钱龟养殖基地等继续保持强劲发展势头，灵芝茶、龟苓膏等特色农产品精深加工产业规模持续壮大。大力推广“屋顶+光伏发电”发展模式，鼓励支持各村在党群服务中心、学校等公共服务建筑的屋顶上安装分布式光伏电站，实现借“光”致富、以“能”兴农，促进村集体经济增收，坝头、东山、增大等村屋顶光伏已建成使用，章联、贵人等村正在施工中，夏阜、长兴等村正在谋划中，光伏电站规模累计达到 910.48 千瓦。截至 2022 年底，全镇 27 个村集体经济收入达 10 万元以上。

叶湖灵芝种植基地（2022 年，叶湖村供稿）

【民生事业】 2022 年，横陂镇始终坚持在发展中保障和改善民生，教育、医疗、社保等民生事业持续推进，百姓群众获得感、幸福感进一步提升。强化兜底保障，落实困难群众救助政策，全年累计发放低保、五保、残疾“两项补贴”等社会保障金 2155 万元，救助困难群众 4743 人。按照“应报尽报、应发尽发”原则，持续开展城乡医疗保险报销和养老待遇认证工作，全年受理医疗报销 7 万多人次，养老待遇认证 4000 多人次。优化便民服务，办好民生实事，全年组织开展摩托车“送考下乡”便民利民活动 31 批次，考试合计 5039 人，解决群众“驾考难”问题；高效推进完成 103 户削坡建房整治工作，农村住房安全得到有力保障。聚焦征兵、教育、退役军人事务等，不断提高公共服务质量和水平，全年多次慰问军烈属、困难退役军人；保质保量完成征兵及年度兵役登记任务，为部队输送多名文化水平高、政治可靠的优质兵员；积极开展公共卫生服务，组织 442 名干部群众参加献血活动；统筹 75.72 万元用于奖教奖学和助学活动，捐资助学氛围更加浓厚。

【乡风文明建设】 2022 年，横陂镇始终把乡风文明建设放在至关重要的位置，持续推进乡风文明培育和建设，不断筑牢乡村振兴之魂。充分挖掘传承好横陂足球文化、球王精神，成功举办首个镇级“乡村振兴杯”足球联赛，有力推动新时代农村群众体育的发展。严格按照“十有”标准，以典型示范带动规范建设，实现全镇 39 个新时代文明实践所（站）建设全覆盖。积极开展文明村创建工作，2022 年，坝头、崇文等 13 个村顺利创建县级文明村。开展参与文明示范户创建、“最美家庭”评选、“五华好人”评选等精神文明创建活动，不断推进社会公德、职业道德、家庭美德和个人品德建设，营造崇德向善、见贤思齐、德行天下的浓厚氛围，其中长塘村

2022 年 6 月 18 日，五华县横陂镇举办“乡村振兴杯”足球联赛（横陂镇供稿）

李法平获评2022年第三季度“五华好人”，华阁村陈玉香家庭获评2022年“五华县文明家庭”。

横陂镇农贸市场内景（2022 年 9 月 23 日，横陂镇供稿）

坑口小学全景（2022 年 9 月 23 日，横陂镇供稿）

【自然资源管理】 2022年，横陂镇坚决遏制土地违法行为，严守耕地保护红线，以零容忍态度动真碰硬抓好违建专项治理、乱占耕地建房整治、卫片违法图斑整治、打击毁林造坟等工作。常态化开展违法用地和违法建设行为专项整治，全年制止违章建筑120多宗，拆除违章建筑面积83.8平方米。不断强化红线意识和底线思维，按时按质完成83个卫片图斑核查整改工作。严厉打击非法盗采稀土矿产资源行为，成功捣毁一非法盗采稀土点。采取托管代种、集约化经营、引导群众自耕等多种方式，全面推进撂荒土地复耕复种，实现应耕尽耕、应种尽种，全年复耕复种733.33公顷。

【乡村振兴发展】 2022年，横陂镇始终坚持美丽乡村建设标准，把基础设施建设摆在更加突出的位置，持续改善群众生产生活环境，提升群众幸福感。借力驻镇帮镇扶村工作队资源，进一步完善公共基础设施，已完工有章联村村道硬底化、横陂镇农贸市场升级改造、坑口小学升级改造、近江村太阳能路灯亮化工程、横陂镇机关党员阅览室项目；实施中的项目有近江村体育公园项目、坝头小学升级改造、章联村体育生态公园等。突出乡土风貌和地域特色，有序推进特色民居修缮，走出乡村古民居保护传承之路，华阁村魏挺群故居、近江村儒林第等主体修缮工作已完成，客乡风韵愈加浓郁。

【生态保护】 2022年，横陂镇始终坚持生态优先，扎实践行“绿水青山就是金山银山”

发展理念，努力保护和发展横陂生态环境。深入打好污染防治攻坚战，开展非法养殖场整治行动，整治非法养殖场7间；紧盯春种秋收时期，开展露天焚烧管控工作，全年发出秸秆禁烧倡议书3000余份，查处露天焚烧秸秆行为13宗；持续开展河道“四清”行动，不定期组织人员对琴江河、小都河、蕉洲河河道的水浮莲、水面垃圾进行清理，全年累计清理河段4千米，清理水浮莲等漂浮物230吨，基本实现河道无成片水面漂浮物目标。全面推行河长制，开展常态化巡河，加强河道管护，镇村两级河长累计巡河1503次，累计发现并落实整改涉河问题35个。同时，加强河道采砂、洗砂洗泥、堆砂点管理，通过一系列的执法行动维护正常的采砂秩序。从严落实林长制，深化森林防灭火宣传、巡查和监管工作，坚决打好打赢森林防灭火“持久战”，累计查处违规野外用火9宗，全年全镇森林防火形势总体稳定；持续推进森林防火隔离带建设，全镇共完成150多千米的防火隔离带建设。

【社会治理】 2022年，横陂镇始终认真落实平安建设各项举措，加强和创新社会治理水平，努力构建人民安居乐业、社会平稳有序的平安横陂。注重源头防范，定期开展分析研判会，强化信访矛盾排查化解，全年调处矛盾纠纷94宗，化解群众关心的重点突出信访案件21件，促进形成“小事不出村，大事不出镇”的良好局面。注重“线上+线下”综合方式，深入开展防电信诈骗、禁毒宣传，增强群众防诈和禁毒意识，全年发布转发宣传文章内容30篇，派发宣传单8000多份，举办宣传活动7场。

【法治建设】 2022年，横陂镇坚持依法行政，深入推进法治政府建设。高效推进中央依法治国办法治政府实地督察反馈意见整改。自觉接受监督，执行向本级人大代表报告工作制度，做好人大代表建议意见的办理工作，全年办理人大建议9宗。持续开展法治宣传教育，构建大普法工作格局，全年组织开展法治宣传教育活动20余次，在微信公众号、政府网站等各类媒体上宣传法律法规、典型警示案例58篇，悬挂横幅230余条，发放宣传手册6000多份，显示屏滚动播放2.4万余次。积极参与评议活动，在2022年度五华县国家机关“谁执法谁普法”履职报告评议活动中横陂荣获优秀档次。

（范国新　李志磊　李坷婷）

郭田镇

【简况】 郭田镇位于五华县东南部，地处海拔1277米的鸿图嶂下，距离县城25千米，与丰顺县、兴宁市相邻，是五华县三个革命老区镇之一，也是古大存入党介绍人、五华县第一个共产党员黄国梁的故乡。辖区总面积142平方千米，下辖12个村委会和1个居委会，共247个村民小组。圩镇规划面积3.13平方千米，耕地面积900公顷，山地面积10866.67公顷，镇建成区面积1平方千米；全镇森林总蓄积量30万立方米，森林覆盖率78.41%，林木绿化率达到79.47%，古树名木众多、保护率达到100%；红色革命文化底蕴深厚，有龙潭村黄国梁故居，双光村烈士纪念碑，横塘村江震东烈士纪念墓，布美村红军标语群，湖华村战壕遗址等。镇内有初中学校1间，小学10间，公办中心幼儿园 1 间，卫生院 1 间；交通区位优势明显，省道 226 线、丰华高速贯穿全镇而过，并在坪上村设有一个高速出口。2022 年有 6940 户，46228 人，其中农业人口 39227 人，非农人口 7001 人。2022 年，农村经济总收入 5.2 亿元，比增 6%；农村人均收入 11368 元，比增 5.8%；财政总收入 0.1961 亿元，支出 0.1961 亿元。

【重点项目】 2022 年，顺利完成百岁山矿泉水项目投产创收，全面完成项目用地 19.804 公顷的征地拆迁和 2.73 公顷的补征地任务，稳步推进控制区范围租地工作，确保无障碍施工；加快推进丰华高速郭田出口至圩镇连接线改建工程，现已完成全线 3.226 千米水渠涵管升级建设工作，稳步推进征地拆迁、管线迁移、路面拓宽、路基夯实、护坡挡墙固定等工作；做好三渡水抽水蓄能电站项目前期准备工作，加强硬件设施投入，利用三渡水水库管理处闲置空间建造成项目前期指挥部，平整上下库区连通道路，定期对划线区域进行巡查监管，安装 2 台全天候视频监控设备，林业部门开展无人机巡查监管每周至少 1 次，严防抢栽抢种抢建行为，为项目顺利推进打下坚实基础。

【农业农村】 2022 年，坚决扛稳粮食安全政治责任，全年完成粮食种植面积 1677.93 公顷，收获粮食 9162 吨，推进撂荒复耕复种面积达 192.09 公顷，完成率达 99.11%，加快推进高标准农田建设，筑牢经济社会长期稳定发展的基石，让全镇人民的“米袋子”更充实、“菜篮子”更丰富；大力发展高山红薯、稻虾共作、梅州柚、布惊茶、光伏发电等富民兴村多元化产业；通过大力争取上级资金支持和“光伏贷”贴息贷款等方式，在 7 个村的村委、学校等公共场所屋顶积极发展光伏发电产业，截至年底，装机总容量达 368.3 千瓦，年收益达 28 万多元，“阳光经济”正普惠在郭田大地上；在横塘大窝里生态产业园发展 6.67 公顷“稻虾共作”项目，年产值达 20 万元，真正实现“一田两用、一水双收”，促进村民增收致富和村集体经济增长；支持双光泰丰茶厂通过承租 20 多公顷山地发展茶产业，年产值达到 22 万多元，成为“绿水青山就是金山银山”生动写照；高山红薯也迎来高质高产的一年，梅州柚、陈皮柑产量大幅增长。

【乡村振兴】 2022 年，大力整治人居环境。一是持续巩固“广东省卫生镇”创建成果，全力推进“三清三拆三整治”回头看工作，累计拆除危旧房、废旧猪牛栏、露天厕所、残垣断壁等 65 宗，面积逾 4879 平方米。二是深入推进“厕所、污水、供水”三大革命，实现全镇无害化卫生户厕全覆盖，全镇卫生户厕率达 100%；采取“以奖代补”方式，在布美、硿南、龙潭、坪上、蕉州建设 7 座村级污水处理设施，共铺设雨污分流管网 26.3 千米，接户数 639 户；全部行政村完成村村通自来水供水管网铺设工作，自然村供水管道铺设正在稳步推进中，切实保障人民群众用水充足、饮水安全。

【基础设施建设】 2022 年，完善乡村基础设施建设，加快推进农村道路攻坚工作，积极向上争取专项资金 276.81 万元和道路攻坚指标，全年完成 5 个村 10.3 千米道路硬底化工作，大幅改善农村道路交通条件，提高群众出行的幸福指数。大力推进郭田学校运动场升级改造工程，通过发动广大乡贤、历届校友、社会热心人士、镇村干部筹资248.68万元，建设成一个集操场、篮球场、更衣室、器材室于一体的多功能运动场，让广大郭田学子拥有一个全新的运动场，持续推进Y227郭田至龙潭道路单改双工程、圩镇升级改造、连接线综合服务区等项目的建设，提升郭田整体风貌。

2022年11月23日，五华县郭田学校运动场升级改造工程开工奠基仪式（郭田镇提供）

【**生态建设**】 2022年，全力推进"一网三行动"，开设防火隔离带72千米，紧紧围绕"双碳"目标，对火烧迹地、沿河滩涂、弃土场等地复绿种植米锥、木荷等树木4000余株，面积达2公顷；深入开展河长制工作，定期开展水面漂浮物清理专项行动，清运垃圾528吨，清理河道长度22千米，面积0.18平方千米；筑牢森林防火墙，防火期以来，郭田共悬挂横幅标语40余条、张贴标语500余张、签订承诺书1万余份，发放宣传单和警示案例2万余份，同时，在重点区域和重要路口设置森林防火临时检查站，对进山人员和车辆实现严格查验，确保火种不上山、火源不入林。

【**安全生产**】 2022年，坚持以大概率思维应对小概率事件，始终把安全生产摆在重中之重的位置抓好落实，紧盯交通运输、食品药品、建筑施工、消防等重点行业和烟花爆竹、煤气燃油经营点，"三小"场所、山塘水库等重点场所，常态化深入开展安全生产大排查大整治，完成三坑村岗塘重大地质灾害隐患整治，大力推进削坡建房整治22座，加强台风防御和防汛救灾工作，提前转移安置群众37人、及时处置山体滑坡2起，切实保障人民群众的生命财产安全。

【**科教文卫**】 2022年，深入开展习近平新时代中国特色社会主义思想和党的二十大精神宣传教育，开展多元化学习贯彻党的二十大精神系列活动29次，持续推进农村移风易俗，推动形成文明乡风、良好家风、淳朴民风；大力推进新时代文明实践，积极开展群众喜闻乐见的新时代文明实践活动222次，建成新时代文明实践所1个、实践站9个；维护修缮"郭田桥""龙潭桥"、布美村"红军标语"等文保单位，完成湖华村"战壕遗址"清表挂牌工作。

【**民生保障**】 2022年，真诚办好民生实事，全面落实特殊群体兜底保障工作，坚持"应保尽保"，精准发放补助，全年累计发放低保金额470.98万元、高龄补贴15.88万元、残疾人生活补贴 77.16 万元、残疾人护理补贴 247.36 万元，加强困难群众社会救助，加强妇幼老小关心关爱服务保障，筑牢民生兜底保障网。简化办事流程，提升为民服务意识，积极开展便民服务，开展农村摩托车驾驶证考试“送考下乡”服务 4 次，开展适宜接种人群疫苗接种“送苗下乡”91 次，群众满意度大幅提升。

【社会治安】 2022 年，狠抓疫情防控工作，落地各项防控措施；认真落实安全生产监管责任，对辖区内的道路交通、食品药品、学校及自建房等定期开展安全排查，同时通过“专常结合”“日巡夜查”等方式，重点对辖区娱乐场所等进行安全巡逻工作，努力减少辖区内安全生产事件的发生；强抓平安郭田建设，调处化解信访矛盾纠纷 60 宗，常态化开展扫黑除恶斗争，统筹反邪反诈禁毒同步推进，为群众提供法律咨询 65 次；织好防溺水安全网，制定《郭田镇预防学生溺水专项整治工作方案》，划分责任，落实到人，竖立警示标识标牌 40 个，志愿者入户宣传 35 次，发放防溺宣传单共计 2 万份。

（罗伟锋）

双华镇

【简况】 位于五华县东南部，距县城 28 千米，总面积 141 平方千米，下辖 16 个行政村和 1 个居委会。2022 年，全镇有耕地面积 1000 公顷，林地面积 11866.67 公顷，生态公益林面积 8733.33 公顷。全镇共有 8184 户 43545 人，农业人口 34844 人；农村居民年人均收入 14503 元，同比增长 4.9%；2022 年，全镇农村经济总收入 5.05 亿元，同比增长 5.2%。

【党建工作】 2022 年，双华镇开展庆祝中国共产党成立 101 周年系列活动，开展“两优一先”评选活动表彰 5 个先进党组织、9 名优秀共产党员和 9 名优秀党务工作者；依托镇党校创新开设“夜晚一堂课”，切实提升党员干部为民服务水平；积极争取上级资金支持，优化提升党群服务中心，使党群服务中心成为服务群众的“连心桥”，截至 2022 年 12 月底，黄径村党群服务中心建成投入使用，冰塘村党群服务中心已竣工待验收，虎石村、大陂村党群服务中心新建项目正在进行。

热土双华党旗红，双华镇深化党员志愿服务体系建设，充分发挥党员先锋模范作用，成立全县第一个村级党员志愿服务队——虎石村党员志愿服务队后，其余 16 个村（社区）已陆续组建党员先锋突击队，为双华镇党建引领乡村振兴注入“红色力量”。

2022 年 3 月 16 日，双华镇组织各村（社区）支部书记到横陂镇参观学习（双华镇提供）

2022 年 5 月 27 日，梅州市爱卫办到双华镇调研“创国卫”工作（双华镇提供）

【产业振兴】 双华镇聚焦“红+绿”旅游产业优化提质，鼓励发展茶旅文康一体化旅游产业新态势，重点发展枫华茶旅园，延长旅游产业链；在原有“七村连片”三华李和“五村连片”板栗产业园的基础上，引进广东根基管理投资有限公司，盘活撂荒地 6.66 多公顷种植马铃薯，全镇合计集约 153.33 多公顷撂荒地进行水稻、玉米、红薯种植，在禾沙村谋划发展稻虾共作特色农业，在大陂村打造丝苗米产业种植基地，在华东、禾沙、黄径、公平、大陂、苏区、富美、军营、矮畲、福全 10 个村发展光伏产业，产业振兴铺展幸福画卷。

【民生保障】 2022 年双华镇不断完善社会救助、社会治理服务体系：全年医疗救助 467 人，临时应急救助 45 人，帮助多名退役军人申请省应急救助资金，协调解决辖区内 1 名退役军人的居住问题，助圆“安居梦”；向全镇 176 名优抚对象发放抚恤金及优待金；认真做好五保、低保户评审工作，符合低保条件的全部纳入低保范围，农村低保标准由每人每月 551 元调整为每人每月 580 元，向 103 名五保户及 309 户低保户 826 人发放五保金、低保金；落实办理残疾人证件及护理补贴发放工作，实现“应保尽保、规范运作、分类施保、动态管理”。完成圩镇 1.7 万平方米的雨污分流、柏油路铺设，郭双公路（双华段）顺利完工，扩宽村道 4.3 千米；梅州市首场摩托车“送考下乡”活动落点双华镇，全年累计开展 15 轮摩托车“送考下乡”便民活动，3000 多名群众实现在家门口考证；广泛开展“添灯工程”，完成福全自供区改革，打造矮畲池塘、大陂村居家养老服务广场、禾沙村村牌坊及门口公园等景观点，用心用情擦亮民生底色。

【文教卫生】 2022 年，双华镇积极实施良好村风民风孕育工程，大力开展“好媳妇”“最美家庭”“最美妇联执委”、好人好事等道德模范评选活动，全镇获评“五华县城市建设管理先进者”2 人、县“最美家庭”1 户、县“文明家庭”1 户、市“好媳妇”1 人、“五华好人”1 人、县“新时代好少年”2 人。教育质量稳步提升，2022 年双华中学初三升中考试，参考人数 430 人，考入市县重点中学人数 132 人，其中东山中学、市曾宪梓中学入围最低控制分数线 47 人，虎石小学、华拔小学获评广东省“绿色学校”。持续深化卫健优质服务，发动 157 人参加无偿献血，累计献血超 4 万毫升，持续推进“银龄安康”行动，420 人参保，筑牢老年人风险防护网。

【社会治理】 社会综合治理持续向好，双华镇常态化开展普法、禁毒等工作，信访案件及矛盾纠纷调处率达到 100%；积极推进平安村（居）建设，双华镇在夯实、巩固“平安细胞”的基础上，横向到边、纵向到底地将辖区范围划分 77 个综治网格，建成平安村居视联网 283 套；扎实排查涉电诈三类重点人员，坚持每月至少开展一次“反电信诈骗”宣传活动，全覆盖抓好国土资源巡查监管，“两违”专项整治成效明显，农村建房管理秩序得到进一步规范，全年发现并成功制止违法建设行为 14 宗，立案查处 1 宗，共拆除违章建筑 2 处；充分发挥自治作用，在全县创新建立矛盾纠纷“金牌调解员”模式，全力维护社会稳定。

（双华镇）

安流镇

【简况】 安流镇位于广东省梅州市五华县南部，东与棉洋镇相接，南与梅林镇接壤，西与周江镇相连，北与横陂镇交界，距县城 33 千米，琴江河贯穿全镇，是五华县中心镇、人口大镇。全镇共有 42 个村，4 个社区，人口 16.16 万人，常住人口 9.3 万人，农业人口 15.3 万人，5000 人以上的大村有 13 个，镇域面积 238 平方千米，耕地面积约 4333.33 公顷（其中水田面积 2733.33 公顷，旱地面积 1600 公顷），林地面积 14466.67 公顷，生态公益林面积约 6666.67 公顷，2022 年财政收入 4702.05 万元，收支平衡。

【安全生产】 全面排查整治“道路交通、建筑施工、消防、燃气、自建房、工贸企业、非煤矿山、森林防灭火”等领域的安全隐患。定期组织开展火灾高风险区域整治、安全生产大检查等活动，清除各类安全隐患，共开展“三小”场所、住宅小区、工厂企业等安全检查 3649 次，整改安全隐患 1963 处。防汛期间镇村干部全员上阵做好强降雨防御工作，坚决果断转移受威胁群众 27 户 79 人，保障群众生命安全。结合摩电挂牌整治工作，广泛宣传交通安全知识，共发放交通安全宣传资料 8000 多份。优化上牌考证服务，组织“送考下乡”25 次，共 5600 人。加强路面交通安全整治，查处摩电交通违法行为 1253 起，完成万塘小学路口、葵樟路口、福岭路口红绿灯安装。

【经济发展】 坚定不移贯彻新发展理念，克服疫情不利因素，狠抓发展第一要务。一是发挥头雁领航效应。安流镇与 20 个“乡

安流镇冬种芥菜种植现场（张剑锋 摄）

村振兴共同富裕”带头人企业签订结对帮扶协议，定期召开座谈会、培训会，组织带头人到陆河等市县考察学习，为带头人企业提供土地、金融政策等支持，助力企业发展壮大，促进安流镇乡村振兴。二是探索乡村产业社区。打造安流镇宏安制衣厂、梅州市安茂实业发展有限公司、安流葵兴电子厂等乡村振兴示范车间企业，通过发展“企业+乡村振兴车间+农户”的新型劳务合作模式，完善就业帮扶机制，助力村民增收致富。三是发展特色高效产业。积极盘活土地资源，集约蓝田村、低坑村、长江村撂荒土地40多公顷发展“稻虾共作”种养项目，充分利用冬闲田及撂荒土地资源发展冬种芥菜项目，变闲田为“增收田”，带动村民增收致富；大力推进广东汉光超顺蔬菜产业园建设，培育壮大龙头企业，有效促进村集体经济发展。四是加强人才队伍建设。广泛“寻才”、精准“聚才”、用心“育才”，组建20名“乡村振兴共同富裕”乡土人才以及27名由镇级专业技术人员队伍，全面落实“人才振兴16条”和“青梅计划”，为经济发展提供坚实后盾。

【生态保护】 牢固树立绿水青山就是金山银山的理念，以习近平生态文明思想为指引，扎实推动美丽乡村建设。一是优化人居环境，提升镇容村貌。安流镇持续开展“六乱”整治行动，组织工作专班对圩镇乱摆乱卖、乱停乱放等行为进行整治，圩镇整体环境面貌显著改善。结合人居环境整治行动对露天厕所、废弃猪牛栏进行逐一整改，共拆除露天厕所200座、废弃猪牛栏50座，人居环境有效提升。分别于7月1日和8月1日正式投入运行大都片区和安流片区环卫所，公开招聘60名环卫人员，购置23辆环卫三轮车、23辆保洁手推车及一批保洁工具，全面改善镇容镇貌，提升安流中心镇城市品位。二是严打环境污染，保护生态环境。通过微信公众号、宣传横幅等方式不断加强环保知识宣传，持续开展焚烧秸秆和企业违规排放污染行为巡查监管，共张贴横幅标语100条，开展巡查267次，制止焚烧秸秆20宗，清理牛蛙养殖场7处。三是守护绿水青山，建设生态文明。全面做好森林资源巡查保护工作，严厉处罚并曝光野外违规用火行为20宗，拆除违建坟墓9座，通过逐户发放森林防火明白卡和告知书，有效提高群众森林资源保护意识，纵深推进绿色文明发展。四是推进撂荒复耕，严守耕地红线。镇村干部深入田间全面摸清撂荒耕地底数，建立工作台账，动员广大乡贤、种植大户、农民专业合作社等复耕复种或代耕代种，全力推进撂荒耕地复耕复种工作。

【民生福祉】 坚持以人民为中心，想群众之所想、急群众之所急、解群众之所困，不断增强人民群众的获得感、幸福感、安全感。一是强化阵地建设。完成安流镇党群服务中心升级改造，实施长江村、龙楼村、福华村、完塘村、福岭村、河沿村、双径村、安流社区8个村（社区）党群服务中心大楼新建项目，其中福岭村新建党群服务中心大楼已竣工，长江村、龙楼村、福华村、完塘村新建党群服务中心大楼均已完成建设总工量的80%以上。二是完善基础设施。完成农村道路建设7.5千米，建成运营村级生活污水处理设施45座，公共厕所8座，完成户厕改造20座。大都圩镇升级改造项目、大都河“一河两岸”人居环境提升工程、绿道建设项目均已动工建设，乡村振兴新画卷全面铺开。三是落实社会保障。实行低保、五保等各种社会救助对象动态管理，确保做到“应保尽保、应退尽退”，办理二代残疾证 3332 人，临时“应急”救助 267 人，在汛期及寒冷天气为困难群众发放棉被；完成被征地农民养老保障人数 2340 人，完成率 100%，同时面对年初旱情，为农户提供抽水机 20 多台，发放救灾应急玉米种子共 2473 斤。四是保障社会稳定。以为民服务为宗旨，用心、用情、用力做好社会稳定工作，2022 年来共接待来访群众 125 批、190 人次，办结来访案件 89 宗，同时扎实推进打击治理电信网络诈骗、扫黑除恶、精障人员管理等工作，持续维护镇域社会稳定。五是加大惠民服务力度。积极开展人大代表联络站接待选民和群众活动，共接待选民和群众 66 人，受理意见 43 件，现场办结 31 件；经过各方努力，共筹集 216.8548 万元，成功成立安流教育发展基金会，积极开展奖教奖学活动，不断推进安流教育事业发展；在节假日组织开展走访慰问困难党员、老党员以及退休老干部活动，营造关心帮助困难党员群众、尊重老党员的良好社会氛围。

【法治建设】 深入学习贯彻习近平法治思想，积极开展普法教育宣传活动，为 164 人次提供法律咨询，发放普法宣传资料 5 万多份。通过以考促学，进一步加强安流镇法治队伍建设，至 2022 年底，安流镇已有 78 人通过行政执法考试。全面落实民主法治村（社区）建设，安流镇 46 个村（社区）法律顾问覆盖率和民主法治村（社区）创建率均达到 100%。健全行政执法体制，按照“谁执法、谁公示”以及“谁执法、谁录入、谁负责”的原则落实执法公示责任，2022 年，安流镇公示行政许可案件 2654 宗，行政处罚案件 28 宗，行政检查案件 539 宗。加快数字政府建设，安流镇共办理医保、养老、市场监管、计生、农机补贴等公共行政业务 37345 单，其中通过“粤智助”办理业务 17832 单，不断优化政府服务。

（朱嘉华　张剑锋）

华阳镇

【简况】 位于县城西南部，距离县城 62 千米，东邻梅林镇，南邻龙村镇西与河源市紫金县接壤，北连周江镇、长布镇，下辖 13 个村委会和 1 个居委会，405 个村民小组，有 12013 户 65513 人，总面积 153.5 平方千米。其中山地面积 12000 公顷，耕地面积 1466.67 公顷，境内主要有花岗石、大理石、稀土矿和水晶石等矿产资源。2022 年，全镇生产总值 7.83 亿元，同比增长 1.2%；工业生产总值 2.84 亿元，同比增长 0.1%；农业总产值 3.81 亿元，同比增长 1.8%。

【基础设施】 国道 355 线（原省道 S120 线）华阳段改造项目中涉及华阳镇叶新村国防光缆的迁移工作、社径村 3 处房屋征收、娘娘宫的迁移等收尾工程已全面完成，由华阳镇党委、政府先行垫资 10 万多元，对国道 355 线圩镇至叶新两段合计长度约 100 米、宽度约 8 米的道路先行以 20 厘米厚的钢筋水泥硬底化浇筑，并赶在国庆节期间投入使用，极大地缓解圩镇的车流压力。全长约 3 千米的美丽圩镇升级改造工程通过市考核组的验收，加快推进人行道、绿化带、路灯等配套基础设施的建设。积极推动美丽圩镇建设与华阳供销社改造有机结合，为华阳镇下一步打造农贸市场创造先机条件。截至目前，供销社旧址已经拆除，改造工作正有序推进。完成中小河流治理 2.3 千米，清淤 3.5 千米，44 公顷高标农田机耕道和灌溉渠建设，筹划新建拦河坝建设 1 座，完成叶新村华新水库加固工程，红洞村自来水厂建成投产、铺设农村供水管网 37 千米，解决 7 个村近 4 万人的饮用水问题。

【农业发展】 2022 年水稻种植 2660.87 公顷，其中撂荒水田复耕复种面积达 314.944 公顷，其中完成省下发连片 1 公顷以上（“二调”图斑）复耕面积 50.93 公顷，市下发 0.2 公顷以上（“三调”图斑）复耕面积 216.48 公顷，图斑外复耕面积 47.54 公顷，稻渔综合种养面积 13.33 公顷。在坪南村连片种植红芽芋约 22 公顷土地；在华阳村大力发展稻虾共作特色农业；通过华阳、华新、华南村“三村联动”，打造 93.33 公顷的丝苗米产业种植基地、33.33 公顷的蔬菜种植基地和 6.67 多公顷的早脆梨种植基地；在高塘村建有 66.67 公顷的蔬菜种植基地；在华新村建有 133.33 公顷油茶基地；与周边乡镇联动种植梅州金柚，在大拔村建有 53.33 公顷的梅州柚果园。

【人居环境】 华阳镇以提升农村人居环境为突破口，突出“美丽梅州·美好家园”“三清三拆三整治”的工作部署，积极开展美丽宜居村庄、美丽庭院示范创建等活动，狠抓治理攻坚，继续推动全镇人居环境由干净整洁向美丽宜居迈进。一是持续加大对各村居环境整治工作督查力度，督查小组继续采取定期与不定期督查相结合、随机抽查与集中督查相结合等多种手段，加强对镇村整治工作的督促检查，各村居相应采取有效措施，整改环境问题 76 起，完成拆除危旧房、废弃猪牛栏、旱厕 28 处，共 1100 多平方米，有效增强村民农民群众的环保意识，将农村人居环境整治工作不断引向深入。二是坚持每周五进行卫生死角大清理，保洁员分时段分区域每天清扫清运垃圾，不定期进行多种形式的卫生大整治行动。2022 年华阳镇分发《门前三包责任书》《限期整改通知书》达 2500 多份，新增设人居环境宣传、警示牌 25 个，累计出动 496 人次，共清理村庄生活垃圾、建筑垃圾 81 吨。三是全面推进“六乱”整治及创建县级文明镇工作，2022 年，纠正占道经营、乱摆卖 65 宗，规范设置门面招牌 25 宗，拆除遮阳布 110 个，清理乱张贴“牛皮癣”小广告 500 多处、纠正车辆乱停放 324 次，清理乱堆乱放 64 宗，乱贴乱画 22 宗，乱拉乱挂 13 宗。投入 387 万元，改造街道两边商铺的广告招牌及外立面总长度约 1600 米，成功评为 2022 年县级文明镇。

【巩固脱贫攻坚成果】 2022 年，华阳镇严格按照省、市、县关于实现巩固拓展脱贫攻坚成果同乡村振兴有效衔接的实施意见的有关部署，保持现行脱贫攻坚政策总体稳定，巩固拓展脱贫攻坚成果，统筹发展城乡社会救助制度，加强返贫致贫人口动态监测，制订《华阳镇关于健全防止返贫动态监测和帮扶机制的实施方案》，开展排查工作，共排查出符合条件的监测对象 13 户，其中 12 户为脱贫不稳定户，1 户为边缘易致贫户。采取“缺什么补什么”原则对监测对象进行帮扶，围绕县“8+1”的脱贫标准，逐项落实，补齐短板，使监测对象的收入有劳动能力户达 9600 元以上，无劳动能力户达 6612 元以上。对全镇低保、特困对象进行一次全面入户摸底排查，落实“应保尽保、应退即退”政策，共取消清退死亡、家庭生活改善等不符合享受低保户 25 户 72 人、特困户 7 户 7 人；新增生活困难的低保户 40 户，特困户 4 户；开展临时救助 29 人次，救助金额 72900 元。截至年底，华阳镇共有低保户 500 户 1476 人，特困户和五保户 104 户 104 人。

【生态保护】 一是落实“一网三行动”森林防灭火水平提升工作，推进森林防火隔离带建设。截至年底，全镇 126.7 千米森林防火隔离带已全面建成。进一步建立健全镇、村二级护林防火网络，严格按照森林防火“网格化”管理要求，由 38 名护林员组建巡查队伍，坚持在重点时段、重点地段、重点山头加强巡查监管，严格控制野外违规用火。组织 4 次森林防灭火应急演练，提升护林员和镇村干部应对火警火情的处置能力。加大扑灭火器材的储备，共配备 6 台风力灭火机、12 支灭火水枪、150 个胶桶、250 把镰刀、350 支扑火把，在每个网格区域配备 2 个森林消防蓄水池，同时要求各村参照镇级做法储备好防灭火器材。严格按照华阳镇森林防灭火应急预案要求，护林员、镇村干部第一时间到达现场，有序开展灭火工作，妥善处置坪南、社径村火情。二是坚持河道巡查监管，规范河道管理秩序，严厉打击非法采砂行为，发现一宗打击一宗。全面清理非法堆积在村道和河堤两旁等公共区域以及群众房前屋后非法来源的河砂，废除非法下河道路，消除一切非法采砂的痕迹。同时，镇村两级河长认真履职，加大巡河力度，全年召开河长制会议 12 次。3 名镇级河长坚持每旬至少巡河一次，累计巡河 136 次；12 名村级河长坚持每周至少巡河一次，累计巡河 1179 次。巡河过程中坚决制止非法采砂行为，发现一起打击一起，暂扣大型机械、农用车、卷扬机等非法采砂机械 28 台，锄头、铁锹、筛砂架等非法采砂工具 33 把，组织毁除下河道路 35 条。

【科教文体】 华阳镇党委政府高度重视教育事业，牢固树立“抓教育就是抓根本，抓教育就是抓民生，抓教育就是抓未来”的理念，始终把教育放在优先发展的战略地位，把办好人民满意的教育作为最大的民生，千方百计加大教育投入，持续改善教育教学条件。充分发挥华阳镇教育发展基金会作用，发放奖学奖教金 450324 元。同时，向上争取、筹措资金约 1000 万元推动中心小学新建教学楼 1 栋，华阳中学新建学生宿舍 1 栋；争取、筹措 60 万余元建设华阳镇第二小学塑胶操场及六人制足球场，助力华阳教育事业再上新台阶。

【社会保障】 华阳镇卫生院基础医疗设施稳步完善，医疗卫生服务实现质的飞跃。不断优化体系和服务两个链条，解决以往居民“看病难、看病远、看病贵”等问题，满足居民的健康需求。2022 年，以华阳卫生院为中心的医疗体系免费向辖区居民提供基本公共卫生服务，持续开展全民免费健康体检和妇女“两癌”筛查。为高血压、糖尿病、肺结核、孕产妇、精神病患者、0—6 岁儿童等重点人群提供 1.3 万余人次的健康管理服务，有效促进居民健康水平的提升。

【安全生产】 结合日常监管、行业领域、属地管辖等职责要求，开展安全生产隐患大排查、大检查活动和各村（居）委属地管辖巡查监管工作。重点对烟花爆竹专项整治、非煤矿山专项整治、特种设备专项整治、打非治违专项整治等工作进行检查，对安全大检查发现的隐患问题实行“零容忍”的态度，坚持“严” 字当头、敢抓敢管，切实做到不留死角、不留盲区、不走过场。在排查过程中排查出有安全隐患的单位能当场整改的当场整改，不能当场整改的发出限期整改书责令其限期落实整改，到期组织人员进行复查。2022 年来集中开展安全生产各项专项行动，共排查出安全隐患 24 宗，上报县安委办 6 宗，经复查，安全隐患整改率达到 100%。严格落实行业监管部门安全监管责任和企业安全生产主体责任。明确行业监管部门的行业领域安全生产直接监管责任，推动各有关行业监管部门将安全生产职责纳入“三定”规定。督促企业依法履行安全生产主体责任，严格落实企业主要责任人的第一责任，切实做好安全生产工作。

【自然资源管理】 一是 2022 年农房安全隐患排查采集工作，排查出用作经营自建房 482 户，未用作经营自建房 10120 户，合计 10602 户，排查率达 100%，完成华阳村 2 户全倒户重建工作。二是积极推进削坡建房整治，按照“降低风险、减少存量、遏制增量”的工作思路，切实把农村削坡建房风险点排查整治工作作为一项重要的“生命工程”“民生工程”来抓，2022 年各村上报整治名单共 34 户，截至年底，均已完成初步验收。三是坚决打击违法用地和违法建设行为，加大巡查监管力度，对“两违”行为零容忍，全年违建巡查小组共出动 38 次，制止违法用地和违法建设行为 13 起，有效遏制“两违”行为。疏堵结合，出台《农村宅基地建房审批办法》，加强宣传，优化流程，指导群众按照要求合法合规使用土地，推进审批流程规范化。全年共受理宅基地建房申请四批次 78 宗，给予审批通过 43 宗，给予同意申请办理建房使用林地 20 宗。

【行政效能建设】 2022 年，华阳镇严格依法行政，提高依法执法能力，政府决策规则和程序不断完善。坚持向镇人大报告工作，认真办理人大代表议案和建议，积极听取社会各界人士的意见建议，主动接受司法监督、舆论监督和社会公众监督，确保权力在阳光下运行。2022 年来综合行政执法公示共 282 宗，案件公示数量比 2021 年增加 134 宗，其中行政检查增加 67 宗、行政许可增加 32 宗、行政强制增加 11 宗、行政处罚增加 24 宗，处罚总金额约 12 万元。

（张创维）

棉洋镇

【简况】 棉洋镇位于五华县最南端毗邻揭西县，辖区总面积达 254 平方千米，距离县城 45 千米。全镇下辖 26 个行政村和 2 个居委会。2022 年末，全镇有耕地面积 2567.1 公顷，其中水（旱）田 2299.1 公顷，旱地 250.4 公顷；总人口有 27609 户 115236 人，其中农业人口 103267 人，非农人口 11969 人。2022 年，全镇经济总产值实现 11.011 亿元，同比增长 6%，全年财政收支约 3030.68 万元。

2023 年 11 月 10 日，棉洋·天池茶叶加工示范基地开工典礼在原桥江镇政府举行（棉洋镇提供）

【农业发展】 棉洋镇坚持稳字当头、稳中求进，着力稳增长、强实体、增效益，大力发展实体经济，重点发展“富民兴村”特色产业。一是特色产业提质增产。围绕茶叶基地标准化创建、品牌创建、制茶工艺、茶文化培育四大工程，加快建设茶旅小镇。同时与广东天池茶叶签订框架协议，通过点对点帮促，并利用原桥江镇政府旧址建设茶叶加工厂和展示区，打造棉洋茶品牌，辖区茶农积极性不断提升。据不完全统计，2022 年新增茶叶种植面积 60 多公顷，2022 年全镇茶叶产量达约 165 万千克，总产值约 2.5 亿元。二是蔬果产业增速扩种。围绕“一村一品、一镇一业”项目，做大做精做强“桃驳果、柿花、百香果”等传统农业优势品牌，引进粤之杉农业龙头企业，在棉洋村集 13.33 多公顷土地，采取“基地+农户”模式，大力发展大棚蔬果种植。鼓励各村壮大传统作物种植面积，并通过消费扶贫等方式推向市场，辖区杨梅、桃驳李、西瓜、烤烟等农产品供给逐渐规范，持续带动农户致富增收。三是撂荒复耕硕果累累。积极响应上级号召，坚持“党建引领、支部发力、党员带头、干群联动、抓点促面、整体提升”总方针，充分发挥基层党组织战斗堡垒作用和党员先锋模范作用，因地制宜、分类施策，通过发动农户自耕、村集体统耕、号召乡贤返乡认耕、搭建加工销售链条等方式，全力推进撂荒耕地复耕复种，以守粮有责、守粮尽责、守粮负责的担当，牢牢守住耕地红线，切实保障粮食安全。2022 年五华县下达棉洋镇撂荒耕地复耕复种任务面积 516.57 公顷，棉洋镇完成复耕复种面积约 492.26 公顷，完成率为 95.29%。

【基础设施建设】 一是基础设施不断完善。坚持以管理为抓手，全覆盖巡查整治圩镇“六乱”行为，强化圩镇道路等基础设施日常管护，进一步规范交通管理、车辆停放秩序。积极争取专项债券资金，拟实施棉洋镇全域乡村振兴连片连线特色文旅基础设施综合提升改造工程，覆盖棉洋圩镇升级改造、智慧农贸市场、天柱山古烽火台活化利用、镇级森林公园、联西至黎洞七村联动乡村振兴示范带、七畲径茶旅园等项目，项目建设投资概算为 2.5 亿元，正在报国家发改委审批。国道 238 线棉洋圩镇段已完成规划设计，并获省审批通过，已完成联西段约 1.5 千米升级改造。二是民生项目有序推进。2022 年，棉洋镇扎实推进各项民生项目建设：棉洋中学第二校区食堂拆除重建项目已竣工并投入使用；桥江卫生院升级改造项目 8 月已进场施工；棉洋·天池茶叶加工示范基地已于 11 月 10 日正式进场施工；G238 线国道升级改造工程已完成联西段约 1.5 千米升级改造；圩镇升级改造项目已完成全部项目规划设计，已完成立项招标，一期工程8月中旬已进场施工；圩镇农贸市场升级改造工程已于11月底进场施工；七村联动沿河路项目已初步完成全线16千米路基建设，其中含联西至群星段长1000米、宽12米路面，群星段长1000米、宽10米路面（可实现临时通行）；联西至洛阳沿河休闲绿道已完成全线900米土地集约和路基平整工作，河道两侧筑坡工程已完成1800米，圩镇段200米长已建设完成。

【人居环境】 棉洋镇结合人居环境优化提升工作，精心谋划、加强统筹、抓好落实，镇村环境持续改善。持续推进“垃圾、厕所、污水”三大革命，建立健全网格化责任制，推动人居环境综合整治工作规范化、制度化、常态化。完善保洁队伍，落实环境卫生“门前三包”，实现生活垃圾“日产日清”；深入推进农村厕所革命，全面落实问题户厕整改，实现无害化卫生厕所全覆盖；采取“以奖代补”方式，因地制宜合理选择湿地处理模式，有序推进农村生活污水处理设施建设。开展“三清三拆三整治回头看”工作，对排查发现清拆不彻底的危旧房、废弃猪牛栏、厕所、残垣断壁等做到该清则清、应拆尽拆、当整必整，在“回头看”行动中，排查出应拆未拆危旧房209宗，共约35000平方米，截至年底，已完成拆除163宗，面积28501平方米。2022年，开展环境整治志愿服务活动10余次，发动镇干部职工、保洁员和志愿者、群众4000多人次，镇村（社区）及各企事业单位共计出动运输车300多辆次、大型机械200多部，清理整治生活垃圾1万余处，清理“六乱”现象3000多处。

【乡村振兴】 切实在巩固拓展脱贫攻坚成果同乡村振兴有效衔接重点工作上下功夫，加强部署，狠抓责任落实；强化监测，做好返贫预警；力抓帮扶，做好基本保障；做强产业，减少返贫风险；严格管理，跟紧后续资产；加强整治，优化人居环境；提前谋划，做好项目储备。一是高标准抓好乡村振兴规划。坚持以习近平新时代中国特色社会主义思想为指导，按照“产业兴旺、生态宜居、乡风文明、治理有效、生活富裕”社会主义新农村建设总体要求，重点发展“一带两区三芯”（一带：茶叶产业带；两区：三水片农业发展区、棉洋片农业发展区；三芯：桥江圩、棉洋圩、坑口圩），牢固树立生态优先、绿色发展理念，按照“固基础、强产业、谋发展”的工作思路，立足棉洋实际，坚持走乡村特色产业发展道路，大力推进建设美丽宜居镇，发展棉洋新主体、新业态、新格局，打造生态休闲旅游镇，建立棉洋人才发展壮大机制，发展高效特色农业镇，强化政策扶持，引导农民复耕撂荒地，全面推进棉洋产业振兴、生态振兴、文化振兴、组织振兴、人才振兴。二是严要求抓好防返贫监测机制。进一步健全完善防止返贫预警机制。定期开展排查，落实网格化责任，开展常态化返贫致贫风险评估，坚持定期全面排查和实时重点发现相结合，对存在返贫、致贫风险的农户做到早发现、早干预、早帮扶。持续做好人口动态管理工作。对脱贫不稳定户、边缘易致贫户，以及因病因灾因意外事故等刚性支出较大或收入大幅缩减导致基本生活出现严重困难户，开展监测预警，持续跟踪收入变化、“两不愁三保障”及饮水安全状况，做到及时帮扶救助、动态管理。对纳入防返贫监测系统的监测对象根据各自的返贫、致贫风险点“量体裁衣”制订分类帮扶计划，坚决守住不发生规模性返贫的底线。三是标准化抓好农村生活污水处理。围绕县下达的 10 个生活污水处理设施建设任务，积极谋划，科学选址，全面铺开农村生活污水处理设施建设工作，确定阳光村排上片等 19 个自然村选点实施项目建设。截至目前，35 座生活污水处理设施已全面完成设计工作，其中，已完工运行 21 座，其余在建。四是多举措推进光伏产业发展。充分利用村委会、村级学校和农房屋顶发展村级光伏产业，壮大村集体经济收入。截至目前，第一批试点村富强、群星、溜沙、水湖已建设完成，实现并网发电，双璜、大光村光伏产业项目建设有序推进中。棉洋镇已建设完成并投入使用的光伏发电项目共计 2800 平方米，累计每月增收 19000 元。同时，镇政府还与广东国能龙源新能源有限公司、上海国沃电力有限公司、广东粤电环保有限公司、兰基纳储能科技（广东）有限公司签订战略合作协议，合作计划投资多个 6 兆瓦光伏项目，单个 6 兆瓦光伏项目投资金额约 3000 万元，总投资预计超 10 亿元。

【生态建设】 牢固树立和践行“绿水青山就是金山银山”的发展理念，坚守生态保护红线，严守环境质量底线，逐步筑牢生态屏障，持续改善生态环境。一是深入管护生态环境。深入开展形式多样的宣传教育，提高群众的森林防火意识，着力抓好森林管护工作，严厉打击挖山取土、挖山建房、违规建坟、野外违规用火和乱砍滥伐等破坏林地资源行为，建成森林防火隔离带 70.52 千米，加强镇村扑火队伍建设，健全完善森林防灭火应急救援机制，2022 年全镇未发生森林火灾。二是深入管控大气污染。始终保持高压整治态势，不断强化对烟花爆竹销售行业监管力度和对无证销售、异地销售及未实名制购买现象打击力度，不定期组织应急部门、值班组人员联合派出所民警开展禁止燃放烟花爆竹夜查行动。严厉打击露天焚烧秸秆等污染大气行为，积极推动秸秆还田、制作有机肥、编织等综合利用，强力抓好大气污染防治、扬尘污染治理，保持优良大气环境质量。三是深入治理水环境污染。坚决抓好畜禽养殖污染专项整治工作，围绕中央环保督察组交办案件“回头看”工作，加强畜禽养殖场环保监管，建立畜禽养殖污染防治长效机制，规范引导畜禽养殖产业健康有序发展，中央环保督察组反馈案件办结率为 100%。同时认真落实上级有关全面推行河长制工作安排部署，加强河长日常巡河履职，1 月以来，镇域各级河长累计巡河 718 次。常态化开展河流“五清”行动，全面清理河道漂浮物、垃圾，严厉打击非法采砂和占河违建行为。四是深入防范土壤污染。强化绿色发展理念指导，营造全社会重视农业面源污染治理氛围。积极推进耕地修复工作，推广测土配方施肥，减少化肥使用量，全力推进重点行业企业用地调查、农用地分类管理、建设用地土壤环境管理等工作，攻坚克难、真抓实干，全力打好净土保卫战。

【文化教育】 完善农村文化俱乐部建设，公共文化服务体系逐步建立，人民群众的精神文明生活得到不断丰富。大力推进新时代教育事业发展，教育基础设施不断完善，教学环境持续优化，教师队伍整体素质得到较大提高，教育教学质量稳步提升。持续壮大棉洋教育发展基金会，接收捐款 220 多万元。

在 2022 年的中招考试中，棉洋镇学生达东中、宪梓线的有 73 人，达第一批录取线的有 194 人；2022 年高考，棉洋中学本科线以上的有 32 人，重点本科线以上的有 1 人，本科上线率达 8.696%，超额完成上级下达的教学任务。据不完全统计，全镇累计表彰奖励 2021—2022 学年度优秀师生 565 人次，发放奖教奖学金近 140 万元。

【民生服务】 一是不断增强民生保障。认真抓好城乡居民医疗保险征缴工作，宣传发动 60 周岁以上老人参加农村养老保险，不折不扣落实脱贫户、低保户等特殊人群的参保，确保实现“应保尽保”。认真做好五保、低保、特困供养人员、孤儿、残疾人“两项补贴”对象审核工作，落实救助政策，全面保障衣食住行、病有所医、学有所上。精心组织农村劳动力的技能培训，大力实施劳动力转移就业。深化拥军优属工作，坚持重要节点走访慰问烈属、复员、残疾、带病回乡、困难退役军人、现役军人家属。二是持续深化公共服务。依托广东省一体化平台和大数据中心，坚持政务服务“移动办、指尖办、一次办”的理念，在全镇范围深入推广粤省事、粤商通、粤政易等“粤系列”移动政务服务品牌。同时联合农信社在各村（社区）投放安装“粤智助”政府服务自助机，为基层群众“就近办、自助办、一次办”提供便民服务。打造以信息技术手段为支撑，村级便民服务室为基础的“一网式”服务体系；以完善服务内容为抓手，积极整合部门资源，为群众提供惠农补贴领取、电费收缴、话费充值、汇款转账、网上购物、产品供求信息等综合服务。

米石公园

古宜权纪念亭

古宜权纪念亭

【社会综合治理】 坚持统筹发展和安全，推进基层治理体系和治理能力现代化，抓细抓实疫情防控、疫苗接种、安全生产、信访各项工作，确保社会大局安定有序。一是常态化抓好疫情防控。坚持“外防输入，内防反弹”总策略和“动态清零”总方针，强化疫情防控措施落实，加强商场、超市、KTV、药店等场所管理。二是长期性抓好信访。大力开展信访矛盾纠纷排查调处工作，高度重视初信初访办理，积极妥善化解信访积案和矛盾纠纷，按照“中心+网格化+信息化”工作架构，加强源头治理，落实领导包案责任制，及时化解不稳定因素。常态化开展扫黑除恶斗争，强化线索排查和打击力度，扎实做好普法宣传、法律援助、社区矫正、安置帮教等工作，全面铲除黑恶势力滋生土壤。2022 年，全镇信访量 150 宗，同比下降 14%，办结率 100%，并有效化解历史积案 5 宗。全年未发生重大群体性事件，未发生涉政治安全和社会稳定重大舆情事件，整体平安稳定。三是制度化抓好综合执法。持续细化执法细则，通过召开案件研判会、协调会，进一步厘清执法范围、规范执罚程序，依法依规开展各项执法行动。制定印发《棉洋镇关于完善综合行政执法工作机制推动法治政府建设的实施意见》，设立综合行政执法办公室，专门负责案件办理、行政处罚工作，各中队履行日常巡查及行政检查、许可、强制等职责，依法依规开展各项执法行动。2022 年，棉洋镇共处理行政执法案件 942 宗，其中行政许可 528 宗；行政处罚 28 宗，罚没金额 120015 元；行政检查 386 宗；拆除违建 11 宗，共约 1200 平方米。同时，坚持“管行业必须管安全”的基本原则，持续开展安全生产专项整治，严格落实安全生产“一岗双责”制度，切实抓好非煤矿山、燃气安全、消防安全排查整治工作，加强重点行业和重点领域的安全监管，防范化解安全生产重大风险，实现安全生产事故“零发生”。

（魏文锋　谢秋燕）

梅林镇

【简况】 梅林镇位于县城西南部 51 千米，是革命家古大存的故乡。全镇总面积 128.4 平方千米，辖 18 个村委会和 1 个社区居民委员会。2022 年末，耕地总面积 1544.67 公顷，其中水田 1396.4 公顷，旱地 104.33 公顷，其他耕地 43.93 公顷。全镇户籍人口有 15985 户，62314 人。2022 年全镇经济稳定增长，实现财政收入 8182 万元；地方生产总值 5.44 亿元，比上年增长 3.7%；农村人均年收入 12447 元，比上年增长 3.5%。

【农业】 2022 年，梅林镇坚持把发展现代农业作为社会主义新农村建设的首要任务，用现代产业体系提升农业发展，用现代经营形式推进农业增收，用现代发展理念引领农业提质，扎实推进“一村一品、一镇一业”项目，一是注重粮食和重要农产品供给保障能力建设，坚决守住耕地红线，已完成 182 公顷撂荒图斑复耕工作，消灭 1 公顷以上撂荒耕地图斑，全力抓好撂荒水田复耕复种工作。二是从品种、品质、品牌方面做大做强现有的桑芽菜、油茶、金柚、菜脯等基地，充分利用红色景点带来的人流红利，打响梅林品牌。三是大力夯实农业产业基础，扎实推进金坑、梅林、优河、梅南四个村的高标准农田建设，通过优化农资储备调运、修缮水圳等农业基础设施提升，确保撂荒水田复耕复种生产需求，保证粮食生产取得全面丰收、人民获益。

【人居环境】 2022年，梅林镇积极从环境绿化、美化、净化入手，积极开展美丽乡村建设工作。一是在68个自然村开展全域清理攻坚行动，大力开展“三清理三拆除三整治”，共拆除废旧危房、猪舍117座共3650平方米，完成街道“六乱”整治47宗共1203平方米。二是持续开展圩镇“六乱”整治，不断加强对辖区主次干道、背街小巷、沿街商铺的日常管理，对发现的乱停乱放、乱摆乱卖、乱拉乱挂等“六乱”现象，及时开展整治清理，做到发现一处整治一处。三是新设3条严管街，实行严格的交通管制，禁止在严管街路段占道、乱停乱放任何车辆，任何单位和个人不得占道堆放物料，禁止往街道乱倒乱放垃圾等，营造更加干净、整洁、有序畅通的圩镇环境。

【基础设施建设】 2022年，梅林镇稳步推进城镇建设工作，全力推进项目建设提质提速提效。一是以打造1.6千米“红色印象街”为契机，加快推进X003线两旁门店改造，推进美丽圩镇建设。二是积极推动梅林圩镇内街升级改造，实现“三线下地”“白改黑”，提升圩镇亮化、绿化、硬化水平。三是投入15万元对古宜权烈士纪念园进行升级改造，增设纪念园栏杆、古宜权石像、红十一军战斗雕像群、石刻古宜权诗句，并题“铁骨留情史 丹心照故里”楹联，提升古宜权纪念园的革命历史价值。四是重视挖掘传统文化资源，投入63万元打造米石公园，种植樟树、榕树、桂花、杨梅、桃花等树种，为绿美梅州增姿添彩，让米石故事在乡村振兴中发挥教育群众、淳化民风的作用。五是新建禁毒文化公园1个，设置禁毒知识宣传栏、禁毒墙绘等展示区域，全面系统地介绍毒品概念、毒品种类、毒品危害、远离毒品妙招等知识，用形式新颖、内容丰富的宣传方式实现禁毒宣传与群众的“零距离”接触。

【新农村建设】 2022年，民生福祉有新提升。一是充分依靠番禺区驻镇帮镇扶村工作队的力量，统筹对口帮扶资金184万元推进招田村、梅林村路灯安装工程，优河村道路硬底化工程，优河村水圳维修项目，梅林村农田水圳建设工程，新塘村抗旱灌溉设施建设工程6个民生项目建设。二是投入3万元解决圩镇内涝问题、投入6万元解决梅林中学校门口长期积水问题，推动镇容镇貌实现新变化。三是积极统筹各方力量，统筹资金810万元在琴口、福塘等14个村完成自然村道路硬底化建设13.38千米，优化乡村环境，造福千家万户。

【公共服务】 2022年，梅林镇严格遵循“便民、高效、廉洁、规范”的服务宗旨，认真履职履责，强化服务水平，全面扎实开展公共服务中心的各项工作。一方面镇公共服务中心全年共受（办）理业务4095件，为城乡居民养老保险人员办理认证999人，新增医保参保对象443人，共接收群众反映投诉问题235件并在规定时间内回复，及时处理达100%。另一方面镇公共服务中心于2022年1月线上线下落地实施“证照联办”主题服务事项，形成“一窗受理、一网通办、一次申请、一次办结”的主题服务模式，并通过此专窗共受理证照联办业务共174单。各村（社区）在梅州市统一申办平台共办理业务 2725 件，通过“就近办”优质服务提高群众的获得感和满意度。

【社会综合治理】 2022 年，梅林镇坚持“预防为主、防查结合”的工作思路，持续推进“两违”专项整治工作，一是加强巡查监管工作，2022 年共出动巡查 415 人次，累计发现并制止违建 55 宗，制止违法推填土 5 宗，制止违法占用林地 30 宗，拆除违建 1 宗，拆除占地面积约 120 平方米。二是扎实推进开展农村削坡建房风险排查整治工作，2022 年全年梅林镇削坡建房整治任务数量共 194 户，截至年底，完成整治 170 户，竣工率 87.6%，完成进度处于全县前列，按时按量有序推进削坡建房风险点整治工作。三是持续开展农村自建房安全隐患排查工作。经排查，全镇辖区内共有 18 个行政村，共排查全镇自建房 10563 户，其中经营性自建农房 577 户，非经营性自建农房 9986 户，存在一定安全隐患 34 户，并对存在一定安全隐患的房屋落实“一户一档”，造册管理。扎实开展信访工作，全镇 2022 年共受理各类信访事项和矛盾纠纷案件 24 宗，办结 24 宗，限时办结率达 100%；加强村（社区）网格化管理工作，将全镇科学划分成 19 个一级网格、72 个二级网格、410 个三级网格，充分发挥网格员作为党的政策在基层的“宣传员”、发现问题的“信息员”、矛盾化解的“调解员”作用。严抓安全生产及应急工作。一是镇应急办多次开展联合安全生产大排查大整治行动，大排查行动共检查梅林镇辖区内企事业单位、生产经营单位总数 267 家，一般隐患 143 处，一般隐患完成整改 143 处，无重大隐患。二是周期性开展安全生产执法检查，镇应急办每月对危险化学品、工贸企业等进行安全隐患排查，每周对圩镇范围内的“三小”场所、出租屋等其他场所进行消防检查，周期性安全生产执法检查出动 28 次，排查隐患 25 起，完成整改 25 起，未发现存在重大安全隐患。

【扫黑除恶、禁毒、反电诈工作】 2022 年，梅林镇紧紧围绕创建“平安”为主题，加强社会治安综合治理基层基础建设，常态化开展扫黑除恶斗争。一是强化禁毒工作，对易制毒场所每月组织 2 次以上排查，开展禁种铲毒工作；广泛深入地开展各种宣传教育活动。二是强化反诈防骗工作，认真开展打击治理新型网络诈骗的宣传，对滞留境外涉诈人员家属进行走访，对受骗人员进行回访宣传提醒，保护老百姓的“钱袋子”。

【生态保护工作】 2022 年，梅林镇严格按照办理时限和要求，依法依规全面完成中央环保督察交办案件办结。一是全面落实“河长制”，开展河湖“五清”“清四乱”专项行动，通过“智慧河长”平台开展巡河 614 人次，清理河道 30.8 千米，清理水域面积约 4000 平方米，清理沿河乱倒垃圾及渣土 8 处约 200 吨，清理河道内农作物约 4 千米，投入清理资金共计 30.4 万元，以实际行动守护绿水长流。二是加大对偷采河砂打击力度，加强不定期巡逻力度。每月出动巡逻达 96 人次、查扣人工手推车 2 部，废除下河道路 11 处。三是加快推进集中供水项目工程，配合协助村村通和集中供水的施工工作，截至目前已完成对梅林村、宣优村、新塘村和梅东村集中供水验收工作，2022 年农村集中供水装表入户数至今新增 1289 户，已完成累计入户 1867 户。四是有条不紊开展动物重大疾病防疫工作，严格规范产地检疫申报制度。全年共出动技术人员180人次，防疫人员320人次，实际接种禽流感疫苗39023羽份，猪口蹄疫苗13425头份，牛口蹄疫苗617头份，羊口蹄疫苗571头份，配戴耳标率100%，有效地控制疾病的发生和流行。五是持续做好森林防灭火工作，累计发放《森林防火村规民约》《森林防火责任书》《致广大农户公开信》各3000份，在公路沿线、各村村道悬挂标语83条，张贴自粘标语180张，同时组建一支由青年镇干部组成的30人扑火队伍和3支村级护林员组成的快速反应队伍，全部配备矿灯、迷彩服和扑火工具。2022年已制止和查处野外违规用火行为6宗，处罚金额合计1000元，有效筑牢森林防火“安全墙”。六是夯实国土资源管理工作责任，加强常态化开展盗采稀土等非法采矿行为的线索摸排，进一步加强对边远地区和插花地带的日常巡查监控。2022年自然资源巡查终端机在线巡查率始终保持在70%以上，以及会同相关镇及部门共发现和捣毁2个镇际交界地带的盗采稀土矿窝点，有效打击辖区范围内的盗采稀土行为。

（张渝聆）

龙村镇

【简况】 龙村镇地处五华县最南端，镇政府驻地距离县城65千米，距离汕湛高速华阳出口8千米，毗邻揭阳市揭西县上砂镇，河源市紫金县龙窝镇、水墩镇、南岭镇，汕尾市陆河县螺溪镇，区域面积349.1平方千米，是梅州市第二大乡镇，下辖38个村（含黄狮村空壳村）和3个社区居民委员会（龙村社区、硝芳社区、登畲社区）。梅州市“一号工程”——梅州（五华）抽水蓄能电站项目及龙狮殿风电场项目落户该镇。

【重点项目建设】 一是全力推进梅蓄二期项目建设，9月19日在抽水蓄能电站举行电站二期开工建设动员大会，标志着二期建设正式开始，二期投资约50亿元，在一期的基础上新增建设4台机组（共120千瓦时万），截至年底，一期4台机组于5月底实现投产发电。二是全力推进高标准农田建设，抽调骨干力量，完成洞口村、湖中村、塘湖村、石溪村27.484公顷的垦造水田土地集约任务。三是全力推进龙村大桥危桥拆建工程。龙村大桥重建工作正如火如荼地进行，截至年底已经完成10条水下桩基础浇筑、施工专电架设、3部桩基到位施工，预制场目前已完成大部分建设。四是全力推进水利设施建设，樟华水厂拟投资约6680万元，建成后可以解决龙村、华阳、梅林三镇9万多人的供水问题，已经进入铺设管道阶段。五是全力推进撂荒复耕复种工作。龙村镇引进五华县永鹰实业公司开发撂荒地种植水稻、玉米等粮食作物，同时主动联系驻镇帮镇扶村工作队和挂镇联村工作队，争取资金支持，用于改善和提升撂荒地的基础生产条件。2022年上级下达复耕复种任务数462.67公顷，截至年底，龙村镇撂荒耕地复耕复种面积合计423.58公顷，完成率91.55%。

【乡村振兴】 对龙村镇已上报防返贫监测对象24户87人，涉及15个村，其中脱贫不稳定户20户73人，边缘易致贫户2户7人，突发严重困难户2户7人。做到早发现、早干预、早帮扶，要求各村要积极主动作为，落实工作责任，及时评估研判，主动对接开展帮扶。加快村级污水处理设施建设，累计已动工兴建村级生活污水处理终端设施 26 座，其中建成运行 15 座，共铺设雨污分流管网 20.8 千米，接户数 1109 户。对无利用价值猪牛栏、露天厕所进行拆除整改。截至目前龙村镇已完成整改 114 座，2022 年共整改露天厕所 83 座，其中拆除 54 座，去功能化 29 座。做好"中央环保督察"工作，对老田村养殖场、水南村红虫养殖场进行依法取缔，对广东文景实业有限公司违规违建问题进行着司法程序。对于"中央环保督察组"反馈的问题龙村镇完成率达 80%以上。

【精神文明建设】 深入挖掘龙村镇文化名人效应，分阶段推进温训文化公园建设；联合驻镇帮镇扶村力量，投资 50 万元实施"新农村少儿舞蹈美育工程"项目，为 5 间小学建立舞蹈教室；加快新时代文明实践所（站）建设，2022 年龙村镇新时代文明实践所、40 个村（居）新时代文明实践站全面落成；全面推进创文工作，2022 年度龙村镇获评县文明镇，20 个村获评县文明村；开展树选典范活动，在全镇范围内评选 653 户星级文明户，2022 年龙村镇获得"全国三八红旗手"1 人、"广东省五一劳动奖章"1 人、"广东好人"1 人、"梅州市百家乡风文明村"2 个、"五华好人"2 人、"五华好媳妇"2 人、"五华县新时代好少年"2 人。

【民生保障】 对全镇 939 户低保 233 户五保户进行"广东省民政系统信息化经济"复核，实现精准救助。完成全镇残疾人"两项补贴"认证，完成率为 99.26%。龙村镇共有 936 户 2560 人享受城乡低保；229 户 229 人享受特困供养；残疾人、优抚对象、长寿老人补贴等均正常发放。积极帮助困难群众，共为 78 户 78 人发放临时救助金 17.91 万元。成立镇、村两级退役军人服务站，着力解决退役军人服务保障"最后一公里"问题。由乡贤捐资成立龙村镇教育基金会，各村（社区）通过"粤智助"帮城乡居民养老资格认证，更好地为群众服务，让群众"零跑腿"。认真执行粤府办〔2021〕22 号文《广东省人民政府办公厅转发省人力资源社会保障厅关于进一步完善我省被征地农民养老保障政策意见的通知》的要求，龙村镇被征地农民养老保障工作任务数为 493 人，已完成 461 人，完成率达到 94%。

【社会综合治理】 全镇共受理各类信访事项和矛盾纠纷案件 56 宗，办结 49 宗。特别是梅蓄后期遗留问题，龙村镇采取领导干部包干制度，通过"清单式"工作方式，逐一销号。积极推广安装"国家反诈中心"App，截至年底，全镇已有 58623 名群众安装"国家反诈中心"App。学习新时代"枫桥经验"，推进民事民议、民事民办、民事民管，形成"小事不出村、大事不出镇"的良好氛围。

【招商引资】 2022 年龙村镇全力做好招商引资工作。截至年底，龙村镇超额完成上级下达的向上争取项目资金任务 800 万元，其中企业和社会人士对教育事业捐赠金额为 73.67 万元，五华县慈善会定向捐赠乡村振兴资金 60 万元，企业和社会人士定向捐赠疫情防控经费 11 万元，广东省扶贫开发协会定向捐赠现代农业产业园茶叶产业项目建设资金 750 万元，总计 894.67 万元。（张耿锋）

名　录

2022 梅州市五华县主要机构及负责人名录

梅州市五华县领导班子成员名单

中共梅州市五华县委员会

书　记：朱少辉

副书记：丘　炀

　　　　宋学希

县委常委：

　　刘敬东（任至 10 月）

　　幸国平（2023 年 7 月 23 日被调查）

　　张少凡（2023 年 5 月 15 日被调查）

　　罗丽思（女）

　　招业斌

　　周长山

　　甘飞鸿

　　罗瑞金

　　谢瑞狮

　　蔡　强

　　温定基（10 月任职）

梅州市五华县人大常委会

主　任：钟光振

副主任：谢国泉

　　　　张　裕

　　　　曾冬云（女）

　　　　李永浩

　　　　李清昌

　　　　黄永响

梅州市五华县人民政府

县　长：丘　炀

副县长：

　　张少凡（2023 年 5 月 15 日被调查）

　　罗丽思（女）

　　招业斌

　　蔡　强（6 月任职）

　　李政江

　　丘武秋

　　邝逸平

　　张志军（10 月任职）

　　赖俊香（女）

　　温定基（任至 10 月）

政协梅州市五华县委员会

主　席：詹庆东

副主席：邓秋香（女）

　　　　胡高云（女）

　　　　李炎香

　　　　邹志轩（2023 年 6 月 8 日被调查）

　　　　刘锐锋

　　　　黄国标

中共梅州市五华县纪检监察委员会

纪委书记：幸国平（2023 年 7 月 23 日被调查）

县纪委副书记：张雄辉

　　　　　　　张碧波

县监委主任：幸国平（2023 年 7 月 23 日被调查）

县监委副主任：张雄辉

　　　　　　　张碧波

梅州市五华县主要机构负责人名录

县委办公室

主　任：谢瑞狮（任至 10 月）

　　　　温定基（10 月起任）

副主任：赖玉才

　　　　李大计（任至 6 月）

　　　　凌文娟（任至 8 月）

　　　　魏汉城（8 月起任）

　　　　李小龙（8 月起任）

县人大机关

办公室主任：李雄青

办公室副主任：黄　浩

农村农业工作委员会主任：魏少洲

农村农业工作委员会副主任：

　高东贤（任至 6 月）

财经工作委员会主任：黄叨明

财经工作委员会副主任：林国标

教科文卫工作委员会主任：魏宇华（女）

教科文卫工作委员会副主任：曾小霞（女）

监察和司法工作委员会主任：魏晓斌

监察和司法工作委员会副主任：邓文兰（女）

选举联络人事任免工作委员会主任：

　冯志强（2 月任职）

选举联络人事任免工作委员会副主任：

　李　云（女）

城乡建设环境与资源保护工作委员会主任：

　古菊开

城乡建设环境与资源保护工作委员会

　副主任：魏炎良

社会建设工作委员会主任：

　邱小梅（女）（6 月任职）

社会建设工作委员会副主任：李月容（女）

县政府办公室

主　任：陈群添

副主任：薛志东

　　　　魏汉城（任至 8 月）

　　　　江　波

　　　　张　宁（4 月挂任）

　　　　刘俊略（12 月任职）

党组书记：陈群添

党组成员：薛志东

　　　　　魏汉城（任至 8 月）

　　　　　江　波

　　　　　李石翠（任至 1 月）

　　　　　谢伟祥（任至 12 月）

魏益平（任至 12 月）
张惠宁
周威恒（1 月任职）
刘俊略（12 月任职）
曾远洋（12 月任职）

县纪委监委各室（组）负责人

办公室主任：陈少才（1 月任职）
党风政风监督室主任：魏京宁（任至 1 月）
陈文锋（1 月任职）
案件审理室主任：陈　鹏（任至 1 月）
缪家龙（1 月任职）
案件监督管理室主任：陈文锋（任至 1 月）
钟贤标（1 月任职）
信访室主任：刘惠平（任至 1 月）
刘建桃（1 月任职）
组织宣传室主任：无
第一纪检监察室主任：黄兴福（任至 5 月）
第二纪检监察室主任：孔　君（任至 5 月）
曾　波（5 月任职）
第三纪检监察室主任：缪家龙（任至 1 月）
黄伟宗（1 月任职）
第四纪检监察室主任：黄国忠（1 月任职）
第五纪检监察室主任：
钟贤标（任至 1 月）
温荣云（1 月任职）
第六纪检监察室主任：李剑彬
第七纪检监察室主任：刘　彪（1 月任职）
县直机关纪检监察工作委员会书记：
汤国夫（1 月任职）
驻县委办公室纪检监察组组长：
温木新（任至 1 月）
陈兰婷（1 月任职）
驻县政府办公室纪检监察组组长：
李石翠（任至 1 月）
周威恒（1 月任职）
驻县委宣传部纪检监察组组长：
蔡伟强（1 月任职）
驻县住房和城乡建设局纪检监察组组长：
曾庆珣（任至 12 月）
陈汉庭（12 月任职）
驻县交通运输局纪检监察组组长：
周威恒（任至 1 月）
李石翠（1 月任职）
驻县教育局纪检监察组组长：
陈汉庭（任至 1 月）
黄　彬（1 月任职）
驻县科工商务局纪检监察组组长：
刘应靠（任至 1 月）
陈晓峰（1 月任职）
驻县卫生健康局纪检监察组组长：
邹　艳（1 月任职）
驻县发展和改革局纪检监察组组长：
彭干军（任至 5 月）
廖学宁（5 月任职）
驻县农业农村局纪检监察组组长：
廖学宁（任至 5 月）
孔　君（5 月任职）
驻县公安局纪检监察组组长：
曾　波（任至 5 月）
戴　勇（5 月任职）
驻县财政局纪检监察组组长：吴国辉

县委巡察办

主　任：刘兴文
副主任：陈冬连
曾祥发
县委巡察组组长：李军松（任至 5 月）
彭干军（5 月任职）
张兴辉（任至 12 月）

周　宏（12月任职）
张进友（任至5月）
黄兴福（5月任职）
张群标
县委巡察组副组长：古专标（任至1月）
曾文彬（5月任职）
温颂英
张阳春（任至12月）
彭彩红（任至1月）
陈汉庭（1月任职，任至12月）

中共五华县委组织部

部　长：罗瑞金
常务副部长：彭思鹏（1月任职）
副部长、县委老干部局局长：曾繁活
副部长：邓焕均

县委宣传部

部　长：刘敬东（任至10月）
谢瑞狮（10月任职）
常务副部长：张景山
副部长：甘　平
张炳锋

县委统战部

部　长：甘飞鸿
常务副部长：温伟雄
副部长：曾召辉
陈德荣
谢伟贤

县委机构编制委员会办公室

主　任：陈远云
副主任：古汉琴

唐妙坤（任至8月）
李耀权
曾丽珍（10月任）

中共五华县委党校

校　长：罗瑞金
常务副校长：陈军华（任至7月）
李启智（9月任职）
副校长：田景青
张志强
专职校委：薛永坚（4月任职）

县直属机关工作委员会

书　记：温定基（10月任职）
谢瑞狮（任至10月）
常务副书记：曾繁泼
副书记：魏俊林（11月任职）
张政浪（任至11月）
黄灼满（任至3月）

县政协机关各科室委

办公室主任：古胜奎
联络工作科科长：温怀浩
文史研究室主任：郑　斌
提案委员会主任：江少林（任至2月）
张玉珍（8月起任主任人选）
经济委员会主任：古坚祥
文化和文史资料委主任：李剑忠
科教卫体委员会主任：何红球
社会法制委员会主任：张维健
农业和农村工作委员会主任：曾志勇

五华县总工会

县人大副主席、工会主席：
黄永响（3月任职）

常务副主席：张建城（5月任职）
副主席：李裕强（3月任职）
　　　　魏　芳
党组成员：钟蔚林

团县委

书　记：李怡凤
副书记：张育聪
　　　　邓　威（3月任职）
　　　　胡海标（挂职）
　　　　周志荣（兼职）
　　　　魏　宏（兼职）

五华县妇女联合会

党组书记、主席：张玉珍（任至8月）
　　　　　　　　凌文娟（8月任职）
党组成员、副主席：李晓婷
　　　　　　　　　张丽娟
党组成员、挂职副主席：刘　玲（4月任职）
兼职副主席：李　娟
　　　　　　江小苑
　　　　　　张　静

五华县工商业联合会

党组书记：曾召辉
党组成员、商会副主席：
　张政浪（11月任职）
　曾崇辉（任至11月）
党组成员：李定桓

五华县文学艺术界联合会

主　席：张汉章
专职副主席：陈瑞成
兼职副主席：张文超、李仁安、张石乃
秘书长：罗俊峰（兼办公室主任）

五华县残疾人联合会

党组书记：李军松（5月任职）
理事长：朱旭红
党组成员、副理事长：曾志青
　　　　　　　　　　张思远
党组成员：曾志雄
　　　　　邓丽琼（9月任职）

县政法委

书　　记：宋学希
第一副书记：李政江
常务副书记：周洪杰
副书记：曾焕章
　　　　彭思鹏（任至1月）
　　　　廖素媚（3月任职）
政法委委员：曾梅麟
　　　　　　李伟华
　　　　　　曾患鑫
　　　　　　张祝平
专职委员：黄国雄
　　　　　曾少廉
　　　　　朱幼雄
　　　　　邹林茂
　　　　　李建中

县公安局

局长、督察长、四级高级警长：李政江
党委副书记、政委、三级高级警长：
　曾患鑫
党委委员、政工室主任、三级高级警长：
　曾幸辉
党委委员、副局长、二级警长：张炳忠
党委委员、副局长、一级警长：
　钟志文
　邓　锐

张小平（2月任职）
党委委员、副局长：
陈竞业（挂职，7月任职）
副局长、党委委员、二级警长：
张长安（任至2月）

五华县检察院

党组书记、检 察 长：李伟华
党组成员、副检察长：李永强
蔡仕强
何志容
党组成员：胡远清

五华县人民法院

党组书记、院长：曾梅麟
党组副书记、副院长：黄定斌
党组成员、副院长：张智雄
张伟军（10月任职）

五华县司法局

党组书记、局长：张祝平
党组副书记、副局长：甘伟红
党组成员、副局长：曾林辉
副 局 长：洪利丹
政工办主任：刘惠红
党组成员：曾汉强
陈 勇
刘习坤

五华县退役军人事务局

党组书记、局 长：钟彩扬
党组成员、副局长：周鉴贤（任至7月）
吴振乐
李来泉（7月任职）
党组成员：陈菊英

五华县发展改革局

局 长：吴明辉（6月任职）
田爱平（任至6月）
党组成员、副局长：李万年
谢广春
李文浩（6月任职）
李 明（任至6月）
李裕强（任至3月）
党组成员：饶建华
魏兆文（7月任职）
张建勋（任至7月）

县市场监督管理局

党组书记、局 长：曾繁展
党组成员、副局长：钟文锋
李志中
李 智
党组成员：曾洪波（4月任职）
魏洪群
江辉林
刘万群

五华县自然资源局

党组书记、局长：翁俊峰
党组成员、副局长：张惠明
宋恩育
邹定芳
党组成员、总规划师：张育鑫
党组成员：张建国
党组成员：李仁君

县审计局

党组书记、局长：钟冠寰
党组成员、副局长：陈朝霞
邓小坚
刘政民
党组成员、总审计师：江琼新

县统计局
局　长：刘晓宇（2月任职）
副局长：庄旭源
　　　　黄仅鹏（4月任职）
　　　　古伟良（12月任职）
　　　　李启智（任至8月）
党组成员：朱连辉

县住房和城乡建设局
党组书记：叶定思（1月任职）
　　　　　冯志强（任至1月）
局长、城市管理和综合执法局局长：
　叶定思（2月任职）
　冯志强（任至2月）
副局长：张载良（任至9月）
　　　　黄远华（任至2月）
　　　　黄灼满（4月任职）
副局长、总工程师：罗海飞（12月任职）
副局长、城市管理和综合执法局副局长：
　李　波

县琴江新城发展中心
党组书记、主任：吴汉聪
党组成员、副主任：吴东生
　　　　　　　　　钟金榕
　　　　　　　　　周开平
党组成员：彭灿明（5月任职）

县市政公用事业服务中心
党组书记、主任：缪干军
副主任：曾永辉
　　　　丁金浪
　　　　曾文东
党组成员：曾祥飞（12月任职）

市生态环境局五华分局
局　长：邓瑜文
副局长：温浪文
　　　　吴想辉（3月任职）

县供电局
总 经 理：陈瑜辉
副总经理：曾奇熊
　　　　　李　伟
　　　　　刘江漪

县科工商务局
党组书记、局长：傅培强（任至12月）
　　　　　　　　刘伟炎（12月任职）
党组副书记、副局长：
　古永元（1月任党组副书记）
党组成员、副局长：汤伟平
　胡伟雄（党组成员任至3月，副局长任至4月）
　曾奋凌（党组成员任至3月，副局长任至4月）
副局长：温汉锦（4月任职）
党组成员：缪伯腾（副局长任至4月）
　　　　　翁凯荣（副局长任至4月）
　　　　　刘展明（任至11月）
副局长（挂任）：黄勇麒

县经济开发区管理委员会
党组书记、主任：彭国阵
党组成员、副主任：李柳明
　　　　　　　　　古盛森
　　　　　　　　　杨依杰
党组成员：罗志军
　　　　　陈益辉
　　　　　陈爱忠

县招商和企业服务中心
主　任：邱明峰

副主任：钟　军
　　　　胡高文
　　　　张育光
党组成员：蓝志宏（12 月任职）

县交通运输局

党组书记、局长：曾　宏（7 月任职）
　　　　　　　　何伟雄（任至 7 月）
党组副书记、副局长：李志勇（3 月任职）
党组成员、副局长：胡国坚
　　　　　　　　　温锦高
　　　　　　　　　邓朝阳（任至 4 月）
党组成员：李雪辉
　　　　　刘新民

县公路事务中心

党组书记、主任：游展航（7 月任职）
　　　　　　　　曾　宏（任至 7 月）
党组成员、副主任：张伟彬
　　　　　　　　　谢永佑（7 月任职）
　　　　　　　　　曾耿兴（7 月任职）
　　　　　　　　　曾泗庆（任至 1 月）
党组成员、总工程师：孔　科
党组成员：李超权

县汽车运输有限公司

总 经 理：刘旭根
副总经理：张治军
　　　　　刘文讯
　　　　　沙　富

中国邮政储蓄银行股份有限公司五华县支行

行　长：曾杰标（6 月任职）
　　　　温天传（任至 6 月）
副行长：叶　辉

中国电信股份有限公司五华分公司

总 经 理：彭福彬
副总经理：张德君
　　　　　吴水胜

中国移动通信集团广东有限公司五华分公司

总 经 理：颜建标
副总经理：陈运峰（任至 5 月）
　　　　　陈　锋（5 月任）
　　　　　凌　通（6 月任）

中国联合网络通信有限公司五华县分公司

总经理：钟志坚

县农业农村局

农业系统党工委书记、农业农村局党组书记、局长：李国昌
党组副书记、副局长：张育彬
党组成员、副局长：杨　尚
　　　　　　　　　黄敬阳（3 月任职）
　　　　　　　　　张德祥（任至 3 月）
　　　　　　　　　廖新辉（任至 3 月）
　　　　　　　　　黄仅鹏（任至 3 月）
党组成员：黎碧尧
　　　　　张奎导（任至 3 月）
　　　　　钟颖琼（3 月任职）
　　　　　卢新茂（挂职）
总农艺师：杨炜宏（3 月任职）

县烤烟生产服务中心

主　任：张国泉（9 月任职）
副主任：古子春
　　　　周裕标（任至 9 月）

县林业局

局　长：李定华（1 月任职）

副局长：曾维强
叶朝阳
钟远声
党组成员：李坤源
总工程师：林　森（任至5月）

县水务局

党组书记、局长：李文伟
党组成员、副局长：黄敬阳（任至5月）
何定标
陈幼文
邓朝阳（3月任职）
党组成员、总工程师：曾文周
党组成员：李雪锋（5月任职）
宋锦棠（11月任职）
党组成员、人事股股长：周桂红（任至6月）

县蓄能办

党支部书记：古伟炎
主　任：邹伟鹏
副主任：张俊杰
刘德方
周　勇

县气象局

局　长：钟美英（12月任职）
罗锡浪（任至12月）
副局长：魏伟良

县供销社

主　任：黄柳宗
副主任：曾松林
魏洪伟
古水文

县烟草专卖局（分公司）

局长、经理：叶劲松
副局长：江锦扬
副经理：李远东（任至11月16日）

广东省盐业集团梅州有限公司五华分公司

副经理：曾文宾（任至10月）
高级客户经理（负责全面工作）：
曾伟强（11月任职）

县财政局

党组书记、局长、财税系统党工委书记、县国有资产监督管理局局长、一级主任科员：
赖伟胜
党组副书记、副局长：曾小强
党组成员、副局长、二级主任科员：
徐建力（5月任职）
党组成员、副局长：张国财
党组成员、总会计师：陈粤晖
党组成员、二级主任科员：李红兰
党组成员、预算股股长、四级主任科员：
魏益龙

国家税务总局五华县税务局

党委书记、局长：李郁轩
党委副书记、局长：江荣中（任至7月）
党委委员、副局长：罗　伟
魏少宾
蓝远方（9月起任职）
张远辉（任至7月）

中国人民银行五华县支行

行长、党组书记、外汇管理局局长：陈　丽
副行长、党组成员：张远飚
张文钦

中国农业发展银行五华县支行

行　长：杨永东

副行长：吴远彬

中国农业银行股份有限公司

党委书记、行长：卓琦超

党委委员、纪委书记：刘斌泉

党委委员、副行长：黄春泉
李　军
黄明霞（任至 3 月）
丘意华（4 月任）

中国工商银行五华支行

党总支书记、行长：黄朝松

副行长：彭云标（6 月任职）
李　权（6 月任职）
陈丽娟（任至 6 月）

内控主管：张永平

中国建设银行股份有限公司五华支行

行　长：曾庆青

副行长：曾伟军
魏斌华
曾文山（9 月任职）

广东五华农村商业银行股份有限公司

党委书记、董事长：黄捷辉

党委副书记、行长：卢春林

纪委书记、监事长：杨旭华

党委委员、副行长：张仟来
幸　强
黄文钦
苏　刚

五华惠民村镇银行

支部书记、行长：王　成

支部副书记：郭广平

副行长：魏尚坤
魏标洪

中国人寿保险股份有限公司五华县支公司

总经理：陈东录

副经理：陈柏方（11 月任职）

总经理助理：周婷婷

中国人民财产保险股份有限公司五华支公司

经　理：曾　超

副经理：廖国山（4 月任职）
张俊权（4 月任职）

经理助理：廖国山（任至 3 月）
张俊权（任至 3 月）

公司主管：钟广宁
黄　冲

县教育局

党组书记、局长：张伟雄

党组副书记、副局长：陈雨新

党组成员、副局长：甘森华
罗冬枚

党组成员：李玉琪
钟党正
曾利联

五华开放大学

校　长：吴明辉（1—6 月）
杨茂华（6—12 月）

副校长：巫文清
冯少波

县委党史研究室

主　任：古江南

副主任：江连辉
曾招祥

县人民政府地方志办公室

主　任：陈宗书
副主任：黄培邦
　　　　钟定云

县档案馆

馆　长：朱燎原（9月任职）
　　　　邱小梅（任至6月）
副馆长：杨伟沧
　　　　陈　鹏（7月任职）
　　　　吉瑞旖（任至7月）

县文化广电旅游体育局

党组书记、局　长：陈兆祥
党组成员、副局长：曾晓东
　　　　　　　　　魏俊林
　　　　　　　　　李国华
　　　　　　　　　曾经纬（任至6月）

县融媒体中心

党组书记、主任（台长）：魏剑玉
党组成员、副主任（副台长）：曾　良
党组成员、总经理：魏志锋
党组成员、总编辑：詹喜赞
党组成员、副主任（副台长）：
　廖志波
　廖伟栋（4月任职）
党组成员：王恒想（7月任职）

梅州市五华龙狮湖管理中心

党组书记、主　任：龙夏辉
党组成员、副主任：温妙禄
　　　　　　　　　刘展雄

县卫生健康局

党组书记、局　长：刘锐锋
党组副书记、副局长：刘志中
党组成员、副局长：曾豪达
　　　　　　　　　曾国强
党组成员：宋国强
　　　　　薛奕良（任至7月）
　　　　　赖伟钧
　　　　　张锡文
县纪委监委驻县卫生健康局纪检监察组组长、县卫生健康局党组成员：邹　艳

县医疗保障局

局　　长：严彩忠
副 局 长：李千山、曾梅花
党组成员：张平锋、温国忠

县民政局

党组书记、局　长：李文高
党组成员、副局长：曾维强
　　　　　　　　　曾宪猛
　　　　　　　　　张美茹（6月任职）
　　　　　　　　　张载良（9月任职）
　　　　　　　　　邓志荣（任至6月）
党组成员：李清兰
　　　　　李汉文（11月任职）

县人力资源和社会保障局

局　　长：郑遂方
副 局 长：廖旭标（任至4月）
　　　　　曾放群
　　　　　朱燎原（任至9月）
　　　　　李　明（6月任职）
　　　　　邓志荣（9月任职）
党组成员：周运芳
　　　　　曾发明
　　　　　李　峰

县社会保险基金管理局

局　长：李　峰

副局长：郭裕华

刘少波

曾伟欢（10 月任职）

廖雪梅（至任 10 月）

县应急管理局

党委书记、局　长：温全瑞

党委委员、副局长：黄文柱

徐安优

陈活祥（任至 12 月）

党委委员：谢如锋

温舜初

张玉良（8 月任职）

县消防救援大队

政治教导员：王德虎

大　队　长：朱浩义（4 月任职）

水寨镇

党 委 书 记：黎辉文

党委副书记：朱清辉

何昭辉

黄胜才

陈建辉（任至 8 月）

党委委员：周展红

丘飞龙

钟坚平

谢春云

李　婷

张佰奎（8 月任职）

人大主席：池宇华

人大副主席：钟水清

镇　长：朱清辉

副镇长：刘远新

黄帼欢

陈威宏

温楚辉

刘伯强

黄运昌

纪委书记：谢春云

综合行政执法队队长：宋治中

二级主任科员：黄文尖

河东镇

党委书记：严季岳（2 月任职）

叶定思（任至 2 月）

党委副书记：江志彤

戴文平

张远生

闵　娜（挂职）

党委委员：曾　尚（9 月任职）

魏智华

刘　斌

杨英辉

李振萍（6 月任职）

戴　勇（任至 7 月）

曾文彬（任至 5 月）

人大主席：张志英

人大副主席：戴明俊（11 月任职）

宋更杰（任至 5 月）

镇　长：江志彤

副镇长：张赛新

曾世田

廖剑龙

陈　灏

刘旭礼（11 月任职）

陈健煌（11 月任职）

李文浩（任至 6 月）

曾　尚（任至 8 月）

纪委书记：李振萍（6月任职）
曾文彬（任至5月）

转水镇

党委书记：彭云洪
党委副书记：古志宗（任至2月）
陈展略（2月任职）
林冠雄
陈 锋
党委委员：曾远洋
程东雄
谢文彬
杨 丹
孔章城（任至7月）
邹尚锋（7月任职）
人大主席：徐伟权
人大副主席：曾伟强（任至6月）
丘均汉（6月任人大副主席人选，9月任职）
镇 长：古志宗（任至2月）
陈展略（2月任镇长人选，3月任职）
常务副镇长：曾远洋
副镇长：李冬婷
詹煌裕
朱丽娴
陈 义
刘 平
纪委书记：谢文彬

华城镇

党委书记：曾映贤
党委副书记：吴恺平
邹定芳（任至5月）
钟录梅（5月任职）
胡晓明
张治华
党委委员：钟伟东
曾振培
田永青
李小娟（任至5月）
曾伟强（5月任职）
张国礼
人大主席：吕中华
人大副主席：曾庆青
镇 长：吴恺平
副镇长：曾振培
钟录梅（任至5月）
朱仲平
陈耀华
魏兆文（任至7月）
谢琼杨
曾晓林
陈玉萍（12月任职）
刘家华（12月任职）
纪委书记：钟伟东

岐岭镇

党委书记：戴天平
党委副书记：魏冠东（3月任职）
谢万形
刘汉灵
张小娟
党委委员：林 振
刘宝雄
张 想
梁文彬
张恒正
人大主席：翁颖明
人大副主席：李浩铭（7月任职）

镇　长：魏冠东（3 月任职）
副镇长：林　振
　　　　张雄光
　　　　何胡涛
　　　　何　森
　　　　钟　锐
　　　　李铠名
纪委书记：张　想
综合行政执法队队长：张荣玉（7 月任职）

潭下镇
党委书记：杨　文（1 月起任职）
　　　　　翁俊峰（任职至 1 月）
副 书 记：黄育辉（1 月起任职）
　　　　　刘志标
　　　　　严汉云
　　　　　李小娟（5 月起任职）
　　　　　杨　文（任职至 1 月）
　　　　　李广优（任职至 5 月）
党委委员：陈国平
　　　　　李常青
　　　　　李志强
　　　　　黄　文
　　　　　曾爱雄（8 月起任职）
人大主席：温志坚
人大专职副主席：周韶钦
镇　长：黄育辉（1 月起任职）
　　　　杨　文（任职至 1 月）
副镇长：李常青
　　　　翁近明
　　　　张育柱
　　　　刘建超
　　　　李达方
纪委书记：陈国平

长布镇
党委书记：古志宗（2 月任职）
　　　　　曾繁展（任至 1 月）
党委副书记：廖水清
　　　　　　罗善文
　　　　　　曾国军
党委委员：赖伟国
　　　　　杨　静
　　　　　万新文
　　　　　周灵方
　　　　　曾文钊
人大主席：张善初
人大副主席：张海军
镇　长：廖水清
副镇长：赖伟国
　　　　周东雷
　　　　万嘉奇
　　　　吴居滨
　　　　张雯瑞
　　　　谢创辉
纪委书记：曾文钊
综合行政执法队队长：廖志勇

周江镇
党委书记：张志军
党委副书记：张志远
　　　　　　李力文
　　　　　　李茂浩
　　　　　　郭程望（挂职）
党委委员：周炎君
　　　　　黄志辉
　　　　　叶大辽
　　　　　汤燕雄
　　　　　李义君（6 月任职）
　　　　　李　娟（任至 6 月）

人大主席：李伟生
人大副主席：邹汉森
镇　　长：张志远
副 镇 长：刘　玲（3月挂职县妇联）
　　　　　薛　威（任至6月）
　　　　　李辉群
　　　　　李万青
　　　　　曾润标（12月任职）
纪委书记：黄志辉
综合行政执法办（队）主任（队长）：
　陈庆绿（6月任职）
　李义君（任至6月）

横陂镇

党委书记：卓伟强
党委副书记：刘翠玉（任至5月）
　　　　　　刘锡贤（5月任职）
　　　　　　张恕根（任至1月）
　　　　　　宋柏强
　　　　　　曾志辉（任至5月）
　　　　　　戴荣忠（5月任职）
　　　　　　罗东斌（挂任）
党委委员：陈展芳
　　　　　宋柏强（任至5月）
　　　　　李　娟（5月任职）
　　　　　李展培
　　　　　魏国斌
　　　　　周梦丽
人大主席：刘梅英
人大副主席：戴　文
镇　长：刘翠玉（任至5月）
　　　　刘锡贤（5月任职）
副镇长：戴荣忠（任至5月）
　　　　薛　威（5月任职）
　　　　周伟城
　　　　戴建锋
　　　　刘骁棠
　　　　曾俐敏
　　　　李振萍（任至5月）
纪委书记：宋柏强（任至5月）
　　　　　李　娟（5月任职）
综合行政执法队队长：宋治中

郭田镇

党委书记：刘翠玉（6月任职）
党委副书记：魏耿华
　　　　　　李宏栋
　　　　　　林　森（6月任职）
　　　　　　张美茹（任至6月）
党委委员：黄运辉
　　　　　黄文华（9月任职）
　　　　　陈汉森
　　　　　陈标坤
　　　　　李海晋
　　　　　张浪宏（任至9月）
人大主席：黄育辉（任至3月）
　　　　　张恕根（3月任职）
人大副主席：江　育
镇　长：魏耿华
副镇长：黄运辉
　　　　黄文华
　　　　薛茂恩
　　　　翁柳玲
　　　　江林樾
纪委书记：黄文华（9月任职）
　　　　　张浪宏（任至9月）

双华镇

党委书记：张小玲
党委副书记：廖天华
　　　　　　魏伟雄

曾益锋
党委委员：汤宇雄
李家豪
孔治南
张玉良（任至 7 月）
杨丽娟（7 月任职）
人大主席：陈宏忠（任至 4 月）
陈建辉（8 月任人大主席人选）
人大副主席：杨想青
镇　长：廖天华
副镇长：李惠龙
陈育怀
黄　敏
汤宇雄（7 月任副镇长人选）
张玉良（任至 7 月）
杨丽娟（任至 7 月）
刘　波（7 月任副镇长人选）
纪委书记：李家豪

安流镇

党委书记：张　勇
党委副书记：戴俊浩
宋锦棠
张宏南
党委委员：林建辉（任至 9 月）
黄志平
张伟鹏
田润民（任至 5 月）
李红娇
李志锋（5 月任职）
人大主席：陈展略（任至 3 月）
陈宏忠（4 月任职）
人大副主席：陈周祥
副镇长：林建辉（任至 9 月）
李自雄（任至 8 月）
陈志坚
张　强
李吉辉
李治中
钟炎彬（9 月任职）
纪委书记：黄志平
综合行政执法办公室（综合行政执法队）
主任（队长）：陈忠红

华阳镇

书　　记：邹总根
副 书 记：李大计（6 月任职）
宋红扬
刘　科
何汉英（9 月任职）
张建城（任至 6 月）
李来泉（任至 8 月）
党委委员：李汉高
刘伟枢
李苑红
李春祥（7 月任职）
人大主席：邹焕模
人大副主席：刘文斌
镇　　长：李大计（7 月任职）
张建城（任至 6 月）
副 镇 长：李汉高（12 月任职）
古达院
黄益宁
邹　铃
温　勇
纪委书记：刘伟枢
综合行政执法队长：古景清

棉洋镇

党委书记：李　权
党委副书记：李清华
李汉文（任至 11 月）

魏明星
党委委员：李保中
古玉轩
谢宁华（任至12月）
丘翠娇（任至11月）
张怡龙
人大主席：吴国华
人大副主席：廖仲权
镇　长：李清华
副镇长：李保中
周益恒
李展祥
陈秋平
宋浪忠
胡海标
纪委书记：张怡龙

梅林镇

党委书记：邓清华
镇　　长：刘剑锋
党委副书记：刘剑锋
廖旭辉
宋振团
王永锋
人 大 主 席：饶　科
人大副主席：刘发胜
党委委员：廖许新
古锦腾
张秀华
魏汉琼
江谷山
副 镇 长：李华中
宋大声
曾祥锋
王宇辉（11月任）
纪委书记：古锦腾

龙村镇

党委书记：李军松（12月任）
刘伟炎（任至12月）
党委副书记：李冬强
刘锡贤（任至5月）
党委副书记、政法委员：
黄锡冠（政法委员任至11月）
李广优（5月任党委副书记，11月任政法委员）
乡村振兴驻镇帮镇扶村工作队长、挂职党委副书记：李志征
党委委员：李嘉彬
蓝坚华
甘永锋
魏碧珍
魏　裕
曾志辉（5月任人大主席人选，7月任人大主席）
黄赐奎（任至5月）
人大副主席：刘晓宇
镇　　长：李冬强
常务副镇长：李嘉彬
副　镇　长：钟友清（任至5月）
廖永铎
余崇兵
胡景雄
张德权
徐　斌
张仲曹（7月任副镇长人选，2023年1月任副镇长）
纪 委 书 记：蓝坚华
一级主任科员：黄赐奎（5月任）
温跃胜
黄伟雄
综合行政执法办公室主任：黄　龙

2022 年梅州市五华县国家级先进单位一览表

表 3

单位名称	授 予 单 位	荣 誉 称 号	授予时间
梅州市生态环境局五华分局	国管局、中直管理局、国家发展改革委、财政部	节约型机关	2022 年 10 月 25 日
五华县信访局	国家机关事务管理局	节约型机关	2022 年 10 月 25 日
五华县林业局森林病虫害防治植物检疫站	国家林业和草原局生物灾害防控中心	2022 年度先进国家级中心测报点	2023 年 1 月
五华县农业农村局	国家机关事务管理局、中共中央直属机关事务管理局、中华人民共和国国家发展和改革委员会、中华人民共和国财政局	节约型机关	2022 年 12 月
五华县爱国卫生健康促进中心	全国爱国卫生运动委员会	爱国卫生运动 70 周年先进集体	2022 年 12 月 24 日
转水镇里塘村	司法部、民政部	2022 年“全国民主法治示范村”	2022 年 11 月
五华县工商业联合会（商会）	中华全国工商业联合会	2022 年调查点工作先进基层单位	2022 年 12 月 27 日

2022 年梅州市五华县省级先进单位一览表

表 4

单位名称	授予单位	荣誉称号	授予时间
五华县人民检察院	广东省人力资源保障厅、广东省人民检察院	先进基层检察院	2022 年 2 月 23 日
五华县华城镇专职消防队	广东省消防救援总队	先进政府专职消防队	2022 年
五华县华城镇专职消防队	广东省消防救援总队	基层建设先进政府专职消防队	2022 年
五华县安流镇专职消防队	广东省消防救援总队	基层建设先进政府专职消防队	2022 年
广东省路桥建设发展有限公司汕湛分公司监控中心	广东省妇联	2022 年度广东省巾帼文明岗	2023 年 2 月 22 日
广东宁华高速公路有限公司横陂收费站	广东省妇联	2022 年度广东省三八红旗集体	2023 年 3 月 1 日
五华县永盛食品有限公司	广东省肉类协会	2021 年度先进企业	2022 年 12 月
五华县文化广电旅游体育局	广东省体育局	“十三五”时期群众体育工作先进集体	2022 年 10 月 24 日
五华县政务服务数据管理局	广东省政务服务数据管理局	广东省县（区）级标杆政务服务中心	2022 年 8 月
五华县看守所	广东省公安厅	集体二等功	2022 年 12 月 11 日

2022 年梅州市五华县市级先进单位一览表

表 5

单位名称	授予单位	荣誉称号	授予时间
梅州市五华县水寨消防救援站党支部	梅州市消防救援支队	先进基层党组织	2022 年
五华县水寨消防救援站团支部	梅州市消防救援支队	“五好”团支部	2022 年
五华县华城专职消防队	梅州市消防救援支队	集体嘉奖	2022 年
五华县农业科学技术研究所	梅州市科学技术局、广东省雁洋公益基金会	叶剑英基金科学技术进步奖	2022 年 12 月
五华县华城镇委党校南方村分教点	中共梅州市委组织部	梅州市星级镇街党校分教点	2022 年 10 月
龙村镇先河村	梅州市委	梅州市“百佳乡风文明村”	2022 年 3 月
龙村镇留畲村	梅州市委	梅州市“百佳乡风文明村”	2022 年 3 月
五华县水寨镇人民武装部	梅州市国防动员委员会	先进基层武装部	2022 年 2 月
五华县水寨镇委党校黄狮新村分教点	梅州市委组织部	星级镇街党校分教点	2022 年 10 月

2022 年梅州市五华县国家级先进个人一览表

表 6

姓名	单位及职务	授予单位	荣誉称号	授予时间
何俊霞	龙村镇湖中村党总支部书记、村委会主任、妇联主席	全国妇联	全国三八红旗手	2023 年 2 月
卓庆秋	五华县看守所	公安部	全国公安监管部门抗疫成绩突出辅警	2022 年 7 月
徐世强	五华县公安局桥江派出所所长、二级警长	公安部	个人一等功	2022 年 12 月

2022年梅州市五华县省级先进个人一览表

表7

姓名	单位及职务	授予单位	荣誉称号	授予时间
吴涵博	五华县水寨消防救援站党支部书记、政治指导员	广东省消防救援总队	优秀基层党支部书记	2022年
赖军儒	梅州市消防救援支队五华县消防救援大队、初级专业技术职务	广东省消防救援总队	纪检工作先进个人	2022年
廖意强	五华县水寨消防救援站、班长	广东省消防救援总队	党的二十大“安保之星”	2022年
廖意强	五华县水寨消防救援站、班长	广东省消防救援总队	执勤训练先进个人（个人嘉奖）	2022年
黄赞模	五华县信访局、副局长	广东省信访工作联席会议办公室	“广东信访铁军标兵”活动表现突出个人	2022年4月
古海莲	五华供电局党建人事部主任助理、企业文化及宣传专责	红旗出版社	全国“书香三八”读书活动优秀奖	2022年4月
陈焕彝	五华县文化广电旅游体育局群众体育股股长	广东省体育局	“十三五”时期群众体育工作先进个人	2022年10月
温少猛	龙村镇中心小学副校长	广东省委	广东省五一劳动奖章	2022年
黄桂香	龙村镇金龙村村民	广东省委	2022年第四季度“广东好人”	2023年3月
曾纪娣	转水镇新华村村民	广东省精神文明建设委员会办公室	广东好人	2022年

续表 7

姓名	单位及职务	授予单位	荣誉称号	授予时间
李育先	河东镇增塘村村民	广东省精神文明建设委员会	广东好人	2022 年 4 月
古智强	解放军东部战区陆军第 71 集团军，雷达技师	东部战区陆军	二等功	2022 年
张小平	五华县公安局治安管理大队大队长	广东省公安厅	个人二等功	2022 年 3 月
刘耿忠	五华县公安局禁毒大队教导员、二级警长	广东省禁毒委员会	广东“最美禁毒人”	2022 年 6 月
冯仲元	五华县公安局政工室宣教股股长、三级警长	广东援疆指挥部	优秀援疆干部	2022 年 7 月
钟育民	五华县公安局刑事侦查大队教导员、三级警长	广东省公安厅	个人二等功	2022 年 9 月
邹沐峰	五华县公安局华兴派出所教导员、三级警长	广东省公安厅	个人三等功	2022 年 9 月
曾嘉乐	五华县公安局交通警察大队辅警	广东省公安厅	辅警三级嘉奖	2022 年 9 月
汤　贤	五华县公安局刑事侦查大队一级警长	广东省公安厅	个人二等功	2023 年 1 月
李立祥	五华县公安局安流派出所所长、二级警长	广东省公安厅	个人二等功	2023 年 1 月

2022年梅州市五华县市级先进个人一览表

表8

姓名	单位及职务	授予单位	荣誉称号	授予时间
叶　洁	五华县人民检察院政治部科员	中共梅州市委组织部	优秀党课	2022年12月
叶　洁	五华县人民检察院政治部科员	中共梅州市委组织部	星级讲师	2022年12月
王德虎家庭	梅州市五华县消防救援大队	梅州市精神文明建设委员会	第十批梅州市“十大优秀书香家庭”	2022年
朱浩义	五华县消防救援大队、大队长（三级指挥长）	梅州市消防救援支队	优秀共产党员	2022年
荣政权	五华县水寨消防救援站、班长	梅州市消防救援支队	优秀共产党员	2022年
王德虎	梅州市五华县消防救援大队、政治教导员（三级指挥长）	梅州市消防救援支队	优秀党务工作者	2022年
黄文玺	五华县水寨消防救援站、站长	梅州市消防救援支队	优秀干部	2022年
叶志鑫	五华县水寨消防救援站、团支部书记	梅州市消防救援支队	优秀共青团干部	2022年
何嘉诚	五华县水寨消防救援站、副部长	梅州市消防救援支队	优秀共青团员	2022年
刘影坤	五华县河东镇专职消防队、班长	梅州市消防救援支队	优秀共青团员	2022年
嵇得军	梅五华县水寨消防救援站、班长	梅州市消防救援支队	优秀消防员	2022年
廖意强	五华县水寨消防救援站、班长	梅州市消防救援支队	优秀消防员	2022年

续表 8

姓名	单位及职务	授予单位	荣誉称号	授予时间
周桢武	五华县水寨消防救援站、班长	梅州市消防救援支队	优秀消防员	2022 年
李景涛	五华县安流专职消防队、战斗员	梅州市消防救援支队	优秀政府专职消防员	2022 年
廖海鑫	五华县华城专职消防队、战斗员	梅州市消防救援支队	优秀政府专职消防员	2022 年
周晋鹏	五华县长布专职消防队、战斗员	梅州市消防救援支队	优秀政府专职消防员	2022 年
蔡浪金	五华县河东专职消防队、副队长	梅州市消防救援支队	优秀政府专职消防员	2022 年
李雨清	五华县消防救援大队、政府专职消防员	梅州市消防救援支队	优秀政府专职消防员	2022 年
李　锐	五华县消防救援大队、政府专职消防员	梅州市消防救援支队	优秀政府专职消防员	2022 年
陈　林	五华县华城专职消防队、队长	梅州市消防救援支队	个人年度三等功	2022 年
周桢武	五华县水寨消防救援站、班长	梅州市消防救援支队	个人年度嘉奖	2022 年
李锐波	五华县消防救援大队、初级专业技术职务	梅州市消防救援支队	个人年度嘉奖	2022 年
廖意强	五华县水寨消防救援站、班长	梅州市消防救援支队	个人年度嘉奖	2022 年
嵇得军	五华县水寨消防救援站、班长	梅州市消防救援支队	个人年度嘉奖	2022 年
刘梓恺	五华县水寨消防救援站、班长	梅州市消防救援支队	个人年度嘉奖	2022 年
张　炬	五华县水寨消防救援站、战斗员	梅州市消防救援支队	个人年度嘉奖	2022 年

续表 8

姓名	单位及职务	授予单位	荣誉称号	授予时间
张建明	五华县长布专职消防队、驾驶员	梅州市消防救援支队	个人年度嘉奖	2022 年
张嘉顺	五华县华城专职消防队、班长	梅州市消防救援支队	个人年度嘉奖	2022 年
曾嘉灵	五华县水寨消防救援站、战斗员	梅州市消防救援支队	个人年度嘉奖	2022 年
刘影坤	五华县河东专职消防队、班长	梅州市消防救援支队	个人年度嘉奖	2022 年
谢佳孟	五华县安流专职消防队、副队长	梅州市消防救援支队	个人年度嘉奖	2022 年
曾　琅	五华县消防救援大队、政府专职消防员	梅州市消防救援支队	个人年度嘉奖	2022 年
黄文玺	五华县水寨消防救援站、站长	梅州市消防救援支队	“6·13”特大洪涝灾害抗洪抢险救援奖励	2022 年
温燕方	五华县农业农村服务中心	梅州市妇女联合会	三八红旗手	2022 年 6 月
万泗梅	五华县农业科学技术研究所	梅州市科学技术局、广东省雁洋公益基金会	叶剑英基金科学技术进步奖	2022 年 6 月
陈碧峰	双华镇退役军人服务站站长	梅州军分区	优秀专武干事	2022 年 10 月
黎辉文	水寨镇党委书记、人武部政治教导员	梅州市国防动员委员会	优秀基层武装部政治教导员	2022 年 2 月
邓　璐	水寨镇司法所一级科员	梅州市司法局	“法治护航湾区行”演讲比赛一等奖	2022 年 10 月
陈维山	岐岭司法所一级科员	梅州市司法局	“法治护航湾区行”演讲比赛三等奖	2022 年 10 月

五华县国家地理标志保护产品名录一览表

时间截至2022年12月31日

表9

产品名称	授予单位	授予时间
长乐烧酒	国家质检总局	2016年11月
大田柿花	国家质检总局	2018年1月
七畲径茶	国家质检总局	2018年1月

五华县非物质文化遗产名录一览表

时间截至2022年12月31日

表10

序号	项目名称	级别	类别	保护单位
1	木偶戏（五华提线木偶）	国家级	传统戏剧	五华县提线木偶传习所
2	竹马舞	省级	传统舞蹈	五华县文化馆
3	五华石雕	省级	民间美术	五华县一建工程有限公司
4	采茶戏	省级	传统戏剧	五华县采茶戏演艺有限公司
5	锣花舞	省级	传统舞蹈	五华县文化馆
6	蒸馏酒酿造技艺（长乐烧酒制作工艺）	省级	传统技艺	广东长乐烧酒股份有限公司
7	下坝迎灯	省级	民俗	五华县文化馆
8	七盏灯	市级	民俗	五华县文化馆

续表 10

序号	项目名称	级别	类别	保护单位
9	梅石宫醮会	市级	民俗	五华县文化馆
10	五华酿豆腐	市级	传统技艺	五华县华城镇文教体育服务中心
11	五华金木雕工艺	市级	传统技艺	广东薪火文化传媒有限公司
12	毛糕制作工艺	市级	传统技艺	五华县岐岭镇文教体育服务中心
13	大布七月七药粄制作技艺	市级	传统技艺	五华县水寨镇文教体育服务中心
14	横陂小炒	市级	传统技艺	五华县横陂镇文教体育服务中心
15	五华足球	市级	传统体育、游艺与杂技	五华县文化广电旅游体育局
16	客家土陶工艺	市级	客家土陶工艺	五华县安流陶瓷厂
17	义学客家老酒制作工艺	市级	义学客家老酒制作工艺	五华县河东镇文教体育服务中心
18	聚通酱油酿造技艺	市级	聚通酱油酿造技艺	梅州市老聚通食品有限公司
19	月光糕制作工艺	市级	月光糕制作工艺	梅州糕味嘉食品有限公司
20	花潮戏	县级	传统戏剧	五华县安流镇文教体育服务中心
21	春牛舞	县级	传统舞蹈	五华县华阳镇文教体育服务中心
22	华城老子寿诞	县级	民俗	五华县华城镇文教体育服务中心
23	周潭文昌祠	县级	民俗	五华县长布镇文教体育服务中心
24	安流竹器编织	县级	传统技艺	五华县安流镇文教体育服务中心
25	扮古事	县级	民俗	五华县安流镇文教体育服务中心

续表 10

序号	项目名称	级别	类别	保护单位
26	华城“三月三”	县级	民俗	五华县华城镇文教体育服务中心
27	尖山草蓆	县级	传统技艺	五华县梅林镇文教体育服务中心
28	彩旗岭重阳庆典	县级	民俗	五华县水寨镇文教体育服务中心
29	长布山歌	县级	曲艺	五华县长布镇文教体育服务中心
30	水草蓆制作工艺	县级	传统技艺	五华县潭下镇文教体育服务中心
31	客家床画	县级	民间美术	五华县河东镇文教体育服务中心
32	长布花灯	县级	传统技艺	五华县长布镇文教体育服务中心
33	大田柿花制作工艺	县级	传统技艺	五华县长布镇文教体育服务中心
34	青塘舞龙	县级	传统舞蹈	五华县转水镇文教体育服务中心
35	郭田舞狮	县级	传统舞蹈	五华县郭田镇文教体育服务中心
36	上刀山	县级	民俗	五华县棉洋镇文教体育服务中心
37	岐岭杂技	县级	传统技艺	五华县岐岭镇文教体育服务中心
38	石楼伯公坛	县级	民俗	五华县横陂镇文教体育服务中心
39	泥塑	县级	民间美术	五华县转水镇文教体育服务中心
40	坐刀轿	县级	民俗	五华县棉洋镇文教体育服务中心
41	石灰制作工艺	县级	传统技艺	五华县潭下镇文教体育服务中心
42	红木家具制作工艺	县级	传统技艺	五华县双华镇文教体育服务中心

续表 10

序号	项目名称	级别	类别	保护单位
43	七圣仙娘巡游庆典	县级	民俗	五华县周江镇文教体育服务中心
44	洛阳围庙会	县级	民俗	五华县棉洋镇文教体育服务中心
45	红粬制作工艺	县级	传统技艺	五华县转水镇文教体育服务中心
46	锡制品制作工艺	县级	传统技艺	五华县周江镇文教体育服务中心
47	天柱山绿茶制作技艺	县级	传统技艺	五华县棉洋镇文教体育服务中心
48	紫云洞观音庙会	县级	民俗	五华县周江镇文教体育服务中心
49	雕塑	县级	传统技艺	五华县河东镇文教体育服务中心
50	三山国王庙会	县级	民俗	五华县周江镇文教体育服务中心
51	华光大帝巡游庆典	县级	民俗	五华县梅林镇文教体育服务中心
52	邹公宫庙会	县级	民俗	梅林镇宣优村文化艺术研究会
53	“廖昌记酒饼”制作技艺	县级	传统技艺	五华县转水镇文教体育服务中心
54	花灯版画	县级	传统技艺	五华县龙村镇文教体育服务中心
55	奇怪酒制作工艺	县级	传统技艺	五华县棉洋镇文教体育服务中心
56	柯树潭糯米醋酿制工艺	县级	传统技艺	五华县转水镇文教体育服务中心
57	炭画	县级	传统美术	五华县棉洋镇文教体育服务中心
58	五方状元蒜	县级	传统技艺	梅州市状元蒜业有限公司

续表 10

序号	项目名称	级别	类别	保护单位
59	客家擂茶	县级	传统技艺	五华县梅林镇文教体育服务中心
60	五华口腔义齿制作技艺	县级	传统技艺	五华县口腔健康研究会
61	状元功夫	县级	传统体育、游艺与杂技	五华县武术协会
62	甜粄制作工艺	县级	传统技艺	广东省客创食品有限公司

说明：国家级保护项目 1 项，省级保护项目 6 项，市级保护项目 12 项，县级保护项目 43 项

五华县非物质文化遗产项目代表性传承人名录一览表

时间截至 2022 年 12 月 31 日

表 11

序号	项目名称	级别	类别	传承人
1	木偶戏（五华提线木偶）	国家级	传统戏剧	李新贤
2	五华石雕	省级	民间美术	朱镜文
3	采茶戏	省级	传统戏剧	魏远芳
4	竹马舞	省级	传统舞蹈	罗爱青（女）
5	锣花舞	省级	传统舞蹈	黄永红
6	采茶戏	省级	传统戏剧	陈翠媚（女）
7	蒸馏酒酿造技艺（长乐烧酒制作工艺）	省级	传统技艺	詹汉林
8	竹马舞	市级	传统舞蹈	吴小雄
9	七盏灯	市级	民俗	彭炽宏
10	蒸馏酒酿造技艺（长乐烧酒制作工艺）	市级	传统技艺	黄名扬

续表 11

序号	项目名称	级别	类别	传承人
11	下坝迎灯	市级	民俗	周林叨
12	梅石宫醮会	市级	民俗	宋杏文
13	五华金木雕工艺	市级	民间美术	陈汉标
14	五华酿豆腐	市级	传统技艺	曾成汉
15	木偶戏（五华提线木偶）	市级	传统戏剧	魏明华
16	木偶戏（五华提线木偶）	市级	传统戏剧	钟广新
17	采茶戏	县级	传统戏剧	邓苑雄
18	采茶戏	县级	传统戏剧	李展锋
19	五华石雕	县级	民间美术	李思焕
20	客家床画	县级	民间美术	曾华金
21	泥塑	县级	民间美术	范松先
22	五华酿豆腐	县级	传统技艺	曾梅迁（女）
23	五华酿豆腐	县级	传统技艺	詹阿文
24	木偶戏（五华提线木偶）	县级	传统戏剧	钟远香（女）
25	七盏灯	县级	民俗	彭让先
26	客家山歌	县级	曲艺	彭　强
27	竹马舞	县级	传统舞蹈	钟远泉
28	五华石雕	县级	民间美术	曾柏强
29	五华石雕	县级	民间美术	赖伟军
30	五华石雕	县级	民间美术	赖汉杰
31	尖山草席	县级	传统技艺	黄国方
32	毛糕制作工艺	县级	传统技艺	黄雄涛
33	水草蓆制作工艺	县级	传统技艺	陈献中
34	水草蓆制作工艺	县级	传统技艺	陈景荣

续表 11

序号	项目名称	级别	类别	传承人
35	竹马舞	县级	传统舞蹈	卓尚基
36	竹马舞	县级	传统舞蹈	魏伟霞（女）
37	春牛舞	县级	传统舞蹈	邹灵祥
38	青塘舞龙	县级	传统舞蹈	吴展洪
39	下坝迎灯	县级	民俗	周玉胜
40	长布山歌	县级	曲艺	曾国香（女）
41	五华石雕	县级	民间美术	李国雄
42	五华石雕	县级	民间美术	赖会龙
43	水草蓆制作工艺	县级	传统技艺	孔远良
44	洛阳围庙会	县级	民俗	曾培方
45	五华酿豆腐	县级	传统技艺	周宝光
46	酒饼制作技艺	县级	传统技艺	廖新禄
47	泥塑	县级	民间美术	范国辉
48	花灯版画	县级	民间美术	温治邦
49	邹公宫庙会	县级	民俗	彭伟华
50	下坝迎灯	县级	民俗	周利泉
51	木偶戏（五华提线木偶）	县级	传统戏剧	李广云
52	采茶戏	县级	传统戏剧	罗美青（女）
53	五华石雕	县级	民间美术	杨育林
54	锣花舞	县级	传统舞蹈	黄焕君
55	五华金木雕工艺	县级	传统技艺	陈　杰
56	五华酿豆腐	县级	传统技艺	张志雄
57	义学客家老酒制作工艺	县级	传统技艺	陈文锋
58	七盏灯	县级	民俗	何国辉

续表 11

序号	项目名称	级别	类别	传承人
59	毛糕制作工艺	县级	传统技艺	黄文峰
60	长布山歌	县级	曲艺	张惠红（女）
61	五华酿豆腐	县级	传统技艺	钟远妹（女）
62	客家土陶工艺	县级	传统技艺	汤可珍
63	炭画	县级	传统美术	宋柏棠
64	炭画	县级	传统美术	甘晓南
65	采茶戏	县级	传统戏剧	郑越顺
66	采茶戏	县级	传统戏剧	李鹏辉
67	采茶戏	县级	传统戏剧	彭桂顺
68	采茶戏	县级	传统戏剧	刘清丽（女）
69	采茶戏	县级	传统戏剧	李小媛（女）
70	木偶戏（五华提线木偶）	县级	传统戏剧	周鹏润
71	大布七月七药粄制作技艺	县级	传统技艺	李庆泉
72	五华足球	县级	传统体育	钟金玉（女）
73	蒸馏酒传统酿造工艺（长乐烧酒制作工艺）	县级	传统技艺	陈育新
74	横陂小炒	县级	传统技艺	魏国胜
75	大田柿花制作工艺	县级	传统技艺	张军权
76	安流竹器编织	县级	传统技艺	古日凤（女）
77	长布花灯	县级	传统技艺	郑桂华
78	木偶戏（五华提线木偶）	县级	传统戏剧	蔡仕达
79	木偶戏（五华提线木偶）	县级	传统戏剧	李伟平（女）
80	木偶戏（五华提线木偶）	县级	传统戏剧	周鹏鸿

说明：国家级代表性传承人 1 人；省级代表性传承人 6 人；市级代表性传承人 9 人；县级代表性传承人 64 人

五华县文物保护单位名录一览表

时间截至 2022 年 12 月 31 日

表 12

序号	名称	级别	年代	类别	所在地
1	狮雄山遗址	全国	秦汉	古遗 址	华城镇塔岗村
2	长乐学宫	省级	明代	古建筑	华城镇十字街
3	狮雄山塔	省级	明代	古建筑	华城镇塔岗村
4	英烈庙	省级	明代	古建筑	双华镇大陂村
5	李惠堂旧居	省级	清代	古建筑	横陂镇老楼村
6	李威光故居	省级	清代	古建筑	华城镇黄埔村
7	荣槐楼	省级	清代	古建筑	转水镇三源村
8	兰芳楼	省级	清代	古建筑	安流镇楼江村
9	古大存故居遗址	省级	民国	近现代重要史迹及代表性建筑	梅林镇优河村
10	曾国华故居	省级	民国	近现代重要史迹及代表性建筑	岐岭镇凤凰村
11	水寨大桥	市级	近代	代表性建筑	河东镇居委会
12	古氏宗祠	市级	清代	古建筑	华阳镇华新村
13	潜斋邹公祠	市级	清代	古建筑	龙村镇宫前村
14	魏大斌故居	市级	清代	古建筑	横陂镇夏阜村
15	东征军政治部旧址（宗圣祠）	市级	清代	古建筑	华城镇城镇村
16	皇恩宠锡	市级	明代	古建筑	棉洋镇联西村
17	坑口刘氏宗祠	市级	明代	古建筑	棉洋镇棉洋村
18	元坑足球旧址	市级	清代	遗址	长布镇元坑村
19	新一戴氏宗祠（桂园围）	市级	清代	古建筑	华城镇新一村
20	刘氏二世祖墓	市级	清代	古墓葬	棉洋镇罗城村

续表 12

序号	名称	级别	年代	类别	所在地
21	黄国梁故居	市级	民国	近现代重要史迹及代表性建筑	郭田镇龙潭村
22	黄氏景昇公祠	市级	宋代	古建筑	龙村镇梧溪村
23	锡坑儒林第	市级	清代	古建筑	横陂镇近江村
24	龙门第牌坊	市级	明代	古建筑	水寨镇七一村
25	培风塔	市级	清代	古建筑	岐岭镇联安村
26	联珠塔	市级	清代	古建筑	水寨镇坝心村
27	五华县人民政府旧址（福庆楼）	市级	清乾隆四十五年（1780 年）	近现代重要史迹及代表性建筑	周江镇冰坎村
28	坪上锡朋楼	市级	民国	古建筑	郭田镇坪上村
29	布美红军标语	县级	1929 年	革命文物	郭田镇布美村
30	烈士纪念碑	县级	1958 年	纪念建筑	水寨镇祖狮岭
31	风围水口碑	县级	明代	石刻	双华镇军营村
32	喜雨宫	县级	清代	古建筑	棉洋镇罗城村
33	矮车塔	县级	清代	古建筑	转水镇矮车村
34	董源桥	县级	明代	古建筑	华城镇董源村
35	李江墓	县级	清代	古墓葬	安流镇低坑村
36	五华县农民自卫军训练旧址	县级	清代	古建筑	梅林镇梅中内
37	缪培南故居	县级	民国	近现代重要史迹及代表性建筑	周江镇早成村
38	钟天心故居	县级	民国	近现代重要史迹及代表性建筑	周江镇冰坎村
39	百安烈士纪念碑	县级	1970 年	近现代重要史迹及代表性建筑	潭下镇百安村
40	五华县农军指挥部旧址	县级	清代	古建筑	潭下镇百安村

续表 12

序号	名称	级别	年代	类别	所在地
41	李尧用夫妇墓	县级	清代	古墓葬	潭下镇南华村
42	转水光德楼	县级	清代	古建筑	转水镇龙洞村
43	新月桥	县级	明清	古建筑	横陂镇双联村
44	李南馨墓	县级	清代	古墓葬	横陂镇罗陂村
45	中共五华县委旧址	县级	1928 年	近现代重要史迹及代表性建筑	梅林镇琴口村
46	湖华村战壕遗址	县级	1927 年	遗址	郭田镇湖华村
47	薛云端夫妇合葬墓	县级	明代	古墓葬	水寨镇岗阳村
48	五云楼	县级	清末	古建筑	水寨镇良美村
49	五华革命烈士纪念碑	县级	2006 年	近现代重要史迹及代表性建筑	水寨镇七都村
50	李敏公石墓	县级	明代	古墓葬	水寨镇协和村
51	平安寺	县级	明代	古建筑	水寨镇大沙村
52	李槐千长仁爷纪念亭	县级	明代	古建筑	水寨镇协和村
53	张慎故居	县级	明代	古建筑	长布镇大客村
54	基督教堂	县级	清代	古建筑	长布镇樟村村
55	张洪恩墓	县级	明代	古墓葬	长布镇大客村
56	峰公祠	县级	明代	古建筑	长布镇栋岭村
57	岐岭大夫第	县级	清代	古建筑	岐岭镇凤凰村
58	鳌背乡农民协会旧址	县级	民国	近现代重要史迹及代表性建筑	龙村镇大梧村
59	石铺古驿道遗址	县级	清代	古遗址	龙村镇塘湖村
60	徐良宽墓	县级	民国	近现代重要史迹及代表性建筑	安流镇楼江村
61	秋前湖义冢	县级	清代	古墓葬	安流镇三江村

续表 12

序号	名称	级别	年代	类别	所在地
62	白云庵	县级	明代	古建筑	双华镇军营村
63	三僧库冢	县级	清代	古墓葬	双华镇军营村
64	凤凰台摩崖石刻	县级	明代	石刻	华城镇城东村
65	新民楼	县级	清光绪二十八年（1902 年）	近现代重要史迹及代表性建筑	华城镇西林村
66	上新屋	县级	清代	古建筑	华城镇河坑村
67	观音宫	县级	清代	古建筑	棉洋镇溜沙村
68	福寿宫	县级	清代	古建筑	棉洋镇绿水村
69	曾国士墓	县级	清代	古墓葬	棉洋镇洛阳村
70	水寨门楼	县级	明代	古建筑	河东镇寨顶巷
71	熊德楼	县级	明代	古建筑	河东镇高榕村
72	亢公祠	县级	明代	古建筑	河东镇下二村
73	城隍庙	县级	明代	古建筑	华城镇城镇村
74	监公祠	县级	明代	古建筑	水寨镇坝尾村
75	罗城张氏宗祠	县级	明代	古建筑	棉洋镇罗城村
76	碗窑坪窑址	县级	明代	古建筑	梅林镇梅南村
77	魏言兴墓	县级	明代	古墓葬	横陂镇杨恩村
78	张慎墓	县级	明代	古墓葬	长布镇大客村
79	张氏宗祠	县级	清代	古建筑	棉洋镇罗城村
80	保太楼	县级	清代	古建筑	双华镇虎石村
81	健德楼	县级	清代	古建筑	横陂镇崇文村
82	县农会、苏维埃政府旧址（东灵寺）	县级	民国 15 年（1926 年）	近现代重要史迹及代表性建筑	安流镇福岗村
83	弹 亭	县级	民国 28 年（1939 年）	近现代重要史迹及代表性建筑	横陂镇崇文村

续表 12

序号	名称	级别	年代	类别	所在地
84	詔詒楼	县级	民国	近现代重要史迹及代表性建筑	周江镇艮头村
85	李法宠公祠	县级	明代	古建筑	横陂镇石下村
86	李大超故居（光华楼）	县级	民国	近现代重要史迹及代表性建筑	横陂镇湖塘村
87	戴恩赛·孙婉故居（国士端芳）	县级	清代	古建筑	河东镇澄塘村
88	大夫第（新屋嘴）	县级	清代	古建筑	转水镇黄龙村
89	长春楼	县级	清代	近现代重要史迹及代表性建筑	安流镇樟潭村
90	大眉山古驿道（含樟坑段）	县级	明代	古遗址	岐岭镇皇华村
91	誉著干城	县级	清代	古建筑	转水镇黄龙村榕树 9 组
92	中济桥	县级	清代	古建筑	双华镇福全村
93	宁一庄	县级	民国	近现代重要史迹及代表性建筑	横陂镇老楼村下寨
94	燕翼楼	县级	清代	古建筑	龙村镇下滩村
95	中山农学院办学旧址（涂屋、新苏屋）	县级	民国	近现代重要史迹及代表性建筑	岐岭镇荣福村
96	留畲村人民会堂	县级	现代	近现代重要史迹及代表性建筑	龙村镇留畲村
97	祥裕楼	县级	民国	近现代重要史迹及代表性建筑	横陂镇锡坑老楼村松元

说明：全国重点文物保护单位 1 个，省级文物保护单位 9 个，市级文物保护单位 18 个，县级文物保护单位 69 个

文献辑存

2022年五华县国民经济和社会发展统计公报

2022年，面对复杂多变的国际形势、持续加大的全球经济压力和新冠疫情反复冲击等严峻考验，五华县顶住各方面压力，认真贯彻落实习近平总书记重要讲话、重要指示批示精神以及党中央、国务院的决策部署，高效统筹疫情防控和经济社会发展，经济运行呈现承压上扬，总体向好态势。

一、综合

根据梅州市地区生产总值统一核算结果，2022年全县实现生产总值178.88亿元，比上年增长1.6%。其中，第一产业增加值为43.31亿元，同比增长4.6%，对地区生产总值增长的贡献率为73.4%；第二产业增加值为37.88亿元，同比下降2.6%，对地区生产总值增长的贡献率为-34.8%；第三产业增加值为97.68亿元，同比增长1.8%，对地区生产总值增长的贡献率为61.3%。三次产业结构比由上年的24.5：21.9：53.6调整为今年的24.2：21.2：54.6。全县人均地区生产总值19377元，比上年增长1.2%。

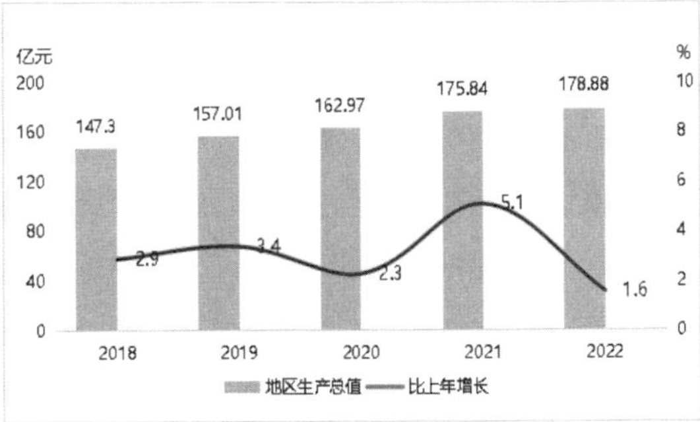

图1　2018—2022年地区生产总值及增长速度

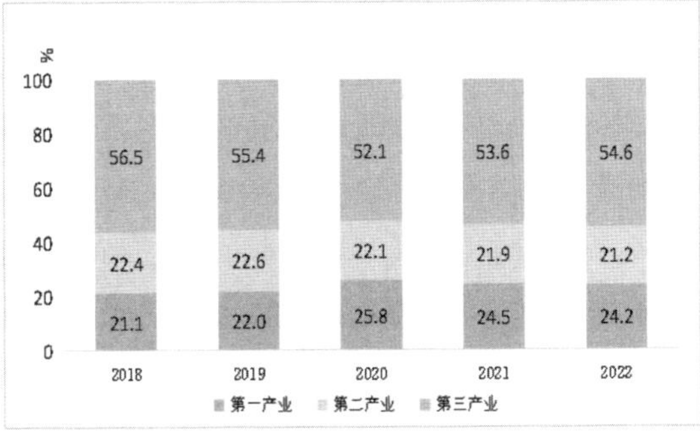

图2　2018—2022年三次产业结构

2022年末，全县户籍人口151.92万人。其中，城镇人口53.28万人，占总人口的35.1%；乡村人口98.64万人，占总人口的64.9%。男性79.95万人，女性71.97人，性别比为 111.1（以女性为 100）。常住人口 92.44 万人，常住人口城镇化率为 36.92%，比上年提高 0.2%。全年常住人口出生率为 7.87‰，比上年回落 1.73‰；死亡率为 5.81‰，比上年扩大 0.71‰；自然增长率为 2.06‰，比上年回落 2.44‰。

2022 年末户籍人口数及构成统计表

表 1

指　　标	年末数（万人）	比重（%）
全县总人口	151.92	100
其中：城镇	53.28	35.07
乡村	98.64	64.93
其中：男性	79.95	52.63
女性	71.97	47.37
其中：0—17 岁	40.91	26.93
18—34 岁	43.43	28.59
35—59 岁	46.98	30.92
60 岁及以上	20.60	13.56

全年城镇新增就业 4574 人，其中就业困难人员实现再就业 340 人。城镇登记失业 1559 人，下降 48.27%，城镇登记失业率 2.29%。

据抽样调查，2022 年，全年梅州居民消费价格比上年上涨 1.8%。分类别看，食品烟酒类价格增长 1.6%，衣着类价格增长 2.5%，居住类价格增长 1.9%，生活用品及服务类价格增长 0.8%，交通和通信类价格增长 4.8%，教育文化和娱乐类价格增长 0.4%，其他用品和服务类价格下跌 1.2%，医疗保健类价格下降 0.3%。商品零售价格上涨 3.4%。全市工业生产者出厂价格上涨 0.5%，其中，轻工业价格上涨 1.3%，重工业价格上涨 0.1%。

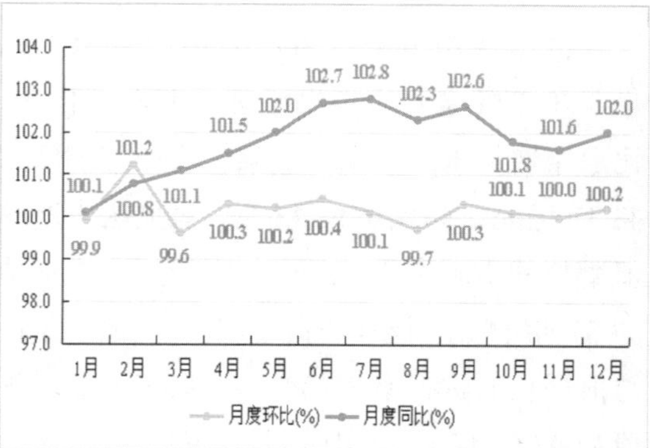

图 3　2022 年梅州居民消费价格月度涨跌幅

2022年梅州居民消费价格指数比上年涨跌幅度统计表

表2

指　　标	价格指数（上年=100）	比上年涨跌幅度（%）
居民消费价格	101.8	1.8
食品烟酒	101.6	1.6
其中：食品	102.0	2.0
粮　食	98.4	–1.6
畜肉类	93.8	–6.2
蛋　类	109.0	9.0
水产品	102.7	2.7
烟　酒	102.6	2.6
在外餐饮	99.8	–0.2
衣　　着	102.5	2.5
居　　住	101.9	1.9
其中：水电燃料	107.6	7.6
生活用品及服务	100.8	0.8
交通通信	104.8	4.8
教育文化娱乐	100.4	0.4
其中：教育类	100.9	0.9
医疗保健	99.7	–0.3
其他用品及服务	101.2	1.2

2022年末，全县有个体工商注册户64476户、注册资金41.38亿元、从业108493人，比上年分别增长17.98%、19.16%和13.75%。全年新增注册个体工商户13046户、注册资金7.75亿元、从业17443人，比上年分别增长5.88%、8.77%和1.85%；新增私营企业1340家、注册资金107.25亿元、从业13068人，比上年分别增长–13.49%、17.11%和–24.86%。

二、农业

全年粮食作物播种面积84.28万亩，比上年增长0.21%；稻谷种植面积77.56万亩，与上年持平；甘蔗种植面积0.98万亩，下降6.67%；油料种植面积4.21万亩，下降2.09%；

蔬菜种植面积 20.04 万亩，增长 5.03%；园林水果种植面积 29.27 万亩，增长 9.13%；茶叶种植面积 6.94 万亩，增长 2.36%。全县有农业产业园 3 个，“两品一标”农产品 8 个。全县农林牧渔业总产值 70.80 亿元，增长 4.9%。

全年粮食产量 34.54 万吨，比上年增长 0.06%；其中稻谷 33.08 万吨，下降 0.44%。花生 0.86 万吨，增长 0.23%；大豆 0.25 万吨，增长 26.15%；甘蔗 2.47 万吨，增长 2.91%；烟叶 0.18 万吨，下降 1.11%；鲜木薯 0.44 万吨，增长 30.33%；茶叶 0.51 万吨，增长 17.12%；水果 9.96 万吨，增长 9.43%。

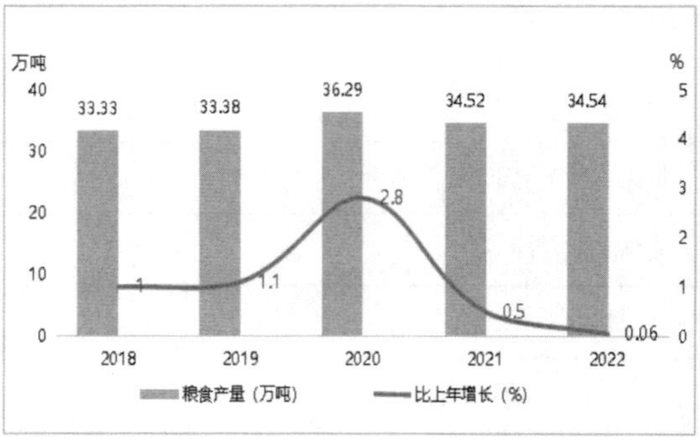

图 4　2018—2022 年粮食产量及增长速度

2022 年主要农产品、畜产品产量和牲畜存栏数统计表

表 3

指　　标	单位	产　　量	比上年增减（%）
谷　　物	吨	334762	–0.33
其中：稻谷	吨	330814	–0.44
花　　生	吨	8552	0.23
大　　豆	吨	2475	26.15
甘　　蔗	吨	24748	2.91
烟　　叶	吨	1787	–1.11
木　　薯（鲜）	吨	4426	30.32
茶　　叶	吨	5069	17.12
水　　果	吨	99622	9.43
肉类产量	吨	66787.5	3.15
其中：猪肉	吨	41923.1	3.31
生猪年末存栏头数	头	319103	2.61
牛年末存栏头数	头	42443	–9.41

全年肉类总产量 66787.5 吨，比上年增长 3.15%；其中，猪肉产量 41923.1 吨，增长 3.31%。生猪年末存栏 319103 头，增长 2.61%；牛年末存栏 42443 头，下降 9.41%。

三、工业和建筑业

2022年末，全县有规模以上工业企业52家。全县完成规模以上工业增加值8.39亿元，比上年增长16.8%；完成规模以下工业增加值5.38亿元，增长8.3%。全年工业用电量3.77亿千瓦时，下降1.63%。

2022年主要工业产品产量统计表

表4

产品名称	单位	产量
发电量	万千瓦时	108601
塑料制品	吨	14214
中成药	吨	4675
涤纶纤维	吨	6478
水泥	吨	241613
家用电热烘烤器具	个	3982484
商品混凝土	立方米	462145

全县有资质建筑业企业33家，完成建筑业总产值57.65亿元，下降20.43%。

四、固定资产投资

全县完成固定资产投资比上年下降32.1%，增速比全市平均水平（-11.0%）低21.1%、居全市第八位。分类型看：房地产开发投资下降59.9%，占投资总额的24%；工业投资下降32.8%，交通业投资下降24.8%（其中“高速公路+高铁”投资下降29.9%），市政等其他项目投资增长46.1%。分产业看，第一产业投资增长6.7%，第二产业投资增长25.0%，第三产业投资下降34.9%。

五、交通、邮电和旅游业

2022年，全县交通运输、仓储和邮政业实现增加值4.18亿元，比上年下降7.2%。完成全社会货物周转量68054.46万吨千米，下降14.99%；完成旅客周转量1131.13万人千米，下降83.88%。全县公路通车里程4084.03千米，公路密度为126.13每百平方千米；境内铁路通车里程22.5千米，境内高速公路通车里程202.84千米。有公交线路6条，公共汽车33辆，出租汽车53辆。

全县民用汽车拥有量为11.90万辆，其中个人汽车拥有量10.89万辆，比上年增长6.36%。

全县城乡固定电话装机用户4.11万户，比上年下降5.8%；移动电话用户97.36万户，增长 3.8%；互联网宽带接入用户 26.12 户，增长 10.4%。

全县共接待游客 67.12 万人次，比上年下降 88.41%；旅游业总收入 4.17 亿元，下降 90.94 %。

六、商业、外贸

2022 年全县实现社会消费品零售总额 87.38 亿元，比上年增长 2.3%。按经营地统计，城镇消费品零售额 66.64 亿元，增长 2.6%；乡村消费品零售额 20.74 亿元，增长 1.4%。按消费类型统计，商品零售额 78.15 亿元，增长 2.5%；餐饮收入额 9.23 亿元，增长 1.0%。

全年限额以上单位商品零售额中，石油及制品 74%，机电产品及设备 46.7%，文化办公用品类 21.1%，家用电器和音像器材类增长 8.9%，粮油、食品类零售额比上年下降 13.8%。

全年外贸进出口总额 18156 万美元，比上年增长 4.86%；其中，外贸出口总额 16892 万美元，进口总额 1264 万美元。实际利用外资 188 万美元，比上年下降 70.81%。

七、金融、财政

2022 年末，全县金融机构各项本外币存款余额 358.90 亿元，比上年增长 5.07%；其中，住户存款余额 317.21 亿元，增长 10.35%。金融机构本外币贷款余额 235.40 亿元，增长 12.23%。存贷比 65.59%，比上年提高 4.17%。

全县税收收入 14.68 亿元，比上年下降 24.99%。全县地方一般公共预算收入 12.43 亿元，增长 2.22%。全县地方一般公共预算支出 88.15 亿元，增长 4.83%。

八、教育、科技、文体、卫生

2022 年全县教育财政拨款 25.13 亿元，比上年增长 3.40%。全县有技工学校 1 所，在校学生 4510 人、增长 5.30%。普通中学 57 所，在校学生 77004 人、增长 4.92%；其中高中 13 所，在校学生 24780 人、增长 2.16%。职业中学 1 所，在校学生 1997 人、增长 10.17%。小学 161 所，在校学生 101125 人、下降 1 .97%。幼儿园 225 所，在校幼儿 44861 人、下降 6.37%。适龄儿童入学率 100%，比上年提高 1.48 个百分点；小学毕业生升学率、初中毕业生升学率、初中毕业生入学率均达 100%，均与上年持平；高中毕业生升学率 99.87%，比上年提高 0.22%。在 2022 年高考中，全县入专科线以上 7468 人，入围率为 95.50%；入本科线以上 2057 人，入围率 26.30%。

全年获得国家专利授权 449 例，比上年下降 22.59%。全县有各类科技人员 47 人，增长 123.81%；专业技术人员 15721 人，增长 1.56%。全县共建调频广播电台 1 座，卫星电视地面接收站 1 个，有线电视用户 33421 户，广播、电视人口覆盖率为 21%。

全县有县级文化馆 1 个、图书馆 1 个、博物馆 3 个。图书馆现有藏书 35.96 万册，进馆读者 36.8 万人次，图书流通量 28.6 万册次。有镇级文化站 16 个，村级综合性文化服务中心 448 个、村（居）文化广场 448 个、农村文化俱乐部 76 个。县城文化广场演出 2 场次，送戏下乡演出 74 场次。全县有体育场馆 6 个，有各类注册登记体育协会 33 个，注册会员7000人，有社会体育指导员2400人。全年组织、协助举办大型赛事共15项，举办校园足球四级联赛677场次。

年末全县有卫生机构637个，其中医院47家；全县拥有床位5488张，比上年增长1.07%；各类卫生技术人员3487人，其中，执业医师790人，执业助理医师825人，其他1872人。

九、环境和安全生产

2022年末全县有环境监测站1个，环境监测人员16人，全年城区空气质量优良以上356天。共有污水处理厂16座（其中，镇级14座、县城1座、工业园1座），垃圾处理站72个。全县有一级饮用水源保护区23个，全年治理水土流失面积101.36平方千米，比上年增长179.6%。农田灌溉水有效利用系数为0.525。

全县全年完成新造林45762.6亩，全县森林面积224300公顷，森林覆盖率为69.24%，林木蓄积量累计达903.93万立方米。全县共有自然保护区12个，自然保护区面积48978.4公顷;县级森林公园2个，城区绿化覆盖率41.22%。

全县共发生各类生产安全事故2起，死亡人数2人；各类生产安全事故直接经济损失30万元。发生道路交通事故327起，下降15.28%;交通事故死亡39人,下降4.88%。

十、人民生活与社会保障

据抽样调查，2022年全县居民人均可支配收入20180元，比上年增长5.8%。其中，城镇居民人均可支配收入26320元，增长4.9%；农村居民人均可支配收入16617元，增长6.0%。

全县参加城乡居民医疗保险103.96万人，比上年下降6.83%；参加职工基本医疗保险6.20万人，增长3.09%。全年发放医疗救助资金4434.95万元，救助8.78万人次。

参加基本养老保险58.93万人，比上年增长0.02%；其中，参加城乡居民基本养老保险44.74万人，比上年下降0.6%；城镇职工基本养老保险（含离退休人员）14.19万人，增长2.3%。参加失业保险4.48万人，增长2%；参加工伤保险5.98万人，增长0.03%。

全县有各种社会福利收养性单位6个，床位727张。年末有享受最低生活保障的困难群众28714人,其中城镇居民352人，农村居民28362人。有特困供养人员3495人，其中在院集中供养246人，分散供养3249人。

注：

1. 本公报中2022年数据为初步统计数。

2. 从2011年起，规模以上工业统计口径由年主营业务收入500万元调整为2000万元及以上；固定资产投资项目统计起点由计划总投资50万元提高到500万元,增速为可比口径。限额以上批发和零售业统计标准为：批发业年主营业务收入2000万元及以上;零售业年主营业务收入500万元及以上。2012年四季度，国家统计局实施了城乡一体化住户调查改革。2013年起按照新的调查口径对外发布城乡一体的居民人均可支配收入和非城镇、农村常住居民人均可支配收入数据。由于新老调查方案在调查范围、调查对象、城乡划分标准、样本抽选、计算和汇总方式、指标口径等方面变化较大，改革后新口径数据和旧口径数据存在不可比的差异。从2015年起，“地方公共财政预算收入”更名为“地方一般公共预算收入”；各项金融机构存款余额中，“单位存款”更名为“非金融企业存款”，“储蓄存款”更名为“住户存款”。

3. 地区生产总值、三次产业及相关行业增加值、人均地区生产总值绝对数按现价计算，增长速度按可比价计算；地方一般公共预算收入增长速度按可比口径计算。

4. 地区生产总值、社会消费品零售总额等相关历史数据已根据第四次全国经济普查结果进行修订，农业相关历史数据已根据第三次全国农业普查结果进行修订。

5. 数据来源：本公报中城镇新增就业、登记失业率、社会保障数据来自县人力资源和社会保障局及县医疗保障局；人口出生率、死亡率、自然增长率，卫生数据来自县卫生健康局；户籍人口、民用汽车、道路交通事故等数据来自县公安局；工商、科技成果、专利数据来自县市场监督管理局；农业产业园、“两品一标”农产品数据来自县农业农村局；公路、旅客和货物周转量等数据来自县交通运输局；邮电业务总量、电话用户、互联网用户等数据来自县邮政及通信部门（单位）；外贸进出口等数据来自县科工商务局；财政数据来自县财政局；税务数据来自县税务局；金融数据来自县人民银行；教育数据来自县教育局；广播电台、有线电视用户数据来自县融媒体中心、广电网络五华分公司；艺术表演团体、博物馆、公共图书馆、文化馆、体育、旅游数据来自县文化广电旅游体育局；环境监测数据来自梅州市生态环境局五华分局；污水处理、农田灌溉等数据来自县水务局；林业数据来自县林业局；城区绿化覆盖、垃圾处理站数据来自县市政中心；安全生产事故数据来自县应急管理局；医疗保障数据来自县医保局；低保、社会救助、社会组织数据来自县民政局；其他数据来自市、县统计局和国家统计局梅州调查队。

五华县人民政府关于印发五华县妇女发展规划和五华县儿童发展规划的通知

华府〔2022〕10号

各镇人民政府，县府直属和中央、省、市属驻五华各单位：

现将《五华县妇女发展规划（2021—2030年）》和《五华县儿童发展规划（2021—2030年）》印发给你们，请认真贯彻执行。执行过程中遇到的问题，请径向县妇女儿童工作委员会反映。

五华县人民政府

2022年8月11日

五华县妇女发展规划

（2021—2030 年）

为贯彻落实《中国妇女发展纲要（2021—2030 年）》《广东省妇女发展规划（2021—2030 年）》《梅州市妇女发展规划（2021—2030 年）》，进一步优化我县妇女发展环境，保障妇女合法权益，结合我县妇女发展实际情况，制定本规划。

一、总体要求

（一）指导思想

高举中国特色社会主义伟大旗帜，以习近平新时代中国特色社会主义思想为指导，全面贯彻落实党的十九大和十九届历次全会精神，坚持党对妇女事业的全面领导，坚持以人民为中心的发展思想，坚持走中国特色社会主义妇女发展道路，贯彻落实男女平等基本国策，不断完善促进男女平等和妇女全面发展的制度机制，大胆探索，先行先试，优化妇女发展环境，保障妇女合法权益，促进妇女全面发展，推动性别平等成为全社会共同遵循的行为规范和价值标准，充分发挥妇女“半边天”作用，推动妇女走在时代前列。

（二）基本原则

1. 坚持党的全面领导。坚持妇女发展事业的正确政治方向，贯彻落实党中央、省委、市委和县委关于妇女发展事业的重要决策部署，切实把党的领导体现到妇女工作的全过程和各方面。

2. 坚持妇女事业与经济社会同步协调发展。将促进妇女全面发展及其目标任务纳入全县各级经济社会发展总体规划，纳入部门专项规划，纳入民生实事项目，同部署、同落实，让经济社会发展成果更多地惠及广大妇女。

3. 坚持男女两性平等发展。贯彻落实男女平等基本国策，在出台政策、制定措施、编制规划、部署工作中充分考虑男女两性现实差异和妇女特殊利益，营造更加平等、包容、可持续的发展环境，缩小男女两性发展差距。

4. 坚持促进妇女全面发展。坚持以人民为中心，坚持系统观念，统筹兼顾妇女在政治、经济、文化、社会和家庭生活各方面的发展利益，消除制约妇女高质量发展、高品质生活的障碍，协调推进妇女在各领域的全面发展。统筹推进城乡、区域、群体之间妇女同步均衡发展。

5. 坚持共建共治共享。在统筹推进经济建设、政治建设、文化建设、社会建设、生态文明建设的总体布局中，在协调推进全面建设社会主义现代化国家、全面深化改革、全面依法治国、全面从严治党的战略布局中，充分发挥妇女的重要作用，促进妇女积极投身高质量发展，踊跃参与国家治理体系和治理能力现代化进程，共享经济社会发展成果。

（三）总体目标

男女平等基本国策在我县得到深入贯

彻落实，男女平等和妇女全面发展的机制创新完善。妇女平等享有全方位全生命周期健康服务，健康水平持续提升。妇女平等享有受教育权利，素质能力持续提高。妇女平等享有经济权益，经济地位稳步提升。妇女平等享有政治权利，参与经济文化社会事务管理的水平逐步提高。妇女平等享有多层次可持续的社会保障，待遇水平稳步提高。支持家庭发展的政策体系更加完善，社会主义家庭文明新风尚广泛弘扬。男女平等理念更加深入人心，妇女发展环境更为优化。法治体系更加健全，妇女合法权益得到切实保障。妇女的获得感、幸福感、安全感显著提升。到2030年，我县男女平等和妇女全面发展取得更为明显的实质性进展，妇女勇立时代潮头，为五华苏区加快振兴、共同富裕不懈奋斗。

二、发展领域、主要目标和策略措施

（一）妇女与健康

主要目标：

1. 妇女全生命周期享有良好的卫生健康服务，妇女人均预期寿命延长，人均健康预期寿命提高。

2. 孕产妇死亡率下降到8/10万以下，城乡、区域差距逐步缩小。

3. 妇女宫颈癌和乳腺癌防治意识明显提高。宫颈癌和乳腺癌综合防治能力不断增强。适龄妇女宫颈癌人群筛查率达70%以上，乳腺癌人群筛查率逐步提高。

4. 生殖健康和优生优育知识全面普及，促进健康孕育，减少非意愿妊娠。孕产妇系统管理率达90%以上。

5. 全县婚前医学检查率、孕前优生检查率达80%以上。

6. 有效降低传染性疾病的母婴传播，减少艾滋病、梅毒和乙肝母婴传播，孕产妇艾滋病、梅毒和乙肝检测率达98%以上，艾滋病母婴传播率下降到2%以下。艾滋病、梅毒孕产妇感染者治疗率达95%以上。

7. 健全妇女心理服务和干预救治网络体系。妇女心理健康素养水平不断提升，妇女焦虑障碍、抑郁症患病率上升趋势减缓。

8. 普及健康知识，提高妇女健康素养水平。

9. 改善妇女营养状况。预防和减少孕产妇贫血。

10. 女性化妆用品抽查合格率达95%以上。

11. 提高妇女体质测定标准合格比例，妇女经常参加体育锻炼的人数比例达到42%。

12. 关爱老年妇女健康，65岁以上老年人城乡社区规范健康管理服务率达65%以上。

13. 健全妇幼健康服务体系，提升妇幼健康服务能力，妇女健康水平不断提高。

策略措施：

1. 完善保障妇女健康的制度机制。大力推进“健康五华”建设，把保障人民健康放在优先发展的战略位置，多渠道支持妇女健康事业发展。建立健全政府主导、部门协同、社会参与、行业监管、科技支撑的妇女健康保障工作机制。深入推进医疗、医保、医药联动改革，统筹改革监管体制，保障妇女获得高质量、有效率、可负担的医疗和保健服务。完善公共卫生应急管理体系，健全重大疫情防控救治机制和应急物资保障体系，关注妇女的特殊需求。

2. 加强妇幼健康服务体系建设。健全以妇幼保健机构为核心、以基层医疗卫生机构为基础、以大中型医院和教学科研机构为支撑的妇幼健康服务网络，提升妇幼健康服务供给能力和水平，实现妇幼基本公共卫生服务均等化，确保县级建设 1 所政府举办、标准化妇幼保健机构。全面开展妇幼保健机构绩效考核，强化考核结果应用，保障妇女儿童享有高质量的医疗保健服务。依托现有医疗机构，全面加强县级危重孕产妇救治中心建设。强化县、镇、村三级妇幼卫生服务网络建设，完善基层网底和转诊网络。加强复合型妇幼健康人才和产科、助产等岗位急需紧缺人才的培养使用。

3. 建立完善妇女全生命周期的健康管理模式。实施妇女人群健康管理和健康风险预警。为青春期、育龄期、孕产期、更年期和老年期妇女提供全方位健康管理服务。坚持保健与临床结合，预防为主，发挥多学科协作优势，积极发挥中医药在妇幼保健和疾病防治中的作用。提高妇女健康水平和人均健康预期寿命。促进妇幼健康新业态规范发展。加强医养结合、社区护理、家庭病床、上门巡诊、家庭医生签约服务、基本公共卫生等服务能力建设，为妇女提供宣传教育、咨询指导、筛查评估、综合干预和应急救治等全方位的卫生健康服务。

4. 保障孕产妇安全分娩。提倡科学备孕和适龄怀孕，保持适宜生育间隔，合理控制剖宫产率。完善医疗机构产科质量规范化管理体系。提供生育全程基本医疗保健服务，将孕产妇健康管理纳入基本公共卫生服务范围，提高孕产妇系统管理率，加强对流动孕产妇和低收入孕产妇的管理和救助服务。持续推进高龄孕产妇等重点人群的分类管理和服务。有效运行危重孕产妇救治网络，全面落实妊娠风险筛查与评估、高危孕产妇专案管理、危急重症救治、孕产妇死亡个案报告和约谈通报制度。

5. 完善宫颈癌和乳腺癌综合防治体系和救助政策。普及防治知识，提高宫颈癌和乳腺癌防治知识知晓率。实施城乡妇女宫颈癌和乳腺癌免费检查项目。推进适龄女性人乳头瘤病毒（HPV）疫苗接种工作，逐步将人乳头瘤病毒（HPV）疫苗接种纳入公共卫生服务，落实基本公共卫生服务中农村妇女宫颈癌和乳腺癌检查项目，促进 70%的妇女在 35—45 岁接受宫颈癌筛查，督促用人单位定期进行女职工宫颈癌和乳腺癌筛查。加强宫颈癌和乳腺癌筛查和诊断技术创新应用。强化筛查和后续诊治服务的衔接，宫颈癌患者治疗率达 90%以上。加强对困难患者的救助。

6. 提高妇女生殖健康和常见病防治水平。普及疾病防控知识，加强学生生殖健康教育，提高学生自我保护能力。倡导男女两性共担避孕责任。将生殖健康服务融入妇女健康管理全过程，保障妇女享有避孕节育知情自主选择权。落实基本避孕服务项目，加强产后和流产后避孕节育服务，预防非意愿妊娠。全面实行免费婚前孕前健康检查，建立紧邻婚姻登记处的“一站式”婚育健康医学检查场所。规范服务，提升婚前孕前保健服务质量。减少非医学需要的人工流产。规范不孕不育症诊疗服务。规范人类辅助生殖技术应用。提高妇女常见病的防治水平。健全完善妇科疾病普查普治规范化流程和妇女常见病定期筛查制度。加大女性常见恶性疾病干预救治力度。

7. 加强艾滋病、梅毒和乙肝病毒母婴传播防治。全面落实预防艾滋病、梅毒和乙肝病毒母婴传播综合干预措施。加大防治宣传和防控力度。加强对妇女感染者特别是流动和农村地区妇女感染者及其家庭的医疗、健康咨询、心理和社会支持等服务，提高随访率。先天梅毒报告发病率下降到15/10万活产数以下。

8. 促进妇女心理健康。加强心理健康知识宣传，根据妇女需要开展心理咨询、评估和指导，促进妇女掌握基本的心理调适方法，预防抑郁、焦虑等心理问题。重点关注青春期、孕产期、更年期和老年期妇女的心理健康。强化心理咨询和治疗技术在妇女保健和疾病防治中的应用。加大应用型心理健康和社会工作人员培养力度，促进医疗机构、心理健康和社会工作服务机构提供规范服务。鼓励社区为有需要的妇女提供心理健康服务支持。

9. 提升妇女健康素养。加大妇女健康知识普及力度，建立完善健康科普专家库和资源库，持续深入开展健康科普宣传教育，规范发布妇女健康信息，引导妇女树立科学健康理念，学习健康知识，掌握身心健康、预防疾病、科学就医、合理用药等知识技能。提高妇女参与传染病防控、应急避险的意识和能力。面向妇女开展控制烟草危害、拒绝酗酒、远离毒品的宣传教育。引导妇女积极投身爱国卫生运动，养成文明健康生活方式。

10. 提高妇女营养水平。持续开展营养健康科普宣传教育，因地制宜开展营养和膳食指导，提高妇女对营养标签的知晓率，促进妇女学习掌握营养知识，均衡饮食、吃动平衡，预防控制营养不良和肥胖。面向不同年龄阶段妇女群体开发营养健康宣传信息和产品。开展孕产妇营养监测和定期评估，预防和减少孕产妇缺铁性贫血。预防控制老年妇女低体重和贫血。定期为65岁及以上妇女提供生活方式和健康状况评估、体格检查、辅助检查和健康指导等服务，提供中医体质辨识和中医药保健指导。

11. 引导妇女积极参与全民健身行动。完善全民健身公共服务体系，构建全县城乡15分钟健身圈。发展妇女喜闻乐见的健身运动项目，传承推广客家传统体育项目，开发适合不同妇女人群、不同地域特点的特色运动项目，因地制宜开展各类户外体育活动。引导妇女有效利用全民健身场地设施，积极参与全民健身赛事活动，加入各类健身组织。提倡机关、企事业单位开展工间操。鼓励支持工会组织、社区开展妇女健身活动。

12. 保障女性健康卫生用品产品的质量。加强对女性用品的产品质量监督抽查，依法查处假冒伪劣产品，及时公开发布有关质量信息，保障妇女合法消费及健康权益。全面强化广告导向监管，开展食品、化妆品、服装服饰、美容等妇女重点消费领域广告监测，加强广告监管执法。

13. 强化妇女健康服务科技支撑。推进“互联网+妇幼健康”，促进信息技术在妇女健康领域专科医联体建设中的应用，加强医疗机构间的协作，促进分级诊疗和上下联动。健全完善妇幼保健全程信息化管理和跟踪机制，实现婚前检查、围产期管理、住院分娩、产后保健、0—6岁儿童保健管理等信息互联互通、多证联办。建立妇女儿童健康管理信息数据库，实现社区、医院与妇幼保健机构信息共享。促进妇女身心健康领域的科学研究和成果转化。

（二）妇女与教育

主要目标：

1. 加强思想政治教育，增进妇女对习近平新时代中国特色社会主义思想的政治认同、思想认同、情感认同，引领妇女做伟大事业的建设者、文明风尚的倡导者、敢于追梦的奋斗者。

2. 教育工作全面贯彻男女平等基本国策。大中小学性别平等教育全面推进，教师和学生的男女平等意识明显增强。

3. 女童平等接受学前教育，学前教育毛入园率达到 100%。

4. 女童平等接受义务教育，女童九年义务教育巩固率稳定在 96%以上。

5. 女性平等接受高中阶段教育，女生高中阶段教育毛入学率达到并保持在 95%以上。

6. 女性接受职业教育的水平逐步提高。

7. 保障女性平等接受高等教育的权利和机会。

8. 大力培养女性科技人才。男女两性科学素质水平差距不断缩小。

9. 促进女性树立终身学习意识，女性接受终身教育水平不断提高。

策略措施：

1. 面向妇女广泛开展思想政治教育。深入开展习近平新时代中国特色社会主义思想学习教育，加强党史、新中国史、改革开放史、社会主义发展史教育，加强爱国主义、集体主义、社会主义教育，促进妇女更加坚定理想信念，不断厚植爱国情怀，把个人理想追求融入党和国家事业大局，做新时代新女性，为五华经济社会发展凝聚巾帼力量。深化民族团结进步教育，铸牢中华民族共同体意识。充分发挥学校教育主阵地作用，将思想价值引领贯穿于教育教学及管理全过程和校园生活各方面，融入学校党组织、共青团、少先队各类主题教育和实践活动。通过教育联系服务，凝聚青年女性、知识女性和新兴产业从业女性以及活跃在网络空间中的女性。通过培养、评选、宣传妇女先进集体和个人，激励妇女崇尚先进、学习先进、争当先进。

2. 将贯彻落实男女平等基本国策体现在教育工作全过程。增强教育工作者自觉贯彻男女平等基本国策的主动性和能动性。将男女平等基本国策落实到教育法规政策和规划制定、修订、执行和评估中，落实到各级各类教育内容、教学过程、学校管理中。加强对教材编制、课程设置、教学过程的性别平等评估。在师范类院校课程设置和教学、各级各类师资培训中加入性别平等内容。全面开展中小学（包括中职学校）性别平等教育工作，逐步推广到学前教育、高校教育。适时出台性别平等教育工作指导意见，推动因地制宜开发性别平等课程。探索构建学校教育、家庭教育、社会教育相结合的性别平等教育模式，让性别平等成为全社会共同遵循的行为规范和价值标准。

3. 保障女童平等接受学前教育、义务教育的权利和机会。深化教育教学改革，均衡配置教育资源，确保女童平等接受公平优质的学前教育和义务教育。健全精准控辍保学长效机制，加强分类指导，督促法定监护人依法保障女童接受义务教育，切实解决义务教育女童失学辍学问题。保障农村地区女童、留守女童、农业转移人口随迁子女以及残疾女童的受教育权利和机会。支持学业困难女童完成义务教育，提高女童义务教育巩固率。

4. 提高女性接受普通高中教育的比例。保障女性特别是农村地区低收入家庭女性平等接受普通高中教育的权利和机会。推进普通高中多样化有特色发展，满足女性全面发展和个性化发展需求。有针对性地开展学科选择和职业生涯规划指导，提高女性自主选择能力，破除性别因素对女性学业和职业发展的影响。

5. 促进女性接受高质量职业教育。完善学历教育与培训并重的现代职业教育体系，优化专业设置，提供多种学习方式，支持女性获得职业技能等级证书，培养复合型技术技能女性人才和能工巧匠、大国工匠。鼓励职业院校面向女性高校毕业生、女农民工等重点人群开展就业创业和职业技能培训。

6. 保障女性平等接受高等教育的权利和机会。严格控制招生过程中的特殊专业范围，强化监管，建立约谈、处罚机制。保持高校在校生中男女比例的均衡。采取激励措施，提高女性在科学、技术、工程、数学等学科学生中的比例，支持数理化生等基础学科基地和前沿科学中心建设，加强对基础学科拔尖女生的培养。

7. 大力提高女性科学素质，培养女性科技人才。开展全民科学素质行动，利用现代信息化手段，加大面向女性的科学知识教育、传播与普及力度。开展女科学家进校园活动，发挥优秀女科技人才的榜样引领作用。引导中小学女生参加各类科普活动和科技竞赛，培养科学兴趣、创新精神和实践能力。鼓励女大学生积极参与项目设计、社会实践、创新创业、科技竞赛等活动。深入实施农村妇女素质提升计划，支持农村妇女参与农业农村现代化建设。探索建立多层次女性科技人才培养体系，完善女性科技人才评价激励机制。依托省、市、县重大人才工程和高等院校、科研院所、科技基础设施、实验室等载体平台，增加女性科技人员在重大科研项目和重大工程项目中的参与程度，培养造就高层次女性科技人才。

8. 为女性终身学习提供支持。建立完善更加开放灵活的终身学习体系，完善注册学习、弹性学习和继续教育制度，拓宽学历教育渠道，满足女性多样化学习需求，关注因生育中断学业和职业的女性发展需求。推广运用广东终身教育学分银行，促进女性终身学习、成长成才。为女性提供便捷的社区和在线教育，为进城务工女性、女性新市民、待业女性等提供有针对性的职业技能培训。健全继续教育激励机制，支持用人单位为从业妇女提供继续教育的机会。

9. 加强女性学研究和人才培养。推动有条件的高校开设妇女研究及性别平等相关课程。培养具有跨学科知识基础和性别平等意识的专业人才。加大对妇女理论研究的支持力度，加强跨学科研究，提高社科基金项目等研究项目中妇女或性别研究相关选题的立项比例。

10. 构建平等尊重和安全友善的校园环境。促进建立相互尊重、平等和睦的师生、同学关系，鼓励学校设置生命教育、心理健康教育和防性侵、防性骚扰的相关课程，提高学生的自我保护意识和能力。中小学校建立完善预防性侵未成年人工作机制，高校建立完善预防性侵和性骚扰工作机制，加强日常管理、预防排查、投诉受理和调查处置。加强师德师风建设，履行查询法定义务，对不符合条件的教职人员进行处置。

（三）妇女与经济

主要目标：

1. 鼓励支持妇女为推动经济高质量发展贡献力量，妇女平等参与经济发展的权利和机会得到保障。

2. 促进平等就业，消除就业性别歧视。就业人员中的女性比例保持在45%左右。促进女大学生充分就业。

3. 优化妇女就业结构。城镇单位就业人员中的女性比例达 42%以上。

4. 促进女性人才发展。高级专业技术人员中的女性比例达 40%。

5. 促进女性劳动者提升技能水平。企业女职工接受职业技能培训的比例保持并巩固在 95%以上，农村技能培训女性人数占总培训人数的比例达到 50%左右。

6. 保障妇女获得公平的劳动报酬，男女收入差距明显缩小。

7. 保障女性劳动者劳动安全和健康。女职工职业病发病率明显降低。

8. 保障农村妇女平等享有土地承包经营权、宅基地使用权等权益，平等享有农村集体经济组织收益分配、土地征收或征用安置补偿权益。

9. 妇女在实施乡村振兴战略中的作用充分发挥，农村低收入妇女群体的可持续发展能力增强。

策略措施：

1. 完善保障妇女平等获得经济资源、参与经济建设、享有经济发展成果的政策。制定实施支持女性科技人才在创新发展中发挥更大作用的政策措施。建立健全妇女在就业创业、职业发展、劳动报酬、职业健康与安全、职业退出、土地等方面的权益保障机制，加大新业态从业人员劳动权益保障力度，为妇女充分参与经济高质量发展创造有利条件。缩小男女两性在分享经济决策权上的差距，拓宽妇女平等参与经济决策的机会和途径，提高妇女参与经济决策及管理的水平。

2. 加大消除就业性别歧视的工作力度。全面落实消除就业性别歧视的法律法规政策，创造性别平等的就业机制和市场环境。对在招聘、录用职工或劳动管理过程中涉嫌性别歧视、侵害女性特殊劳动权益行为的用人单位进行联合约谈，依法惩处。督促用人单位加强就业性别歧视自查自纠。发挥劳动保障法律监督作用，对涉嫌就业性别歧视的用人单位提出纠正意见，或者向相关行政部门提出处理建议。依法受理涉及就业性别歧视的诉讼。建立企业性别平等激励机制，鼓励用人单位招录女性。发挥行业协会、商会协调监督作用，提高行业自律意识。党政机关、国有企事业单位在招录（聘）和职工晋职晋级、评定专业技术职称等方面发挥男女平等的示范引领作用。

3. 促进妇女就业创业。强化就业政策与经济、社会政策的衔接，做好妇女就业状况调查分析工作。优化升级援企稳岗政策，增加妇女就业岗位。壮大新动能，培育新就业增长点，扩大妇女灵活就业、新就业形态空间。完善妇女就业服务体系，丰富公共就业服务渠道，完善普惠性创业扶持政策，推进创业孵化载体建设，举办女性创业创新大赛，实施优秀创业项目资助制度。扩大公益性岗位安置，帮扶残疾妇女、零就业家庭成员等就业困难妇女就地就近就业。深入实施职业技能提升行动，推进“粤菜（客家菜）师傅”“广东技工”“南粤家政”三项工程高质量发展。加快培育数字经济新兴就业机会，持续提升妇女数字技能，加大对女性在互联网、大数据等高新科技领域创业的扶持力度，引导广大妇女运用电子商务、微信平台等新技术，拓宽妇女创业致富新空间。

4. 促进女大学生就业创业。加强职业生涯规划指导服务，深化大学生就业创业能力提升行动，引导女大学生树立正确的择业就业观，提升就业能力。完善落实就业创业支持政策，高校、属地政府提供不断线的就业服务，拓宽女大学生市场化、社会化就业渠道。鼓励女大学生到基层、中小微企业或新经济领域就业。推广女大学生创业导师制，开展女大学生创新创业大赛，支持女大学生创业。对有就业意愿的离校未就业女毕业生实施就业帮扶。

5. 改善妇女就业结构。完善终身职业技能培训制度，提升妇女职业技能水平，大力培育知识型、技能型、创新型女性劳动者。不断提高妇女在高新技术产业、战略性新兴产业和现代服务业从业人员中的比例，促进妇女高质量就业。逐步消除职业性别隔离，提高城镇单位就业人员中的女性比例。扩大农村妇女转移就业规模，缩小男女转移就业差距。大力支持女性科技人才创新创业，支持孕哺期女性科技人才科研。实施人才发展帮扶计划，推动人才驿站建设，引导女性人才向五华苏区和基层一线流动。完善女性高级管理人才和女性技能人才统计制度。

6. 缩小男女两性收入差距。全面落实男女同工同酬，保障收入公平。促进女性对知识、技术、管理、数据等生产要素的掌握和应用，提高女性职业竞争力。督促用人单位制定实施男女平等的人力资源制度，畅通女性职业发展和职务职级晋升通道。探索开展薪酬调查，加强对收入的分性别统计，动态掌握男女两性收入状况。

7. 改善女性劳动者劳动安全状况。广泛开展劳动安全和健康宣传教育，将女职工劳动保护纳入职业健康和安全生产监督管理范围。督促用人单位加强对女职工经期、孕期、哺乳期的特殊保护，落实哺乳时间和产假制度。督促用人单位加强职业防护和职业健康监督保护，保障女职工在工作中免受有毒物质和危险生产工艺的危害。

8. 保障女职工劳动权益。严格落实女职工劳动权益保护相关法律法规，加强劳动保障法律监督。督促用人单位规范用工行为，依法与女职工签订劳动合同，推动签订女职工权益保护专项集体合同。指导用人单位建立预防和制止性骚扰工作机制，完善相关执法措施。加强劳动用工领域信用建设，加大对侵犯女职工劳动权益行为的失信惩戒力度。充分发挥劳动争议调解仲裁和诉讼作用，推动有条件的劳动人事争议仲裁机构设立女职工维权仲裁庭，依法调解处理女职工劳动争议案件。

9. 为女性生育后的职业发展创造有利条件。推进人口生育政策的落实，完善相关政策措施。禁止用人单位因女职工怀孕、生育、哺乳而降低工资、恶意调岗、予以辞退、解除劳动（聘用）合同，推动落实生育奖励假期间的工资待遇，定期开展女职工生育权益保障专项督查。为女性生育后回归岗位或再就业提供培训等支持。研究机构等用人单位探索设立女性科研人员生育后科研回归基金。推动用人单位根据女职工需要建立女职工哺乳室、孕妇休息室等设施。增加优质普惠性托育服务供给，支持用人单位为职工提供福利性托育托管服务。

10. 保障农村妇女平等享有各项经济权益。在农村土地承包工作中，依法保障农村妇女权益。在宅基地使用权确权登记颁证工作中保障农村妇女权益，确保应登尽登。建立健全农村集体资产管理制度，规范农村集体经济组织成员身份确认办法，完善包括征地补偿安置在内的农村集体经济组织资产收益内部分配机制，保障妇女作为农村集体经济组织成员和家庭成员在农村集体经济组织资产股权量化、权益流转和继承等各环节，平等享有知情权、参与决策权和收益权。严格遵守宪法和法律法规政策规定，清理和规范村规民约、居民公约内容，依法保障妇女特别是出嫁、离婚、丧偶妇女的正当合法权益。畅通经济权益受侵害农村妇女的维权渠道，及时处理农村妇女维权诉求。保障进城落户女农民的经济权益。

11. 支持妇女积极参与乡村振兴。积极发挥妇女在农村一二三产业融合发展和农业农村现代化建设中的作用。发挥农村创业创新园区（基地）、现代农业示范基地等平台作用，鼓励支持妇女创办领办新型农业经营主体和农业社会化服务组织。加强农村妇女技能培训，加强高素质女农民培育，引导女农民争做乡村工匠、文化能人、手工艺人、农技协领办人和新型农业管理经营能手。建立农村低收入人口帮扶机制。健全防止返贫监测和帮扶机制。组织和发展适合当地特色的现代绿色农业，支持农村妇女就地就近就业，帮助妇女在乡村振兴建设中共同发展共同富裕。

（四）妇女参与决策和管理

主要目标：

1. 保障妇女参与社会主义民主政治建设和社会治理，提升参与水平。

2. 中国共产党女党员保持合理比例。中国共产党各级党员代表大会中女党员代表比例一般不低于本地区党员总数中女性比例。

3. 各级人大代表和常委会委员中的女性比例逐步提高。各级政协委员和常委中的女性比例逐步提高。

4. 镇级政府领导班子中的女干部比例逐步提高，担任正职的女干部占同级正职干部的比例逐步提高。

5. 县级政府工作部门领导班子中女干部比例逐步提高，担任正职的女干部占同级正职干部的比例逐步提高。

6. 各级各类事业单位领导班子成员中的女性比例逐步提高。

7. 企业董事会、监事会成员及管理层中的女性比例逐步提高。企事业单位职工代表大会中女性比例与女职工比例相适应。

8. 村党组织成员、村党组织书记中女性比例逐步提高。村委会成员中女性比例达30%以上，村委会主任中女性比例逐步提高。

9. 社区党组织成员、社区党组织书记中女性比例逐步提高。社区居委会成员中女性比例保持在50%左右，社区居委会主任中女性比例达40%以上。

10. 鼓励支持女性参与社会组织、担任社会组织负责人。

策略措施：

1. 加大对妇女参与决策和管理的支持力度。充分发挥妇女在参与国家和社会事务管理中的重要作用，破除制约妇女参与决策和管理的障碍，把推动妇女参政纳入重要议程，提出目标举措。将男女平等基本国策纳入各级党校培训内容，提高各级领导干部贯彻落实男女平等基本国策的意识。采取有效措施，提升各级党委、人大、政府、政协、党政工作部门以及企事业单位、基层群众自治组织和社会组织中的女性比例。

2. 提高妇女参与社会事务和民主管理的意识和能力。多渠道多形式开展女性领导干部政治素质和领导能力培训。加大基层妇女骨干培训力度，鼓励妇女积极参与城乡社区议事协商。探索打造妇女网上议事平台，引导妇女积极、有序参与基层民主管理和基层民主协商。

3. 重视发展中国共产党女党员。加强妇女思想政治引领，激发妇女入党的政治意愿。注重从各行各业青年女性中发展党员。在党代表候选人酝酿过程中，充分关注政治过硬、作风优良、敢于担当、成绩突出的优秀妇女，确保党员代表大会中女党员代表保持合理比例。

4. 提高人大代表、政协委员中的女性比例。落实人大代表选举规则和程序，在选区划分、代表名额分配、候选人推荐、选举等环节，保障妇女享有平等权利和机会。重视从基层、生产一线推荐人大代表女性候选人，候选人中应当有适当数量的妇女代表，并逐步提高妇女代表比例。提名推荐、协商确定政协委员建议名单时，保障提名一定比例的妇女。充分发挥女性人大代表、女性政协委员在发展社会主义民主政治和男女平等事业中的积极作用。

5. 加大培养选拔女干部工作力度。贯彻落实相关法规政策中关于女干部培养选拔和配备的要求，将女干部培养选拔纳入各级领导班子和干部人才队伍建设总体规划。培养忠诚干净担当的高素质专业化女干部。优化女干部成长路径，注重日常培养和战略培养，为女干部参加教育培训、交流任职、挂职锻炼创造条件和机会。注重从基层、生产一线培养选拔女干部，注重选拔女干部到重要部门、关键岗位担任领导职务。注重保持优秀年轻干部队伍中女干部的合理比例。落实女干部选拔配备的目标任务，在保证质量的前提下实现应配尽配。保障妇女在干部录用、选拔、聘（任）用、晋升、退休各环节不因性别受到歧视。

6. 推动妇女积极参与事业单位决策管理。培养选拔优秀女性专业技术人员进入决策管理层。重视在卫生、教育、文化等女性集中的行业提高决策管理层中的女性比例，鼓励妇女积极参与本单位党建和群团组织建设，促进事业单位职工代表大会中女职工代表比例与事业单位女职工比例相适应。在深化事业单位改革进程中，确保妇女在岗位晋升、职员晋级、职称评聘等方面享有平等的权利和机会。

7. 推动妇女广泛参与企业决策管理。将女干部选拔配备纳入国有企业领导班子和干部队伍建设规划，加大培养、选拔、使用力度。在深化企业人事制度改革进程中，采取组织推荐、公开招聘、民主推荐等方式，促进优秀妇女进入企业董事会、监事会和管理层。完善企业民主管理制度，促进企业职工代表大会中女职工代表比例与企业女职工比例相适应，支持女职工通过职工代表大会等形式参与企业民主决策、民主管理和民主监督。企业制定直接涉及职工切身利益的规章制度或者重大事项方案，对涉及女职工权益的事项，听取工会女职工委员会的意见，依法依规经职工代表大会审议通过。

8. 推动妇女有序参与城乡基层社会治理。注重广纳人才，培养选拔村（社区）女干部。在村（社区）“两委”换届工作中，通过提名确定女性候选人、女性委员专职专选、女性成员缺位增补等措施，提高村（居）委会成员、村（居）委会主任中的女性比例。组织妇女积极参与村规民约、居民公约的制定修订，开展协商议事活动。促进新的社会阶层人士、社会工作者和志愿者中的女性积极参与社会治理。

9. 支持引导妇女参与社会组织。加大对以女性为成员主体或以女性为主要从业人员的社会组织的培育力度和指导服务，促进其健康有序发展并积极参与社会组织协商。鼓励支持更多女性成为社会组织成员或从业人员，加强社会组织女性专业人才和管理人才的培养，注重发现培养社会组织女性负责人。

（五）妇女与社会保障

主要目标：

1. 妇女平等享有社会保障权益，保障水平不断提高。

2. 完善生育保障制度。提高生育保险参保率。

3. 完善医疗保障体系。妇女基本医疗保险参保率稳定在 95%以上，待遇保障公平适度。

4. 完善养老保险制度体系。妇女基本养老保险参保率提高到 95%，待遇水平稳步提高。

5. 完善失业保险和工伤保险制度。提高妇女失业保险和工伤保险参保人数，落实相关待遇保障。

6. 健全分层分类社会救助体系。困难妇女的生活得到基本保障。

7. 妇女福利待遇水平持续提高，重点向老年妇女、残疾妇女等群体倾斜。

8. 建立完善多层次养老服务和长期照护保障制度。保障老年妇女享有均等可及的基本养老服务，对失能妇女的照护服务水平不断提高。

9. 加强对妇女的关爱服务，重点为有困难、有需求的妇女提供帮扶。

策略措施：

1. 完善惠及妇女群体的社会保障体系。在制定、修订和落实社会救助、社会保险等相关法规政策和健全覆盖全民的社会保障体系工作中，关切和保障妇女的特殊利益和需求。深入实施全民参保计划，对不同重点群体分类施策，持续推动社会保险参保扩面，支持灵活就业女性参加相应社会保险，实现应保尽保，提高参保缴费质量。缩小社会保障的性别差距。扩大保障范围，统筹社会保障资源在城乡、区域和社会群体之间的均衡配置，将保障范围由户籍人口逐渐扩大到常住人口。建立全县社会保险全民参保登记信息库，加强社会保障分性别统计、信息动态监测和管理。

2. 完善覆盖城乡妇女的生育保障制度。巩固扩大生育保险覆盖面，完善生育保险生育医疗费用支付及生育津贴政策。妥善解决妇女在就业和领取失业金期间生育保障问题。提高生育保险与职工基本医疗保险合并实施成效。加强城乡居民生育医疗费用保障。

3. 不断提高妇女医疗保障水平。推动女职工和城乡女性居民持续参加基本医疗保险，满足妇女基本医疗保障需求。统筹发挥基本医保、大病保险、医疗救助三重制度综合保障作用，促进多层次医疗保障互补衔接，做好符合条件的低收入妇女医疗救助。推进建立女职工医疗互助，充分发挥商业保险对宫颈癌、乳腺癌等重大疾病的保障作用。

4. 促进妇女享有可持续多层次养老保险。建立健全以基本养老保险为基础、企业（职业）年金为补充、与个人储蓄性养老保险和商业养老保险相衔接的多层次、多支柱养老保险体系，推动城乡居民基本养老保险基金省级管理，促进与社会救助、社会福利等其他社会保障制度的配套衔接。按国家部署实施渐进式延迟法定退休年龄。督促用人单位依法及时足额缴纳基本养老保险费，不断增加妇女参加基本养老保险的人数，促进妇女依法公平享有基本养老保险权益。鼓励有条件的用人单位建立企业年金，丰富商业养老保险产品，提高妇女养老保险水平。

5. 保障女性失业保险权益。扩大失业保险保障范围，提高失业保险金标准，推动失业保险从基本生活保障向进一步促进就业拓展、从事后帮扶就业向事前预防失业拓展、从参保失业人员向所有参保人员拓展。督促用人单位依法为女职工办理失业保险，提高女职工特别是女异地务工人员的参保覆盖面。保障符合条件的失业女职工按时享受失业保险待遇。强化失业保险促就业防失业功能，适时制定特殊时期失业保障政策，支持稳定就业。

6. 扩大妇女工伤保险覆盖面。完善工伤保险长期待遇调整机制，推动工伤保险从单位职工向职业劳动者的广覆盖，完善工伤保险基金省级统筹和预防、补偿、康复“三位一体”制度。增强工伤保险预防工伤、保障生活、促进康复的功能，推进新就业形态人员职业伤害保障试点，将新业态就业妇女纳入保障范围。督促用人单位特别是高风险行业单位依法为女职工办理工伤保险，确保落实工伤保险待遇。

7. 强化社会救助对生活困难妇女的兜底保障。推进法律实施，强化政策衔接，建立健全分层分类的社会救助体系，健全基本生活救助制度和医疗救助、教育救助、住房救助、就业救助、受灾人员救助等专项救助制度，完善临时救助政策措施，强化急难社会救助功能，织密织牢社会救助兜底保障网。积极发展服务类社会救助，推进政府购买社会救助服务，确保符合条件的妇女应救尽救。鼓励、支持慈善组织依法依规为生活困难妇女提供救助帮扶。高效使用好省民政厅建立的全省统一救助信息平台，加强社会救助分性别统计、信息动态监测和管理，精准识别救助对象。

8. 不断满足妇女群体的社会福利需求。完善老年人津补贴制度，统筹高龄津贴、护理补贴、服务补贴等政策，完善经济困难高龄失能老年人补贴制度，落实各项补贴待遇，逐步提升老年妇女福利水平。完善残疾人补贴制度，动态调整、合理确定困难残疾人生活补贴和重度残疾人护理补贴标准，扩大适合残疾妇女特殊需要的公共服务供给。

9. 保障妇女享有基本养老服务。加快建设居家社区机构相协调、医养康养相结合的养老服务体系，大力发展普惠型养老服务，支持社会力量提供养老服务。完善社区居家养老服务网络，支持邻里之间的互助性养老，推进公共设施适老化改造，推动专业机构服务向社区和家庭延伸。坚持公办（公建民营）养老机构兜底保障核心功能，重点为经济困难的失能失智、计划生育特殊家庭老年人提供托养服务，对符合特困供养条件的老年妇女做到应养尽养。推进城乡基本养老服务协同发展，加强养老服务资源共享共建，加快补齐农村养老服务短板。促进养老机构提供多元化、便利化、个性化服务，提高老年妇女生活照料、家政服务、精神慰藉、护理保健、辅具配置、紧急救援等服务水平。加大养老护理型人才培养力度，建设高素质、专业化的养老服务队伍。

10. 探索建立多层次长期照护保障制度。按国家部署稳步建立长期护理保险制度，将符合条件的失能妇女按规定纳入保障范围，妥善解决其护理保障问题。加强长期护理保险制度与长期照护服务体系有机衔接。探索建立相关保险、福利、救助相衔接的长期照护保障制度，扩大养老机构护理型床位供给，提高护理服务质量。为家庭照料者提供照护培训、心理疏导等支持。

11. 推进社会保障协同发展。落实港澳人士在我县参加医保有关政策，促进港澳妇女在民生方面享有与我县居民同等待遇。依法保障在我县就业港澳人士参保权益，落实在我县就读港澳学生参保政策。

12. 提高对妇女的关爱服务水平。对农村留守妇女进行摸底排查，建立完善以县级为单位的信息台账，重点为生活困难、残疾、重病等妇女群体提供权益保护、生活帮扶、精神抚慰等关爱服务。积极为农村留守妇女创业发展搭建平台、提供服务。支持农村留守妇女参与乡村振兴和家庭文明建设，在乡村治理、邻里互助、留守老人儿童关爱服务中发挥积极作用。完善困境妇女定期探访关爱制度。

（六）妇女与家庭建设

主要目标：

1. 树立新时代家庭观，弘扬爱国爱家、相亲相爱、向上向善、共建共享的社会主义家庭文明新风尚，推动社会主义核心价值观在家庭落地生根。

2. 建立完善促进男女平等和妇女全面发展的家庭政策体系，增强家庭功能，提升家庭发展能力。

3. 拓展支持家庭与妇女全面发展的公共服务，构建城市社区“15 分钟生活圈”、农村社区“半小时生活圈”，千兆宽带网络家庭普及率超过 30%。

4. 注重发挥家庭家教家风在基层社会治理中的重要作用。

5. 充分发挥妇女在家庭生活中的独特作用，弘扬中华民族家庭美德，树立良好家风，支持妇女成为幸福安康家庭的建设者、倡导者。

6. 倡导构建男女平等、和睦、文明的婚姻家庭关系，降低婚姻家庭纠纷对妇女发展的不利影响。

7. 倡导和支持男女共担家务，缩小两性家务劳动时间差距。

8. 支持家庭承担赡养老人责任，不断提升老年妇女家庭生活质量。

9. 促进夫妻共同承担未成年子女的抚养、教育、保护责任，为未成年子女身心发展创造良好家庭环境。

10. 为家庭提供优生优育服务。

11. 加强家庭社会工作专业人才队伍培养，全县镇级社会工作服务站覆盖率达到 100%，困难群众和特殊群众社会工作服务覆盖率达到 100%。

策略措施：

1. 促进家庭成员践行社会主义核心价值观。加强教育引导、舆论宣传、文化熏陶、实践养成，宣传尊老爱幼、男女平等、夫妻和睦、勤俭持家、邻里团结等家庭美德，弘扬中华民族优秀传统家风、革命前辈红色家风、践行社会主义核心价值观的现代家风，营造平等、文明、和谐、稳定的家庭环境，实现共建共享的家庭追求，引导妇女和家庭成员自觉把家庭梦融入中国梦。

2. 制定出台促进男女平等和妇女全面发展的家庭政策。完善人口生育相关政策措施，构建积极生育支持政策体系，推动生育政策与经济社会政策配套衔接，推动建立生育友好型社会。严格落实国家关于托育费用支出的税费优惠规定，研究制定住房等方面支持政策，减轻家庭生育、养育、教育负担。完善幼儿养育、青少年发展、老人赡养、病残照料等政策，形成支持完善家庭基本功能、促进男女平等和妇女全面发展的家庭政策体系，增强家庭发展能力。完善产假制度，落实生育奖励假制度和配偶陪产假制度，实施父母育儿假。建立促进家庭发展的政策评估机制。

3. 大力发展家庭公共服务。发展普惠托育服务体系，综合运用土地、住房、财政、金融、人才等支持政策，扩大托育服务供给。加快完善养老、家政等服务标准，推动婚姻家庭辅导服务、家庭教育指导服务普惠享有，提升面向家庭的公共服务水平，通过政府购买服务等方式，引导社会力量开展家庭服务，满足家庭日益增长的个性化、多元化需求。重点为经济困难、住房困难、临时遭遇困难家庭和残疾人家庭、单亲家庭等提供支持。加大对计划生育特殊家庭的帮扶保障力度，加强对退役军人家庭的支持和保障。实现便利优质“15 分钟生活圈”，城市社区综合服务设施实现全覆盖。加强社区托育服务设施建设，完善社区养老托育、家政物业等服务网络和线上平台。发展数字家庭。

4. 推动家庭家教家风在基层社会治理中发挥重要作用。构建党委领导、政府主导、部门合作、家庭尽责、社会参与的家庭建设工作格局。将建设好家庭、实施好家教、弘扬好家风纳入基层社会治理体系以及基层社会治理评价考核内容。鼓励家庭成员履行家庭和社会责任。增进政府治理和社会调节、居民自治良性互动，以千千万万家庭的好家风支撑起全社会的好风气。

5. 鼓励支持妇女在家庭生活中发挥独特作用。深入实施“家家幸福安康工程”，鼓励妇女带领家庭成员积极参与文明家庭、五好家庭、最美家庭等群众性精神文明创建活动。参与绿色家庭创建，提升健康素养，践行绿色、低碳、循环、可持续的生活方式，养成勤俭节约的好习惯，杜绝浪费。推进平安家庭、无烟家庭建设。

6. 促进婚姻家庭关系健康发展。面向家庭开展有关法律法规政策宣传，促进男女平等观念在婚姻家庭关系建设中落实落地，倡导夫妻平等参与家庭事务决策，反对一切形式的家庭暴力。开展恋爱、婚姻家庭观念教育，为适龄男女青年婚恋交友、组建家庭搭建平台。推广婚姻登记、婚育健康宣传教育、婚姻家庭关系辅导等“一站式”服务。广泛开展生育政策宣传。推进婚俗改革和婚姻领域移风易俗，选树宣传婚事新办典型。加强对广播电视、网络等婚恋活动和服务的规范管理。

7. 提升家庭社会工作专业化服务水平。深化婚姻家庭辅导服务，推进婚姻登记机关设置婚姻家庭辅导室，拓展婚姻家庭辅导模式和内涵，创新服务供给方式，搭建多层次、广覆盖、便捷化的婚姻家庭辅导服务平台。加大政府购买服务力度，开展家庭社会工作服务，对夫妻关系、亲子关系、婆媳关系等家庭关系进行专业辅导，为婚恋交友、大龄未婚和老年再婚等婚恋问题提供专业服务。培育婚姻家庭辅导机构和家庭社会服务机构，发展壮大婚姻家庭服务类专业社工、心理咨询师、律师等服务队伍。开展“舒心驿站”心理健康服务，有效满足困难家庭和特殊家庭的个性化、多元化、专业化服务需求。探索设立县级常态化婚姻家庭服务项目。

8. 加强婚姻家庭纠纷预防化解工作。健全婚姻家庭纠纷预防化解工作机制，发挥综治中心和网格化服务管理作用，强化衔接联动，加强婚姻家庭纠纷预测预防预警，健全纠纷排查调处制度。推动建立县、镇两级婚姻家庭纠纷人民调解委员会，建设人民调解员队伍，搭建“互联网+”纠纷预防化解工作平台，支持社会力量参与，提供多元便捷服务。推进家事审判制度改革，加强诉调对接平台建设，构建新型家事纠纷综合协调解决模式。

9. 促进男女平等分担家务。倡导夫妻在家务劳动中分工配合，共同承担照料陪伴子女老人、教育子女、料理家务等家庭责任，缩小两性家务劳动时间差距。促进照料、保洁、烹饪等家务劳动社会化，持续推动家政服务业提质扩容增效，发展婴幼儿照护服务和失能失智老年人长期照护服务，增强家庭照护能力，研发家务劳动便利化产品。督促用人单位落实探亲假、职工带薪休假、配偶陪产假等制度，鼓励用人单位实施灵活休假和弹性工作制度，创造生育友好的工作环境，支持男女职工共同履行家庭责任。

10. 提高老年妇女的家庭生活质量。倡导养老、孝老、敬老的家庭美德，支持家庭履行赡养老人的主体责任。鼓励子女与老年人共同生活或就近居住，为长期照护老年人的家庭成员提供“喘息服务”。督促用人单位保障赡养义务人的探亲休假权利，推行独生子女父母护理假制度。建立完善社区老年人关爱服务机制。发展银发经济，推进智慧健康养老，消除老年人数字鸿沟，满足老年妇女生活需要。全面建立居家社区探访制度，加强特殊困难老年妇女探访。依法保障老年妇女婚姻自由和家庭财产权利。

11. 增强父母共同承担家庭教育责任的意识和能力。实施家庭教育法律法规，促进父母共同落实家庭教育主体责任，共同参与未成年子女家庭教育，创造有利于未成年子女健康成长和发展的家庭环境。开展宣传培训，帮助父母树立科学家庭教育理念，摒弃“重智轻德”等观念，掌握科学知识和方法，注重言传身教，关注未成年子女身心健康，提高家庭科学育儿能力。鼓励父母加强亲子交流，提高陪伴质量，共同陪伴未成年子女成长。

12. 打造智能家居，提升家庭生活品质。推动人工智能技术与传统家电结合，实现传统家电智能化。打造智能家居行业标准化体系，实现云端接口标准化。创新智能家居服务模式，围绕家庭安全、健康医疗、智慧娱乐、环境监测、能源管理等领域，实现智能产品的互联互通，推动智能安防、智能家居、智能社区有机融合，提升家居产品的个性化、智能化服务能力，构建智能家居生态体系。

（七）妇女与环境

主要目标：

1. 健全文化与传媒领域的性别平等评估和监管机制。

2. 全面提升妇女的媒介素养，提高妇女利用信息技术参与新时代经济社会高质量发展的能力。

3. 提高妇女的生态文明意识，促进妇女践行绿色发展理念，做生态文明建设的推动者和践行者。

4. 减少环境污染对妇女健康的危害。农村自来水普及率巩固在 99%以上，强化城市集中式饮用水水源保护。

5. 农村无害化卫生厕所实现全覆盖，城镇公共厕所男女厕位比例标准化建设与实际需求相适应。

6. 妇女应对突发事件能力不断提高，作用得到发挥，特殊需求得到满足。

7. 提高基本公共文化服务的覆盖面和适用性，妇女享有公共文化服务水平不断提高。

8. 加强公共场所母婴室建设，实现大型公共场所母婴室全覆盖。

9. 广泛参与妇女领域的国内国际交流与合作，提升五华妇女和妇女组织的国内国际影响力。

策略措施：

1.保障妇女享有公共文化服务权益。丰富优质文化产品和公共文化服务供给，健全城乡公共文化服务体系，加强公共文化设施建设，满足妇女精神文化需求。强化服务网络和妇女儿童阵地文化活动功能，鼓励图书室设立妇女读书专栏（专柜），鼓励支持面向妇女的文化产品、服务和活动。加强公共文化体育设施建设，为广大妇女开展文化体育活动提供场所，为妇女提供多种多样的服务和积极向上的文体活动。推进城乡公共文化服务体系一体建设，创新实施文化惠民工程，惠及城乡妇女。

2. 加强文化与传媒领域性别平等培训、评估和监管。开展对文化传媒工作者和传媒相关专业学生的性别平等培训，提升文化与传媒领域性别平等传播能力。加强对公共文化产品和传媒涉及性别平等内容的监测和监管，吸纳性别专家参与相关评估，消除网络媒体、影视产品、公共出版物等中出现的歧视贬抑妇女、侮辱妇女人格尊严、物化妇女形象等不良现象，规范网络名人和公众账号传播行为。完善违规行为警示记录系统，优化线上舆情预警和线下评估处置机制。提高媒体决策和管理者及从业人员的性别意识。逐步实现性别平等审视的制度化和常态化，为妇女发展创设友好舆论环境。

3. 引导妇女提高媒介素养。利用学校、妇女之家、图书馆、网络课堂等开展面向妇女的媒介素养培训和指导，加强妇女网络素养教育，提升妇女对媒介信息选择、判断和有效利用的能力，提升妇女网络安全意识和能力，消除性别数字鸿沟。重点帮助老年妇女、困难妇女和残疾妇女群体掌握网络基本知识技能。开展争做“巾帼好网民”活动，推动妇女弘扬网上正能量。

4. 促进妇女共建共享城乡人居环境改善成果。促进妇女参与文明村镇创建，主动参与农村人居环境整治提升、农村文化发展、文明乡风培育和乡村社会治理。鼓励妇女引领绿色生产生活，养成节约适度、绿色低碳、文明健康的生活方式和消费模式，使用公勺公筷，拒食野生动物，杜绝餐饮浪费，为实现碳达峰、碳中和贡献力量。支持妇女参与生态环境治理。

5. 改善人居环境，保障城乡妇女饮水安全。加强环境监测和健康监测，开展环境污染因素影响研究，分析评估环境政策、基础设施项目、生产生活学习环境等对妇女健康的影响，减少环境污染对妇女的危害。推进城乡生活环境治理，推进城镇污水管网全覆盖，开发利用清洁能源，系统推进垃圾分类和减量化、资源化，推广使用家用节能环保产品。引导妇女积极参与水源保护。推进城市集中式饮用水水源地规范化建设，加强水源保护和水质监测，守护饮水安全命脉。推动城乡一体化和规模化农村供水工程建设，加强农村供水工程提升改造，提升水资源优化配置能力，为妇女取水、用水提供便利。引导群众特别是农村群众自觉饮用水质合格的自来水。

6. 加强符合妇女需求的卫生厕所建设。

推进城镇公共厕所改造，完善落实城镇公共厕所设计标准，推动将男女厕位比例的规范化建设和达标率纳入文明城市、文明社区、文明村镇、文明单位、文明校园的评选标准。城镇公共厕所在新建和改建时，女厕位与男厕位的比例不小于 1.5 : 1，人流量较大地区不小于 2 : 1。分类有序推进农村厕所革命，提高卫生厕所普及率，加强厕所粪污无害化处理与资源化利用。推动旅游景区、商场、客流超过 1 万人次的交通枢纽和服务区等公共场所建设第三卫生间。

7. 加强公共场所母婴室建设。加强公共场所母婴室的标准化建设和规范化管理。在火车站、轨道交通换乘站、长途客运车站、机场等公共交通运输场所，图书馆、博物馆、购物中心等公共文体服务场所，政务服务中心等公共服务机构，医疗机构，商业经营场所、旅游景区、游览娱乐等公共场所，建筑面积超过 1 万平方米或者日人流量超过 1 万人的其他场所，建设母婴室。鼓励公共场所和企事业单位（机构）设置母婴室或增加母乳喂养设施。健全母婴室运行管理制度，做好日常安全管理和维护。

8. 在突发事件应对中关切妇女特别是孕期、哺乳期妇女及困难妇女群体的特殊需求。在突发事件应急体系建设、预防和应急处置机制建设、相关应急预案和规划制订中统筹考虑妇女特殊需求，优先保障女性卫生用品、孕产妇用品和重要医用物资供给。加强对有需求妇女群体的救助服务和心理疏导，面向妇女开展突发事件预防应对知识和自救互救技能指导培训，引导妇女储备和正确使用家庭必备应急物资，提高妇女防灾减灾意识和自救互救能力。引导妇女积极参与防灾减灾工作。

9. 积极促进国内国际妇女发展、妇女事务的交流合作。深化和各地妇女发展合作与交流，增进与国际妇女组织的友好往来，拓展妇女友好交往的领域和渠道，提升五华妇女发展水平。

（八）妇女与法律

主要目标：

1. 全面贯彻落实男女平等宪法原则和基本国策，健全完善保障妇女合法权益的政策措施体系。

2. 促进法规政策性别平等评估机制规范化建设和有效运行。

3. 提高妇女尊法学法守法用法的意识和能力。充分发挥妇女在法治五华建设中的作用。

4. 深入实施反家庭暴力法，预防和制止针对妇女一切形式的家庭暴力，加强受害妇女救助。县级设立 1 个以上家庭暴力庇护场所。

5. 严厉打击拐卖、性侵害妇女、卖淫嫖娼等违法犯罪行为。

6. 严厉打击利用网络对妇女实施的违法犯罪行为。提高侵害妇女人身权益的刑事案件破案率和结案率。

7. 提升预防和制止性骚扰的法治意识，有效遏制针对妇女的性骚扰。

8. 保障妇女在家庭关系中的财产所有权、继承权、子女抚养权，保障妇女对婚姻家庭关系中共同财产享有知情权和平等处理权。

9. 保障妇女平等获得公共法律服务。保障遭受侵害妇女获得及时有效的司法救助。

10. 建立完善女性被害人保护救助支持体系。

策略措施：

1. 将男女平等宪法原则和基本国策贯彻落实到法治五华建设全过程。建立健全和落实保障妇女合法权益的法规政策体系。加大民法典、妇女权益保障法和反家庭暴力法等法律法规的实施力度，加强执法检查和督查督办，保障侵害妇女权益案件获得公平公正处理。促进开展妇女权益保障领域的公益诉讼。将保障妇女权益的相关内容纳入基层社会治理，纳入法治队伍建设、全民普法规划和群众性法治文化活动，增强全社会的男女平等法治意识和法治素养。

2. 加强法规政策性别平等评估工作。健全五华县政策性别平等评估机制，明确评估主体和范围，规范评估流程，细化评估指标。加强政策制定前研判、决策中贯彻、实施后评估的制度化建设。开展性别平等评估相关培训，加强专业化队伍建设，将男女平等基本国策落实在法规、规章、政策制定实施全过程各环节。

3. 提升妇女法治意识和参与法治五华建设的能力。深入开展民法典等专项普法活动，面向妇女提供法律咨询等服务，引导妇女自觉学习宪法和法律知识，增强法治观念，养成办事依法、遇事找法、解决问题用法、化解矛盾靠法的法治思维和行为习惯。鼓励妇女多途径参与立法、司法和普法活动。充分发挥女人大代表、女政协委员、妇联组织、以女性为成员主体或以女性为主要服务对象的社会组织等在立法工作中的作用。

4. 加大反家庭暴力法律法规的实施力度。健全完善预防和制止家庭暴力多部门合作机制，建立反家庭暴力社会共治机制，发布反家庭暴力的典型案例或指导性案例。加强宣传教育、预防排查，建立社区网格化家庭暴力重点监控机制。完善落实家庭暴力发现、报告、处置机制，强化相关主体强制报告意识，履行强制报告义务。加大接处警工作力度，开展家庭暴力警情、出具告诫书情况统计。对构成犯罪的施暴人依法追究刑事责任，从严处理重大恶性案件。及时签发人身安全保护令，提高审核签发率，加大执行力度。规范加强紧急庇护场所管理，提升庇护服务水平。加强对家庭暴力受害妇女的心理抚慰和生活救助。加强对施暴者的警示教育、心理辅导和行为矫治。开展家庭暴力案件跟踪回访。加强反家庭暴力业务培训和统计。建立反家庭暴力社会支持系统，支持社会力量承接反家庭暴力服务项目。

5. 坚决打击拐卖妇女犯罪。完善落实集预防、打击、救助、安置、康复于一体的反拐工作长效机制。坚持预防为主、防治结合，提高全社会的反拐意识以及妇女的防范意识和能力。深入实施反对拐卖人口行动计划，打击拐卖妇女犯罪团伙。整治“买方市场”，及时解救被拐妇女并帮助其正常融入社会。打击跨国跨区域拐卖妇女犯罪。

6. 加大对组织、强迫、引诱、容留、介绍卖淫等犯罪行为的打击力度。加强网络治理，利用大数据完善违法信息过滤、举报等功能，严厉打击利用网络组织、强迫、引诱、容留、介绍妇女卖淫。依法加大对强迫、引诱幼女和智力残疾妇女卖淫的打击力度，严厉查处涉黄娱乐服务场所。加强社会治安综合治理，建立常态整治机制，鼓励群众监督和举报涉黄违法犯罪行为。

7. 有效遏制和严厉惩处强奸、猥亵、侮辱妇女特别是女童和智力、精神残疾妇女的违法犯罪行为。加强防性侵教育，提高妇女尤其是女童的防性侵意识和能力，建立完善重点人群和家庭关爱服务机制、侵权案件发现报告机制、多部门联防联动机制和侵权案件推进工作督查制度。完善立案侦查制度，及时、全面、一次性收集固定证据，避免受害妇女遭受“二次伤害”。建立性侵害违法犯罪人员查询系统，完善和落实从业禁止制度。加强对受害妇女的隐私保护、心理辅导和干预。

8. 预防和制止针对妇女的性骚扰。推动完善防治性骚扰的相关立法。多形式多渠道传播防治性骚扰知识，提升妇女防范和制止性骚扰的意识和能力。建立健全预防和制止性骚扰工作机制，加强联防联控，发挥典型案例示范指引作用。在机关、企业、学校等单位建立相关工作机制，预防和制止工作、学校等场所发生的性骚扰。畅通救济途径。

9. 保障妇女免遭利用网络实施违法犯罪行为的侵害。加强网络信息内容生态治理，加强对网络淫秽色情信息的监管和查处，依法打击网络信息服务平台、生产者和使用者对妇女实施猥亵、侮辱、诽谤、性骚扰、散布谣言、侵犯隐私等违法犯罪行为。加强对网络平台的规范管理，保护妇女个人信息安全。依法惩治利用网络非法收集、使用、加工、传输、买卖、提供或者公开妇女个人信息的违法犯罪行为。提高妇女防范电信网络诈骗的意识和能力，严厉打击采取非法网络贷款、虚假投资、咨询服务等手段骗取妇女钱财的犯罪行为。

10. 在婚姻家庭和继承案件处理中依法保障妇女的财产权益。保障妇女平等享有家庭财产的占有、使用、收益和处分权利。保障妇女依法享有夫妻互相继承遗产、子女平等继承父母遗产的权利。保障夫妻对共同财产享有平等的知情权、处理权，认定和分割夫妻共同财产、认定和清偿夫妻共同债务时，切实保障妇女合法权益。离婚时，保障妇女依法获得土地、房屋、股份等权益，保障负担较多家庭义务的妇女获得补偿、生活困难妇女获得经济帮助、无过错妇女依法获得损害赔偿。

11. 为妇女提供优质高效的公共法律服务。推进公共法律服务实体、网络和热线三大平台融合发展，为妇女特别是低收入妇女、老年妇女、残疾妇女、单亲困难母亲等提供便捷高效、均等普惠的公共法律服务。落实法律法规对妇女申请法律援助的相关规定，保障妇女在刑事、民事、行政案件中享有诉讼代理和维权指导服务。加强维护妇女合法权益的法律援助类社会组织和专业律师、基层法务工作者队伍建设。

12. 建立健全妇女被害人保护救助支持体系。依法保护妇女被害人隐私。对女童以及老年、残疾、孕期、哺乳期、患重病妇女遭受家庭暴力的，给予特殊保护。对符合司法救助、法律援助、临时救助条件的妇女，依法给予救助，提供援助。为妇女被害人提供身体康复、心理疏导、转移就业、生活安置等综合服务。发挥社会组织作用，依托社会公益救助、慈善救助、关爱基金等平台，为被害妇女提供社会救助。

三、重点工程

（一）五华妇幼健康保护工程。实施消除艾滋病、梅毒和乙肝病毒母婴传播项目。适龄妇女乳腺癌人群筛查率逐步提高，宫颈癌人群筛查率达 70%以上，逐步将人乳头瘤病毒（HPV）疫苗接种纳入公共卫生服务。落实母婴安全五项制度，完善县级危重症孕产妇、新生儿救治、出生缺陷防治体系，孕产妇死亡率下降到8/10万以下。建设1所政府举办、标准化的妇幼保健机构，实现每千名儿童至少拥有儿科执业（助理）医生1.12名、床位3.17张。适龄儿童免疫规划疫苗接种率以镇为单位保持在90%以上。

（二）五华巾帼家政工程。依托“南粤家政”工程，重点实施母婴服务、居家服务、养老服务、医护服务四大项目的五华巾帼家政工程，推动建设培养示范、综合服务、交流合作、行业发展四大平台。大力弘扬客家妇女“四头四尾”的优良传统，组织女性劳动力参加家政职业技能培训，促进家政行业的就业创业。完善和落实社保补贴、吸纳就业补贴等扶持政策，推动员工制家政企业占比显著提高。进一步完善家政服务信用、标准、产业、保障体系。

（三）五华巾帼就业创业支持工程。深入推进职业教育提质扩容，优化职业教育办学体制机制，促进女性接受高质量职业教育，企业女职工接受职业技能培训的比例保持并巩固在95%以上。鼓励职业院校面向女性高校毕业生、女农民工、女职工等重点人群开展就业创业和职业技能培训。深入实施职业技能提升行动，推进“粤菜（客家菜）师傅”“广东技工”“南粤家政”三项工程高质量发展，促进妇女就业创业。优化升级援企稳岗政策，增加妇女就业岗位。实施妇女创业小额担保贷款贴息项目，扩大受惠面，提升实施效果。

（四）五华巾帼科技创新工程。坚持性别平等、机会平等，研究出台政策措施，培养造就高层次女性科技人才，支持女性科技人才创新创业，支持孕哺期女性科技人才科研工作，加强女性后备科技人才培养，研究建立女性科技人才数据指标统计制度，完善女性科技人才评价激励机制，为女性科技人才成长进步、施展才华、发挥作用创造更好环境，支持女性科技人才坚持“四个面向”，不断向科学技术广度和深度进军，鼓励支持女科技工作者成为重要领域领跑者、关键技术攻关者、科技前沿开拓者。

（五）五华巾帼乡村振兴工程。巩固拓展脱贫攻坚成果同乡村振兴有效衔接，立足五华生态发展区定位，引领妇女积极参与农业农村现代化和乡村振兴各项工作，共同推动五华苏区加快振兴、共同富裕。实施高素质女农民和“乡村振兴女致富带头人”培养计划，推动将农村妇女培训纳入政府普惠性培训计划，农村技能培训女性人数占总培训人数的比例达到50%左右。依托乡村振兴人才驿站和妇女之家等阵地，为返乡下乡创业女性提供及时便利的政策咨询、项目对接、融资牵引等服务。支持妇女大力发展特色农业和妇女手工业等特色产业，助力打响五华农业区域品牌。动员妇女主动参与农村人居环境整治和乡村社会治理，增强农村低收入妇女群体的可持续发展能力。

（六）五华家家幸福安康工程。创建全国文明城市，实施家庭文明创建行动、家庭教育支持行动、家庭服务提升行动、家庭研究深化行动，逐步形成家庭教育指导服务体系，构建家校社共育格局，加快普惠婴幼儿托育服务建设，提升家庭支持服务能力，关爱困难家庭。将婚姻家庭纠纷排查化解纳入综治网格管理，婚姻家庭纠纷人民调解组织实现县、镇全覆盖，鼓励建立婚姻家庭纠纷人民调解工作室，探索设立专职调解员公益岗位，培育婚姻家庭服务专业人才。

（七）公共场所母婴室建设工程。加强公共场所母婴室的标准化建设和规范化管理。在火车站、轨道交通换乘站、长途客运车站、机场等公共交通运输场所，图书馆、博物馆、购物中心等公共文体服务场所，政务服务中心等公共服务机构，医疗机构，商业经营场所、旅游景区、游览娱乐等公共场所，建筑面积超过 1 万平方米或者日人流量超过 1 万人的其他场所，建设母婴室。鼓励用人单位和其他公共场所设置母婴室或增加母乳喂养设施。健全母婴室运行管理制度，做好日常安全管理和维护。

（八）五华巾帼志愿服务关爱工程。健全完善巾帼志愿服务体系机制，动员引导广大妇女弘扬志愿精神，深化巾帼志愿服务关爱行动，在扶弱帮困、婚姻调适、家庭教育、纠纷调解、心灵关怀、助老助残等关爱服务中促进社会变得更加美好。每个城乡社区都有巾帼志愿服务队伍或开展巾帼志愿服务。

四、组织实施

（一）坚持党的全面领导。坚持以习近平新时代中国特色社会主义思想为指导，坚持以人民为中心的发展思想，坚持走中国特色社会主义妇女发展道路，把党的领导贯穿于规划组织实施的全过程。坚决贯彻落实党中央和国务院、省委和省政府、市委和市政府关于妇女事业发展的决策部署，认真落实县委、县政府有关工作要求，坚持和完善促进男女平等、妇女全面发展的制度机制，在统筹推进经济建设、政治建设、文化建设、社会建设、生态文明建设的总体布局和协调推进全面建设社会主义现代化国家、全面深化改革、全面依法治国、全面从严治党的战略布局中，推进规划实施。

（二）落实规划实施责任。完善落实党委领导、政府主责、妇女儿童工作委员会（以下简称妇儿工委）协调、多部门合作、全社会参与的规划实施工作机制。人民政府负责规划实施工作，妇儿工委负责组织、协调、指导、督促工作，妇儿工委办公室负责具体工作。有关部门、相关机构和人民团体结合职责，承担规划目标任务落实工作。在出台政策、制定措施、编制规划、部署工作时贯彻落实男女平等基本国策，切实保障妇女合法权益，促进妇女全面发展。

（三）加强规划与五华经济和社会发展规划的衔接。将规划实施以及妇女事业发展纳入经济社会发展总体规划及相关专项规划，结合经济社会发展总体规划部署要求推进规划实施工作，实现妇女发展事业与经济社会发展同步规划、同步部署、同步推进、同步落实。

（四）制定部门实施方案。县妇女发展规划颁布后，承担规划目标任务的有关部门、相关机构和人民团体要结合职责，按照任务分工，制定实施方案并报送县妇儿工委办公室。

（五）完善实施规划的制度机制。健全目标管理责任制，将规划实施纳入政府议事日程和考核内容，将规划目标分解到责任单位并纳入目标管理和考核内容。健全督导检查制度，定期对规划落实情况开展督查。健全报告制度，责任单位每年向县妇儿工委报告规划落实情况和下一年工作安排，县妇儿工委每年向市妇儿工委报告本地区规划实施情况和下一年工作安排。健全议事协调制度，定期召开妇女儿童工作会议和妇儿工委全体会议、联络员会议等，总结交流情况，研究解决问题，部署工作任务。健全规划实施示范制度，充分发挥示范单位以点带面、示范带动作用。

（六）保障妇女发展经费投入。县人民

政府将实施规划所需经费纳入财政预算，实现妇女事业和经济社会同步发展。充分利用上级重点支持革命老区、原中央苏区、农村地区和农村妇女发展的政策，支持特殊困难妇女群体发展。动员社会力量，多渠道筹集资源，共同发展妇女事业。

（七）坚持和创新实施规划的有效做法。坚持问题导向、目标导向、结果导向，构建促进妇女发展的政策措施体系，完善妇女合法权益保障机制，实施促进妇女发展的民生项目。通过分类指导、示范先行，总结推广好做法好经验。通过政府购买服务等方式，发挥社会力量推进规划实施的作用。广泛开展交流合作，交流互鉴经验，讲好五华妇女发展故事，宣传五华妇女事业发展成就。

（八）加强实施规划能力建设。将习近平总书记关于妇女和妇女工作的重要论述以及男女平等基本国策有关内容、相关法律法规政策纳入各级干部学习内容，将实施规划所需知识纳入培训计划，举办多层次、多形式培训与研讨，增强政府有关部门、相关机构和人员实施规划的责任意识和能力。以政治建设为统领，加强县妇儿工委及其办公室能力建设，推进机构职能优化，为更好履职尽责提供必要的人力物力财力支持，为规划实施提供组织保障。

（九）加大实施规划宣传力度。大力宣传习近平总书记关于妇女和妇女工作的重要论述，宣传在党的坚强领导下妇女事业发展的成就，宣传男女平等基本国策和保障妇女合法权益、促进妇女发展的法律法规政策，宣传规划内容及规划实施中的经验和成效，努力营造有利于妇女发展的社会氛围。

（十）加强妇女发展调查研究。充分发挥县妇儿工委及其办公室作用，加强妇女发展专家队伍建设，依托研究机构、社会组织等建设妇女发展研究基地，培育专业研究力量，通过课题招标、联合科研基地、进行实地调研等方式开展理论及实践研究，并注重研究成果的运用和转化。

（十一）鼓励社会各界广泛参与规划实施。鼓励企事业单位、社会组织、慈善机构和公益人士参与保障妇女合法权益、促进妇女发展等工作。鼓励妇女参与规划实施，提高妇女在参与规划实施中实现自身全面发展的意识和能力。

五、监测评估

（一）加强监测评估制度建设。对规划实施实行年度监测、中期评估、终期评估。落实并逐步完善性别统计监测方案。健全重点统计监测制度和规划实施达标情况预警督办制度。统计局牵头组织开展年度监测，妇儿工委成员单位、有关部门、相关机构向县统计局报送年度监测数据，及时收集、分析反映妇女发展状况的相关数据和信息。县妇儿工委组织开展中期和终期评估，妇儿工委成员单位、有关部门、相关机构向县妇儿工委提交中期和终期评估报告。通过评估，了解掌握规划实施进展和妇女发展状况，系统分析评价规划目标完成情况，评判规划策略措施的实施效果，总结经验做法，找出突出问题，预测发展趋势，提出对策建议。监测评估工作所需经费纳入财政预算。

（二）加强监测评估工作组织领导。县妇儿工委设立监测评估领导小组，由县妇儿工委及相关部门负责人组成，负责组织领导监测评估工作，审批监测评估方案，审核监测评估报告等。领导小组下设监测组和评估组。

监测组由县统计局牵头，相关部门负责规划实施情况统计监测的人员参加，负责监测工作的组织、指导和培训，制定监测方案和指标体系，收集、分析数据信息，向县妇儿工委提交年度、中期和终期监测报告，编辑出版年度妇女儿童统计资料。监测组成员负责统筹协调本部门规划实施监测、分析、数据上报、分性别分年龄指标完善等工作。

评估组由县妇儿工委办公室牵头，相关部门负责规划实施情况统计监测的人员参加，负责评估工作的组织、指导和培训，制定评估方案，组织开展评估工作，向县妇儿工委提交中期和终期评估报告。评估组成员负责统筹协调本部门规划实施自我评估工作，参加妇儿工委组织的评估工作。支持评估组相关部门就妇女权益保护和发展中的突出问题开展专项调查、评估，结果可供规划中期和终期评估参考。

（三）加强分性别统计监测工作。规范完善并适时调整性别统计监测指标体系，发挥部门作用，根据需要调整扩充妇女发展统计指标，推动纳入政府和部门常规统计以及统计调查制度，加强部门分性别统计工作，推进分性别分年龄统计监测制度化建设。加强统计监测队伍建设，加快统计监测信息化建设。健全完善县级妇女发展统计监测数据库，完善监测数据网上报送系统。鼓励支持相关部门对妇女发展缺项数据开展专项统计调查。

（四）提升监测评估工作能力和水平。加强监测评估工作培训和部门协作，规范监测数据收集渠道、报送方式，提高数据质量。运用互联网和大数据等技术，丰富分性别统计信息。科学设计评估方案和评估方法。提升监测评估工作的科学化、标准化、专业化水平。以年度监测和重点指标监测相结合、全面监测和专项督导相结合、抽查督导和自查自评相结合，认真开展规划实施情况的监测评估。县妇儿工委将规划实施中的实事项目、重点工程纳入县政府专项督查，推动重点问题的解决。

（五）有效利用监测评估成果。发挥监测评估结果服务决策的作用，定期向县人民政府及相关部门报送监测评估情况，为决策提供依据。建立监测评估报告交流、反馈和发布机制。加强监测评估结果的研判和运用，对预计达标困难、波动较大的监测指标及时进行预警，对评估发现的突出问题和薄弱环节及时提出对策建议。运用监测评估结果指导下一阶段规划实施工作。实现规划实施的常态化监测、动态化预警、精准化干预、高质量推进。

五华县儿童发展规划

（2021—2030 年）

为贯彻落实《中国儿童发展纲要（2021—2030 年）》《广东省儿童发展规划（2021—2030 年）》《梅州市儿童发展规划（2021—2030 年）》，进一步优化我县儿童发展环境，保障儿童合法权益，结合我县儿童发展实际情况，制定本规划。

一、总体要求

（一）指导思想

高举中国特色社会主义伟大旗帜，坚持以习近平新时代中国特色社会主义思想为指导，坚定不移贯彻创新、协调、绿色、开放、共享的新发展理念，坚持党对儿童事业的全面领导，坚持以人民为中心的发展思想，坚持走中国特色社会主义儿童发展道路，坚持和完善最有利于儿童、促进儿童全面发展的制度机制，落实立德树人根本任务，优化儿童发展环境，保障儿童生存、发展、受保护和参与权利，以优先保护、普惠福利和高质量发展为主线，满足儿童多样化需求，全面提升儿童综合素质，为实现第二个百年奋斗目标、建设社会主义现代化强国奠定坚实的人才基础。

（二）基本原则

1. 坚持党的全面领导。把握儿童事业发展的政治方向，贯彻落实党中央、省委、市委和县委关于儿童事业发展的重要决策部署，切实把党的领导贯彻到儿童事业发展的全过程和各方面。

2. 坚持儿童优先。在出台政策措施、编制规划、配置资源、部署开展工作中优先考虑儿童的利益和发展需求。

3. 坚持儿童全面发展。尊重儿童的人格尊严，遵循儿童身心发展特点和规律，保障儿童身心健康，促进儿童在德智体美劳各方面实现全面发展。

4. 坚持儿童平等发展。消除对儿童一切形式的歧视，为儿童创造更加公平的社会环境，保障儿童平等享有发展权利和机会。

5. 坚持鼓励儿童参与。尊重儿童主体地位，鼓励和支持儿童参与家庭、社会和文化生活，特别是儿童自身事务，创造有利于儿童参与的社会环境，畅通儿童诉求表达渠道，重视听取儿童意见。

（三）总体目标

健全保障儿童权利的政策措施体系，完善促进儿童发展的工作机制，缩小城乡、区域、群体之间的儿童发展差距。儿童享有更加均等可及的基本公共服务，享有更加普惠优越的福利保障，享有更加和谐友好的家庭和社会环境。儿童在健康、安全、教育、福利、家庭、环境、法律保护等领域的权利进一步实现，思想道德素养和全面发展水平显著提升，获得感、幸福感、安全感明显增强。到 2030 年，儿童优先原则全面贯彻，儿童全面发展取得更为明显的实质性进展，广大儿童成长为建设社会主义现代化强国、担当民族复兴大任的时代新人。

二、发展领域、主要目标和策略措施

（一）儿童与健康

主要目标：

1. 覆盖城乡的儿童健康服务体系更加完善，儿童医疗保健服务能力明显增强，儿童健康水平不断提高。

2. 普及儿童健康生活方式，提高儿童及其照护人健康素养水平。

3. 新生儿、婴儿和 5 岁以下儿童死亡率分别降至 2.0‰、3.0‰和 4.0‰以下，地区和城乡差距逐步缩小。

4. 构建完善覆盖婚前、孕前、孕期、新生儿和儿童各阶段的出生缺陷防治体系，预防和控制出生缺陷。新生儿遗传代谢性疾病筛查率达 98%以上，新生儿听力筛查率达 95%以上。

5. 儿童常见疾病、传染病和恶性肿瘤等严重危害儿童健康的疾病得到有效防治。5 岁以下儿童乙型肝炎病毒表面抗原流行率控制在 0.5%以下。

6. 适龄儿童免疫规划疫苗接种率以镇为单位保持在 90%以上，逐步扩大、优化全县免疫规划疫苗种类。3 岁以下儿童系统管理率和 7 岁以下儿童健康管理率保持在 90%以上，城乡、区域差距逐步缩小。

7. 促进城乡儿童早期发展服务供给，普及儿童早期发展的知识、方法和技能。

8. 5 岁以下儿童贫血率和生长迟缓率分别控制在 9%和 5%以下。儿童超重、肥胖、营养不良上升趋势得到有效控制。

9. 5 岁儿童乳牙龋患率控制在 70%以下，逐步实施儿童六龄齿免费窝沟封闭项目，12 岁儿童龋患率控制在 25%以内。

10. 儿童新发近视率明显下降，6 岁儿童近视率控制在 3.5%左右，小学生近视率降至 38%以下，初中生近视率降至 60%以下，高中阶段学生近视率降至 70%以下，0—6 岁儿童眼保健和视力检查覆盖率达 90%以上。

11. 增强儿童体质，中小学生国家学生体质健康标准达标优良率达 60%以上。

12. 增强儿童心理健康服务能力，提升儿童心理健康水平。

13. 适龄儿童普遍接受性教育，儿童性健康服务可及性明显提高。

策略措施：

1. 优先保障儿童健康。将儿童健康理念融入经济社会发展政策，将儿童健康主要指标纳入政府目标和责任考核。完善涵盖儿童的基本医疗卫生制度，加强儿童医疗保障政策与公共卫生政策衔接，逐步实现基本妇幼健康服务均等化。推动妇幼健康信息平台与电子健康档案的互联互通和信息共享，完善妇幼健康统计调查制度，推行“互联网+妇幼健康”服务模式，实现儿童健康全周期全过程管理和服务的信息化、智能化。开展“儿童健康综合发展示范县”创建活动。加大儿童健康领域的科研创新。鼓励儿童用药研发生产。加大儿童健康知识宣传普及力度，特别是科学育儿、预防疾病、及时就医、合理用药、合理膳食、应急避险、心理健康等知识和技能宣传普及力度，构建全媒体健康知识传播机制。推进医疗机构规范设置“孕妇学校”和家长课堂。

2. 完善儿童健康服务体系。构建县、镇级儿童医疗保健服务网络，以妇幼保健机构、儿童医院和综合医院儿科为重点，统筹规划和配置区域内儿童健康服务资源。标准化建设县妇幼保健机构，县建设 1 所政府举办、标准化的妇幼保健机构，实现每千名儿童至少拥有儿科执业（助理）医生 1.12 名、床位 3.17 张。加强县级公立医院儿科病房设置，儿科病床达到一定比例。建立完善以县妇幼保健机构为龙头，镇卫生院、社区卫生服务中心为枢纽，村卫生室为基础的基层儿童保健服务网络。每所镇卫生院、社区卫生服务中心至少配备 1 名提供规范儿童基本医疗服务的全科医生或儿科医生，至少配备 2 名专业从事儿童保健的医生。完善儿童急救体系，建立新生儿、儿童危重症救助网络和快速转运通道。加强儿科医生、儿童保健医生培育力度，提高全科医生的儿科和儿童保健专业技能。

3. 加强出生缺陷综合防治。建立多部门联动防治出生缺陷的工作机制，落实出生缺陷三级防治措施，实现孕前、孕中、孕后全周期妇幼健康知识普及。开展婚前孕前优生健康检查、产前筛查、新生儿疾病筛查等出生缺陷防控项目。做好先天性结构畸形、遗传代谢性疾病、功能性出生缺陷救助项目。强化婚前孕前保健，提升产前筛查和诊断能力，推动围孕期、产前产后一体化和多学科诊疗协作，规范服务与质量监管。扩大优化产前重点病种、新生儿疾病筛查病种范围，建立筛查、阳性病例召回、诊断、治疗和随访一体化服务模式，促进早筛早诊早治。减少重型地中海贫血、唐氏综合征、神经管缺陷等严重出生缺陷儿出生。逐步开展婴幼儿自闭症早期筛查、罕见病胎儿产前筛查与诊断。

4. 保障新生儿安全与健康。深入实施危重新生儿筛查与评估、高危新生儿专案管理、危急重症救治、新生儿死亡评审等制度。加强新生儿规范化访视工作，新生儿访视率保持在 90%以上。完善医疗机构产科、新生儿科质量规范化管理体系，加强新生儿保健专科建设和危重新生儿救治中心建设。

5. 加强儿童保健服务和管理。加强儿童保健门诊标准化、规范化建设，扎实开展 0—6 岁儿童健康管理工作，提升儿童保健服务的质量。推进以视力、听力、言语、肢体、智力、孤独症及多重残疾等为重点的 0—6 岁儿童残疾筛查，完善筛查、诊断、康复、救助相衔接的工作机制。提高儿童康复服务能力和水平。增强学校、幼儿园、托育机构的常见病预防保健能力，按标准配备校医、幼儿园及托育机构卫生保健人员和必要保健设备，加强对孤儿、流动儿童、留守儿童和困境儿童等重点人群的健康管理。

6. 强化儿童疾病防治。以早产、低出生体重、贫血、肥胖、心理行为异常、视力不良、龋齿、脊柱弯曲异常等儿童健康问题为重点，推广儿童疾病防治适宜技术，建立早期筛查、诊断和干预服务机制和监测制度。加强儿童口腔保健和管理，控制儿童龋患率。加强儿童重大传染性疾病、新发传染病管理，以及艾滋病、梅毒和乙肝母婴阻断工作。完善儿童血液病、恶性肿瘤等重病诊疗体系、药品供应制度、综合保障制度。科学合理制定罕见病目录，加强罕见病管理。推广应用中医儿科适宜技术。

7. 加强儿童免疫规划疫苗管理和预防接种。扩大免疫规划疫苗种类，维持较高水平的免疫规划疫苗接种率。支持多联多价等新型疫苗研制。加强疫苗研制、生产、流通和预防接种管理。完善预防接种异常反应补偿相关政策。开展适龄女性人乳头瘤病毒（HPV）疫苗免费接种，加强社会宣传，提高接种率。

8. 加强儿童早期发展服务。建立健全多

部门协作的儿童早期发展工作机制，开展涵盖良好健康、充足营养、回应性照护、早期学习、安全保障等多维度的儿童早期发展综合服务。加强对家庭和托育机构的婴幼儿早期发展指导服务。探索推广入户家访指导等适合农村边远地区儿童、困境儿童的早期发展服务模式。

9. 改善儿童营养状况。关注生命早期1000天营养，开展孕前、孕产期营养与膳食评价指导。加强婴幼儿科学喂养指导，实施母乳喂养促进行动，6个月内婴儿纯母乳喂养率达60%以上。普及为6月龄以上儿童合理添加辅食的知识技能。开展儿童生长发育监测和评价，加强个性化营养指导，保障儿童营养充足。加强食育教育，引导科学均衡饮食、吃动平衡，预防控制儿童超重和肥胖。加强学校、幼儿园、托育机构的营养健康教育和膳食指导。

10. 有效控制儿童近视。加强0—6岁儿童眼保健和视力检查工作，推动建立儿童视力电子档案。保障学校、幼儿园、托育机构室内采光、照明、课桌椅、黑板等达到规定标准。指导家长掌握科学用眼护眼知识并引导儿童科学用眼护眼。实施限制未成年人使用时间的网络游戏总量调控政策。教育儿童按需科学规范合理使用电子产品，中小学生每天非学习目的使用电子屏幕产品累计不超过1小时。确保儿童每天接触户外自然光不少于1小时。

11. 增强儿童身体素质。合理安排儿童作息，保障儿童充足睡眠。推进阳光体育运动，开足开齐体育与健康课。保障儿童每天至少1小时中等及以上强度的运动，培养儿童良好运动习惯。全面实施《国家学生体质健康标准》，完善学生健康体检和体质监测制度。保障学校体育课和课外锻炼时间，提升体育与健康课程质量，确保学生掌握两项以上体育技能。鼓励公共体育场馆设施免费或优惠向周边学校和儿童开放，落实学校体育场馆设施在课余和节假日向学生开放政策，支持学校向体育类社会组织购买课后体育服务。进一步加大户外运动、健身休闲等配套公共基础设施建设力度。加强社区体育公园建设，扩大儿童游憩区域面积，增设儿童游憩设施。

12. 加强儿童心理健康服务。构建儿童心理健康教育、咨询服务、评估治疗、危机干预和心理援助公共服务网络。中小学校配备心理健康教育教师。积极开展生命教育和挫折教育。加强心理辅导室建设，落实规定课时。完善儿童心理健康问题的预防、评估、干预和转介机制。关注和满足孤儿、事实无人抚养儿童、留守儿童、困境儿童心理发展需要，及时为遭受校园暴力、家庭暴力、性侵等伤害的儿童提供心理创伤干预。提高教师、父母或其他监护人预防和识别儿童心理行为异常的能力。加强儿童医院、精神专科医院和妇幼保健机构儿童心理咨询及专科门诊建设。大力培养儿童心理健康服务人才。

13. 为儿童提供性教育和性健康服务。引导儿童树立正确的性别观念和道德观念，正确认识两性关系。将性教育纳入基础教育体系和质量监测体系。引导父母或其他监护人根据儿童年龄阶段和发展特点开展性教育，加强防范性侵害教育，提高儿童自我保护意识和能力。促进学校与医疗机构密切协作，提供适宜儿童的性健康服务，保护就诊儿童隐私。设立儿童性健康保护热线。

14. 提高儿童遭受意外和暴力伤害的紧急救援、医疗救治、康复服务水平。广泛宣传儿童紧急救援知识，提升看护人、教师紧急救援技能。完善公共场所急救设施配备。完善县内紧急医学救援网络建设，加强儿童伤害院前急救设备设施配备，实现院前急救与院内急诊的有效衔接。加强康复机构能力建设，提高儿童医学救治以及康复服务的效率和水平。

（二）儿童与安全

主要目标：

1. 减少儿童伤害所致死亡和残疾。儿童伤害死亡率以2020年数据为基数下降20%。

2. 排查消除溺水隐患，儿童溺水死亡率持续下降。

3. 推广使用儿童安全座椅、安全头盔，儿童出行安全得到有效保障。

4. 减少儿童跌倒、跌落、烧烫伤和中毒等伤害的发生、致残和死亡。

5. 儿童食品药品用品安全得到有效保障，儿童药品用品质量抽检合格率达到95%以上。

6. 预防和干预儿童沉迷网络，有效治理不良信息、隐私泄露、网络暴力等问题。

7. 预防和应对突发事件充分考虑儿童的身心特点，优先保障儿童安全，满足儿童特殊需求。

8. 儿童遭受意外和暴力伤害的监测报告系统进一步完善。

策略措施：

1. 创建儿童安全环境。树立儿童伤害可防可控意识，通过宣传教育、改善环境、加强执法、使用安全产品、开展评估等策略，创建有利于儿童成长的家庭、学校、社区安全环境。公共场所和设施设备的设置应有儿童安全视角，严格执行各类场所的栏杆设置高度、间距等标准，消除危险因素，降低儿童受伤害的可能性。开展安全自护教育，宣传各年龄段儿童安全知识，提高儿童及其看护人安全意识，培养儿童安全行为习惯，提升儿童看护人有效看护能力。鼓励有条件的少年宫、儿童活动中心、儿童公园、学校建立儿童安全体验中心、安全体验教室。保障游戏游艺设备及大型游乐设施安全。

2. 建立健全儿童伤害防控工作体系。加大儿童伤害防控领域的政策措施制定和执法力度。构建完善多部门合作的儿童伤害防控工作机制，鼓励社会力量参与儿童伤害防控。制定实施儿童伤害防控行动计划，探索创新并大力推广儿童伤害防控适宜技术。建立健全县级儿童伤害和暴力的监测体系和报告制度，通过医疗机构、学校、幼儿园、托育机构、社区、司法机关等多渠道收集儿童伤害数据，实现数据规范化管理和运用。

3. 预防和控制儿童溺水。加强看护，保证儿童远离危险水体。隔离、消除家庭及校园环境的溺水隐患，加强农村地区相关水体的防护隔离和安全巡查，加强开放性水域、水上游乐场所、船只等安全管理并配置适宜儿童的应急救援装备。加强预防溺水和应急救援知识技能教育，普及儿童游泳及水上安全技能，引导儿童使用安全游泳场所。

4. 建设儿童安全出行环境。提升儿童出行品质，实现道路路权分配从“以车为本”向“以人为本”的转变，完善道路交通安全治理体系，探索创新预防和减少儿童道路交通伤害的适宜技术。优化儿童步行骑行空间和上学途径，提升儿童街区活动安全性。预防和控制儿童道路交通伤害。培养儿童养成良好交通行为习惯。推广使用儿童安全座椅、安全头盔和儿童步行及骑乘非机动车反光标识。完善儿童道路安全防护用品标准，加强对生产及销售的监管。道路规划建设充分考虑儿童年龄特点，完善校园周边道路安全设施，严查严处交通违法行为。落实校车安全管理条例。

5. 建设儿童安全居家环境。消除环境危险因素，推广应用窗户护栏、窗口限位器等防护产品，减少儿童跌倒、跌落。推广使用具有儿童保护功能的家用电器，预防儿童烧烫伤。提升儿童看护人对农药、药物、日用化学品等的识别及保管能力，避免儿童中毒。预防婴幼儿窒息。预防儿童被动物咬伤。提高儿童及其看护人针对地震、洪涝、台风、火灾、踩踏等灾害性、突发性事件的防灾避险技能。普及儿童用水用电用火用气等安全防护知识。

6. 建设儿童安全校园环境。落实学校、幼儿园、托育机构等安全管理主体责任，将安全教育纳入教育教学和保育教育管理全过程。开展校园安全文化建设，针对学生群体和年龄特点开展儿童安全专题教育，教育学生掌握必要的安全知识和应急避险技能。建立健全校园安全隐患排查机制和安全事故调查处理机制，推进智慧校园安防系统建设，预防校园欺凌，建设平安校园。加强校园周边治安综合管理，排除安全隐患，禁止在学校周边开设歌舞厅、游戏机室和网吧。

7. 加强儿童食品、药品、用品安全监管。完善儿童食品安全标准体系。强化婴幼儿配方食品和婴幼儿辅助食品安全监管。加大抽检监测及不合格产品处罚力度。落实学校、幼儿园、托育机构食品安全管理主体责任，消除儿童集体用餐各环节食品安全隐患，加强校内及周边食品安全监管。落实儿童用品和玩具强制性国家标准，完善产品安全警示标识。推进产品质量监督抽查，严肃查处食品、药品、用品安全违法行为。加强农村地区儿童食品市场监管。加强产品造成儿童伤害的信息监测、分析、监督检查和缺陷产品召回、公布。

8. 建设儿童安全网络环境。落实政府、企业、学校、家庭、社会保护责任，为儿童提供安全、健康的网络环境，保障儿童在网络空间的合法权益。鼓励和支持有利于未成年人健康成长的网络创作和传播。加强网络监管和治理，完善和落实网络信息监测、识别、举报、处置制度。依法惩处利用网络散布价值导向不良信息、从事危害未成年人身心健康的行为。应用统一的未成年人网络游戏电子身份认证系统，严格执行游戏产品分类、内容审核、时长限制等措施，建立游戏开发商黑名单制度。加强对儿童使用网络行为的引导和监督，提升儿童网络素养，综合防治儿童沉迷网络。加强儿童个人信息和隐私权的保护。

9. 在突发事件预防和应对中加强对儿童的保护。在制定突发事件应急预案时统筹考虑儿童的特殊需求。制定儿童防护用品标准，应急处置期间，优先保证儿童食品、药品、用品供给。学校、幼儿园、托育机构、校外教育机构和社区开展形式多样的安全教育和应急演练活动，提高教职工、儿童及其看护人识别灾害事故风险和应对灾害事故的能力。公共场所发生突发事件时，应优先救护儿童。在灾后恢复与重建阶段，针对儿童特点采取优先救助和康复措施，将灾害事故对儿童的伤害降到最低程度。

（三）儿童与教育

主要目标：

1. 全面落实立德树人根本任务，培养德智体美劳全面发展的社会主义建设者和接班人。

2. 适龄儿童普遍接受普惠而有质量的学前教育，学前教育毛入园率达到100%，普惠性幼儿园在园幼儿占比不低于85%。

3. 义务教育更加优质均衡发展，城乡一体化水平进一步提高，九年义务教育巩固率稳定在96%以上。

4. 巩固提高高中阶段教育普及水平。高中阶段教育毛入学率保持在95%以上。

5. 孤儿、事实无人抚养儿童、残疾儿童、农业转移人口随迁子女、留守儿童、困境儿童等特殊群体受教育权利得到根本保障。残疾儿童义务教育巩固水平进一步提高。

6. 儿童科学素质全面提升，科学兴趣、创新意识、实践能力不断提高。

7. 以提高儿童综合素质为导向的教育评价体系更加完善。

8. 加强校园文化建设，营造友善、平等、相互尊重的师生关系和同学关系。

9. 学校家庭社会协同育人机制进一步完善。

10. 增进儿童学习交流交往。

策略措施：

1. 全面贯彻党的教育方针。坚持社会主义办学方向，健全立德树人落实机制，实施素质教育，完善德智体美劳全面培养的教育体系，提高思想道德素质，引领学生坚定理想信念，热爱祖国、热爱人民、热爱中国共产党、热爱社会主义，培育和践行社会主义核心价值观。中小学、幼儿园广泛开展性别平等教育。提升智育水平，发展学生终身学习能力，促进思维发展，激发创新意识。坚持健康第一，深化体教融合，帮助学生磨练坚强意志、锻炼强健体魄。改进美育教学，提升学生审美和人文素养。加强劳动教育，引导学生树立正确的劳动观，掌握基本劳动技能，形成良好劳动习惯。

2. 全面落实教育优先发展战略。经济社会发展规划上优先安排教育，财政资金投入上优先保障教育，公共资源配置上优先满足教育。完善基本公共服务教育服务标准，依法落实各级政府教育支出责任，完善各教育阶段财政补助政策。优化教育经费支出结构，把义务教育作为教育投入重中之重。完善教育投入多元化机制，支持和规范社会力量兴办教育。

3. 培养儿童良好思想道德素质、法治意识和行为习惯。加强理想教育、道德教育、法治教育、劳动教育、生态文明教育，以及中华优秀传统文化教育和客家优秀特色文化教育。养成良好道德品质、法治意识和行为习惯，形成积极健康的人格和良好心理品质。完善德育工作体系，深化课程育人、文化育人、活动育人、实践育人、管理育人、协同育人。创新德育工作形式，丰富德育内容，增强德育工作吸引力、感染力和实效性。

4. 全面推进教育理念、体系、制度、内容、方法创新。严格落实课程方案和课程标准，提高教学质量。完善教材编写、修订、审查、选用、退出机制。遵循教育规律和学生身心发展规律，尊重个体差异，因材施教。探索具有特殊才能学生的培养体系。充分利用中小学网络公益学习平台，提升校园智能化水平，推动优质教育资源在线辐射农村和边远地区薄弱学校，加快发展适合不同学生的信息化自主学习方式，满足个性化发展需求。

5. 推动学前教育普及普惠安全优质发展。继续实施学前教育行动计划，重点补齐人口集中流入地、农村地区以及城市薄弱地区的普惠性资源短板，基本实现学前教育公共服务体系全覆盖。扩大普惠性学前教育资源供给，严格落实镇中心幼儿园、村级幼儿园、城镇小区配套幼儿园等建设。鼓励国有企事业单位、街道、村集体举办公办幼儿园。健全普惠性学前教育成本分担机制，建立公办园收费标准动态调整机制，加强非营利性民办园收费监管。注重科学保教，建立健全幼儿园保教质量监测体系，全面提升保教质量。

6. 推进城乡义务教育优质均衡发展。满足适龄学生入学需求。实施义务教育薄弱环节改善与能力提升工程。全面加强农村小规模学校和镇寄宿制学校建设，进一步改善农村学校办学条件，增加寄宿制学位供给，加强乡村教师队伍建设，提升农村义务教育质量，推进义务教育优质均衡发展。健全精准控辍保学长效机制，加快消除城镇中小学大班额，提高义务教育巩固水平。保障女童平等接受义务教育。积极推进集团化办学和学区化管理，深化课程和课堂教学改革。开展县域义务教育优质均衡发展督导评估，继续推进义务教育学校免试就近入学全覆盖，全面实行义务教育公办民办学校同步招生，支持和规范民办义务教育发展。

7. 推进高中阶段教育优质特色发展。加快普通高中育人方式改革，推动高中阶段学校多样化有特色发展。办好县域普通高中，增加普通高中学位供给，增加公办优质学位供给，支持县域普通高中振兴发展。建设一批人文、数理、科技、艺术、体育等特色示范高中，构建特色鲜明、丰富多样的普通高中教育发展格局。推进中等职业教育和普通高中教育协调发展，建设一批优秀中职学校和优质专业，放宽中职招生地域限制。实施职业教育“扩容、提质、强服务”行动计划，大力发展客家特色技工教育。完善高中阶段学生资助政策。

8. 保障特殊儿童群体受教育权利。完善特殊教育保障机制，优化特殊教育学校布局，推进适龄残疾儿童义务教育全覆盖，提高特殊教育质量，推动特殊教育公平融合发展，全面实施残疾儿童 15 年免费教育。进一步提高残疾儿童义务教育巩固水平，加快发展以职业教育为重点的残疾人高中阶段教育。推进孤独症儿童教育工作。加强家庭经济困难学生精准资助，完善奖学金、助学金和助学贷款政策。加强对留守儿童和困境儿童的法治教育、安全教育和心理健康教育，优先满足留守儿童寄宿需求。在特殊教育学校大力推广国家通用手语和国家通用盲文。

9. 提高儿童科学素质。实施未成年人科学素质提升行动。将弘扬科学精神贯穿教育全过程，全面推进校内儿童科技教育。完善科学教育质量和儿童科学素质监测评估。开展学前科学启蒙教育，提高学校科学教育质量。广泛开展各类青少年科技活动。深入推动“广东省科学教育特色学校”的创建和示范工作，推动中小学校强化科学特色教育。鼓励有条件的农村职业学校、中小学等利用现有场所，建设农村中学科技馆、乡村学校少年宫和青少年科学工作室等农村青少年科普活动阵地。

10. 建立健全科学的教育评价制度体系。树立科学的教育质量观，建立健全以发展素质教育为导向的科学评价体系。落实县域义务教育质量、学校办学质量和学生发展质量评价标准。针对不同主体、不同学段、不同类型教育特点，改进结果评价，强化过程评价，探索增值评价，健全综合评价，克服唯分数、唯升学导向。完善初高中学生学业水平考试和综合素质评价制度。高中阶段学校实行基于初中学业水平考试成绩、结合综合素质评价的招生录取模式。

11. 加强教师队伍建设。完善师德师风建设长效机制，引导教师自觉践行社会主义核心价值观，提升职业道德修养，坚守教书育人职责。完善教师资格准入制度，着力解决教师结构性、阶段性、区域性短缺问题。加强教师进修培训，提高基本功和专业能力。培养造就一支有理想信念、有道德情操、有扎实学识、有仁爱之心的高素质专业化创新型教师队伍。

12. 开展儿童友好学校建设。加强校风、教风、学风建设。保障学生参与学校事务的权利，充分尊重学生意见，提高保护儿童权益意识。丰富和培育积极向上、格调高雅、健康文明的校园文化。构建尊师爱生的师生关系和团结友爱的同学关系。促进教师与学生平等相处，尊重学生，平等对待。美化校园环境，优化学生学习、生活条件，推进校园无障碍环境建设和改造，为学生提供适合身高的课桌椅、安全饮用水和卫生厕所，改善学校用餐和学生寄宿条件。

13. 坚持学校教育与家庭教育、社会教育相结合。加强家园、家校协作，推动教师家访制度化、常态化。加强中小学、幼儿园、社区家长学校、家长委员会建设，普及家庭教育知识，推广家庭教育经验。统筹社会教育各类场地、设施和队伍等资源，丰富校外教育内容和形式，鼓励儿童积极参与科技、文化、体育、艺术、劳动等实践活动，参与日常生活劳动、生产劳动和服务性劳动，参与专题调查、研学实践和社会公益活动，帮助学生深入了解国情、省情、市情、社情、民情。充分发挥中小学校课后服务主渠道作用，完善中小学课后服务保障机制和措施。发挥共青团、少先队、妇联、科协、关工委等组织的育人作用，形成学校、家庭、社会协同育人合力。

14. 加强交流合作。创新内地与港澳合作办学方式，支持各类教育实训基地交流合作，共建一批特色职业教育园区，拓展“姊妹学校”“姊妹园”合作交流内涵。进一步完善跨区域就业人员随迁子女就学政策，推动实现平等接受学前教育、义务教育和高中阶段教育，确保符合条件的随迁子女顺利在流入地参加高考，享受与内地学生同等优惠政策。建立健全持有港澳居民居住证的港澳居民子女在华就读义务教育阶段学校制度。

（四）儿童与福利

主要目标：

1. 提升儿童福利水平，健全完善与经济社会发展水平相适应的适度普惠型儿童福利制度体系。

2. 面向儿童的基本公共服务均等化水平明显提高，城乡、区域和不同群体之间儿童的公共服务需求得到公平满足。

3. 巩固提高基本医疗保障水平，保障儿童基本医疗权益。

4. 构建连续完整的儿童营养改善项目支持体系。

5. 加快普惠托育服务体系建设，托育机构和托位数量持续增加。每千常住人口拥有3岁以下婴幼儿托位数达到5.5个以上。

6. 孤儿、事实无人抚养儿童、残疾儿童、流浪儿童生存、发展和安全权益得到有效保障。

7. 留守儿童关爱服务体系不断完善，流动儿童服务机制更加健全。

8. 推进县级未成年人救助保护中心建设，指导镇设立未成年人保护工作站，覆盖率达到 50%以上。

9. 城乡社区儿童之家覆盖率进一步提高，服务能力持续提升。

10. 监测预防、强制报告、应急处置、评估帮扶、监护干预“五位一体”的基层儿童保护机制有效运行。县级人民政府开通并有效运行统一的儿童保护热线。

11. 基层儿童福利工作阵地和队伍建设进一步加强。村（居）民委员会配备专人专岗的儿童主任。

策略措施：

1. 加快构建分层分类的儿童福利保障和救助制度体系。逐步建成与经济社会发展状况相适应、与相关福利制度相衔接的适度普惠型儿童福利制度体系。形成政府主导、社会参与、家庭尽责的儿童保障工作格局。扩大儿童福利覆盖面，增加儿童福利项目，完善儿童福利政策，合理提高儿童福利标准。合理制定低保标准和特困人员救助供养标准并建立动态调整机制，提升儿童生活质量。做好儿童大病保障工作。积极争取上级儿童大病救助专项基金，对患有先天性心脏病、唐氏综合征、地中海贫血等疾病的儿童实施医疗费用减免或专项补助。

2. 提高面向儿童的公共服务供给水平。提高基本公共服务均等化和可及性水平，将儿童教育、医疗卫生、福利保障事项优先纳入基本公共服务清单，提高服务智慧化水平。完善面向儿童的基本公共服务标准体系，推动基本公共服务投入向山区、薄弱环节、特殊儿童群体倾斜。扩大公共服务覆盖面，全面落实儿童乘坐公共交通工具和游览参观票价优惠政策。

3. 做好儿童医疗保障工作。强化基本医疗保险、大病保险与医疗救助三重保障功能，加强儿童参加城乡居民基本医疗保险宣传。健全基本医疗保险筹资和待遇调整机制，完善医保目录动态调整机制，将符合条件的儿童重大疾病治疗药物按规定纳入医保支付范围。巩固扩大中小学生参加基本医疗保险覆盖面。做好低收入家庭儿童城乡居民医保资助参保。做好符合救助条件的家庭经济困难患儿医疗救助。促进各类医疗保障互补衔接，支持商业保险机构开发并推广适宜不同年龄阶段儿童的大病和意外伤害险产品，统筹调动慈善医疗救助力量，支持医疗互助有序发展，合力降低患儿家庭医疗费用负担。

4. 推进实施儿童营养改善项目。巩固欠发达地区儿童营养改善项目实施成果。稳妥推进农村义务教育学生营养改善计划，完善膳食费用分摊机制。大力推广国家学生饮用奶计划。加强 3—5 岁学龄前儿童营养改善工作，实施学龄前儿童营养改善计划，构建从婴儿期到学龄期儿童连续完整的营养改善项目支持体系。

5. 快发展普惠托育服务体系。将婴幼儿照护服务纳入经济社会发展规划，强化政策引导，综合运用土地、住房、财政、金融、人才等支持政策，扩大托育服务供给。建设一批示范托育服务机构和社区托育服务设施，支持有条件的用人单位为职工提供托育服务，鼓励国有企业等主体积极参与各级政府推动的普惠托育服务体系建设，支持和引导社会力量依托社区提供普惠托育服务，鼓励和支持有条件的幼儿园招收 2—3 岁幼儿，落实家庭托育点管理办法。加大专业人才培养培训力度，依法逐步实行从业人员职业资格准入制度。制定完善托育服务的标准规范，加强综合监管，推动托育服务规范健康发展。

6. 加强孤儿和事实无人抚养儿童保障。落实孤儿和事实无人抚养儿童保障政策，明确保障对象，规范认定流程，合理确定保障标准。健全孤儿和事实无人抚养儿童基本生活最低养育标准自然增长机制。畅通亲属抚养、家庭寄养、机构养育和依法收养孤儿安置渠道。落实社会散居孤儿、事实无人抚养儿童监护责任。落实儿童收养有关法规政策，引导鼓励家庭收养病残儿童。完善收养评估标准体系，建立收养状况回访监督制度。加强收养登记信息化建设。加强对涉外收养的监管。帮助有劳动能力的适龄孤儿和事实无人抚养儿童优先就业。

7. 落实残疾儿童康复救助制度。优化儿童残疾筛查、诊断、治疗、康复一体化工作机制，建立残疾报告和信息共享制度。继续完善残疾儿童康复救助制度，提高残疾儿童康复服务覆盖率，为有需求的残疾儿童提供康复医疗、康复辅助器具、康复训练等基本康复服务，促进康复辅助器具提质升级。完善残疾儿童康复服务标准，增强残疾儿童康复服务供给能力，加强残疾儿童康复服务实施情况评估工作，规范残疾儿童康复机构管理。支持儿童福利机构面向社会残疾儿童开展替代照料、养育教育辅导、康复训练等服务。

8. 加强儿童动态管理和分类保障。建立健全全县统一的儿童信息管理平台，实现儿童健康、学籍、出生医学证明、户籍等信息核查共享，动态管理和监测儿童的健康、学习和生活状况。健全留守儿童关爱保护工作体系，落实关爱帮扶政策措施。支持农民工返乡创业就业，源头减少留守儿童。完善流动儿童服务机制，健全以社区为依托、面向流动儿童家庭的管理和服务网络，促进流动儿童及其家庭的社区融入。加强流浪儿童救助保护，落实流浪儿童街面巡查和转介处置职责，建立流出地县级政府源头治理和回归稳固机制，落实流浪儿童相关社会保障和义务教育等政策，教育督促流浪儿童父母或其他监护人履行抚养义务，减少流浪儿童的数量和反复性流浪。依法严厉打击遗弃、虐待未成年人违法犯罪行为。

9. 建立健全基层儿童保护机制。完善县、镇、村三级基层儿童保护机制。构建家庭保护、司法保护、社会保护的儿童保护体系。健全困境儿童的发现报告机制、风险评估机制、应急处置机制、评估帮扶机制和监护干预机制，落实困境儿童和受暴力伤害儿童的强制报告制度。县人民政府开通统一的儿童保护热线，及时受理、转介侵犯儿童合法权益的投诉、举报，探索完善接报、评估、处置、帮扶等一体化工作流程，明确相关部门工作职责和协作程序。形成“一门受理、协同办理”的工作机制。提升未成年人救助保护机构、儿童福利机构和基层儿童工作队伍服务能力。支持引导社会力量参与儿童保护和服务工作。

（五）儿童与家庭

主要目标：

1. 发挥家庭立德树人第一所学校作用，培养儿童的好思想、好品行、好习惯。

2. 尊重儿童主体地位，保障儿童平等参与自身和家庭事务的权利。

3. 教育引导父母或其他监护人落实抚养、教育、保护责任，树立科学育儿理念，掌握运用科学育儿方法。强化亲子陪伴和教育，压实家庭监护主体责任。

4. 培养儿童成为好家风的践行者和传承者。

5. 增强亲子互动，建立平等和谐的亲子关系。

6. 覆盖城乡的家庭教育指导服务体系基本建成，95%的城市社区和85%的农村社区（村）建立家长学校或家庭教育指导服务站点。

7. 支持家庭生育养育教育的政策措施体系基本形成。

8. 提升家庭领域理论和实践研究水平，促进成果转化应用。

策略措施：

1. 将立德树人落实到家庭教育各方面。父母或其他监护人应将立德树人作为家庭教育的首要任务，将思想品德教育融入日常生活，引导儿童树立正确的世界观、人生观、价值观。教育引导儿童践行社会主义核心价值观，学习中华优秀传统文化，厚植爱党爱祖国爱社会主义情怀。增强法治意识和社会责任感，学会做人，学会做事，学会学习，扣好人生第一粒扣子。

2. 尊重儿童主体地位和权利。引导父母或其他监护人坚持以儿童为本，尊重儿童的身心发展规律和特点，保障儿童休息、锻炼、闲暇和娱乐的权利，合理安排儿童的学习和生活，增加体育锻炼、劳动实践、休息娱乐、社会实践、同伴交往、亲子活动等时间。尊重儿童的知情权、参与权，重视听取并采纳儿童的合理意见。教育引导儿童增强家庭和社会责任意识，鼓励儿童自主选择、自我管理、自我服务，参与力所能及的家务劳动，培养劳动习惯，提高劳动技能。

3. 完善落实儿童家庭监护制度。强化父母或其他监护人履行对未成年子女的抚养、教育和保护职责，依法规范父母或其他监护人委托他人照护未成年子女的行为。督促落实监护责任，禁止早婚早育和早婚辍学行为。加强对监护人的监督、指导和帮助，落实强制家庭教育制度。强化村（居）民委员会对父母或其他监护人监护和委托照护的监督责任，村（居）儿童主任切实做好儿童面临监护风险或受到监护侵害情况和无户口问题的发现、核实、报告工作。探索建立监护风险及异常状况评估制度。依法纠正和处理监护人侵害儿童权益事件。符合法定情形的儿童由县民政部门进行监护。确保突发事件情况下无人照料儿童及时获得临时监护。禁止对儿童殴打、虐待等一切形式的家庭暴力。

4. 用好家风涵养熏陶儿童。发挥父母榜样和示范作用，教育引导儿童传承尊老爱幼、男女平等、夫妻和睦、勤俭持家、亲子平等、邻里团结的家庭美德，践行爱国爱家、相亲相爱、向上向善、共建共享的社会主义家庭文明新风尚。广泛开展内容丰富、形式新颖、富有教育意义的好家风宣传弘扬活动，推出系列家风文化服务产品。引领儿童养成文明健康的生活方式和消费模式，杜绝浪费。

5. 培育良好亲子关系。引导家庭建立有效的亲子沟通方式，加强亲子交流，增加陪伴时间，提高陪伴质量。鼓励支持家庭开展亲子游戏、亲子阅读、亲子运动、亲子出游等活动。指导帮助家庭调适亲子关系，缓解育儿焦虑，化解亲子矛盾。鼓励支持各类教育、科技、文化、体育、娱乐等公益性设施和场所以及城乡社区儿童之家等为开展家庭亲子活动提供条件。加强亲子阅读指导，培养儿童良好阅读习惯。分年龄段推荐优秀儿童书目，完善儿童社区阅读场所和功能，鼓励社区图书室设立亲子阅读区。

6. 构建覆盖城乡的家庭教育指导服务体系。加强家庭教育指导服务中心建设，统筹指导服务工作，县、镇建立家庭教育指导服务机构，提供普惠性家庭教育公共服务，依托家长学校、城乡社区公共服务设施、妇女之家、儿童之家等设立家庭教育服务站点，提升中小学、幼儿园家长学校规范化建设水平，建设家庭教育信息化共享平台，开设网上家长学校和家庭教育指导课程。中小学、幼儿园将家庭教育指导服务纳入学校工作计划和教师业务培训。村（社区）支持协助家庭教育指导服务站点开展家庭教育指导服务。

7. 强化对家庭教育指导服务的支持保障。健全家庭教育工作机制，推进实施家庭教育工作规划，推动家庭教育指导服务普惠享有，并纳入政府购买服务指导性目录，培育家庭教育服务机构。加强对家庭教育服务机构和从业人员的管理，规范家庭教育服务市场。加强家庭教育服务行业自律，研究制定服务质量标准。鼓励机关、企事业单位和社会组织面向本单位职工开展家庭教育指导服务。支持社会工作机构、志愿服务组织和专业工作者依法依规开展家庭教育指导服务。鼓励支持公共文化服务场所开展家庭教育指导活动，开发家庭教育类公共文化服务产品。探索家庭教育指导服务的成效评价和反馈调整机制。发展壮大家庭教育专家讲师团、家庭教育指导师、专业社会工作者和志愿者队伍，切实提升家庭教育指导服务的专业化水平。加强家庭教育服务机构的资质认定、运营管理与监测评估。

8. 完善支持家庭生育养育教育的政策。推进家庭教育地方立法及实施。完善三孩生育政策配套措施。促进出生人口性别比趋于正常。优化生育政策，降低家庭生育养育教育负担，提高优生优育服务水平，增加优质普惠托育服务供给，推进教育公平与优质教育资源供给，全面落实产假制度和生育津贴，实施父母育儿假。将困境儿童及其家庭的支持与保障作为家庭支持政策的优先领域。加快完善家政服务标准，提高家庭服务智慧化和数字化水平。鼓励用人单位创办母婴室和托育托管服务设施，实施弹性工时、居家办公等灵活的家庭友好措施。

9. 加强家庭领域理论和实践研究。充分发挥学术型社会组织作用，鼓励有条件的高校和科研机构开设家庭教育专业和课程，建立家庭领域研究基地，培养壮大家庭领域研究队伍，提升研究水平。坚持问题导向，聚焦家庭建设、家庭教育、家风培树等开展研究，及时推进研究成果转化，为家庭领域相关工作提供理论支撑。推动建设家庭领域新型智库，将家庭家教家风建设选题纳入哲学社会科学研究项目。

（六）儿童与环境

主要目标：

1. 将儿童优先理念落实到公共政策制定、公共设施建设、公共服务供给各方面，尊重、爱护儿童的社会环境进一步形成。

2. 儿童参与家庭、学校和社会事务的权利得到充分保障。

3. 全面推进儿童友好城市建设，有条件时，创建儿童友好示范县，建设若干儿童友好示范镇、儿童友好基地。

4. 加大儿童校外活动场所建设和管理力度。

5. 提供更多有益于儿童全面发展的高质量精神文化产品。创造儿童阅读有利条件，培养儿童良好阅读习惯。推动建立儿童图书馆（分馆）。

6. 加强科普资源开发、共享，扩大服务覆盖范围，创建青少年科技教育基地，70%以上的镇、社区建有少儿科普活动场所。

7. 加强儿童友好公园建设，有条件时，建立一所儿童主题公园。各类公园设置一定规模的儿童游戏场所。

8. 加强儿童友好社区建设，设置儿童游戏场地，完善社区儿童公共空间，促进社区儿童社会化交往。

9. 保护儿童免受各类传媒不良信息影响。提升儿童媒介素养。

10. 减少环境污染对儿童的伤害。农村自来水普及率巩固在 99%以上，全面普及农村卫生厕所。

11. 提高儿童生态环境保护意识，帮助养成绿色低碳生活习惯。

12. 促进儿童事务国内国际交流与合作广泛开展，推动儿童事业发展融入粤港澳大湾区发展大局。

策略措施：

1. 全面贯彻儿童优先原则，营造尊重、保护儿童的社会环境。建立和完善促进儿童优先发展的制度体系，提高政府部门和社会公众对儿童权利的认识，增强保障儿童权利的自觉性。在出台政策措施、制定规划、配置资源、部署工作时优先考虑儿童利益和需求。鼓励企事业单位、各类公共服务机构和社会组织参与儿童发展和权利保护服务。在城乡建设规划和城市更新中提供更多适合儿童的公共设施和活动场所。

2. 保障儿童参与和表达权利。尊重儿童参与自身和家庭事务的权利，培养儿童参与意识和能力。涉及儿童的政策措施制定、实施和评估以及重大事项决策，听取儿童意见。将儿童参与纳入学校、校外教育机构、社区工作计划。支持共青团、少先队、妇联等组织开展社会实践及体验活动。加强学校班委会和学生会建设，畅通学生参与学校事务的渠道。广泛开展儿童参与的宣传、教育和培训活动。组织和引导儿童在保障安全的情况下积极参与各类劳动和社会公益实践活动，力所能及参与社区、城市建设和治理。

3. 全面推进儿童友好城市建设。将儿童友好城市建设纳入地方经济社会发展规划，纳入国土空间规划，出台相关儿童活动场所的指导性意见。全面推进社会政策友好、公共服务友好、权利保障友好、成长空间友好、发展环境友好的中国特色儿童友好县、镇建设。建立多部门合作工作机制，制定相应的标准体系和建设指南，建设一批儿童友好医院、学校、公园、图书馆、科技馆。充分利用各类社会资源，建设具有科学性、艺术性、趣味性、开放性和公益性的儿童活动场所，引导儿童参与社会实践，提高儿童的科学、人文、艺术等综合素养和认知、探究、实践等综合能力。鼓励国家机关、企事业单位、部队等开发自身教育资源，设立儿童开放日，为儿童主题教育、社会实践、职业体验等提供支持。积极参与国内国际儿童友好城市建设交流活动。

4. 创造有益于儿童身心健康的文化环境。制作和传播体现社会主义核心价值观，适合儿童的图书、影视、歌曲、游戏、广播电视节目等精神文化产品，培育儿童文化品牌。支持儿童参与民族优秀传统文化、客家文化、非物质文化遗产的保护、传承和创新。

加强新闻出版、文化、广告和商业性活动等市场监管和执法。加强对儿童出版物的审读、鉴定和处置。清理校园周边非法销售出版物和涉及低俗内容的儿童文化用品、玩具。严格网络出版、文化市场管理与执法，及时整治网络游戏、视频、直播、社交、学习类移动应用软件，传播危害未成年人身心健康的有害信息的行为。严格管控诱导未成年人无底线追星、拜金炫富等存在价值导向问题的不良信息和行为。加强互联网营业场所和娱乐场所执法，查处违规接纳未成年人、提供含有禁止内容的曲目和游戏游艺设备等违规行为。落实互联网企业主体责任，在产品开发、内容审核、用户管理、保护措施、举报处置等环节完善治理手段。

5. 规范与儿童相关的广告和商业性活动。规范与儿童有关的产品（服务）广告播出。在针对儿童的大众传播媒介上不得发布医疗、药品、医疗器械、保健食品、化妆品、烟酒类（含电子烟）、美容广告，以及不利于儿童身心健康的网络游戏等广告。禁止在大众传播媒介、公共场所发布声称全部或部分替代母乳的婴儿乳制品、饮料和其他食品广告。加大相关虚假违法广告案件的查处力度。规范和限制安排儿童参加商业性展演活动。

6. 提高儿童科普的覆盖面和效能。采取儿童易于理解、接受和参与的方式，普及科学技术知识、倡导科学方法、传播科学思想、弘扬科学精神。建立完善科普资源库和科普资源名录，推动科普资源和服务共建共享。创新科普方式方法，满足儿童科普需求。加强科普信息公共平台建设，为儿童提供权威、专业、实时的科学知识和科普资源。推动实体科技馆、流动科技馆、数字科技馆等科技场馆体系建设和科普教育基地建设。推动少年宫、妇女儿童活动中心、各类培训基地、文化场所等增加科普教育功能。鼓励社会力量参与科普工作，支持和引导企事业单位、社会组织和个人开展科普活动。

7. 拓展儿童友好活动空间。加强城市公共空间适儿化改造，建立儿童友好空间配置标准，出台儿童活动场所的指导性规范意见，在公园、绿地等公共空间和社区配备足量、优质、独立、便利的儿童活动场地。研究将社区儿童室内外活动场地的配建规划、建设指引等内容纳入城市更新和棚户区改造政策，并研究相应配套奖励政策措施，调动市场改造积极性。优化配置社区儿童活动场所，健全社区儿童健身设备、游乐设施、室内儿童游乐场所及游乐设施安全标准与检查制度，确保设施安全。加大对农村地区、城市人口密集区儿童活动场所建设和运行的扶持力度，推进儿童活动场所无障碍建设和改造。加强和规范各类爱国主义教育基地、党史国史教育基地、民族团结进步教育基地、科普教育基地、中小学生研学实践教育基地等的建设。各类公益性教育、科技、文化、体育、娱乐场所对儿童免费或优惠开放，根据条件开辟儿童活动专区。在具备条件的校外活动场所普遍建立少先队组织。加强儿童友好体育场所建设，提高现有体育设施共享使用程度，满足儿童体育锻炼需求。

8. 加强儿童媒介素养教育。保障儿童利用和参与媒介的权利。丰富儿童教学生活体验，提高数字生活质量。通过学校、幼儿园、家庭和社会等多渠道，提升儿童及其监护人媒介素养，加强对不同年龄阶段儿童使用网络的分类教育指导，帮助儿童掌握网络基本知识技能，提高学习交流的能力，养成良好用网习惯，引导儿童抵制网络不文明行为，增强信息识别和网上自我保护能力，防止沉迷网络。为农村地区儿童、残疾儿童、困境儿童安全合理参与网络提供条件。

9. 优化儿童健康成长的自然环境和人居环境。完善生态文明领域统筹协调机制，加快建设美丽梅州。控制和治理大气、水、土壤等环境污染以及工业、生活和农村面源污染，加强水源保护和水质监测。加强铅等重金属污染防治和监测。推进城市饮用水水源地规范化建设。实施农村供水保障工程，提高农村集中供水率、自来水普及率、水质达标率和供水保证率。深入开展爱国卫生运动，持续改善村容村貌和人居环境，分类有序推进农村厕所革命，统筹农村改厕和污水、黑臭水体治理，因地制宜建设污水处理设施。开展面向儿童的生态文明宣传教育活动，培养儿童生态文明意识，树立珍惜资源、保护自然、珍爱生命、与自然和谐相处的观念，自觉养成健康文明、绿色低碳、垃圾分类的良好生活习惯。建设儿童自然教育保护基地，开展儿童自然教育。

10. 促进儿童发展交流与合作。认真履行联合国《儿童权利公约》等国际公约和文件，落实与儿童发展相关的可持续发展目标。积极参与涉及儿童发展事业的国内国际交流，吸收借鉴国内国际有益经验，积极宣介促进儿童发展的“五华故事”。促进中华文化与其他文化的交流合作，扩大客家文化的影响力和辐射力。深化儿童发展合作与交流，进一步拓展儿童友好交往交流的领域和渠道，提升五华儿童发展水平。

（七）儿童与法律保护

主要目标：

1. 健全完善儿童保护政策措施体系。

2. 加强保障儿童权益执法工作。

3. 落实司法保护制度，司法工作体系满足儿童身心发展特殊需要。

4. 儿童法治素养和自我保护意识进一步提升，社会公众保护儿童的意识和能力进一步提高。

5. 依法保障儿童的民事权益。

6. 落实儿童监护制度，保障儿童获得有效监护。

7. 禁止非法使用童工，禁止对儿童的经济剥削，严格监管安排儿童参与商业活动的行为。

8. 依法严惩性侵害、家庭暴力，拐卖、遗弃等侵害儿童人身权利的违法犯罪行为。

9. 依法严惩利用网络侵犯儿童合法权益的违法犯罪行为。

10. 预防未成年人违法犯罪，对未成年人违法犯罪实行分级干预。降低未成年人犯罪人数占未成年人人口数量的比重。

策略措施：

1. 完善落实保障儿童权益的法规政策。健全落实保障儿童生存权、发展权、受保护权、参与权等法规的配套政策体系。加强未成年人保护法实施，落实法律监督、司法建议和法治督查制度。加强保障儿童权益的法学理论与实践研究。

2. 严格保障儿童权益执法。全面落实保障儿童权益主体责任。加大行政执法力度，及时发现和处置监护侵害、家庭暴力、校园及周边安全隐患、食品药品安全隐患等问题。探索建立保障儿童权益多部门综合执法制度，探索建立儿童救助协作制度，强化部门间信息沟通和工作衔接，形成执法、保护、服务合力。

3. 健全未成年人司法工作体系。公安机

关、人民检察院、人民法院和司法行政部门应当确定专门机构或者指定专门人员负责办理涉及未成年人案件。完善未成年人司法保护工作评价考核标准。加强专业化办案与社会化保护配合衔接，加强司法机关与政府部门、人民团体、社会组织和社会工作者等的合作，共同做好未成年人心理干预、社会观护、教育矫治、社区矫正等工作。建立未成年人案件司法统计指标体系。

4. 加强对未成年人的特殊司法保护。依法保障涉案未成年人的隐私权、名誉权以及知情权、参与权等诉讼权利，建立涉诉未成年人权益保障及服务机制。落实未成年人犯罪案件特别程序关于严格限制适用逮捕措施、法律援助、社会调查、心理评估、法定代理人或合适成年人到场、附条件不起诉、不公开审理、犯罪记录封存等规定。增强未成年人矫正实施成果。落实涉案未成年人与成年人分别关押、分别管理、分别教育制度。

5. 依法为儿童提供法律援助和司法救助。依托公共法律服务平台，为儿童提供法律咨询等法律援助服务。推进法律援助标准化、规范化建设，推进专业化儿童法律援助队伍建设。保障符合司法救助条件的儿童获得有针对性的经济救助、身心康复、生活安置、复学就业等多元综合救助。

6. 加强未成年人保护的法治宣传。完善学校、家庭、社会共同参与的儿童法治教育工作机制，开展法治素养提升行动，提高儿童的法治素养。扎实推进青少年法治教育实践基地、法治资源教室和网络平台建设，开展法治教育和法治实践活动，将预防性侵害、反家暴、防止校园欺凌等教育纳入学校法治课程。提高社会公众的法治意识，推动形成依法保障儿童权益的良好氛围。强化媒体对未成年人保护的社会责任，推动在黄金时段免费播放儿童普法公益宣传片，引导媒体客观、审慎、适度采访和报道涉未成年人案件。

7. 全面保障儿童的民事权益。依法保障儿童的人身权利、财产权利和其他合法权益。开展涉及儿童权益纠纷调解工作，探索父母婚内分居期间未成年子女权益保护措施，依法保障父母离婚后未成年子女获得探望、抚养、教育、保护的权利。依法保障儿童和胎儿的继承权和受遗赠权。依法保护儿童名誉、隐私和个人信息等人格权。完善支持起诉制度。对食品药品安全、产品质量、烟酒销售、文化宣传、网络传播等领域侵害儿童合法权益的行为，开展公益诉讼工作。

8. 严厉查处非法使用童工等违法犯罪行为。加强对使用童工行为的日常巡视监察和专项执法检查。严格落实儿童参加演出、节目制作等有关规定。加强对企业、其他经营组织或个人、网络平台等吸纳儿童参与广告拍摄、商业代言、演出、赛事、节目制作、网络直播等的监督管理。严格执行未成年工特殊保护规定，用人单位定期对未成年工进行健康检查，不得安排其从事过重、有毒、有害等危害儿童身心健康的劳动或者危险作业。严肃查处用人单位侵害未成年工合法权益的案件，严厉打击违法介绍、招用童工的行为。

9. 预防控制和惩治针对儿童的暴力伤害。加强对儿童暴力零容忍理念和反家庭暴力宣传。杜绝针对儿童的家庭暴力以及严重忽视等不利于儿童身心健康的行为。实施反家庭暴力的法律法规，完善相关指引，充分运用告诫书、人身安全保护令、撤销监护人资格等措施，加强对施暴人的惩戒和教育。

对构成犯罪的施暴人依法追究刑事责任，从严处理重大恶性案件。建立防控儿童暴力伤害多部门合作工作机制，健全各级儿童保护工作平台，落实强制报告制度，及时受理、调查、立案和转处儿童暴力伤害案件。密切接触未成年人的机构和人员履行强制报告责任。保护未成年人的隐私和安全，及时为未成年被害人及目睹家庭暴力的儿童提供心理疏导、医疗救治和临时庇护。

10. 预防和依法严惩性侵害儿童违法犯罪行为。加强儿童预防性侵害教育，提高儿童、家庭、学校、社区识别防范性侵害和发现报告的意识和能力，落实强制报告制度。完善校园性侵害防控机制。建立统一的性侵害、虐待、拐卖、暴力伤害等违法犯罪人员信息查询系统，完善落实入职查询、从业禁止制度。探索建立性侵害儿童犯罪人员信息公开制度，严格落实外籍教师无犯罪证明备案制度。加强立案和立案监督，完善立案标准和定罪量刑标准。依法严惩对儿童负有特殊职责人员实施的性侵害行为，依法严惩组织、强迫、引诱、容留、介绍未成年人卖淫犯罪。建立健全性侵害未成年人刑事案件"一站式"取证、救助机制。探索制定性侵害儿童案件特殊证据标准，对遭受性侵害或者暴力伤害的未成年被害人及其家庭实施必要的心理干预、经济救助、法律援助、转学安置等保护措施。完善未成年被害人精神损害赔偿制度。

11. 严厉打击拐卖儿童和引诱胁迫儿童涉毒、涉黑、涉恶等违法犯罪行为。坚持和完善集预防、打击、救助、安置、康复于一体的反拐工作长效机制，继续实施反对拐卖人口行动计划。有效防范和严厉打击借收养名义买卖儿童、利用网络平台实施拐卖人口等违法犯罪行为。加大对出卖亲生子女犯罪的预防和打击力度，完善孕产妇就医生产身份核实机制，完善亲子鉴定意见书和出生医学证明开具制度，落实儿童出生及户口登记制度。妥善安置查找不到亲生父母和自生自卖类案件的被解救儿童。禁止除公安机关以外的任何组织或者个人收集被拐卖儿童、父母和疑似被拐卖人员 DNA 数据等信息。落实儿童失踪快速查找甄别机制。实施青少年毒品预防教育工程，开展对引诱、教唆、欺骗、强迫、容留儿童吸贩毒犯罪专项打击行动。依法严惩胁迫、引诱、教唆儿童参与黑社会性质组织从事违法犯罪活动的行为。

12. 严厉打击侵犯儿童合法权益的网络违法犯罪行为。加强对网络空间涉及儿童违法犯罪的分析研究，以案释法，提高公众对儿童网络保护的意识和能力。禁止制作、复制、发布、传播或者持有有关未成年人的淫秽色情物品和网络信息。依法严惩利用网络性引诱、性侵害儿童的违法犯罪行为。禁止对儿童实施侮辱、诽谤、威胁或者恶意损害形象等网络欺凌行为。严厉打击利用网络诱骗儿童参与赌博以及敲诈勒索、实施金融诈骗等违法犯罪行为。

13. 有效预防未成年人违法犯罪。加强对未成年人的法治和预防犯罪教育。落实未成年人违法犯罪分级干预制度，依法采取教育矫治措施，及时发现、制止、管教未成年人不良行为。控制未成年人审前羁押率与监禁刑适用率。及时制止、处理未成年人严重不良行为和未达刑事责任年龄未成年人严重危害他人及社会的行为。完善预防未成年人犯罪的社会支持系统，加强专门学校建设，建立罪错未成年人社会联动帮教机制。完善专门学校入学程序、学生和学籍管理、转回普通学校等制度。对涉罪未成年人坚持依法惩戒和精准帮教相结合，增强教育矫治效果，预防重新犯罪。保障涉罪未成年人免受歧视，依法实现在复学、升学、就业等方面的同等权利。探索建立强制性家庭教育指导制度，责令涉罪未成年人、有严重不良行为未成年人、未成年被害人的监护人强制接受家庭教育指导。强化预防未成年人犯罪工作的基层基础。

三、重点工程

（一）儿童友好城市建设工程

全面推进社会政策友好、公共服务友好、权利保障友好、成长空间友好、发展环境友好的中国特色儿童友好县、镇建设。建立多部门合作工作机制，制定相应的标准体系和建设指南。有条件时，创建儿童友好示范县，建设若干儿童友好示范镇、儿童友好基地，打造一批儿童友好医院、学校、公园、图书馆、科技馆，拓展儿童友好活动空间。鼓励国家机关、企事业单位、部队等开发自身教育资源，设立儿童开放日，为儿童主题教育、社会实践、职业体验等提供支持。

（二）普惠托育服务专项工程

加强托育服务的标准化和规范化建设，探索建立托幼服务一体化新模式，鼓励社区建设托育中心，提供多样化普惠性托育服务。促进城乡儿童早期发展，普惠托育服务机构和托位数量持续增加。每千常住人口拥有3岁以下婴幼儿托位数达到5.5个以上。

（三）出生缺陷综合防治工程

建立多部门联动防治出生缺陷工作机制，落实出生缺陷三级防治措施。实施婚前孕前优生健康检查、产前筛查、新生儿疾病筛查等出生缺陷防控项目。构建完善覆盖婚前、孕前、孕期、新生儿和儿童各阶段的出生缺陷防治体系。减少重型地中海贫血、唐氏综合征、神经管缺陷等严重出生缺陷儿出生。新生儿访视率保持在90%以上，新生儿遗传代谢性疾病筛查率达98%以上，新生儿听力筛查率达95%以上。

（四）儿童护眼爱牙工程

推进儿童近视综合防控，实施视力干预行动。全县儿童总体近视率每年降低0.5个百分点以上。6岁儿童近视率控制在3.5%左右，小学生近视率降至38%以下，初中生近视率降至60%以下，高中阶段学生近视率降至70%以下，0—6岁儿童眼保健和视力检查覆盖率达到90%以上。建立儿童龋齿监测制度。普及儿童护齿常识，逐步实施儿童六龄齿免费窝沟封闭项目，在有条件的地区全面推进儿童牙齿涂氟项目。5岁儿童乳牙龋患率控制在70%以下，12岁儿童龋患率控制在25%以内。

（五）儿童安全教育工程

开展儿童应急避险安全教育，建立儿童应急避险演练机制。鼓励少年宫、儿童活动中心、儿童公园、学校建立儿童安全体验中心、安全体验教室，通过一站式安全体验进行多主题安全教育，增进儿童安全教育知识和技能。推广使用儿童安全座椅、安全头盔，减少儿童跌倒、跌落、烧烫伤和中毒等伤害的发生、致残和死亡，有效保障儿童出行和居家安全。儿童伤害死亡率以2020年数据为基数下降20%，儿童溺水死亡率持续下降。

（六）净网护苗工程

加强儿童网络素养宣传教育，培养和提高儿童的网络素养。完善和落实网络信息监测、识别、举报、处置制度，建立影响未成年人身心健康网络信息的种类、范围和判断标准，依法惩处利用网络散布价值导向不良信息、从事危害未成年人身心健康的行为。加强对网络游戏、网络直播、网络音视频、网络社交等网络服务提供者的管理。建立多部门预防儿童沉迷网络工作机制，督促网络平台实施“青少年模式”，推进重点互联网企业专设“净网护苗”工作站点。应用国家统一的未成年人网络游戏电子身份认证系统，严格执行游戏产品分类、内容审核、时长限制等措施，建立游戏开发商黑名单制度。加强儿童个人信息和隐私权的保护。

（七）儿童综合素质提升工程

坚持健康第一，帮助学生磨炼坚强意志、锻炼强健体魄。加强劳动教育，培养劳动习惯，提高劳动技能。支持儿童积极参与日常生活劳动、生产劳动、专题调查、研学实践和社会公益活动，鼓励儿童参与家务劳动，掌握家务劳动基本技能。完善科学教育质量和儿童科学素质监测评估，建立健全以提高儿童综合素质为导向的教育评价体系。推动科技场馆和科普教育基地建设，推动少年宫、妇女儿童活动中心、各类培训基地、文化场所等增加科普教育功能。

（八）家庭教育指导服务工程

推进实施家庭教育工作专项规划，将家庭教育指导服务纳入城乡公共服务体系和政府购买服务目录。建立基本覆盖城乡的家庭教育指导服务体系。县、镇建立家庭教育指导服务机构。中小学（含中职）、幼儿园和社区（村）普遍建立家长学校。加强对家庭教育指导服务机构和从业人员的管理，规范家庭教育指导服务市场。鼓励高等学校开设家庭教育专业和课程，鼓励和支持国家机关、企事业单位、社会组织及公民个人依法开展家庭教育指导服务活动。

四、组织实施

（一）坚持党的全面领导

坚持以习近平新时代中国特色社会主义思想为指导，坚持以人民为中心的发展思想，坚持走中国特色社会主义儿童发展道路，把党的领导贯穿于规划组织实施全过程。坚决贯彻落实党中央、国务院关于儿童事业发展的决策部署，在统筹推进“五位一体”总体布局、协调推进“四个全面”战略布局中推进规划实施；认真落实省委、省政府，市委、市政府和县委、县政府有关工作要求，确保各项任务落到实处。

（二）落实规划实施责任

完善落实党委领导、政府主责、妇女儿童工作委员会（以下简称妇儿工委）协调、多部门合作、全社会参与的规划实施工作机制。县人民政府负责规划实施工作；县妇儿工委负责组织、协调、指导、督促工作，县妇儿工委办公室负责具体工作。有关部门、相关机构和人民团体结合职责，承担规划目标任务落实工作。在出台政策、制定措施、编制规划、部署工作时优先考虑儿童利益和需求，切实保障儿童权益，促进儿童全面发展。

（三）加强规划与五华经济和社会发展规划的衔接

在经济社会发展总体规划及相关专项规划中贯彻落实儿童优先原则，将规划实施以及儿童发展纳入经济社会发展总体规划及相关专项规划，结合经济社会发展总体规划部署要求推进规划实施工作，实现儿童发展与经济社会发展同步规划、同步部署、同步推进、同步落实。

（四）制定部门实施方案

县级儿童发展规划颁布后，县直及承担规划目标任务的有关部门、相关机构和人民团体结合职责，按照任务分工，制定实施方案并报送县妇儿工委办公室，认真组织实施。

（五）完善实施规划的制度机制

健全目标管理责任制，将规划实施纳入政府议事日程和考核内容，将规划目标分解到责任单位并纳入目标管理和考核内容。健全督导检查制度，定期对规划落实情况开展督查。健全报告制度，责任单位每年向县妇儿工委报告规划实施情况和下一年工作安排，县妇儿工委每年向市妇儿工委报告本地区规划实施情况和下一年工作安排。健全议事协调制度，定期召开妇女儿童工作会议和妇儿工委全体会议、联络员会议等，总结交流情况，研究解决问题，部署工作任务。健全规划实施示范制度，充分发挥示范单位以点带面、示范带动作用。

（六）加强儿童发展经费支持

县人民政府将实施规划所需工作经费纳入财政预算，实现儿童事业和经济社会同步发展。充分利用上级重点支持革命老区、原中央苏区、农村地区和农村儿童发展的政策，支持特殊困难儿童群体发展。动员社会力量，多渠道筹集资源，共同发展儿童事业。

（七）坚持和创新实施规划的有效做法

坚持问题导向、目标导向、结果导向，构建促进儿童发展的政策措施体系，完善儿童权益保障机制，实施促进儿童发展的民生项目。通过分类指导、示范先行，总结推广好做法好经验。通过政府购买服务等方式，发挥社会力量推进规划实施的作用。开展交流合作，交流互鉴经验，讲好五华儿童发展故事，宣传五华儿童事业发展成就。

（八）加强实施规划能力建设。将习近平总书记关于儿童和儿童工作的重要论述以及儿童优先原则有关内容、相关法律法规政策纳入各级干部学习内容，将实施规划所需知识纳入培训计划，举办多层次、多形式培训，增强政府有关部门、相关机构和人员实施规划的责任意识和能力。以政治建设为统领，加强县妇儿工委及其办公室能力建设，推进机构职能优化，为更好履职尽责提供必要的人力、物力、财力支持，为规划实施提供组织保障。

（九）加大实施规划宣传力度

大力宣传习近平总书记关于儿童和儿童工作的重要论述，宣传在党的坚强领导下儿童事业发展的成就，宣传儿童优先原则和保障儿童权益、促进儿童发展的法律法规政策，宣传规划内容及规划实施的经验和成效，努力营造有利于儿童发展的社会氛围。

（十）加强儿童发展调查研究

充分发挥县妇儿工委及其办公室作用，加强儿童工作专家队伍建设，依托研究机构、社会组织等建设儿童发展研究基地，培育专业研究力量，通过课题招标、联合科研基地、组织专业力量、进行实地调研等方式开展理论及实践研究，为制定和完善相关政策提供参考。

（十一）鼓励社会各界广泛参与规划实施

健全学校、家庭、社会“三位一体”教育网络，鼓励企事业单位、社会组织、慈善机构和公益人士参与保障儿童权益、促进儿童发展等工作。鼓励儿童参与规划实施，提高儿童在参与规划实施中实现自身全面发展的意识和能力。

五、监测评估

（一）加强监测评估制度建设

对规划实施实行年度监测、中期评估、终期评估。建立健全儿童发展状况的统计监测指标体系及相关监测制度。县统计局牵头组织开展年度监测，县妇儿工委成员单位、有关部门、相关机构向县统计局报送年度监测数据，及时收集、分析反映儿童发展状况的相关数据和信息。县妇儿工委组织开展中期和终期评估，县妇儿工委成员单位、有关部门、相关机构向县妇儿工委提交中期和终期评估报告。通过评估，了解掌握规划实施进展和儿童发展状况，系统分析评价规划目标完成情况，评判规划策略措施的实施效果，总结经验做法，找出突出问题，预测发展趋势，提出对策建议。监测评估工作所需经费纳入财政预算。

（二）加强监测评估工作组织领导

县妇儿工委设立监测评估领导小组，由县妇儿工委及相关部门负责人组成，负责组织领导监测评估工作，审批监测评估方案，审核监测评估报告等。领导小组下设监测组和评估组。

监测组由县统计部门牵头，相关部门负责规划实施情况统计监测的人员参加，负责规划监测工作的组织、指导和培训，制定监测方案和指标体系，收集、分析数据和信息，向县妇儿工委提交年度、中期和终期监测报告，编辑出版年度妇女儿童统计资料等。监测组成员负责统筹协调本部门规划实施监测、分析、数据上报、分性别分年龄指标完善等工作。

评估组由县妇儿工委办公室牵头，相关部门负责规划实施的人员参加，负责评估工作的组织、指导和培训，制定评估方案，组织开展评估工作，向县妇儿工委提交中期和终期评估报告。评估组成员负责统筹协调本部门规划实施自我评估工作，参加妇儿工委组织的评估工作。支持评估组就儿童保护和发展中的突出问题开展专项调查、评估，结果可供规划中期和终期评估参考。

（三）加强儿童发展统计监测工作

规范完善儿童发展统计监测指标体系，发挥部门作用，根据需要调整扩充儿童发展统计指标，推动纳入政府和部门常规统计以及统计调查制度，加强部门分年龄统计工作，推进儿童发展统计监测制度化建设。加强统计监测队伍建设，加快统计监测信息化、自动化建设。健全完善县级儿童发展统计监测数据库，完善监测数据网上报送系统。鼓励支持相关部门对儿童发展缺项数据开展专项统计调查。

（四）提升监测评估工作能力和水平

加强监测评估工作培训和部门协作，规范监测数据收集渠道、报送方式，提高数据质量。运用互联网和大数据等技术，丰富儿童发展和分年龄统计信息。科学设计评估方案和评估方法。提升监测评估工作的科学化、标准化、专业化水平。以年度监测和重点指标监测相结合、全面监测和专项督导相结合、抽查督导和自查自评相结合，认真开展规划实施情况的监测评估。县妇儿工委将规划实施中的实事项目、重点工程纳入各级政府专项督查，推动重点问题的解决。

（五）有效利用监测评估成果

发挥监测评估结果服务决策的作用，定期向县人民政府及相关部门报送监测评估情况，为决策提供依据。建立监测评估报告交流、反馈和发布机制。加强监测评估结果的研判和运用，对预计完成困难、波动较大的监测指标及时预警，对评估发现的突出问题和薄弱环节及时提出对策建议。运用监测评估结果指导下一阶段规划实施工作。实现规划实施的常态化监测、动态化预警、精准化干预、高质量推进。

中共五华县委关于落实《中共广东省委关于深入学习贯彻党的二十大精神奋力在全面建设社会主义现代化国家新征程中走在全国前列创造新的辉煌的决定》的意见

华委发〔2023〕1号

（2023年1月11日中国共产党五华县第十四届委员会第三次全体会议通过）

省委十三届二次全会审议通过了《中共广东省委关于深入学习贯彻党的二十大精神奋力在全面建设社会主义现代化国家新征程中走在全国前列创造新的辉煌的决定》。省委认为，党的二十大是在全党全国各族人民迈上全面建设社会主义现代化国家新征程、向第二个百年奋斗目标进军的关键时刻召开的一次十分重要的大会，对鼓舞和动员全党全国各族人民坚持和发展中国特色社会主义、全面建设社会主义现代化国家、全面推进中华民族伟大复兴，具有十分重大而深远的意义。省委要求，全省各级党组织和全体党员要更加紧密地团结在以习近平同志为核心的党中央周围，深入学习贯彻党的二十大精神，奋力推动广东在全面建设社会主义现代化国家新征程中走在全国前列、创造新的辉煌。市委八届五次全会审议通过了《中共梅州市委关于落实〈中共广东省委关于深入学习贯彻党的二十大精神奋力在全面建设社会主义现代化国家新征程中走在全国前列创造新的辉煌的决定〉的意见》。出台《决定》和《意见》充分表明省委、市委学习贯彻党的二十大精神的坚定政治自觉和政治态度，为我们提供了重要指导和实践安排。

为贯彻落实"全面学习、全面把握、全面落实"重要要求和省委《决定》、市委《意见》精神，县委结合五华实际，对学习贯彻党的二十大精神，推动五华苏区加快振兴、共同富裕，奋力谱写中国式现代化五华新篇章，提出如下意见。

一、切实用党的二十大精神统一思想、统一意志、统一行动

（一）完整准确全面领会党的二十大精神。深刻领会党的二十大主题，牢牢把握过去5年工作和新时代10年伟大变革的重大意义，牢牢把握习近平新时代中国特色社会主义思想的世界观和方法论，牢牢把握以中国式现代化全面推进中华民族伟大复兴的使命任务，牢牢把握以伟大自我革命引领伟大社会革命的重要要求，牢牢把握团结奋斗的时代要求。学习宣传贯彻党的二十大精神，最重要的是把着力点聚焦到习近平总书记是党中央的核心、全党的核心，习近平新时代中国特色社会主义思想是党必须长期坚持的指导思想上；聚焦到党的十九大以来的重大成就和新时代 10 年的伟大变革上；聚焦到把握好马克思主义中国化时代化最新成果的世界观和方法论，坚持好、运用好贯穿其中的立场观点方法上；聚焦到中国式现代化在理论和实践的创新突破上；聚焦到贯彻落实党的二十大作出的重大决策部署上；聚焦到以习近平同志为核心的新一届中央领导集体是深受全党全国各族人民拥护和信赖的领导集体上；聚焦到习近平总书记是全党拥护、人民爱戴、当之无愧的党的领袖上。

（二）把学习宣传贯彻党的二十大精神作为当前和今后一个时期的首要政治任务和全部工作的重心。充分发挥全县各级党委（党组）理论学习中心组的示范作用，发挥"五学联动"机制作用，带动党员干部在全面学习、全面把握、全面落实上下功夫。面向全县党员干部开展多形式、多层次、全覆盖的集中轮训，把学习党的二十大精神作为县镇两级党校培训基层党员的必修课程，作为学校思想政治教育和课堂教学的重要内容。充分发挥线上线下媒体作用，全方位、多角度深入宣传党的二十大精神，精心组织宣讲团面向基层、面向群众开展巡回宣讲，推动党的二十大精神进机关、进企事业单位、进城乡社区、进校园、进各类新经济组织和新社会组织、进网站。深化对县情镇情村情的认识，把学习成效转化为推动事业发展的具体举措和生动实践，切实将党的二十大精神全面准确地贯彻落实到各项工作中。

（三）凝聚起全县上下团结奋斗的磅礴力量。牢记"三个务必"，坚定历史自信，增强历史主动，团结带领全县上下为实现党的二十大提出的目标任务而不懈奋斗。务必不忘初心、牢记使命，更加自觉用不变初心感召群众，把学习贯彻党的二十大精神的过程变为走好新时代党的群众路线，让五华苏区老百姓生活步步高、喜洋洋的过程。务必谦虚谨慎、艰苦奋斗，更加自觉用党的优良传统和苏区精神感染群众，把学习贯彻党的二十大精神的过程变为推动五华苏区加快振兴、共同富裕的过程。务必敢于斗争、善于斗争，更加自觉用坚定意志激励群众，把学习贯彻党的二十大精神的过程变为不畏困难、不惧风险，坚持自力更生、依靠顽强斗争闯出五华现代化建设新天地的过程。

二、坚定不移忠诚拥护"两个确立"、坚决做到"两个维护"

（一）把拥护"两个确立"作为最高政治原则和根本政治责任。引导全县党员干部深刻认识习近平总书记党中央的核心、全党的核心地位是历史和人民的共同选择、郑重选择、必然选择；深刻认识习近平新时代中国特色社会主义思想是当代中国马克思主义、二十一世纪马克思主义，是中华文化和中国精神的时代精华，是全党全国人民为实现中华民族伟大复兴而奋斗的行动指南；深刻认识"两个确立"是党在新时代取得的重大政治成果，是新时代引领党和国家事业从胜利走向新的胜利的政治保证，是战胜一切艰难险阻、应对一切不确定性的最大确定性、最大底气、最大保证，增强"四个意识"、坚定"四个自信"、做到"两个维护"，更加坚定自觉地紧跟总书记、奋进新征程。

（二）坚定维护以习近平同志为核心的党中央权威和集中统一领导。始终牢记维护核心是首要的“国之大者”，决定道路方向、决定事业成败、决定国家和民族前途命运，矢志不渝忠诚核心、维护核心。坚决按照习近平总书记重要指示要求办，坚决配合完成好习近平总书记和党中央交给广东的任务，坚决落实好习近平总书记关于老区苏区的重要论述精神，不折不扣贯彻落实党中央决策部署和省委、市委工作要求。严格执行省委坚决落实“两个维护”制度机制，经常对标对表，主动校正偏差，始终在政治立场、政治方向、政治原则、政治道路上同以习近平同志为核心的党中央保持高度一致，做到党中央提倡的坚决响应、党中央决定的坚决执行、党中央禁止的坚决不做。

（三）坚持以习近平新时代中国特色社会主义思想统领五华各项工作。系统把握、深刻理解“十个明确”“十四个坚持”“十三个方面成就”，切实把习近平新时代中国特色社会主义思想转化为坚定理想、锤炼党性和指导实践、推动工作的强大力量。坚持和运用“两个结合”，立足五华实际研究贯彻落实举措，注重从历史文化入手研究经济社会发展，在工作中更好把握历史传承、客家文化和时代要求。把“六个必须坚持”作为观察分析形势、把握工作主动的重要思想武器，作为想问题、作决策、办事情的重要遵循，作为判断大是大非的重要依据，更好应变局、育新机、开新局，确保五华各项事业行稳致远。

三、扎实推进全面建设社会主义现代化的五华实践

（一）全力参与苏区融湾先行区建设。要全力服务支持梅州全域建设赣闽粤原中央苏区对接融入粤港澳大湾区振兴发展先行区，打造赣闽粤原中央苏区对接融入粤港澳大湾区的门户城市和粤北地区区域性中心城市。要跟紧省《若干措施》等“1+N”政策和市实施方案的出台和实施，加强“苏区+湾区”叠加政策的研究运用，着重在思想、理念、现代产业、现代基础设施、公共服务等方面积极对接融入，争取和推动更多资源要素、重大项目、重大平台落户五华，努力在更好服从大局、服务大局中推进五华现代化建设。

（二）持续推进深化改革。用好改革开放关键一招，强化经济体制改革牵引，扎实推进高标准市场体制建设，持续深化营商环境改革。衔接大湾区规则机制，深化“放管服”改革和“数字政府”建设，推行涉企审批服务“一照通行”，最大限度减时间、简环节、优服务。更大力度推进城乡教育管理改革、城乡医保普通门诊“镇村一体化”试点改革。深入推进国有企业改革、综合行政执法改革、国防动员体制改革和县域共青团基层组织改革。加快融入“双区”“两个合作区”，深化文化、体育、经贸交流合作，加快培育跨境电商等新业态新模式。

（三）大力推动实体经济高质量发展。切实把高质量发展作为五华现代化建设的首要任务和总抓手，实施制造业当家“一把手”工程，把发展经济的着力点放在实体经济上，把科技、人才、资金、土地等资源要素向制造业集中配置。聚焦“大产业、大平台、大企业、大项目、大环境”，加大招商引资力度。用好“1+3”招商机制和梅州五华（番禺）大湾区经贸发展中心、招商中心，借力番禺对口帮扶合作、省帮扶集团对口支援力量，积极承接珠三角产业梯度转移，深度嵌入大湾区先进制造业产业链。着力推动传统产业转型升级，积极对接省十大战略性支柱产业集群和十大战略性新兴产业集群，加快发展电子信息、五金机电、制酒制药、绿色建材、装备制造类、新能源、数字经济等产业，大力发展抽水蓄能、新型蓄能等绿色能源项目。加强园区建设力度和要素保障，推动与大湾区建设“飞地园区”“反向飞地”。着力把粤港澳大湾区“菜篮子”产品梅州配送中心打造成发展绿色农业产业的重要平台。

（四）全面推进乡村振兴。坚持农业农村优先发展，大力推进抓党建促乡村振兴示范县创建，巩固拓展脱贫攻坚成果，全面推进乡村“五大振兴”，努力打造乡村振兴五华样板。实行最严格的耕地保护制度，推进撂荒耕地复耕复种，坚决遏制耕地“非农化”“非粮化”，全方位夯实粮食安全根基。依托现代农业产业园，构建“跨县集群、一县一园、一镇一业、一村一品”现代农业体系，探索建设乡村产业社区，大力发展茶叶、丝苗米、蔬菜、柚果、高山红薯、“稻虾共作”等特色农业产业，推进设施农业建设，探索建立直采基地、加工基地和发展订单农业，发展预制菜等农产品精深加工。以乡村振兴示范带建设为总抓手，稳步实施乡村建设行动，持续深化“三清三拆三整治”，建立健全长效管护机制，分类抓好存量农房微改造、新建农房风貌塑造，建设宜居宜业和美乡村。加大农村综合改革力度，培育壮大新型农村集体经济，健全农村金融服务体系，完善农村支持保护制度。加强乡村人才队伍建设，引导外出农民工返乡创业就业。

（五）促进城乡区域协调发展。深入落实省“百县千镇万村高质量发展工程”，统筹推进城乡区域协调发展。抓好产业兴县、强县富民、县城带动，因地制宜培育县域主导产业和优势产业，加快产业园区提质增效，壮大县域经济，推动县域高质量发展。推进以县城为重要载体的新型城镇化，推动县城功能完善，实施县域商业行动，打造特色鲜明的品质县城。强化乡镇联城带村，建设美丽圩镇，建强中心镇、专业镇、特色镇，着力提升生产生活条件、社会服务功能、公共秩序管理水平。加大城乡区域统筹力度，推进规划建设、基础设施、要素配置、生态环保、基本公共服务一体化，谋划一批交通、水利、能源、环保、新基建等基础设施建设项目，破除城乡二元结构。健全工作机制，强化政策支持，广泛调动社会力量，形成良好氛围。

（六）统筹推进教育、科技、人才工作。以办好人民满意的教育为根本目的，深化教育领域综合改革，优化区域教育资源配置，加快义务教育优质均衡发展和城乡一体化，强化学前教育、特殊教育普惠发展，推动高中阶段学校多样化发展，大力发展职业教育，深化产教融合、校企合作，引导规范民办教育发展。深入实施强师兴教工程，提升集团化办学质量，加强师资师德师风建设，构建高质量教育体系。强化创新第一动力，加快构建“基础研究+技术攻关+成果转化+科技金融+人才支撑”全过程创新生态链，推动数字经济和实体经济融合发展，深化“政校企”“产学研”合作，推动各类创新要素向企业集聚，引导骨干企业积极申报企业技术中心、工程研究中心，支持企业围绕产业链关键核心技术加强攻坚，抢占创新制高点，实现科技自立自强。强化“一把手抓第一资源”工作机制，落实市“人才振兴 16

条”“青梅”“鸿雁”等五大计划、深化实施长乐人才行动“八大计划”，用好梅州五华大湾区人才创新创业（番禺）基地、省级人力资源服务产业园和县镇人才驿站，开展人才“一站式”服务，抓好青年发展规划实施，做好“引育留用”文章，全面激发人才创新创造活力。

（七）全面落实全过程人民民主。支持和保证人民通过人民代表大会行使国家权力，保证人大及其常委会依法行使职权，健全对“一府一委两院”监督制度，加强人大代表工作能力建设，更好地发挥人大代表作用，健全吸纳民意、汇聚民智工作机制，促进决策科学化民主化法治化。坚持和完善中国共产党领导的多党合作和政治协商制度，支持政协履行政治协商、民主监督、参政议政职能，完善协商议政体系，拓展协商平台功能，提高协商互动、意见表达、汇聚共识水平，发挥协商民主在推动全县经济发展、民生改善等方面的重要作用。健全基层党组织领导的基层群众自治机制，完善基层民主协商制度。完善大统战工作格局，突出做好新时代“侨”的文章，发挥华侨之乡的作用，做好民族、宗教和港澳台侨等工作，促进非公有制经济高质量发展，巩固和发展大团结大联合局面。深化群团组织建设，有效发挥桥梁纽带作用。

（八）建设更高水平的法治五华。实施五华法治建设“一规划两纲要”，深化法治建设“三级同创”，全面提高依法行政水平，促进公正司法、带动全民守法。加强重点法律法规实施情况监督检查。推进政府机构职能优化协同高效，开展法治政府建设示范创建，健全落实重大决策程序制度，依法规范行政权力运行。深化行政执法体制改革，完善基层执法体制机制，强化行政执法监督机制和能力建设，全面推进严格规范公正文明执法。深化司法体制综合配套改革，全面准确落实司法责任制，加快构建权责统一的司法权运行机制。深入实施“八五”普法规划，落实谁执法谁普法责任制，优化升级现代公共法律服务体系，推进法治社会建设。

（九）奋力推进文化强县建设。紧紧围绕举旗帜、聚民心、育新人、兴文化、展形象，把精神文明建设摆在突出重要位置，着力增强文化自信，推动优秀传统文化创造性转化、创新性发展。深化文化惠民工程，抓好采茶戏、木偶戏等非遗文化传承保护，提供高品质文化产品。深入挖掘文化名人资源。扎实推进公共文化服务建设，健全公共文化设施网络，加快融媒体制播技术中心建设，提升公共文化服务品质。保护利用好县域内红色资源，弘扬革命文化。一体推进文明城市、文明村镇、文明单位、文明家庭、文明校园创建，建好用好新时代文明实践中心，加快创建“志愿之城”，大力弘扬社会主义核心价值观，提高人民道德水准和文明素养，深化家庭家教家风建设，让向上向善、刚健朴实的文化融入生活日常。坚持以文塑旅、以旅彰文，大力发展红色游、生态游、乡村游，推动文旅深度融合，积极创建省级全域旅游示范区。积极申报“国家体育产业示范基地”，促进群众体育和竞技体育全面发展。

（十）在发展中不断增进民生福祉。强化就业优先政策，深入实施提升就业服务质量工程，完善重点群体就业支持体系，促进高质量充分就业，使人人都有通过勤奋劳动实现自身发展的机会。落实基本养老保险全国统筹，规范发展第三支柱养老保险、医疗保险和救助制度。坚持房子是用来住的、不是用来炒的定位，加快建立多主体供给、多渠道保障、租购并举的住房政策。深化“健康五华”建设，深入推进紧密型医联体、县域医共体建设，接续推进一批医疗项目建设，加快推动县人民医院托管、县中医医院创三级中医医院、县第二和第三人民医院创“二甲”医院，加快中医药传承创新发展，提升基层医疗卫生服务水平，健全公共卫生体系。全面加强重大疫情防控和医疗救治能力、应急能力建设，全力守护人民群众生命安全和身体健康。加快推进基本养老服务体系建设，丰富居家养老服务形式，积极应对人口老龄化问题。健全未成年人保护机制，落实生育支持政策，降低生育、养育、教育成本。

（十一）打造美丽中国实践“五华样板”。落实省委深入推进绿美广东生态建设的部署，在推动高质量发展中实现高水平保护，积极创建县级国家森林城市。深入实施河湖长制、林长制。高标准开展“绿美五华”大行动，大力推进林分改造和林相改善，加快国家储备林建设，扎实推进山水林田湖草沙一体化保护和修复工程，构建立体生态体系，筑牢生态屏障。落实“三线一单”分区管控，持续深入打好蓝天、碧水、净土保卫战，补齐城乡环保设施短板，推进城乡人居环境整治，抓好中央生态环境保护督察反馈问题整改，让五华天更蓝、山更绿、水更清。积极稳妥推进碳达峰、碳中和，探索建立生态产品价值实现机制，发展绿色低碳产业。倡导绿色消费、绿色出行、绿色公益，积极开展垃圾分类，形成绿色低碳生产生活方式。

（十二）坚决维护国家安全和社会稳定。贯彻落实总体国家安全观，更好统筹发展与安全，加快构建与新发展格局相适应的新安全格局。把维护政治安全摆在首位，加强粮食、能源资源、重要产业链供应链等重点领域安全能力建设，有效防范化解政治、经济、意识形态、公共安全等十大风险隐患。建立大安全大应急架构，完善公共安全体系，切实筑牢安全底线。坚持和发展新时代“枫桥经验”，做好信访和矛盾纠纷排查化解工作，推进党建引领全科网格治理服务，积极发动群团组织、社会组织、企事业单位和志愿者参与社会治理，多级联动、全员入格，深化网络空间综合治理，全面提升社会治理现代化水平，及时把矛盾纠纷化解在基层、化解在萌芽状态。强化社会治安整体防控，常态化开展扫黑除恶斗争，严厉打击各类违法犯罪，建设更高水平的平安五华。

四、以自我革命精神推动全面从严治党向纵深发展

（一）毫不动摇坚持和加强党的全面领导。严格执行省委坚决落实“两个维护”十项制度机制，胸怀“两个大局”，牢记“国之大者”，确保习近平总书记、党中央决策部署在五华不折不扣落到实处。全面加强党的领导，不断提高党委把方向、管大局、作决策、保落实能力，发挥总揽全局、协调各方的领导核心作用。抓实党的政治建设，严守政治纪律和政治规矩，提高各级党组织和党员干部的政治判断力、政治领悟力、政治执行力，恪守“五个必须”，严防“七个有之”。全面贯彻民主集中制，不断提高科学决策、民主决策、依法决策水平。压实全面从严治党主体责任，严格执行党内政治生活制度，坚持批评与自我批评，不断巩固发展风清气正的良好政治生态。

（二）全面加强党的思想建设。坚持用习近平新时代中国特色社会主义思想凝心铸魂，实施党的创新理论学习教育计划，夯实理想信念和初心使命的思想根基。坚持理论武装同常态化长效化开展党史学习教育相结合，持续提升“三会一课”实效，引导党员干部不断学史明理、学史增信、学史崇德、学史力行，弘扬伟大建党精神和苏区精神，传承红色基因，赓续红色血脉。深入实施习近平新时代中国特色社会主义思想传播工程，深入学习宣传贯彻党的二十大精神，健全精准传播、有效覆盖的理论宣传工作机制，构建覆盖报、刊、台、网、微、端、屏的立体理论传播矩阵，持续推动党的创新理论飞入“寻常百姓家”。全面落实意识形态工作责任制，防范化解意识形态领域风险，建强管好各类意识形态阵地，守牢意识形态安全。

（三）锻造过硬干部队伍。坚持新时代好干部标准，坚持把政治标准放在首位，优化县委激励干部担当作为系列政策措施，做深做实干部政治素质考察，选优配强建好各级领导班子，打造一支堪当苏区振兴发展重任的高素质干部队伍。着重从经济建设、改革创新、乡村振兴、维护稳定等主战场上锤炼、识别和选拔干部，让优秀者优先、吃苦者吃香、能干者能上、有为者有位。深入实施干部现代化能力建设提升计划，加强干部斗争精神和斗争本领养成，增强干部推动高质量发展本领、服务群众本领、防范化解风险本领。完善干部考核评价体系，重基层重实绩重担当，引导干部树立和践行正确政绩观，推动干部能上能下、能进能出。加强对干部全方位管理和经常性监督，严格落实“三个区分开来”，用好激励干部担当作为和容错纠错机制，从严从实做好干部监督管理，激发干部担当作为、干事创业的精气神。

（四）增强党组织政治功能和组织功能。健全上下贯通、执行有力的严密组织体系，统筹推进各层级各领域党组织建设。坚持大抓基层鲜明导向，落实新一轮基层党建三年行动计划，深化实施党建赋能行动，提升抓党建促乡村振兴、引领基层治理质效，深入推进“四强四优”模范机关、“五型五好”党组织建设，把基层党组织建设成为有效实现党的领导的坚强战斗堡垒。深化实施“头雁工程”和南粤党员先锋工程，推进党组织评星定级、党组织书记分类管理、星级村干部评比和后备干部蹲苗工程，注重从青年和产业工人、农民、知识分子中发展党员，加强和改进党员特别是流动党员教育管理，保持党员队伍先进性和纯洁性。充分发挥基层党组织战斗堡垒作用和党员先锋模范作用，完善领导干部直接联系群众制度，抓好机关干部“回乡联村”和“双报到、双服务”工作，完善落实基层党组织平急转换机制，让党旗在重大斗争、基层一线高高飘扬。

（五）持之以恒以严的基调正风肃纪。严格落实中央八项规定及其实施细则精神，持续纠“四风”树新风。严肃整治享乐主义、奢靡之风，对反复性、顽固性问题深化整治，对隐蔽性问题精准发现、严肃查处，对风腐一体问题深挖细查，坚决破除特权思想和特权行为。重点纠治形式主义、官僚主义，紧盯影响党中央决策部署落实、影响安全发展、加重基层负担的突出问题，深挖根源、找准症结、靶向施治。落实省贯彻落实党中央关于加强对“一把手”和领导班子监督意见“两个责任清单”的要求，深化用好巡视

巡察利剑和问责利器，增强对“一把手”和领导班子监督实效。坚持党性党风党纪一起抓，深化运

用监督执纪问责“四种形态”，督促党员干部自觉遵规守纪。加强新时代廉洁文化建设，常态化加强政德教育、警示教育和家风教育，增强拒腐防变能力，涵养清正廉洁的新风正气。

（六）坚决打赢反腐败斗争攻坚战持久战。更加有力遏制增量，更加有效清除存量，坚决查处政治问题和经济问题交织的腐败，坚决防止领导干部成为利益集团和权势团体的代言人、代理人，坚决治理政商勾连破坏政治生态和经济发展环境问题，深化整治权力集中、资金密集、资源富集领域的腐败，坚决惩治群众身边的“蝇贪”，进一步铲除腐败滋生土壤。严肃查处领导干部配偶、子女及其配偶等亲属和身边工作人员利用影响力谋私贪腐问题，坚持受贿行贿一起查，惩治新型腐败和隐性腐败，切实增强人民群众对反腐败斗争的获得感。一体推进不敢腐、不能腐、不想腐，深化以案为鉴、以案促改、以案促治，常态化督导召开以案促改专题民主生活会，不断取得更多制度性成果和更大治理效能。

全县各级党组织和全体党员要更加紧密地团结在以习近平同志为核心的党中央周围，全面贯彻习近平新时代中国特色社会主义思想，在省委、市委的坚强领导下，坚定信心、同心同德，踔厉奋发、勇毅前行，推动五华苏区加快振兴共同富裕，为广东在新征程中走在全国前列创造新的辉煌，为全面建设社会主义现代化国家、全面推进中华民族伟大复兴贡献五华力量！

中共五华县委关于贯彻落实《中共广东省委关于深入推进绿美广东生态建设的决定》的实施方案

华委发〔2023〕3号

（2023年1月11日中国共产党五华县第十四届委员会第三次全体会议通过）

为贯彻落实《中共广东省委关于深入推进绿美广东生态建设的决定》（以下简称《决定》）和《中共梅州市委关于贯彻落实〈中共广东省委关于深入推进绿美广东生态建设的决定〉的实施方案》（以下简称《实施方案》），落实好“多种树、种好树、强管护、促致富”的要求，实现“种一片，活一片，成一片”的目标，深入推进绿美五华生态建设，推动五华苏区加快振兴、共同富裕，结合实际，制定本实施方案。

一、目的意义

《决定》是省委深入贯彻落实党的二十大和习近平总书记对广东系列重要讲话和重要指示精神，坚定不移践行新发展理念，坚持山水林田湖草沙一体化保护和系统治理，深入实施绿美广东生态建设的重要制度保障，将对我县林业高质量发展和经济社会全面振兴发展产生深远影响。近年来，我县深入开展“绿美五华三年行动”，实施了森林碳汇、生态景观林带建设、森林进城围城、乡村绿化美化等林业重点生态工程，造林绿化工作取得了显著成绩。但是，我们也要清醒地看到，目前我县林业生态还比较脆弱，生态产品相对短缺，林业产业与发达地区差距较大，森林总体质量不高、树种结构不合理、林相景观较单一、森林生态功能不完善等问题突出，制约了我县生态水平的提升。省委《决定》和市委《实施方案》的出台，为我县林业高质量发展指明了工作方向，全县上下要切实增强责任感和紧迫感，统一思想，抢抓机遇，乘势而上，主动作为，以更高的定位、更大的干劲、更实的作风，围绕2027年和2035年两个重要时间节点及目标任务，推动绿美五华生态建设取得实效，实现“多种树、种好树、严管护、促致富”的目标。

二、总体要求

（一）指导思想

深入学习贯彻党的二十大精神，坚持以习近平生态文明思想为指导，牢固树立和践行“绿水青山就是金山银山”的理念，尊重自然、顺应自然、保护自然，全面落实林长制，统筹山水林田湖草沙系统治理，科学开展国土绿化，强化森林资源管护，加大大径材培育力度，深入实施国家储备林计划，积极稳妥推进“3060”碳达峰、碳中和，推进生态优先、绿色低碳发展，加快推进绿美五华生态建设，为全县高质量构建“一城两带四区”发展新格局和打造业兴人和、长治民乐的“工匠之乡·宜居五华”提供坚强有力的生态支撑。

（二）总体目标

持续巩固“绿美五华三年行动（2019—2021年）”成果，进一步提升扩大国土绿化面积、提升森林资源质量，推动我县国土绿化事业由数量规模型向质量效益型转变。

——到2027年，全县完成林分优化提升10万亩、森林抚育提升15.5万亩，建设国家储备林10万亩，森林结构明显改善，森林质量持续提高，生物多样性得到有效保护，城乡环境显著优化，绿色惠民成效更加突显，绿美五华生态建设取得积极进展。

——到2035年，全县完成林分优化提升26万亩、森林抚育提升50万亩，建设国家储备林30万亩，混交林比例达60%以上，森林结构更加优化，森林单位蓄积量大幅度提高，森林生态系统多样性、稳定性、持续性显著增强，多树种、多层次、多色彩的森林植被成为我县的鲜明底色，天更蓝、地更绿、水更清、景更美的生态画卷成为五华亮丽名片，绿美生态成为普惠的民生福祉，人与自然和谐共生的绿美广东五华样板。

（三）基本原则

1. 生态优先、绿色发展。坚持以习近平生态文明思想为指导，牢固树立和践行“绿水青山就是金山银山”的理念，坚定不移走生态优先、绿色发展之路，不断扩大我县国土绿化面积、提升森林资源质量。

2. 科学规划、以水定绿。坚持以生态学、植物学、生物科学、气象学等为指导，科学制定绿化相关规划，合理安排国土绿化空间，坚持以水定绿、以肥定绿，坚持走科学、生态、节俭的绿化发展之路，坚决防止乱砍滥伐，坚决反对“天然大树进城”“一夜成景”、只搞“奇花异草”等急功近利行为。

3. 城乡联动、全域增绿。坚持部门协调，城乡统筹，构建县镇村三级联动机制，推深做实林长制，实施绿化美化工程，夯实绿色生态本底，提升全域生态质量。

4. 突出重点、打造亮点。坚持以高铁、国省道、高速路出入口、县城周边和圩镇规划区等为重点，以“春有百花夏有荫、秋有果实冬有彩”为建设目标，大力营造成材林、阔叶林，配套景观树种，着力提升森林多功能综合效益，打造一批亮点工程。

5.群策群力、久久为功。坚持群众路线，坚持共建共治共享，弘扬塞罕坝精神，创新社会参与绿美五华生态建设制度机制，推动形成全社会人人爱绿、处处植绿、自觉护绿的生动局面，持续提升绿美五华生态建设水平。

三、工作任务

（一）实施森林精准提升行动

主要任务：坚持因地制宜、乔灌结合，通过调整树种结构、种植密度，探索成材林营造模式，大力营建高质高效乡土阔叶混交林，持续优化提升重点生态功能区域林分结构和质量，重点对低质低效纯松林、生态公益林范围内的桉树纯林、残次林等进行改造提升，结合国家储备林建设、高质量水源建设、油茶低改和新造、大径材林培育，持续改变林相，提高林地产值和森林蓄积量。

工作目标：至2027年，计划完成提升10万亩、森林抚育提升15.5万亩，建设国家储备林10万亩；至2035年，累计完成林分优化提升26万亩、森林抚育提升50万亩，建设国家储备林30万亩。

责任单位：县林业局、县发展改革局、县财政局、县水务局、县自然资源局、市生态环境局五华分局，各镇人民政府。

（二）实施城乡一体绿美提升行动

主要任务：依托城乡特色景观禀赋，挖掘历史文化资源，持续提升山边、水边、路边、镇村边、景区边“五边”绿化美化品质，留白增绿、见缝插绿，加强立体绿化美化，建设森林小镇、森林乡村和绿美古树乡村、绿美红色乡村，打造绿美城乡人居环境。

工作目标：至2027年，打造森林小镇3个、省级以上森林乡村30个，建成绿美古树乡村和绿美红色乡村14个；至2035年，打造森林小镇8个、省级以上森林乡村80个，建设绿美古树乡村和绿美红色乡村30个。

责任单位：县住房城乡建设局、县林业局、县文化广电旅游体育局、县农业农村局、县财政局、县市政公用事业服务中心，各镇人民政府。

（三）实施绿美保护地提升行动

主要任务：全力推动以国家公园为主体的自然保护地体系建设，健全自然保护地保护发展机制，强化生物多样性保护，加强自然保护地自然生态系统保护与修复，加强森林生态景观营造，建设一批示范性自然保护区、自然公园和郊野公园。

工作目标：至2027年，完成全县16个自然保护地的勘界立标、科学考察、总规编制工作，建设一批自然保护区、森林公园、地质公园示范项目，初步形成高质高效的自然保护地管护、监测、共享体系。至2035年，全面构建严格保护、科学利用、精细管理、高效共享的自然保护地体系。

责任单位：县林业局、市生态环境局五华分局、县自然资源局，各镇人民政府。

（四）实施绿色廊道品质提升行动

1. 绿色廊道工程。

主要任务：在高速公路、高速铁路、国省道、主要河流等区域实施品质提升建设工程，提升绿道、碧道、古驿道森林景观，推动邻近的古村落、历史遗迹、自然公园等串珠成链，打造绿美景观带。

工作目标：至2027年，完成双龙高铁五华段沿线森林景观提升项目6700亩，进一步提升森林景观效果；全面完成兴华高速公路（五华段）沿线2019年撂荒地和林中空地带状绿化工程，完成五华县高速公路景观廊道绿化提升项目1516亩林地改造升级，对县域范围 12 个高速公路出口周边林地进行精准抚育2400亩。至2035年，完成县域范围12个高速公路出口的景观提升，全县高速公路、高速铁路、国省道、主要河流等区域景观显著提升，绿化、美化效果进一步显现。

责任单位：县林业局、县发展改革局、县交通运输局、县公路事务中心、县自然资源局、县水务局、县财政局，各镇人民政府。

2. 生物防火林带工程。

主要任务：在森林防火隔离带建设的基础上，按照先急后缓原则，在重点生态功能区、生物多样性保护区、重要物种基因库区等区域种植燃值高的树种，营造生物防火林带，构建阻隔林火的“绿色长城”。

工作目标：至2027年，完成县城周边1000公里生物防火林带建设，基本建成林火阻隔网；至2035年，完成全县市县际交界、镇交界、重点林区等区域生物防火林带建设任务2500公里，形成闭环，初步构筑“绿色长城”，切实提升林火阻隔能力。

责任单位：县林业局、县财政局、县应急管理局，各镇人民政府。

（五）实施困难立地修复提升行动

主要任务：针对“牛肝地”等困难立地，加大修复提升的探索实验力度，坚持以水定绿、以肥定绿，坚持适地适树、乡土树种为主，逐步完成困难立地生态修复工作。

工作目标：至 2027 年，完成 2 万亩困难立地造林修复，完成 3 万亩困难立地森林抚育任务；至 2035 年，完成 10 万亩困难立地造林修复，完成 15 万亩困难立地森林抚育任务。

责任单位：县林业局、县农业农村局、县自然资源局、县财政局，各镇人民政府。

（六）实施绿美资源管护行动

1. 古树名木保护提升。

主要任务：持续加强古树名木保护，落实一树一档，推进古树公园建设，严格保护古树名木及其自然生境，促进古树名木与城乡基础设施和谐共存。

工作目标：至 2027 年，完成 5 个以上古树公园建设，完成 10 株以上古树复壮、修复等工作；至 2035 年，我县古树全部得到有效保护，群众保护古树名木意识显著提高。

责任单位：县林业局、县住房城乡建设局、县财政局、县融媒体中心、县市政公用事业服务中心，各镇人民政府。

2. 森林灾害防控。

主要任务：持续开展森林防灭火“一网三行动”，建立健全森林火灾防控协同机制，推进森林防火工作规范化制度化，夯实森林防火基础设施建设，加快防火隔离带建设，完成林火阻隔网构建，加强野外火源管控，森林火灾受害率控制在 0.9‰以内；加强重大林业有害生物防控工作，重点推进松材线虫病疫情防控攻坚行动。

工作目标：至 2025 年，全县松材线虫病发生面积较 2020 年减少 0.53 万亩以上，拔除镇级疫点 1 个，森林病虫害防治率控制在 42.6‰以下；至 2027 年，林业主管部门与应急管理部门和气象部门建立隐患排查、监测预警、宣传教育和火灾处置联合机制；与公检法机关建立打击违法违规野外用火、涉火违法犯罪行为联合机制，完成森林防火隔离带建设 3000 公里；至 2035 年，全县建成森林防火隔离带 4000 公里。

责任单位：县林业局、县公安局、县法院、县检察院、县应急管理局、县农业农村局、县住房城乡建设局、县市场监管局、县交通运输局、县财政局、五华供电局、中国邮政五华分公司、中国电信五华分公司，各镇人民政府。

3. 野生动植物资源保护。

主要任务：全面掌握我县野生动植物资源及其空间分布与栖息地生态质量信息，建立完善的动植物保护网络，精准开展珍稀濒危野生动植物就地保护、迁地保护和抢救性保护，更加科学地开展野生动植物救护养护、生物安全风险防控、生物多样性保护和科学普及，依托部门间联席会议，强化各部门协作，严厉打击非法破坏野生动植物资源行为。

工作目标：至 2027 年，完成全县野生动植物资源数据编目，配合市林业部门建立国家重点保护野生动植物标本数据库，建立健全野生动植物保护政策、制度、标准和档案管理体系。至 2035 年，野生动植物保护管理监测体系进一步完善，全县野生动植物得到有效保护。

责任单位：县林业局、县农业农村局、县公安局、县司法局，各镇人民政府。

4. 林地和林木资源保护。

主要任务：推深做实林长制，加大各级林长和护林员巡林护林力度，落实各镇林地使用和林木采伐监管责任，及时发现并查处破坏森林资源违法问题。持续推进森林督查，及时完成图斑外业核查和违法图斑查处整改工作。完善县级林业行政执法机构，加强林业行政执法队伍建设，补齐林业行政执法短板。推进县、镇林业行政执法协作试点，加强县对乡镇执法的指导和监督，对大案、要案、难案实施提级查办。推动天然林保护和公益林管理并轨。利用信息化技术手段，推动和完善森林资源网格化管理，逐步实现全县林地、林木、湿地资源“一张图管理”，提高林业治理能力现代化。

工作目标：至2027年，建立县、镇林业行政执法体系和林业监管体系，森林督查年度工作任务高质量完成，破坏森林资源违法案件特别是重大案件下降，森林资源得到较好保护。至2035年，建立更加完善的县、镇林业行政执法体系和林业监管体系，森林资源得到有效保护。

责任单位：县林业局、县公安局、县委编办，各镇人民政府。

（七）实施绿色经济增长行动

1. 大力发展经济林木种植。

主要任务：促进油茶产业高质量发展，推动油茶林扩面提质，鼓励油茶产业改造提升生产工艺，发展精深加工，推进油茶产业与南药种植、森林康养等产业融合发展。充分发挥长布镇太平村澳洲坚果种植基地示范作用，扩大澳洲坚果种植面积，积极申报澳洲坚果种植省级示范基地。

工作目标：至2027年，完成油茶林扩种8000亩任务，提升改造油茶生产加工线1条，扩大澳洲坚果种植面积1万亩，基本形成示范效应；至2035年，完成油茶林扩种2万亩任务，打造油茶精深加工生产线3条以上，扩大澳洲坚果种植面积3万亩，成功申报广东省澳洲坚果种植示范基地。

责任单位：县林业局、县农业农村局、县科工商务局，各镇人民政府。

2. 积极培育林业经营主体。

主要任务：充分利用我县丰富的林地资源和良好的生态环境，结合市场需求，因地制宜推广林药、林菌、林苗等种植模式以及林禽养殖模式，在潭下、龙村、棉洋等镇大力培育南药（牛大力、梅片、仙草、鸡血藤、广藿香、葛根、金钱草、石斛、金银花）、灵芝、竹荪、食用菌、金不换等种植和鸡、鸭、鹅等林下养殖；大力培育和推荐认定省级以上林业龙头企业、省级以上林下经济示范基地、省级特色产业示范基地，大力发展森林旅游、森林康养等新业态。引导企业加强沟通协作，推广“龙头企业+合作社+农户”的合作模式，形成“利益共享、风险共担”的经济体，加强风险抵御能力。

工作目标：至2027年，计划培育并认定省级以上龙头企业5 家、省级以上林下经济示范基地2—3个、省级特色产业示范基地1—2个。至2035年，计划培育并认定省级以上龙头企业15家、省级以上林下经济示范基地6—8个，认定省级森林康养基地4个。

责任单位：县林业局、县农业农村局、县科工商务局、县招商和企业服务中心，各镇人民政府。

（八）实施全民爱绿植绿护绿行动

主要任务：通过各种渠道广泛宣传生态文明建设、森林资源保护等政策和法规，不断提高群众保护森林资源意识，在全民中形成爱绿、植绿、护绿的良好氛围；充分利用每年的义务植树周活动，引导社会力量参与到植树造林活动中。

工作目标：至 2027 年，义务植树尽职率达 92%以上；至 2035 年，义务植树尽职率达 95%以上，全民参加义务植树活动，主动植绿护绿的意识显著提高。

责任单位：县林业局、县委宣传部、县融媒体中心，各镇人民政府。

四、保障措施

（一）加强责任落实。将深入推进绿美五华生态建设作为推深做实林长制的重要抓手，压实各级党委政府保护发展森林资源的主体责任，各级林长定期召开林长会议和部门联席会议，及时解决林业重点难点问题。各有关部门要各司其职、协同配合，细化落实举措，形成全县上下联动、协同推进绿美五华生态建设的工作格局。

（二）加大资金保障。加大财政资金统筹力度，积极争取中央、省级项目资金，加强绿美五华生态建设资金保障。大力推广森林保险、油茶保险、古树名木保险、野生动物致害保险等林业特色险种。完善产权激励、资源利用等政策，落实国家有关税收政策，建立健全社会资本参与绿美五华生态建设机制。

（三）强化科技支撑。加强生态保护、绿色产业领域科技创新，重点突破林木良种选育、乡土珍贵树种扩繁、森林质量提升、困难立地造林、树种配置、有害生物防控等关键技术。强化科技成果转化、科技示范推广和标准实施应用。加快智慧林业感知平台建设和推广，提升森林资源保护发展信息化、数字化、智能化水平。

（四）鼓励探索创新。发挥首创精神，健全激励措施，落实容错纠错机制，支持和鼓励各部门结合实际开展试点工作，积极探索绿美五华生态建设工作新路径新模式新机制。在试点探索过程中要谋定全局、主动作为、击破难题、突破瓶颈，及时归纳总结试点工作中的做法和成效，努力为全市、全省绿美生态建设提供可复制推广的五华经验。

（五）加大宣传发动。深入宣传习近平生态文明思想，弘扬生态文明理念，普及绿色发展科学知识，倡导爱护生态、崇尚自然、绿色消费的生产生活方式。广泛开展绿美五华专题宣传活动，推动大地植绿、心中播绿、全民享绿成为时代新风尚。

（六）完善奖惩制度。将绿美五华生态建设主要目标任务纳入林长制督查考核范围，考核结果作为各镇党政领导干部综合考核评价和自然资源资产离任审计的重要依据，作为领导干部考核奖惩和使用的重要依据。建立督查督办工作机制，对绿美五华生态建设重点任务加强督查通报，坚决杜绝不担当、不作为、慢作为等现象，推动绿美五华生态建设各项工作落地见效。

五华县人民政府关于印发五华县全民健身实施计划（2021—2025年）的通知

华府〔2022〕14号

各镇人民政府，县府直属和中央、省、市属驻五华各单位：

《五华县全民健身实施计划（2021—2025年）》已经县人民政府2022年第8次常务会议审议通过，现印发给你们，请认真贯彻执行。执行过程中遇到的问题，请径向县文化广电旅游体育局反映。

五华县人民政府

2022年9月1日

五华县全民健身实施计划

（2021—2025 年）

为实施全民健身国家战略，加快构建具有五华特色的全民健身公共体育服务体系，增强全县人民体质，提高全民健康水平，根据《全民健身条例》（国务院令第 560 号）、《全民健身计划（2021—2025 年）》（国发〔2021〕11 号）、《广东省全民健身条例》《广东省体育强省建设实施纲要》（粤府〔2020〕45 号）、《广东省全民健身实施计划（2021—2025 年）》（粤府〔2021〕80 号）和《梅州市全民健身实施计划（2021—2025 年）》（梅市府〔2021〕31 号）要求，结合我县实际，制定本实施计划。

一、总体要求

（一）指导思想。

以习近平新时代中国特色社会主义思想为指导，深入贯彻党的十九大和十九届历次全会精神，按照“构建更高水平的全民健身公共服务体系”的要求，全面落实“健康中国战略”“全民健身国家战略”，坚持贯彻以人民为中心的发展思想，贯彻新发展理念，突出问题导向，紧紧围绕场地设施布局、赛事活动打造、社会组织建设、青少年体育发展、科学健身服务水平提升、体育产业融合等重点领域和关键环节，着力解决人民群众日益增长的美好健身需求与全民健身事业发展不平衡、不充分之间的矛盾，统筹推进基本公共体育服务均等化，统筹建设全民健身公共服务体系和产业链、生态圈，探索建立体医融合、体教融合体制机制，进一步增强人民体质，提高健康水平。

（二）主要目标。

着力推进场地设施更加均衡化、赛事活动更加丰富多样、社会组织更加规范健全、科学健身更加广泛普及的全民健身公共体育服务体系建设，使全民健身成为推动五华经济转型升级、促进社会和谐、拉动体育消费的重要力量。到 2025 年，全民健身场地设施人均占有量实现新突破；围绕足球品牌和客家特色打造全民健身赛事活动新亮点；激发体育社会组织活力；经常参加体育锻炼人数比例大幅提升；青少年体育实现新发展；居民体育消费水平实现新增长，体育产业在产业融合中创建新业态。

1. 实现全民健身设施建设持续增长。加快推进足球场、全民健身中心和全民健身广场（体育公园）建设，全县人均体育场地面积达到 2.6 平方米以上，公共体育健身设施向自然村延伸。到 2025 年，因地制宜设计主题健身步道、登山步道，积极打造先行示范段，力争建设重点项目全民健身中心 1 个和全民健身广场（体育公园）1 个。全县争取完成 200 公里以上健身步道建设，县、镇、村三级公共健身设施和“社区 15 分钟健身圈”实现全覆盖。

2. 打造全民健身特色品牌赛事活动。重点打造足球品牌赛事，构建县、镇、村三级联动的足球赛事体系，推动我县足球振兴发展。积极开展武术等客家民俗民间体育活动，扩大全民健身品牌赛事活动和全民健身主题特色活动的影响力。争取到2025年，经常参加体育锻炼人数比例达41%以上。

3. 激发体育社会组织活力。完善以体育总会为枢纽，各级各类单项、行业和人群体育协会为支撑，基层体育组织为主体的全民健身组织网络，加强体育社会组织的指导、管理、服务和使用，每千人拥有社会体育指导员不少于3.5名。进一步深化“放管服”改革，以足球协会、篮球协会实体化改革带动协会“三管三放”工作，充分发挥老年人体育协会、社会体育指导员协会等各类体育社会组织的积极性、主动性和创造性，激发体育社会组织活力。

4. 青少年体育实现新发展新提升。大力推进青少年体育“体教融合”发展，打造“一校一品”体育特色，逐步形成“学校—家庭—社区”共同联动指导学生科学体育锻炼的机制。严格落实每天1小时体育锻炼制度，促进青少年熟练掌握1至2项运动技能，学生体质健康优秀率达到27%。实施“青少年体育健康包”工程，有效降低青少年近视、肥胖、脊柱形态不良等人数比例。

5. 全民科学健身服务水平大幅提升。加强社会体育指导员培训和志愿服务工作，扩大社会体育指导员队伍规模，优化社会体育指导员队伍结构。举办社会体育指导员展示和交流活动，提升社会体育指导员服务水平。加强全民健身志愿者队伍建设，形成全民健身志愿服务长效机制。完善国民体质监测体系，开展国民体质监测活动，扩大体质测定覆盖人群。开展全民健身活动状况调查和国家体育锻炼标准达标测验活动。加强健身气功组织建设，推动健身气功项目发展。

6. 进一步促进体育产业特色融合发展。加快推动“体育+”跨领域融合发展，重点抓好“足球+”融合产业规划，推动体育健身与旅游、文化、养生康复等产业全方位对接，打造体育旅游、运动康复、体育会展等新业态；依托足球优势，做大做强体育产业；争取创建国家级体育产业示范基地，省级体育产业示范单位、示范项目。推动五华县全民健身体育产业总产值持续增加。

二、主要任务

（一）完善全民健身场地设施建设，实现新突破。

1. 完善顶层设计，统筹场地设施建设。根据《梅州市健身设施建设补短板五年行动计划》要求，制定《五华县公共体育场地设施补短板建设计划》，推进我县公共体育场地设施补短板建设，加强与国土空间规划衔接，新建体育场地设施优先列入年度用地计划，优先办理用地手续。

2. 加强部门配合，落实场地建设政策。自然资源等部门根据《城市社区体育设施建设用地指标》《城市居住区规划设计规范》等相关要求，制定新建居住区和社区配套建设足球场地标准，将种植草皮的足球场地面积纳入绿地率；群众健身设施按室内人均建筑面积不低于0.1平方米或室外人均用地面积不低于0.3平方米执行，实现新建居住社区内至少配建一片非标准足球场地设施，现有社区因地制宜配建社区足球场地设施，推进新建学校体育场地设施相对独立建设。加快全县公共体育场地设施扩容提质，统筹考虑应急避难（险）功能设置。

3. 整合资源，推进场地设施建设。盘活、挖掘城市空闲土地及各类未利用土地，解决足球场地设施改扩建的资金、用地等实际困难，切实保障足球专用场地设施建设用地，将足球场地审批纳入快速审批通道；对落户五华县的体育企业总部建设和足球小镇等用地指标给予一定的保障性倾斜。探索健身设施复合用地模式，倡导文化、教育、养老、商业等公共服务设施建设充分整合休闲健身功能；根据国家发展改革委、国家体育总局联合印发的《“十四五”时期全民健身设施补短板工程实施方案》和《广东省健身步道总体规划（2019—2030 年）》要求，充分利用荒滩、路边林地等闲置土地，大力推进镇、村实施健身场地设施和健身步道建设。积极推进农民体育健身工程向人口较多的自然村延伸，促进全县公共体育服务均等化发展。

4. 建立健全双向开放机制，加大公共体育设施供给力度。建立健全新冠肺炎疫情防控常态化条件下体育场地设施双向开放工作机制，有序推动公共体育场馆为学校、企事业单位、社会组织开展体育活动提供免费或低收费开放；大力推进机关、企事业单位的体育场地设施向社会开放工作，符合对外开放条件的学校体育场地设施向社会公众开放，学校体育设施在课余时间和节假日向学生开放。加强体育场地设施开放工作的评估督导和安全检查，确保满足开放要求，符合安全标准，保障使用安全。鼓励社会力量兴建营利性体育场地设施，参与体育场地设施运营和管理，不断提升体育场地设施公共服务质量和运营管理水平，满足群众较高层次的健身需求。

（二）构建特色品牌赛事，打造新亮点。

1. 加强宣传推广，推动全民健身发展。加强对全民健身日、重大活动、全民健身活动先进典型经验的宣传报道，吸引不同人群参与健身，倡导健康文明的生活方式，营造全民健身良好氛围；创新推出体育赛事线上活动平台，积极开展云端赛事活动，大力宣传推广居家健身和线上健身项目，引导群众实现体育锻炼常态化。

2. 传承足球发源地文化，焕发城镇无限活力。积极保护开发中国内地现代足球发源地——五华县元坑村和世界球王李惠堂旧居等足球相关建筑旧址，在城市建设中增添足球元素，大力推进“足球之乡”城市标识建设，加大客家足球文化研究及李惠堂球王文化产品研发和市场推广力度。传承足球文化，积极发挥足球运动提升城市文化价值。至 2025 年，全县构建县域乡镇足球联赛体系，通过推广足球文化带动全民健身运动的开展。

3. 广泛开展群众性赛事，创造全民健身亮点。充分利用五华县球王故里足球之乡品牌，积极做好五华县“足球联赛”系列赛事，以“客家武术”“球王杯”足球赛、“乡镇杯”足球联赛、“机关杯”足球联赛、“社会杯”足球联赛等具有地方特色的本土型系列赛事和社会广泛参与的大众活动，丰富全民健身赛事活动，展现“球王故里”新形象。以“状元杯”篮球赛、“超百骑行活动”“狮鼓表演”“客家武术”等普及开展健身赛事活动，将全民健身赛事活动融入美丽乡村建设，增强民众地方文化认同和共同体意识，打造普及城乡和谐体育社区。

（三）规范体育社会组织，激发新活力。

1. 坚持把党的领导贯穿体育社会组织工作始终。全面推动体育社会组织党建入章和党组织规范化建设，主动将体育竞赛活动与专题学习培训、主题党日等结合，积极推动全民健身各项工作的落实，全力促进体育社会组织党建与业务深度融合。坚持旗帜鲜明讲政治，加强体育社会组织政治能力建设，落实意识形态工作责任制，筑牢体育社会组织意识形态防线，不断扩大体育社会组织基层党组织覆盖和工作覆盖。

2. 进一步强化体育社会组织结构治理，深化组织改革。逐步完善县、镇、村（社区）三级全民健身社会组织体系；加强体育总会建设，引领各级各类体育社会组织有序发展；强化体育社会组织人才队伍建设。按照广东省《关于促进省级体育社会团体健康有序发展的实施意见（试行）》要求，深化“放管服”改革，对体育社会组织实施“三管三放”，支持体育社会组织参与公共体育服务。积极推进体育社会组织信用管理体系和诚信自律建设。

3. 充分发挥基层体育社会组织作用，构建全民健身组织网络。积极组织开展基层体育社会组织与全民健身日活动相结合的赛事活动。充分发挥体育总会、单项体育协会、行业体育协会、老年人体育协会等体育社会组织对基层全民健身赛事活动的组织领导作用，以特色、小型、多样为原则，推广群众喜闻乐见、广泛参与的足球、篮球、羽毛球、乒乓球等赛事活动，加强武术、传统体育非物质文化传承保护，结合春节、元宵、端午、重阳等传统节日，广泛开展狮鼓、客家武术等民间体育活动。通过普及开展全人群全周期健身表演竞赛活动，不断推进体育社会组织向乡镇覆盖延伸。

（四）优化科学健身服务，提升新水平。

1. 完善社会体育指导员组织管理体系，加强全民健身志愿者队伍建设。建立完善的县社会体育指导员协会及乡镇社会体育指导员服务站组织体系，提高社会体育指导员上岗率，以累计志愿服务时长为主要依据进行等级评价。注重发挥各级社会体育指导员协会及各单项体育协会在开展全民健身活动中的作用。吸纳优秀退役教练员、运动员、体育教师进入社会体育指导员队伍，积极推动医护人员参与科学健身指导工作。定期举办社会体育指导员展示和交流活动，落实激励、奖励制度。组织引导全民健身志愿者进机关、进企业、进农村、进社区、进学校宣讲科学健身知识、传授体育技能、指导使用体育设施等。定期开展健身气功社会指导员培训工作，扩大健身气功站点覆盖面，服务城乡老年居民健身休闲。

2. 完善县国民体质监测指导站的体系，提升全县国民体质的总体水平。建立完善由县国民体质监测指导站和乡镇国民体质监测点组成的“两级国民体质监测网络体系”，定期开展国民体质监测活动，扩大体质测定覆盖人群。开展全民健身活动状况调查和国家体育锻炼标准达标测验活动。

（五）优化体教融合体系，促进新发展。

1. 牢固树立“健康第一”教育理念，全面落实体教融合制度设计。坚持“一体化设计、一体化推进”原则，制定切实工作举措，有效配置资源，合力推进青少年体育活动的开展。强化体教协同育人主体责任，贯彻落实“教会、勤练、常赛”的理念，落实“家庭—学校—社区”联动机制，努力搭建体育和教育部门整合资源、共同组织、统一注册、成绩互认的青少年竞赛体系，形成良性竞争、优势互补、开放参与的青少年体育赛事氛围，破解参赛资格相斥、评估机制割裂的制度壁垒。

2. 加强服务体系建设，完善青少年体育

赛事体系。建设学校、家庭、社区青少年体育服务体系，制定社会体育组织进校园准入标准及运行机制，积极推进客家民俗体育进校园，积极推动公共体育场馆设施为学校体育提供服务，向学生免费或优惠开放，逐步形成学校、家庭、社区联动，共同指导学生体育锻炼的机制。认真落实《梅州足球特区建设规划》，构建和完善体育系统、教育系统和包括职业足球俱乐部、业余足球俱乐部在内的社会系统等“三系一体”的青少年足球竞赛体系。

3. 加强体育师资队伍建设，构建学校体育后备人才培养体系。建立优秀退役运动员、教练员进校园任教制度，加强五华县校园足球师资培训。至 2025 年，落实每所中小学配齐 2 名足球教师，实现足球教师每人每年至少参加 4 期常规培训，骨干教师至少参加 2 期专项培训。立足足球特色和校园足球基础，认真贯彻《关于深化体教融合促进青少年健康发展的意见》精神，建立完善以体校为基础、学校为依托、社会组织为突破的后备人才培养机制。加快制定五华县足球特区高水平后备人才成长战略，制定优秀足球后备人才多渠道、多形式的发现和选拔机制，让更多的技术过硬、素养较高、具有足球天赋的青少年后备人才脱颖而出。

（六）营造体育产业氛围，创建新业态。

1. 建立政府扶持、企业主导、市场运作的体育赛事开发模式。充分发挥政府在申办高水平赛事中的引导作用，搭建重大赛事申办运作平台，扶持以足球为重点的体育品牌赛事做大做强，重点打造春节“球王杯”足球赛、元宵节“状元杯”篮球赛等特色体育品牌赛事，积极承办一批具有全国影响力的高端足球赛事。鼓励各镇各部门因地制宜发展特色体育竞技项目，形成“一县一品”“一镇一特”，扩大区域影响力，力争形成具有五华特色、寓竞技性与群众性于一体的品牌赛事。制定优惠政策，合理布局空间，优化足球产业和市场投资、营商和生活环境，充分发挥市场在资源配置中的决定性作用，鼓励银行、保险等金融机构通过金融产品和融资模式参与培育或赞助知名赛事、场馆、俱乐部等；通过政府购买服务等方式，积极支持公益性群众健身消费。

2. 打造城镇空间、乡镇主体、市场运作的体育产业发展载体。打造多个全民健身示范区、体育产业示范基地和体育旅游示范基地。加快推动城镇融合发展，大力培育以乡镇为主体的体育消费市场。通过推动大众休闲健身与旅游、文化、传媒、科技、养生康复等产业渗透融合，加速培育新兴体育健身业态，满足大众休闲健身消费需求，推动全民健身消费转型升级。充分利用山地、河湖、森林、地热等自然资源及客家名人名居、名镇名寺、红色文化等人文资源，开展登山、徒步、路跑、自行车、游泳等休闲运动项目，大力发展健身、轮滑、攀岩、漂流、滑草等运动项目，形成全人群健身休闲氛围与消费习惯。重点抓好“足球+”融合产业规划，充分利用互联网平台，拓展足球文化创意、青少年足球“夏令营”和“冬令营”等足球特色服务项目，加快建设五华横陂足球小镇，培育若干体教文旅融合发展的产业基地。

3. 推进竞赛表演、健身培训、活动开展的体育产业提质扩容。加大政府对高端赛事、品牌赛事的扶持力度，鼓励社会资本投资体育竞赛市场。支持体育企业根据市场需求开展足球、游泳、跆拳道、瑜伽、篮球、武术等运动项目培训。鼓励发展在线运动技能培训，实现线上线下融合发展。大力培养赛事经营管理人才，扶持赛事运营服务机构，提高赛事运作专业化水平。推动五华县客家非遗体育项目及体育元素融入市民生活，保护开发五华县元坑村、球王李惠堂旧居等足球相关遗址建筑，加大五华足球文化创意产品研发和市场推广力度。

三、保障措施

（一）完善政策保障机制。县人民政府协调统筹，将全民健身工作纳入本级国民经济和社会发展规划、纳入政府年度工作报告，将所需经费纳入本级财政预算。强化体育工作联席会议职责，定期召开会议，协调财政、教育、科技、卫生健康、人社等部门解决全民健身重大事项和重大问题。以创建全民运动健身模范县为契机，优化全民健身公共服务资源配置。建立完善全民健身网络信息平台，提高信息发布、反馈效率。建立和完善全民健身督导检查制度，促进全民健身各项工作落实到位。发展改革、自然资源部门要把体育健身设施用地纳入国土空间规划和年度用地计划，保障体育用地需求。各部门协调配合，做好全民健身基础数据信息统计工作。加强全民健身监督管理，定期开展安全隐患排查和检查评估工作。

（二）加大经费投入。县、镇人民政府要将全民健身事业经费足额纳入本级财政预算，加大政府性基金与一般公共预算的统筹力度，严格执行体育彩票公益金不低于70%的比例用于全民健身事业的规定，并加强监督管理，确保专款专用。财政转移支付和体彩公益金使用采取精准扶持办法，重点加大对落后镇、村体育设施及全民健身重点项目建设投入。以政府投入为主，鼓励社会各方力量积极参与，建立多元化资金筹集机制，优化投融资引导政策，拓宽社会资源进入全民健身事业的途径，鼓励社会兴办全民健身事业。全民健身场地设施水、电、气价格不得高于一般工业标准，依法落实体育社会组织、全民健身赛事活动、场馆等税收政策优惠。

（三）加强人才队伍建设。建立健全全民健身人才发展体制机制，吸纳高水平退休教练员、退役运动员融入全民健身人才队伍，不断优化队伍结构，提升人才质量。通过举办各类培训班加大人才培养力度，全面提高基层教练员的职业素养、专业理论知识和实践水平。大力培养体育赛事组织人才，扶持体育赛事运营服务机构，提高体育赛事工作专业化水平。完善管理制度和人才评价、激励机制，引导人才向落后乡村流动，畅通全民健身人才流动渠道，促进区域人才协调发展。

（四）加强信息化建设。建设全民健身网络服务平台和全民健身基础数据处理系统，推进移动云计算、大数据、物联网、人工智能、5G等现代化信息技术手段有效融入五华全民健身服务管理，为城乡居民提供便捷、高效、精准的健身资讯服务。推动体育场馆数字化升级改造，建设数字化室外场地设施，积极发挥“全民健身网”的各项功能，建立健身路径和健身场所电子地图，加快全民健身公共信息服务网络建设，提高全民健身公共信息服务能力，满足群众不同的科学健身需求。

四、组织实施

（一）加强组织领导。县人民政府要将全民健身实施计划列入政府年度重要议事日程，常抓不懈，推动工作落实；充分发挥县、镇两级政府主导作用，形成体育牵头、部门协同、上下联动、社会动员的工作格局；县体育行政部门负责本地区计划的组织实施，明确部门职责，分解目标任务，针对短板弱项，细化配套政策措施，确保实施计划落到实处。

（二）加强监督指导。建立健全适应新发展阶段要求的实施计划监管考评指标体系，加强事前、事中、事后监督，加强对各镇全民健身工作进行检查评估，发挥媒体等社会力量的监督作用。

（三）加强宣传引导。线上线下齐动员，大力宣传普及全民健身政策法规、科学健身知识方法等，鼓励电视台、电台等媒体和社会力量参与全民健身公益宣传。充分挖掘体育文化资源，有效整合现代体育项目及传统体育项目，充分发挥“足球之乡”的品牌效应，大力宣传全民健身事业发展中涌现的典型案例、先进经验、先进人物，弘扬“球王故里”足球体育精神，培育社会主义核心价值观。

索　引

☆☆☆☆☆☆☆☆☆☆☆☆☆☆☆☆☆☆☆☆☆☆☆☆☆☆☆☆☆☆☆☆☆☆☆☆☆☆☆

索引说明：

一、本索引采用主题分析方法，款目按汉语拼音字母（同音字按声调）顺序排列。

二、文中的类目题、分目题用黑体排版，其余用宋体排版。表格在其款目后注明“表”。

三、索引款目后的数字表示内容所在的页码，数字后面的拉丁字母（a、b）表示栏别（版面的左、右栏）。

四、同一主题的内容在文中多次出现的，在其款目后用不同的页码标明。

五、本索引对“特辑”“大事记”“名录”“文献辑存”等篇不做内容主题分析。

☆☆☆☆☆☆☆☆☆☆☆☆☆☆☆☆☆☆☆☆☆☆☆☆☆☆☆☆☆☆☆☆☆☆☆☆☆☆☆

A

B

C

G

H

J

K

L

M

N

P

Q

R

S

T

W

X

Y

Z